曾沐古香

柳向春 著

海上古籍風雲錄

中华书局

图书在版编目（CIP）数据

海上古籍风云录/柳向春著. —北京：中华书局，2023.5
ISBN 978-7-101-16161-8

Ⅰ.海…　Ⅱ.柳…　Ⅲ.古籍-汇编-上海　Ⅳ.Z122.51

中国国家版本馆 CIP 数据核字（2023）第 062327 号

书　　　名	海上古籍风云录
著　　　者	柳向春
责任编辑	李世文
装帧设计	刘　丽
责任印制	管　斌
出版发行	中华书局
	（北京市丰台区太平桥西里 38 号　100073）
	http://www.zhbc.com.cn
	E-mail:zhbc@zhbc.com.cn
印　　　刷	北京盛通印刷股份有限公司
版　　　次	2023 年 5 月第 1 版
	2023 年 5 月第 1 次印刷
规　　　格	开本/787×1092 毫米　1/16
	印张 23　插页 2　字数 300 千字
印　　　数	1-3000 册
国际书号	ISBN 978-7-101-16161-8
定　　　价	168.00 元

目　录

序（陈正宏）

南宋龙舒郡刻公文纸印本《王文公文集》珍赏 / 001
　　附：新发现《王文公文集》残卷考 / 011
南宋宋器之《梅花喜神谱》年谱 / 020
上海博物馆藏大藏经零本四种 / 064
上海博物馆藏珍本二种述要 / 074
《玉华堂日记》及其中所见潘氏家事举隅 / 091
康熙刻本《六书通》解题 / 104
胡正言及其《印存初集》述略 / 110
《胡氏印存残帙》及其藏家考实 / 136
虞山钱遵王诗集说略 / 145
石韫玉与其《古香林印稿》 / 157
上海博物馆藏黄丕烈题跋本 / 175
刘喜海《海东金石苑》刊行始末 / 190
上海博物馆藏《孟子疏证》二十二卷 / 214
《半塘老人钤印》等三种印谱提要 / 221
翁同龢与光绪本《愧林漫录》 / 230
善本经眼录之《朝鲜古活字版拾叶》 / 241

红印本《彊邨校词图题咏》解题 / 251

红印本《松邻遗集》解题 / 262

红印本《倚松老人诗集》解题 / 274

留垞写刻《郁华阁遗集》诗三卷词一卷红印本珍赏 / 284

《印林清话》及其作者考实 / 291

沪籍前贤文献经眼录 / 303

上海博物馆存秦康祥旧藏文物概述 / 333

上海博物馆参与《中国古籍总目》项目情况综述 / 343

后 记 / 360

序

陈正宏

上海博物馆的图书馆，有两大奇特之处：一是和该馆的其他工作部门一样，都位于地下，终年不见天日；二是跟别的博物馆把图书馆唤作资料室之类都不同，有个雅致的名号，叫"敏求图书馆"。我曾戏赋一联，曰："不见阳光，正可潜心学问；蜗居地下，自然别有洞天。"想送给一位刚分到那里工作的学生。可惜联还没送到，那位已经飘然辞职了。

柳向春兄是个例外。虽然也听到过他偶尔发一点牢骚，像凡有一点想法、想认真做点事的年轻人一样，但从复旦博士毕业，进入上博图书馆后，他似乎从未有离开的打算。不仅如此，还迭有佳作问世。

现在呈现在读者诸君面前的本书，是向春兄在敏求图书馆，主要围绕本职工作，所写二十四篇学术文章的汇集。各篇文体不尽相同，文风也略有小异，但在我这个教书匠看来，中心明确——都是围绕着上博藏品（尤其是古籍）；此外，还确乎有作者在书末跋文里所说的特点——"好玩"。

图书馆、博物馆虽都是涉及文献收藏的机构，但所藏文献的开放程度，完全不可同日而语。图书馆本来就有公共服务功能，自然开放程度较高。博物馆则因为以收藏文物为主业，极易被人误解，既然已经有图书馆了，博物馆所藏，似乎就没有书了。但事实上你看全世界的著名博物馆，哪有不藏书的，尤其是哪有不藏珍本善本古籍的？只是除了那几件天下皆知的名品，一般不公开藏书目录，你想看，也不知道有什么罢了。

我家乡的浙江省博物馆做过一件好事，就是在2006年出版了《浙江省博物馆藏古籍书目》。虽然那部书目在分类、编次等方面不无可议之处，但公布目录，使公众得知用纳税人的钱办的博物馆，里头究竟藏了些什么，值得赞许。

上海博物馆的藏书目录，因为各种原因，尚未出版。不过我们可以从本书中那篇《上海博物馆参与〈中国古籍总目〉项目情况综述》和其他几篇专论，一窥庐山之侧影。那是向春兄参与有关项目调查时的工作报告和进一步研究的心得。如数家珍的记录里，流露出的是他对古书的真心喜爱。而我，看了他的记录，不禁感叹：原来上博除了人尽皆知的《梅花喜神谱》，竟还藏着这么多好书！

至于说"好玩"，我理解，主要不是感官的愉悦，而是指跟那些深藏书库的古籍有关的故事，大可玩味。

本书写宋本《王文公文集》的那篇，题目并不新鲜。但经向春兄这么一钩稽，许多信息都被联系了起来，一部宋版书的故事，就不止于宋版本身了。这其中引起我兴趣的，是导致这部《王文公文集》从清宫流出的关键人物——食旧德斋主人刘启瑞。藏书史上这位刘氏之所以出名，是因为锲而不舍且成功地偷盗宫廷藏书（在这个意义上，"食旧德斋"的"食"，应该理解为蚕食）。不过我从向春兄文章中读出的，是刘氏所"食"，大多还是珍贵的旧装书，而且直到他卖出所藏，也没有改装它们。说实在的，读到这里，不得不承认，我有点喜欢这样的雅贼。

在这个世界上，与古书有关，让人感觉最煞风景的事，有两件：一是把一部好端端的书嚼得稀烂，做成一篇既长又丑的论文，让人误以为古籍的内容，原本就不怎么样；二是见了任何一部古书的实物，都当作自家的丫鬟，呼来唤去，胡翻乱折。向春兄不如此。拜读本书，可以感觉到自始至终有一种对书的爱惜、敬重与温情在。这种对书的爱惜、敬重与温情，与上博敏求图书馆地下书库里的古书芬芳，适相契合，所以向春兄曾请友人为此书题"曾沐古香"，不仅取境闲雅，用语谦和，还确乎有一份独特的书香，弥漫其中。

2018年7月11日于双寅楼

南宋龙舒郡刻公文纸印本
《王文公文集》珍赏

　　作为一位政治家，王安石无论是在其生前身后，都备受争议。但作为一位文学家，毫无疑问，王安石是成功的，在这一领域，他一直享有较高的声誉，乃至于被后世认定为唐宋八大家之一，至今影响未歇。正因为如此，他的诗文集在其故后不久，即整理成集付梓。而后世于此更是频频翻刻，流传至今，版本繁多。其中最有意味的，则莫过于现今藏于上海博物馆中的南宋龙舒郡刻公文纸印本《王文公文集》残本七十二卷。

　　王安石的诗文总集早在北宋末年的徽宗政和年间，就由政府下诏结集。最初应是由其门人薛昂奉诏编校的，但此本存在大量误收及漏收的现象，是否曾经刊刻，现在也不能确定，总之，此本早已不传了。之后应该陆续有别的本子问世，如宋高宗绍兴十年（1140），临川郡守詹大和就是在以往闽、浙二本的基础上校订重刊了《临川集》，并由黄次山作序，这就是传世的临川本。至绍兴二十一年，王安石曾孙王珏在担任两淮西路转运司时，又根据薛昂编校的遗稿及王安石亲笔刻石等内容，再参校各本，重新刊刻行世。此即传世的杭州本，其版式为左右双边，半叶十二行，行二十字，偶有二十一字。詹大和刻本到明朝时曾被覆刻，王珏刻本在元明也均有递修和补刊，像元人危素就曾收集诸本，增补校订，集成若干卷，吴澄为之序。不过，这个元本也已经散佚不存了，

王安石画像（国家博物馆藏）

而此集的名称也逐渐由最初的《临川集》演变成了《临川先生文集》。现在流传较多的本子有明嘉靖十三年（1534）刘氏安正堂本、嘉靖二十五年应云鸾据安正堂本重刻本、嘉靖三十九年何迁据应本重刻本、万历四十年（1612）王安石二十二世裔孙凤翔据何本整理之《王临川集》等。但这些本子，包括《四库全书》本，实际上都是渊源于杭州本。

此外，还有"龙舒本"一种。龙舒郡即今安徽舒城，"龙舒本"原书标目为《王文公文集》。杭州本王珏跋文中有"比年龙舒版行，尚循旧本"之语，说明龙舒本刻于杭州本之前。国内现存之龙舒本原藏于清内阁大库，光绪末年转入宝应刘启瑞氏食旧德斋，残存七十二卷。此本外，又有日本宫内厅书陵部藏残本，存卷一至七十。这一版本宋以后未见翻版，传本几绝。现存世两本除去重卷，恰可得一完书。1962年中华书局以食旧德斋原藏本影印卷为基础，缺卷以北京图书馆藏日本东京宫内省图书寮藏本照片补足，出版刊行了《王文公文集》。据此影印本卷前赵万里所撰《宋龙舒郡本王文公集题记》：

南宋龙舒郡刻公文纸印本《王文公文集》卷二

龙舒本《王文公文集》，宋以后未见翻版，传本几绝。一九五九年中华书局上海编辑所根据徐森玉先生倡议，先将傅沅叔先生生前从国内藏本拍摄的玻璃片制版影印，尚缺二十四卷，恰巧北京图书馆从日本东洋文库得到前七十卷影片，中华书局上海编辑所因向北京图书馆转借补印，延津剑合，全书告成（现在仅总目卷上缺第一至四叶，卷九十三缺第八叶、第九叶，卷九十四缺首叶）。

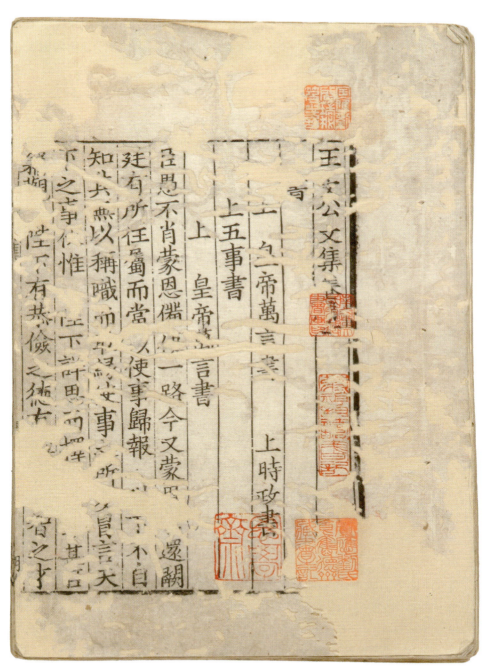

南宋龙舒郡刻公文纸印本《王文公文集》卷一

可知这一影印本的问世，是出于文博界耆宿徐森玉先生的推毂建议的。今年（2011）正逢徐森玉先生冥诞一百三十周年、辞世四十周年之际，故特草此文以为纪念，不仅以此书为海内孤本也。

龙舒郡本的珍贵，日本岛田翰曾经有所论及，据缪荃孙《艺风藏书再续记》卷七中转引，他说：

> 日本图书寮有残宋本《王文公文集》，今存七十卷，佚其末诗集数卷而已。而今本所佚之文，多至四十七篇。陆存斋《群书校补》据《宋文鉴》《宋文选》《播芳大全》《能改斋漫录》，以补明覆詹本之缺，尚不过十馀篇，与此本多寡不侔矣。昔政和中开局编书，诸臣之文，独《临川集》得预其列，而门下侍郎薛昂肇明实主其事。此书依其异同考之，盖肇明所编次也。卷一至卷八书，卷九宣诏，卷十至卷十四制诰，卷十五至卷二十一表，卷二十二至卷二十四启，卷二十五传，卷二十六至卷三十三杂著篇，卷三十四、三十五记，卷三十六序，卷三十七至卷五十一古诗，卷五十二至卷七十律诗。半板十行，行十七字。"桓"、"殷"缺末笔，于"构"字下注云"御名"，则此书高宗时依薛本所入梓也，并王珏所未见矣。日本岛田翰跋。

这段跋文写得很详尽，但他推断此本是"依薛本所入梓"，恐怕只是悬拟之辞，不一定确当。日本藏的这部，《图书寮汉籍善本书目》卷四集部别集类"王文公文集一百卷十四册"条著录得很详细：

> 宋刊本。前后无序跋，不题编者名氏。现存七十卷：一至八，书；卷九，宣诏；卷十至十四，制诏；卷十五至廿一，表；卷廿二至廿四，启；卷廿五，传；卷廿六至卅三，杂著；卷卅四、卅五，记；卷卅六，序；卷卅七至五十一，古诗；五十二至七十，律诗。其诗文间有今本佚载者。左右双边，每半叶十行，行十七字。界高六寸七分，幅五寸。版心上鱼尾下记"文集几"，下鱼尾下记丁数、刻工名氏。卷中遇"构"字，下注"御名"。则刊于南宋南渡之初。雕刻至佳，每册首有"赐芦文库"印同，首

尾捺"金泽文库"、"心华藏书"印，又卷廿九、卅三尾捺"颜氏家藏"印。

又严绍璗《日藏汉籍善本书录》一书中曾详细介绍过此书在日本的递藏过程，今移录如下：

> 此本系日本中世时代金泽文库外流出汉籍之一种，首尾有"金泽文库"楷书长方墨印，后归丰后佐伯毛利高标所有。仁孝天皇文政年间（1818-1829）由出云守毛利高翰献赠幕府，明治初年归内阁文库。明治二十四年（1891）由内阁文库移入宫内省图书寮（即今宫内厅书陵部）。卷中有"佐伯侯毛利高标字培孙藏书画之印"朱文方印。每册首有新见正路藏书印"赐芦文库"长方朱印，卷二十九与卷三十三尾，有"颜氏家藏印"朱文方印。

这段记载，对于我们了解日本藏残本的源流很有帮助。可惜的是，关于此书的卷数，严先生却说："是集本一百二十卷，此本今《序》与《目》缺，存卷一至七十。"显然，他对于自己列为参考书目的《图书寮汉籍善本书目》并未仔细看过，而同样为他所参考的董康的《书舶庸谭》中，也只是说不知其原来卷数而已。则严先生此说，显然是想当然尔。

国内所藏这部，当以傅增湘先生的几次题跋所述最为明晰，其《藏园群书经眼录》卷十三"王文公集一百卷"条（存七十六卷又目录二卷）著录云：

> 宋刊本。十行十七字，白口，左右双阑。版心上记字数，下记刊工姓名……宋讳"完"、"慎"不缺笔。此书字体朴厚浑劲，纸细洁坚韧，厚如梵夹。每叶钤"向氏珍藏"朱文长印（楷书），纸背为宋人简启，多江淮间官吏……

同卷中"王文公集一百卷"条（存卷一至七十）又比较了中日所藏两本的优劣：

> 余故人颍川君居江淮之交，家藏《王文公文集》，其版式、行款正与

此（按：指日藏本而言）同。然余以为视此可贵者有三：原书楮墨精湛，且纸背皆宋人交承启札，笔墨雅丽，真可反覆把玩，此可贵者一也。寮本无序目，于是谈者妄生揣测，以为即真赏斋之一百六十卷本而佚其半者。此本目录完全，仍为一百卷，不过次第与绍兴本异耳。而积疑赖此尽释，此可贵者二也。寮本缺七十以下各卷，此本缺四至六、三十七至四十七、六十一至六十九，共缺二十四卷（按：据此则缺二十三卷），而七十卷以下完然具存，正可补寮本之缺。且必有佚文出罗钞之外者，此可贵者三也。

其中所述的三可贵者，尤以第一条值得详细一说。

宋版《王文公集》已成稀世之珍，而沉埋在书叶内的宋人墨迹更属宝中之宝。据统计，此书现存共计九百馀叶，其中旧纸印者七百八十馀，包括宋人书简三百一十馀通，另绍兴三十二年（1162）、隆兴元年（1163）间公牍五十馀件。而宋人手迹除此之外，全国现存，包括台湾在内，总计不及百通，则这批墨迹之宝重可以想见。前中华书局上海编辑所影印本卷末，仅仅附录十四幅函件的图片，虽可作一脔之尝，但实在不能餍研究者之意。所幸现存所有函牍部分，已于1990年经上海古籍出版社影印出版，名之曰《宋人佚简》，沾溉学林，为功不浅。而这七百八十馀叶中，每叶均钤有"向氏珍藏"朱文长方印记，可知其为向氏旧藏。据汪桂海《宋代公文纸印本断代研究举例》一文云，他曾统计出现存公文纸印书七十九种，而估计大概存世约百种左右。又云宋代公文约保存十年左右便行处理，其法有二，一则归官用，再以馀者售予民间。则此书的用纸，必是当日公牍废弃处理后为向氏所购置者。而已故文献学家顾廷龙先生以为此书为龙舒官刻之本，恐怕也不一定正确。至少，不能以其采用旧公文纸来印刷，就将其作为官刻本的证据。这批函札中，包括有宋人向沟、叶义向、洪适、李若川、张运、吕广问等六十馀人的书简，其中尤其引人瞩目的，是其中存有向沟往来函札多通。结合当时龙舒郡服官及寓居之向氏情形，无疑是以向沟最有可能为这批公文纸的主人。向沟，字荆父，开封人。绍兴三十二年（1162）以右朝奉大夫权知舒州主管学事。隆兴二年（1164）改提举淮东路常平茶盐公事。后历知扬州（乾道二年，1166）、台州（乾道五年，1169）、湖州（乾道六年，1170）、苏州（乾道八年正月，1172）等府。曾协《云庄集》卷二有《送向兄荆父帅维扬荆父名沟》二首："宠数频烦色愈温，耐官丞相克家孙。川原迤逦提封阔，旌纛森严上将尊。心识古人风节似，望知前辈典刑存。春风草绿长淮净，眼看频流雨露恩。""大父曾开刺史天，固应陈迹尚依然。邦人却怪家风在，故老今推宅相贤。仗钺秉旄仍置使，轻裘缓带更安边。须知此日分忧重，更觉光荣掩后前。"大概可见向沟的家世与生平大概。另在《宋人佚简》署有年月的公牍中，时间上限为绍兴三十二年九月，下限则为隆兴元年六月，大约与向沟在舒州任上的时间相当。这或许说明，官员任期之内的公牍文献，该官员可能有保管权，并有优先购买权，所以在其保存期过后便能以之挪为他用。而这些函件、文书上所钤向氏印记，也反映了其本为向氏保存之物这一事实。再据前引王珏跋文中有"比年龙舒版行"句来推断，则现存此本必为后印本，其印刷距版片雕成至少已经有二三十年之久了。

书背所存的公牍，其实是写在纸张的正面的，其内容多半与酒务有关，不仅可与其他传世史料相印证，还能补充传世史料的不足，为一些研究难点的解决提供线索。而落款所署官吏名衔和所钤官印，又有不见于传世史籍者。所以，这批函牍可供我们从史实、人物、档案制度、公文程式、书法艺术等方面作多方位的研究。以其中所存的尺牍为例，全为当时的书简实物，其形式皆是直行宽距。顾廷龙在《宋人佚简》的序中曾言：

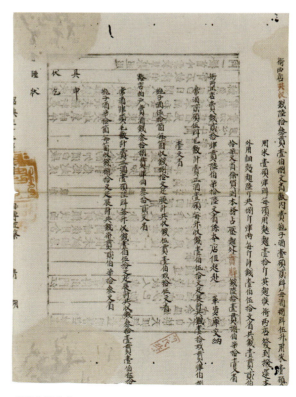

书背公牍文字

观于书简共六十二人，计在百通……其中有名宦、将士、文人、学者。书简有友谊存问，官场交际。文字则骈四俪六，书法则正书端楷。简纸幅广，行距宽大，为后来所罕见。

但事实上，这种直行宽距与宋人官府中用于奏事的札子相同，也是渊源有自，且这种直行宽距的形式在明清官场上行书牍中照样存在。学者彭砺志认为，特别是明清规定上行官牍必用馆阁小字，每页六行，其直如弦，这无异于将这一形式制度化。所以，顾先生所谓的罕见，其实并不算罕见。但无论如何，这些宋代遗存的实物，为我们追溯尺牍形式的变化提供了最佳的实证。彭砺志《尺牍书法中所见平阙书仪及艺术范式》（见《白云论坛》第四卷，北京图书馆出版社，2007年）一文中指出，宋代尺牍有以下特点：一是唐时平与阙的界线至宋开始模糊，阙字内容使用较少，平抬的内容大幅度增加，凡涉及受书人，不管是名称，还是动作，乃至属于自己行为而涉及对方者，也一律平抬书之。二是本属于公牍的状、表、牒、札子与私人尺牍书写形式趋于合一，并守相同的平阙习惯，平抬为常，官牍流于民俗可见一斑。所不同者只是署押多具全衔之官职，具以"右谨具呈"。三是有平出无高抬。又云，宋后尺牍书写形式已经完备，即包括九部分：具礼、称谓、题称、前介、本事、祝颂、结束、日期及署押。彭氏总结的这些宋代尺牍的特点，以此书中所存这些函件对照，无不吻合，不仅可见彭氏立论的精审，更可从中看出这批尺牍存世的标本作用。

再以其中所收洪适之函为例，据宣统元年（1909）晦木斋刊洪汝奎《四洪年谱》卷二所收钱大昕撰、洪汝奎增订《洪文惠公年谱》：绍兴三十二年（1162）四月十九日，适除尚书户部郎中，总领淮东军马钱粮。按：此条为钱大昕据《宋史》本传撰。而据此书中所收之函，知本传漏载其曾官员外郎一事。

像这样一部赫赫名迹，它的流传却很黯淡，我们现在所能知道的流传线索，只是一个大概轮廓，即先为清内府所藏，光绪末年，宝应刘启瑞与吴县曹元忠两人负责清理内阁大库时，为刘氏所窃取，藏诸其家食旧德斋。之后，曾为南浔蒋祖诒密韵楼、南通吴普心思学斋、孙静安等递藏，约在上世纪三四十年代转入武进王南屏手中，至1984年1月15日，王南屏夫人房淑嫣为捐赠一事，正式去函上海博物馆，云：

　　　　兹有本人家藏北宋王安石《楞严经旨要卷》壹件，南宋原刻"龙舒本"《王文公文集》十五本（壹件），自愿捐赠给上海博物馆收藏，请予接受是幸。

从此化私为公，宝藏于上海博物馆至今。今考明代《文渊阁书目》、《内阁藏书目录》、《国史经籍志》中，均无此书的记录，则此书有可能是在万历至清初时期才入藏内府的。而刘氏食旧德斋出售藏品，当在1931年春之后，因此时傅增湘获见此书，尚在刘氏箧中。但这之后不久，此书当即易手。再据原书卷一卷端所钤印记，则入藏吴氏思学斋前，当曾入传书堂中。衡诸蒋氏生平，则此书当为由蒋祖诒售诸吴普心者。今上海博物馆所藏《淳化阁帖》祖本六、七、八卷，即为蒋氏转让于思学斋者，则或许这两件宝物为吴氏同时购入，也未可知。而吴氏收藏时间可能不会太久，即转入孙静安之手，又未几，即入武进王南屏之手，直至80年代。

　　像《王文公文集》这样显赫的巨迹，竟然被人从严扃密锢的禁中携出，说来真是匪夷所思，但刘氏藏品中，得自秘府之物，尚非仅此而已，即以所见藏园记录，即有1、绍兴本《临川先生文集》残卷，为刘氏赠予藏园者；2、三种宋刻合璧之《欧阳文忠公集》；3、现存台湾的五卷《册府元龟》宋刊残本，是当年刘氏赠予浚仪赵世骏者；4、今藏国家图书馆的宋刻递修本《隋书》残卷；5、宋本《纂图互注荀子》残本，为刘氏赠予藏园者；6、宋本《文苑英华》残卷。7、宋本《后汉书注》九十卷。诸如此类，均可窥见当时管理之疏漏。

　　傅先生"王文公集一百卷"条（存卷一至七十）又云：

　　　　余尝言于东都耆宿，约异时寮本刊行，余当为作缘，俾以目录及后三十卷增入，以尽珠联璧合之美，无使盈盈一水，终古相望，使后人抚卷而增叹也。

事实上，傅先生曾就此事与当时的商务印书馆董事长张元济反复商讨，据《张元济傅增湘论书尺牍》民国十九年（1930）第41通，傅增湘闰六月十五日致张元济函："附赠《图书寮观书记》，计不日可到。"第44通，傅增湘八月廿六日致张元济函："《王文公集》残本即在大字本欧集人家。昨年在东曾与内藤道及，渠亦拟合印。第数月前有书与之，未见复。馆中能印固佳，但不知寮中肯借否？渠国亦极重视。而颍川君亦颇有居奇之意，恐未易就绪也。若在申照印，而又许之重酬，则颍川固所愿耳。"第49通，傅增湘九月卅日致张元济函："《王文公集》已与其甥言之，约定由侍写信与之，渠再转商。第恐其愿望过奢，又有秘畏人知之意，恐难以就绪耳。此人新来函，言将北来。或面与之谈，较融洽，且可力破其迷惧之念耳。"又据《张元济全集》第三卷《书信》致傅增湘第200通，民国十九年八月十八日函："《图书寮观书记》亦奉到，谢谢，中纪《王文公集》有颍川君藏宋刻残本，可以补寮本之缺。是书殆为人间孤本，弟极愿为商馆印行。颍川君未知何人？吾兄能否代商，以目录及后三十卷借我？应如何酬报？亦望询示。如能全数借，则我在东京可仅照二十四卷，亦可省却许多麻烦。但必将书携至上海。此等大部书籍，本重销少，无利可图，姑尽流通之责。"又第201通，九月五日函："《王文公集》残刻，寮本借印殊不难。所虑者，借到之后而颍川君所有仍借不到，则印此大部残本之书，殊不值得。未知颍川君希望至何程度，可否乞缮致一函，由敝处派人持往面商？此为流通起见，并无利益可图，并乞于函中叙及之。"第203通，十月八日函："《王文公集》主人既甚珍秘，不必勉强，姑俟时机可耳。"第204通，傅增湘十月十四日致张元济函："《王文公集》主人闻将北来，拟乞其携来一商何如？"又云："顷藏书者颍川君之子来见，当以尊意告之。敝意就此本全照，再以日本本补之，照印《通鉴》办法（补卷另计），合印分利，或可欣动之，俟其来信再以闻。"第206通，张元济民国二十年（1931）三月六日致傅增湘函："贵友《王文公集》卷数存目收到。据东友复称，须俟《太平御览》照竣方便再请。"至此之后，两人往来函件中再无此书消息，则或许就在之后不久，此书已经为刘氏售出，故而商务之议，遂尔作罢。而今存之中华书局上海编辑所据以影印的傅氏旧藏玻璃版，则为其售前为藏园所摄者。但无论如何，傅氏这次出版的努力未告成功。直至几十年后，其"以尽珠联璧合之美"的愿望方得以实现，这也是他多年前费心费力所祈望得到的回报。

又有可述者，即《王文公文集》原本现在虽然安藏于上海博物馆中，但这一影印本其实自有其不可替代之作用。据傅增湘记录，此书在他经眼之际，存佚情况为缺卷四至七、三十七至四十七、六十一至六十九，共缺二十四卷（按：此处所记缺卷当有误）。存七十六卷，又目录二卷。现存则为：卷一至三、八至十六、二十一至三十六、四十八至六十、七十至一百，又目录二卷，较前佚卷十七至二十四卷。前后相较所缺的这四卷的内容，虽然可以日本所藏本补齐，但其原貌则只有赖此影印本以传了。而尤其令人遐思的是，这散佚的四卷中，不知是否也有宋人手迹留存？可惜的是，当年藏园仅仅择要拍摄了部分书背的函牍照片，今见于影印本附录的函札总计才有十四幅，事实上，只是相当于原书的二十面（中有拼合者六面）而已，且都包括在现存函札之中。所以，这四卷书背上究竟是如何情形，恐怕只能是不解之谜了。另外值得一说的是，当年此书存于食旧德斋之时，应该尚为宋代原装，也就是赵万里在《宋龙舒本王文公文集题记》中所说"蝶装广幅，纸莹墨润"，但现存之本，则因当年影印《宋人佚简》拍摄之需，全书被拆成散叶，至今分装于十五盒之内，并未装订。

附：新发现《王文公文集》残卷考

文学史上大名鼎鼎的唐宋八大家之一王安石，其传世文集基本上可以分为两个系统，一是宋高宗绍兴二十一年（1151）王安石曾孙王珏担任两淮西路转运司时所刻，通称杭州本。杭州本是在绍兴十年以临川郡守詹大和所刻《临川集》为底本（即临川本），再根据薛昂编校的遗稿及王安石亲笔刻石等内容，参校各本，重新刊刻行世的。另一个就是现在大家都已熟知的"龙舒郡本"或者称"龙舒本"，是直接源自薛昂编校本。说是两大系统，但实际上，以往所见之本多都属于杭州本系统，龙舒郡本基本上处于隐晦不显的状况，数百年来，几乎无人提及。

这个龙舒郡本现存两部残本，一藏日本宫内厅图书寮，为普通纸张所刷印，存前七十卷。一藏上海博物馆，为公文纸印本，存七十二卷又目录二卷（详目见下）。总的来说，此本在国内仅此一线之传，即先为内府所藏。至光绪末年，宝应刘启瑞与吴县曹元忠两人负责清理内阁大库时，为刘氏所窃取，藏诸其家食旧德斋。在食旧德斋保存期间，著名藏书家傅增湘曾拍摄为玻璃片，商诸商务印书馆董事长张元济，拟为印行而未果。之后，曾为南浔蒋祖诒、南通吴普心、孙静安等递藏，约在上世纪三四十年代转入武进王南屏手中。至1985年3月4日，经王南屏遗孀房淑嫣女士捐诸上海博物馆，从此化私为公，宝藏于上海博物馆至今。今考明代《文渊阁书目》、《内阁藏书目录》、《国史经籍志》中，均无此书的记录，则有可能是在明万历至清初才入藏内府。而刘氏食旧德斋出售藏品，当在1931年春之后，因傅增湘与刘氏父子商议拍摄此书，正在此时。再据原书卷一卷端所钤印记，则入藏吴氏思学斋前，曾入传书堂中。衡诸蒋氏生平行事，则此书当为由蒋祖诒售诸吴普心者。今上海博物馆所藏《淳化阁帖》祖本六、七、八卷，即为蒋氏转让吴氏思学斋者，则这两件宝物为吴氏同时购入，也未可知。而吴氏收藏时间可能不会太久，即转入孙静安之手，又未几，入武进王南屏之手，直至80年代。郑重在《海上收藏世家》中，言及上世纪40年代此书曾从王南屏手中流至香港，60年代再以徐森玉、谢稚柳之委托购回王氏玉斋。其间，日本人曾千方百计欲以重金购置，均为王南屏拒绝，以为当回归大陆。但郑先生此说不知所据，姑存之待考。

这一龙舒郡本宋以后未见翻版，传本几绝。而现存中日的两部残本除去重复，恰可组成一部完书。1962年，当时的中华书局上海编辑所曾以食旧德斋原藏本照相玻璃片为基础，以北京图书馆藏日本东京宫内厅图书寮藏本照片补足缺卷，影印出版。据影印本卷前北京图书馆著名版本学家赵万里先生撰《宋龙舒郡本王文公集题记》：

> 龙舒本《王文公文集》，宋以后未见翻版，传本几绝。一九五九年中华书局上海编辑所根据徐森玉先生倡议，先将傅沅叔先生生前从国内藏本拍摄的玻璃片制版影印，尚缺二十四卷，恰巧北京图书馆从日本东洋文库得到前七十卷影片，中华书局上海编辑所因向北京图书馆转借补印，延津剑合，全书告成（现在仅总目卷上缺第一至四叶，卷九十三缺第八叶、第九叶，卷九十四缺首叶）。

不过，《王文公文集》原本现在虽然安藏于上海博物馆中，但这一影印本其实自有其不可替代之功用。据傅增湘记录，此书在他经眼之际，存佚情况为缺卷四至七、三十七至四十七、六十一至六十九，共缺二十四卷（按：此处所记缺卷当有误）。存七十六卷，又目录二卷。而现在上海博物馆所藏则存：卷一至三、八至十六、二十一至三十六、四十八至六十、七十至一百，又目录二卷，较前佚卷十七至二十。前后相较所缺的这四卷，虽然日本所藏本仍存，但食旧德斋本的样貌，过去一直以为只有赖此影印本以传了。另外，这四卷是何时、如何流散，向来情况不明。而其存亡状况，也一直令人悬想。

值得庆幸的是，这遗失近百年之四卷中的三卷，在数年前突然现世。与刘氏所藏期间相较，这一海内珍品现在仅有卷十九尚未发现。此次新出现的《王文公文集》三卷残卷为卷十七、卷十八、卷二十，其中卷十七十九叶、卷十八十九叶、卷二十十八叶，三卷共计五十六叶。此三卷与上博所藏《王文公文集》一样，也是公文纸印本。卷十七书背存向沟简札五通六叶、权安节简札八通十叶、吴巘简札一通一叶、酒物帐一叶，空白一叶。卷十八书背存有吴巘简札四通四叶、尹机简札十通十三叶，空白二叶。卷二十书背存有汪舜举署名之酒帐两通四叶、钟世明简札一通四叶、雷豫简札两通二叶、张临简札两通二叶、周彦简札一通一叶、向沟简札两通四叶，空白一叶。三卷共存简札三十六通四十七叶，酒物帐五叶，空白四叶。

经与上海博物馆现存之本相比勘，可以认定，这次出现的三卷《王文公文集》，就是当时同藏食旧德斋之物，这一点据影印本之书影和上面的藏印本身可证。但即便如此，依然值得一提的有以下几点：1、从现存该残卷的留存状况来看，尤其是页面的虫蛀情况来看，与上海博物馆所存品相、遭蛀情况相似；2、卷十七卷端，存有两方刘氏藏印，右上角为"宝应刘启瑞秘笈之记"白文方印，左下角为"宝应刘氏食旧德斋藏书之记"朱文方印，无论形制、位置还是内容，都与上海博物馆所藏完全相同。又其左下角残存的半方朱印，经与上海博物馆所存公文纸上所钤者比勘，可知为"监舒州商税印"。此印在上海博物馆所存部分中，出现近二十次，都是用于酒务帐中。而此残印所钤处之纸背，正是酒务帐。3、该残本所存刻工有卷十七：徐作砺、徐砺、吴晖、何卞、李彪、明、潘、余表、潘明。卷十八：林选、余表、余、林、章旼、裴道、徐文、余忠、何卞；卷二十：章旼、江清、江、吴晖、魏达、余亮、余，与影印本相同，也均见于其他卷册。4、书背现存简札，除雷豫之外，都见于《宋人

臣粗涉藝
適足以感厲天下之士且朝廷以臣粗涉藝
選而又隆寬廣裕以曲盡臣志謂宜無傷而
不失所守則朝廷不失所選矣朝廷不失所
臣言使臣得安理分則臣為不失所守臣能
聖恩幸聽
聖時風俗此臣之所大懼也若
謗因啓天下好利之士偽讓以要君則甚傷
有冒榮失守之罪則朝廷亦有選授失人之
非特欲守前言之信亦不敢上累朝廷蓋臣
區辭說已窮然不敢避遹慢之罪而茍止者
聖旨依前降指揮便授敕供職臣之區
奉

右臣近進狀乞免同修起居注准中書劄子
第五狀
授臣不任祈恩待報激切之至
望
聖慈察臣累奏情理備盡特賜追還所
雖令言者不以是爲臣罪臣實無顏以處伏
言行本末不相顧如此宣稱朝廷選擢之意
人受職幸蒙聽許及數月即欲度越衆人
選擢即自以行能無異衆人而不敢度越衆
雖知好學而所得未可以施於實用故繼蒙
遂除臣治身則行能不備居官則職業無稱

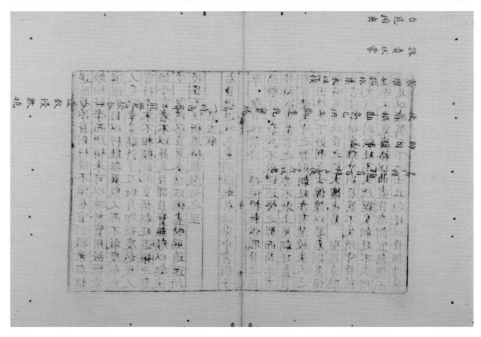

南宋龙舒郡刻公文纸印本《王文公文集》残卷之卷十七及纸背公文

佚简》所录，而可补充相关文献不少，如向沟原存十通，现可再补七通；权安节原存十五通，现可再补八通；吴巘原存二通，现可再补五通等。不仅对于研究《王文公文集》的刊印史大有助益，也是研究宋代书札内容与格式以及公务交往的最佳资料。5、上海博物馆所存酒务帐集中于绍兴三十二年（1162）十一月至隆兴元年（1163）四月之间，新发现之五叶，也未出此范围之外。

早在1930年，傅增湘就曾与商务印书馆董事长张元济先生提议，将此书影印出版。据现存之此年10月14日傅增湘致张元济函："《王文公集》主人闻将北来，拟乞其携来一商何如?"又云："顷藏书者颍川君之子来见，当以尊意告之。敝意就此本全照，再以日本本补之，照印《通鉴》办法（补卷另计），合印分利，或可欣动之，俟其来信再以闻。"显然，当时傅增湘与刘启瑞之子文兴已就拍摄达成协议，故而才有后来的玻璃片底版存世。赵万里影印本前言仅言食旧德斋本缺二十四卷，所缺以图书寮本补足。其说应该是本源于傅增湘《藏园群书经眼录》卷十三"王文公集一百卷"条（存七十六卷又目录二卷），该书著录云：

> 宋刊本。十行十七字，白口，左右双阑。版心上记字数，下记刊工姓名……宋讳"完"、"慎"不缺笔。此书字体朴厚浑劲，纸细洁坚韧，厚如梵夹。每叶钤"向氏珍藏"朱文长印（楷书），纸背为宋人简启，多江淮间官吏……

同卷中"王文公集一百卷"条（存卷一至七十）又比较了中日所藏两本的优劣：

> 余故人颍川君居江淮之交，家藏《王文公文集》，其版式、行款正与此（按：指日藏本而言）同。……寮本缺七十以下各卷，此本缺四至六、三十七至四十七、六十一至六十九，共缺二十四卷（按：据此则缺二十三卷），而七十卷以下完然具存，正可补寮本之缺。且必有佚文出罗钞之外者……

正是因为从傅增湘至赵万里均语焉不详，所以过去大家都下意识地认为，该影印本中卷十七至二十之底本都是刘氏旧藏。现在通过此三残卷与影印本比对，可知实际情况并非如此。影印本之底本实际上主要是食旧德斋本，但其中破损严重者，都已经用图书寮本予以调换。

据卢康华《宋龙舒本〈王文公文集〉影印的出版史料》一文（《新宋学》第9辑）披露，在卢氏自藏的关于中华书局上海编辑所影印《王文公文集》的资料中，有一份这样写道：

> 赵万里同志见告：这批玻璃片是傅增湘后裔傅忠谟先生所有。经赵同志介绍，我处派伊见思同志与忠谟先生联系，结果，傅同意玻璃存片借给我局印刷出版，由他备具书面给北京图书馆请将存片交我局；同时，他对我局提出四点意见：（一）此王文公集原缺一册……

这里所言的"原缺一册"，语焉不详，过去不明所指。现据该书实际残存状况分析，可知系指与食旧德斋原藏相较，现存之书少了一册。也就是说，现在新发现这三卷，是在当时傅增湘为之摄影之后不久，就与卷十九一起丢失了。即此本的卷十七至二十，在1931年傅氏拍摄完成之后不久，就已经与上博现在所藏部分散失了。且这四卷本来应该是一册。

又有可言者，当年此书存于食旧德斋之初，或许尚为宋代原装，也就是如赵万里在《宋龙舒本王文公文集题记》中所说"蝶装广幅，纸莹墨润"。但赵万里本人显然是没有见过原书的，他的这一说法，不知所自，很有可能是想当然耳。现在上海博物馆所藏《王文公文集》，散叶分装于十五盒之内，并未装订。过去一直以为之所以被拆成散叶，是当年影印《宋人佚简》拍摄之需而致。但从这次新发现的三卷残本也是散装的情况来看，显然拆装并非拍摄《宋人佚简》时候所为，因这三卷在影印《宋人佚简》时早已遗失。故其拆装，很有可能是在傅增湘当年拍摄之时。而包括这次新发现的三卷在内的那一册，就是在拆装之后才遗失的。另外，赵万里说此书原本蝶装，所言或指成书之初，因为上博现存之卷与这次新发现的三卷，都存有装订之孔。也就是说，即便此书曾经是蝶装，也早经改装为线装了。

龙舒郡本《王文公文集》初刻于南宋高宗绍兴初年，后来高宗在位期间曾经修版。现存《王文公文集》，无论是上海博物馆，还是日本宫内厅所藏部分，以及这次新发现的三卷，事实上都是后印本。虽然用纸不同，但印刷显然基本是在同一时期。这一点，根据影印本中日双方所藏部分刻工并无明显差异，且以卷十七、十八、二十为例，日藏本的刻工与此次新发现的三卷完全相同可证。宋版书向来有"字大如钱，纸白如玉"之誉，此书就是其中典型。但很明显现存之本都有多处补版，只是其原刻、补刻均在高宗时期，避讳字相同，很难判断出哪些是原刻、哪些是补刻。但由此却能引发一个新的问题，即此书既然在短短数十年内就曾经补刻，说明当时的印刷量甚大，而竟流传如此之稀少，实在令人不解。现存之杭州本卷第一百末有王安石曾孙王珏题后曰：

> 曾大父之文，旧所刊行，率多舛误。政和中门下侍郎薛公，宣和中先伯父大资皆尝被旨编定。后罹兵火，是书不传。比年临川、龙舒刊行，尚循旧本。珏家藏不备，复求遗稿于薛公家，是正精确，多以曾大父亲笔、石刻为据，其间参用众本，取舍尤详。至于断缺，则以旧本补校足之。凡百卷，庶广其传云。绍兴辛未孟秋旦日，右朝散大夫、提举两浙路常平盐茶公事王珏谨题。

王珏所言的"临川"本，就是他刊刻的底本。所言的"龙舒"本，按道理就是此本，据其所言，应该是曾经作为参校本的。但据赵万里影印本前言，在比较过杭州本与龙舒郡两本之后发现："龙舒本凡百卷，卷数与杭本同，诗文都按体分类编次……与杭本先诗后文编次迥异。龙舒本内容和薛昂初编本比较接近，在编法上有其独特之处。"又说："两本互勘，除篇题和字句间的异文层见迭出，应细加抉别，择善而从，或两存外，还有以下两种情况：一、两本脱文，可互为校补……二、两本佚篇，可互为缉补。"所以，岛田翰曾言："则此书（龙舒郡本）高宗时依薛本所入梓也，并王珏所未见矣。"那么，王珏是否确实参考过此本？如果没有参考，是否说明此本在当时就难得？如果曾经参考，则为何其中出入如此之大？凡此等等，都需要进一步研究。

另外，关于这三卷书背的简札与文书，与已经影印出版的《宋人佚简》内容一贯，形式相同。如卷二十第十二叶、第四叶书背，均存"……照会，谨状。绍兴三十二年十二月　日，专匠蔡青、胡僎。右文林郎司法参军专一提点酒务汪舜举"等内容，都是绍兴三十二年十二月的舒州在城酒帐，这些酒帐是关于当地酒务卖酒和衙西店卖酒的会计报告。《宋人佚简》中，收录这类文书二十一件，其中十三件完者。此两件一则显然只是酒帐的最末叶，若经仔细比对，或者可与现存者璧合。另一则较为完整。两者皆反映了当时地方酒务方面的一些规章制度，如所谓"专匠"，当系掌握酒榷的由地方小官吏充任的"专知"和酒务工作人员"酒匠"的合称。结合其他酒帐，可知这里的蔡青就是酒匠，而胡僎则是专知，两者并举，可以想见作为酿酒的技术人员，酒匠的地位还是较高的。这些酒帐都是格式化文书，但因是日帐，故每天都须登记上报。《宋人佚简》中，收录有与当地小官吏充任的在城酒务主要负责人"专一提点酒务汪舜举"相关者，始自绍兴三十二年（1162）十二月十六日，直到隆兴元年（1163）的正月，共计十多件，与此次新发现的这两件，可以互相补充。而这批留有日期的酒帐，还有一个重要作用，就是说明了这批公文纸的形成时间，大概截止于隆兴元年。也就是说，这部龙舒郡本《王文公文集》，最早印刷时间不会早于隆兴元年上半年。龙舒郡的所在，赵万里先生以为："即今安徽舒城，宋时属淮南西路庐州，南境与舒州接壤。"不过，顾廷龙先生在《宋人佚简》序言中，则依照钱大昕判断利用湖州公文纸所印《北山录》为吴兴官刻本之例，认为就是舒州。李伟国先生则根据这部书背上的简札内容，也得出相同的结论：

　　……舒州太湖县知县管钘致向信："龙舒五邑，唯皖邑极难料理"。当

时舒州辖下，有怀庆、桐城、太湖、宿松、望江五县。从中得知，南宋初
人以舒州为古龙舒地，并无疑义。《王文公文集》称龙舒本，刻于舒州，亦
确切无疑。

这批公文纸上，既然皆钤有"向氏珍藏"之印，说明这批公文纸是由当时的舒
州主官向沟自行收藏的，除非特殊情况，别人不太可能有机会获取。再据嵇曾
筠《（雍正）浙江通志》卷一百十五：

向沟，开封人……（隆兴二年闰十一月）二十八日，诏右朝请大夫、
直秘阁、提举淮东路常平茶盐公事向沟，可特降两官，以沟乘军事之际，
托出巡为名，擅离置司所月馀故也。

也就是说，在隆兴二年（1164）下半年时，向沟已经自舒州任上离职，转任苏
州提举淮东路常平茶盐公事。皇祐三年（1051）到至和元年（1054）间，王安
石曾经任职舒州通判。舒州所以刊行王安石之诗文集，是因此系王氏旧游之
地。而向沟与王安石一族，也有着千丝万缕的联系。向沟之父子莘，为曾布之
婿。曾氏为王安石姻亲，又经王提携，亦曾任职舒州。故而在向沟离任之际，
以本地旧刻《王文公文集》作为离职纪念，也是非常符合常情的。而匆促之际，
以任内珍藏的公文纸来印刷文献，显然是最佳方案。如果此说成立，则现存这
部《王文公文集》当即印刷于隆兴二年年末之时。另据华东师范大学顾宏义教
授推测，还有一种可能就是向沟在离职之时，将其所藏的这批公文纸寄存于当
地的军资库中。时过境迁之后，有人重印此书，便以库中所存之旧纸印刷。这
个假设也可以很好地解释纸上"向氏珍藏"一印毫无规律随意乱钤的现象。如
果真是如此，那此书的印刷则要更晚一些。不过，无论是这两种情况中的哪一
种，这部书印刷于南宋时期是毫无疑问的。

　　总而言之，三卷食旧德斋旧藏龙舒郡刊南宋公文纸印本《王文公文集》的
发现，是古籍版本学界的一件大事，不仅可以深化对王安石著作的相关研究，
同时在宋代版本研究、历史研究和文献研究方面也具有重要的意义，这些都有
待于我们今后的持续探索。

南宋宋器之《梅花喜神谱》年谱[*]

  国人向以梅兰竹菊并称为"四君子"，然夷考其名世之缘起，则各各不同，兰则肇自屈平子，竹则肇自王子猷，菊则肇自陶元亮，盖代有所兴，非同时并起者，而以梅为最晚。寒梅之为士称颂，粤自有宋林君复。君复尝有句云："疏影横斜水清浅，暗香浮动月黄昏。"自此而还，天水一朝士大夫多有属意梅花，以自譬高洁者，梅之入诗入画，渐次夥颐。然以梅之写照付之梨枣，借木刻版画传梅花之神韵、写作者之胸臆者，则首推苕溪宋器之。器之此帙，自梅之蓓蕾而至就实，卷分上下，绘作百图，媵之以诗，端属别开生面。中华之有版画，非自此谱始，然以诗附画，以画配诗，诗画互见，相辅相成者，窃疑亦实器之启之。故此谱不惟梅苑之珍品，亦为诗坛、画林之创格，洵可宝若球琳，珍如拱璧。复以版刻而论，宋椠《梅花喜神谱》自来传世綦罕，天府草野，绝无人道。自清初钱曾《读书敏求记》著录以来，方为世人瞩目，惊为铭心绝品，现存之本则更以屡经名家递藏题咏而蜚声宇内。然如此佳帙，竟研究乏人，至今仅寥寥数篇文字为之弘扬，与其书之价值殊不相称。今既承乏典司之职，乃不揣浅陋，谨师其命名之法，草此年谱，以为表彰。所以云者，"喜神"本言人之写真，年谱本为人之行实，今同以描摹物类，故得相拟。为书作谱，前此尚未有闻，有之，则自兹发端。姑出以质同好，倘得谬许，则将陆续为之可耳。

南宋嘉熙二年戊戌（1238），湖州宋伯仁侨居杭州西马塍后，"以闲工夫作闲

---

  *本文蒙上海博物馆孙慰祖研究员代为辨识印章，同门东北师范大学副教授王立民博士代检《缘督庐日记》，皆所心铭，特致谢意。

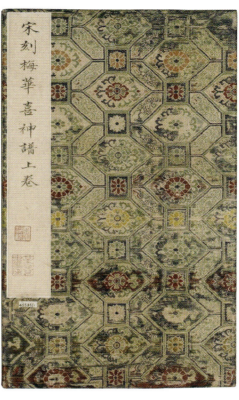

南宋景定二年（1261）刻本《梅花喜神谱》

事业"，杭梅数百，择其百幅，各配五绝，成《梅花喜神谱》二卷。

　　按：宋伯仁（1199—？）字器之，小字忘机，号雪岩，湖州人。小传又见下文黄丕烈跋文所引。

　　《钦定四库全书总目》卷一百六十四"集部"十七"西塍集一卷"条："编修汪如藻家藏本。宋宋伯仁撰。伯仁字器之，湖州人。嘉熙中，为盐运司属官，多与高九万、孙季蕃唱和，亦江湖派中人也。是编卷首题'雪岩吟草'，下注'西塍集'。又《寓西马塍》诗题下注云：'嘉熙丁酉五月二十一日，寓京遭蒸，侨居西马塍。'其曰'西塍'，盖由于是。是《雪岩吟草》乃全集之总名，《西塍》特集中之一种。厉鹗《宋诗纪事》称伯仁有《雪岩集》、《马塍藁》，分为二编，已误。又以'西塍'为'马塍'，益舛其实矣。其诗有流丽之处，亦有浅率之处，大致不出四灵馀派。自序称随口应声，高下精粗，狂无节制，低昂疾徐，因势而出，虽欲强之而不可。足知其称意挥洒，本乏研练之功，然点缀映媚，时亦小小有致，盖思清而才弱者也。陈起《江湖集》中已列其目，此其单行之本，今亦别著于录焉。"

　　《钦定四库全书总目》卷二百"集部"五十三"烟波渔隐词二卷"条："《永乐大典》本。宋宋伯仁撰。伯仁有《西塍集》，已著录。其书盖作于淳祐元年，取太公、范蠡、陶潜诸人，各系以词一首。又有潇湘八景、春夏四时景，亦系以词。调皆《水调歌头》也。后附《烟波渔具图》，凡舟笛蓑笠之属，各系以七绝一首。绝句小有意致，词殊浅俗。"

　　《千顷堂书目》卷二十九著录："宋器之《雪岩诗集》一卷。又《西塍集》一卷。"

　　宋程公许撰《沧洲尘缶编》卷十二《题宋器之烟波图》："万顷烟波一钓翁，玄真心事偶相同。平生我亦轻轩冕，分取苕溪半席风。"

　　陆心源《仪顾堂集》卷十三《湖州府志人物传·文学》中，亦有伯仁小传，可参看。

嘉熙二年戊戌（1238）八月六日，处州靖逸叶绍翁为作跋。

约嘉熙二年戊戌，常州容堂向士璧君玉为作跋。

　　按：此嘉熙二年原刻本已失传。

南宋景定二年辛酉（1261），婺州金华双桂堂重刊。

按：今传世宋本有重刊序，且序后有"婺州金华赵府双桂堂"方形牌记。双桂堂，当系其时书坊堂号，其他不详，是否尚有他刻，亦不详。

宋末元初，今传世宋本曾为藏家钤"京兆刘氏世家"朱文方印。又钤"绍兴旌忠褒节之家"碑形印及"南坡"朱文鼎形印。

按：鲍刻卷末吴湖帆题识云："宋刻原本今藏吾家，'绍兴旌忠褒节之家'一印钤于原本，盖亦元人物也。"又据上海博物馆孙慰祖先生说，

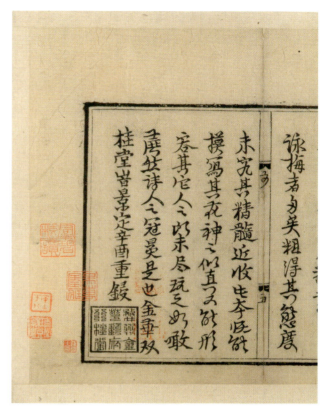

金华双桂堂重刊序

"京兆刘氏世家"系宋末印风，"南坡"印则呈元初印风。今上海图书馆藏南宋孝宗时浙中刻本《汉丞相诸葛忠武侯传》一卷，亦经明苏州文氏递藏，此三印俱存，则此三印或为同时同藏家所用者。

明，曾藏于长洲文徵明百窗楼三世。

按：卷中"文印徵明"白文方印、"徵仲"朱文方印，皆系明长洲文徵明印信。"文印元发"白文方印、"子悱"朱文方印、"文子悱"白文方印、"湘南"白文方印，皆系衡山长子彭之次子文元发之印信。又有"文武世家"白文方印，当亦系文氏所有。

明末清初，自文氏散出，归长洲卫泳藏弆。

按：卷中有"嫩僊"白文方印、"卫泳之印"白文方印、"嫩僊"朱文小长

方印、"永叔父"白文方印、"永叔父"朱白文小方印。又有仿汉印"卫安成"白文方印、"闲窗清玩"白文方印、"贞赏"白文方印、"永寿"白文方印，疑皆为卫氏所有。

《钦定四库全书总目》卷一百三十二"子部"四十二"枕中秘无卷数"条："浙江汪启淑家藏本。明卫泳编。泳字永叔，苏州人。清初王晫《今世说》曰：'吴门之有永叔兄弟，犹建安之有二丁、平原之有二陆，时人号称双珠。'其弟著作今未见。是编仿马总《意林》之体，采掇明人杂说凡二十五种，曰闲赏，曰二六时令，曰国士谱，曰书宪，曰读书观，曰护书，曰悦容编，曰胜境，曰园史，曰瓶史，曰盆史，曰茶寮记，曰酒缘，曰香禅，曰棋经，曰诗诀，曰书谱，曰绘抄，曰琴论，曰曲调，曰拇阵，曰俗砭，曰清供，曰食谱，曰儒禅，皆隆、万以来纤巧轻佻之词。前列凡例二十五则，题曰'致语'。考宋代教坊乃有致语，而泳取以自名，尤可异之甚矣。"又乾隆四十八年甲辰（1783）仲春震泽杨复吉跋《悦容编》云："《悦容编》之载于快书者，易名《鸳鸯谱》，又有枕函小史评林本，首标长水天放生辑，俱不载撰人姓氏。《因树屋书影》指为梁溪叶文通所作，然亦拟议之辞。初无灼见，间考《绿窗女史》，则署名吴下卫泳，其次序详略，互有异同，究未知孰是也。今春购得懒仙《枕中秘》二册，内有是编，因据以录入丛书。懒仙字永叔，吴中韵士，顺治甲午岁，尝选刊《古文冰雪携》，皆幽奇苍古、味在咸酸外者。"据此，则泳系明末清初之人。所辑《枕中秘》二十二卷之馀，又辑有《古文小品冰雪携》六卷、《名文小品冰雪携》六卷、《名文小品冰雪携二刻》六卷、《冰雪携三选稿》不分卷。

清初，常熟钱曾《读书敏求记》曾著录宋本《梅花喜神谱》。

按：《读书敏求记》赵刻本中无《梅花喜神谱》条，此条系仪征阮福首据黄丕烈藏抄本《读书敏求记》补入其所刊小琅嬛仙馆本，后之刻本皆据阮本增收此条，入"艺术类"。其著录文字见下文黄丕烈跋文所引。又钱曾《也是园藏书目》卷五"子部·画录类"亦著录此书，云"宋伯仁《梅花喜神谱》二卷"。此述古堂旧藏本今佚，参下文所引黄丕烈跋文。又据孙从添《上善堂宋元板精钞旧钞书目》云："宋板《梅花谱》二本（钱遵王藏本，有元人跋）。"亦可知其与今传宋本非一。

约乾、嘉间，苏州五柳居陶氏以宋本售于某王府，获赠京米十挑、鱼肉一车。

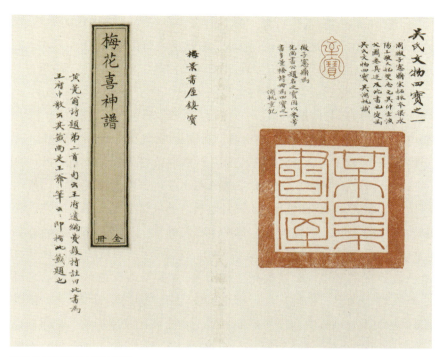

卷前书名题签及吴湖帆题记

今宋本卷前存某邸楷书题签"梅花喜神谱　全　册"。吴湖帆旁题云："黄
荛翁诗题第二首首句云'王府遗编费护持'，注曰'此书为王府中散出，其签
尚是王爷笔'云云，即指此签题也。"

按：清李文藻《琉璃厂书肆记》云："又西为五柳居陶氏，在路北，近来
始开，而旧书甚多。与文粹堂皆每年购书于苏州，载船而来。五柳多璜川吴氏
藏书，嘉定钱先生云，即吴企晋舍人家物也。"五柳居主人陶正祥，雍正十年
（1732）生，嘉庆二年（1797）卒于京师，年六十六。苏州人氏，字庭学，号
瑞庵，尝于京师及吴门设五柳居。殁后，子蕴辉（珠琳）承继其故业，与黄丕
烈颇善。

**嘉庆六年辛酉（1801）二月中旬，吴县黄丕烈购宋本《梅花喜神谱》于京师
文粹堂。**

黄氏藏印有："宋本"椭圆朱文印、"士礼居藏"白文方印、"复翁"白文方

印、"黄印丕烈"白文方印、"百宋一廛"白文长方印等。（书中题跋前后之钤印，即径录于题跋之后。他处之钤印，则录于印章主人首见之处。）

按：李文藻《琉璃厂书肆记》云："又西而南转，沙土园北口路西有文粹堂金氏，肆贾谢姓，苏州人，颇深于书。"

六月初，黄丕烈首跋其所购宋本。

黄丕烈跋云："余辛酉春计偕北行，与同邑顾南雅、夏方米同伴。将行之日，嘉定瞿木夫画梅以赠。余装潢成册，置箧中，将属人题咏也。既而海宁陈仲鱼来附舟。舟行至枫桥，袁绶阶载酒送别，并折庭梅为探花兆。因以'聊赠一枝春'分韵赋诗，正乐事也。出关至扬州，于风雪中，南雅画梅共四幅，其一即取绶阶赠梅之意，为思故人，俱写诸木夫画册上。同人相与题咏，目之曰'梅花字字香'，亦可谓好事矣。二月中旬，抵燕台，即从琉璃厂遍索，未见书。适于文粹堂书肆得宋刻《梅花喜神谱》，非第快奇秘之获，且喜与瞿、顾两君之画有若相缘者，抑何巧耶！遂重约同行四人题咏，余得七言绝句四章，其末云：'羡杀西湖旅寓中，得来棋谱宋雕工。今番艺术搜奇秘，欲傲虞山也是翁。'盖遵王所得异书，有为刻本《读书敏求记》未载者，如李逸民《棋谱》，外间多不及知，余所藏精抄足本独有之，故诗语及之。归家检抄本《敏求记》，于'艺术门'有云'宋伯仁《梅花喜神谱》二卷'，跋语甚详，亦是景定辛酉刻本，始叹述古藏弄多惊人秘笈，信非虚语，而前所云欲傲者，古人有知，余当为其所笑尔。爰志颠末，以纪翰墨因缘如是如是。时嘉庆辛酉六月初七日，黄丕烈跋。"跋前钤"士礼居"朱文小方印，后钤"黄丕烈"白文方印。

黄丕烈手录《读书敏求记》云："附录《读书敏求记》：'宋伯仁《梅花喜神谱》二卷。潜溪先生云，古人鲜有画梅者，五代滕胜华始写《梅花白鹅图》，而宋赵士雷继之，又作《梅汀落雁图》。厥后，丘庆馀、徐熙辈皆传五采。仲仁师起于衡之花光山，怒而扫去之，以浓墨点滴成墨花，加以枝柯，俨如疏影横斜于明月之下。逃禅老人杨补之又以水墨涂卷出白葩，尤觉精神雅逸，梅花至是益飘然不群矣。潜溪详画梅之原如此。伯仁字器之，刻此谱于景定辛酉。自称每至花放时，徘徊竹篱茅屋间，满肝清霜，满肩寒月，谛玩梅之低昂俯仰，分合卷舒，自甲坼以至就实，图形百，各肖其名，系以五言断句。是书颇能传梅之远神，惜乎潜溪未及见之，一为评定也。予昔有诗云：笛声吹断罗浮

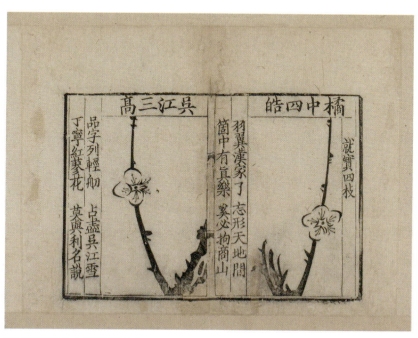

橘中四皓

就實四枚

羽翼漢家丁　忘形天地間

簡中有真樂　奚必拘商山

吳江三高

品字列輕舠　占盡吳江雪

丁寧紅蓼花　莫與利名說

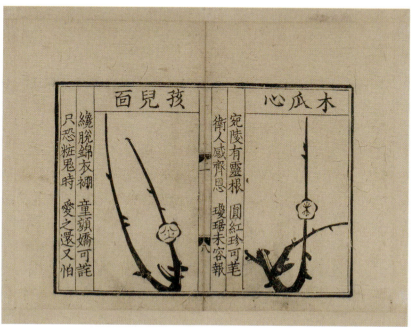

木瓜心

宛陵有靈根　圓紅珍可玩

衛人感齊恩　瓊琚未容報

孩兒面

繞脫錦衣褪　童頭嬌可詫

只恐粧鬼時　愛之還又怕

二八

《梅花喜神谱》内叶

月，管领梅花到鬓边。今观此谱，如酒阑梦觉，月落参横，翠羽啾嘈，只馀惆怅而已。' 装成重展，始知末四行误低一字，不及更正矣。"下钤"读未见书斋收藏"朱文长方印。

黄丕烈又跋，未标年月，姑系于此，文云："读画斋新刻《群贤小集》，皆南宋时人，内有《雪岩吟草》一卷，为苕川宋伯仁器之叟著。余检阅至是，喜出望外，谓可得伯仁之履历也。盖余所收《梅花喜神谱》，不特其书世莫之知，即著书之人亦未有知其详者。今得此《雪岩吟草》，乃快然相悦以解矣。卷端自序云：'伯仁学诗出于随口应声，高下精粗，狂无节制。'兹以谱中所题古律证之，与序语都合，其真以诗陶写性情、随其所长而已者耶？卷后叶绍翁跋，作于嘉熙二年。而《吟草》中有'嘉熙戊戌家马塍稿'、'嘉熙戊戌复游海陵稿'、'嘉熙戊戌己亥马塍稿'。稿中《岁旦》一首，注云'己亥嘉熙三年'，则嘉熙二年为戊戌。此谱之作，当在侨居西马塍后，以闲工夫作闲事业，意盖有所感尔。卷中诗有咏梅者二首，其《瓶梅》云：'南枝斜插右军持，瘦影参差落砚池。莫道人家窗户暖，等闲忘却陇头时。'其《问梅》云：'痴风滚滚送寒来，竹里人家总未开。唯有老严心事苦，瘦筇敲雪问梅腮。'亦可知雪岩之于梅花固有相赏独深者已。至于伯仁梗概，见于《乌青文献》，刻《吟草》者别记一纸附之，名曰传略，今悉传录于左，茗圃。"

黄丕烈手录伯仁传云："宋伯仁字器之，号雪岩，苕川人。举宏词科，历监淮扬盐课。器之锐意功名，有击楫之慨而禄位不显。事已难为，故语多慷慨，然能出之以和易，自然流迈而无叫嚣之气，自谓'随口应声，如败叶翻风，枯荷闹雨，低昂疾徐，因势而出。'盖实录云。"

又跋云："雨窗岑寂，书前跋毕，因用《雪岩吟草》中《瓶梅》、《问梅》二诗韵作二绝句，以补跋语所未备云：'王府遗编费护持，（此书为王府中散出，其签题尚是王爷笔。）重搜故纸付装池。（装工有宋纸条，今取之以副四围。）书林佳话传闻得，尚说长安担米时。（此书原由五柳居归于王府，赠以京米十挑，鱼肉一车云。）''神物无端去又来，百窗楼畔卷重开。（书为文氏旧藏，百窗楼在高师巷，与余居相近。）更奇雕版年辛酉，喜得相逢笑满腮。（此为景定辛酉重雕本，与余收藏之岁适合。）'黄丕烈草。"下钤"荛圃"朱文方印。

按：以上黄跋中华书局民国十七年（1928）《梅花喜神谱》影印本俱收录，

雨牕岑寂書前跋畢因用雪岩吟草中瓶梅問梅二詩韵作二絶句以補跋語所未備云
王府遺編費護持重搜故紙付裝池書林佳話傳聞得尚説長安擔米時
神物無端去又來百牕樓畔卷重開更奇雕版年辛酉喜得相逢笑滿腮
黄丕烈草

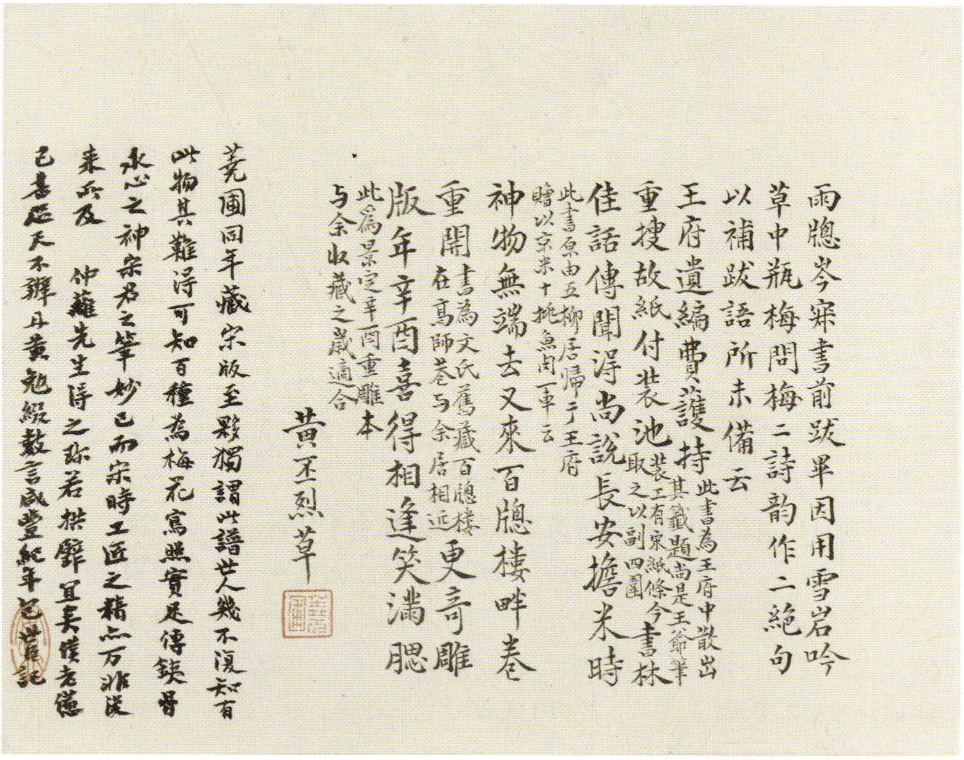

黄丕烈跋文

且皆可见于上海远东出版社版《荛圃藏书题识》。

又黄氏《荛圃藏书题识》卷五“《忘忧清乐集》不分卷宋刻残本”条称：“去春客都门，收得宋伯仁《梅花喜神谱》二卷，虽未必述古旧物，然与遵王所云此谱刊于景定辛酉者适合，不啻获一珍珠船也。”又黄氏《百宋一廛书录》曰：“是书曾载《读书敏求记》，而兹为文徵仲旧物，不知何时散失，反于京师琉璃厂得之，真奇事也。”又其《求古居宋本书目》亦著录云“《梅花喜神谱》二册”。

十一月五日，嘉定钱大昕跋黄藏宋本于苏州紫阳书院。

钱氏跋文云：“谱梅花而标题系以‘喜神’者，宋时俗语谓写像为喜神也。嘉庆辛酉十一月五日，竹汀居士钱大昕假观于紫阳书院之春风亭，时南枝已有蓓蕾矣。未知今生当看几度梅花否？”下钤“钱印大昕”白文小方印、“钱竹汀”朱文小方印。

按：此跋中华书局民国十七年影印本收录。

又《竹汀居士日记钞》卷一：“读宋伯仁《梅花喜神谱》，景定辛酉金华双桂堂重镌本。前有伯仁自序，自称雪岩耕田夫。后有向士璧后序及嘉熙二年叶绍翁跋。盖初刻于嘉熙戊戌，重镌于景定辛酉也。其谱蓓蕾四枝、小蕊十六枝、大蕊八枝、欲开八枝、大开十四枝、烂漫二十八枝、欲谢十六枝、就食六枝，凡百图，图后各缀五言绝一首。题曰‘喜神’者，盖宋时俗语以写像为喜神也。”

按：据跋文，知此则日记当作于本日。又日记有道光间诸城刘喜海批云：“长塘鲍氏刻于知不足斋。”

十二月初四日，阳湖孙星衍于黄氏读未见书斋观宋本并跋。

孙氏跋文云：“嘉庆六年辛酉十二月初四日，访荛圃于读未见书斋中，观《武经总要》《华阳国志》影宋本及此谱。新刻《建康志》以辛酉年成，原书亦刻于景定辛酉。荛圃辛酉年得此书，亦谓与刻书之年适合。翰墨之缘，固有数也。阳湖孙星衍书。”下钤“孙印星衍”白文方印。

按：此跋中华书局民国十七年影印本收录。

约嘉庆六、七年（1801、1802）间，阳湖洪亮吉跋宋本于黄氏士礼居。

洪氏跋文云：“余将放舟至吴门，偶于间坊中得宋末郑所南井中《心史》，爱其吟梅诸绝冷峭异常。今观宋器之《梅花谱》，又在所南之前，诗笔疏放亦略相似，皆南宋中逸格也。更生斋居士洪亮吉跋于士礼居。”

按：此跋中华书局民国十七年影印本收录。

嘉庆七年壬戌（1802）八月初四，阳城张敦仁题黄藏宋本观款。

张氏题云：“壬戌八月初四，阳城张敦仁观。”

按：此题中华书局民国十七年影印本收录。

九月二十七日，钱唐吴锡麒题黄藏宋本观款。

吴氏题云：“壬戌九月二十又七日，钱唐吴锡麒观。”

按：此题中华书局民国十七年影印本收录。

嘉庆十二年丁卯（1807）三月十日，洞庭钮树玉、休宁戴延介同观黄藏宋本。

钮氏题云："丁卯三月十日，洞庭钮树玉观。"

戴氏题云："绿华戴延介同日观。"

按：此两题中华书局民国十七年影印本收录。

十二月二十四日，山阴李尧栋观宋本于黄氏百宋一廛。

李氏题云："丁卯醉司命之日，山阴李尧栋观于百宋一廛。"

按：此题中华书局民国十七年影印本收录。

约嘉庆十二年后，黄氏姻亲吴县袁廷梼以士礼居所藏宋椠影钞二本，一赠扬州阮元，一自藏五砚楼。

按：袁氏两本所钞年月不详，然阮元进呈此书编入《宛委别藏》续编，则其断非嘉庆十二年首进之四十种之一，而当为嘉庆十三四年间所进者。又《宛委别藏》所收各钞本款式略同，则袁氏当系遵阮氏之托，依嘉庆十二年已进之本款式而钞，且藉此之便，自留副本。

约嘉庆十三、十四年（1808、1809）间，阮元进钞宋本《梅花喜神谱》等四十种于内府，为《宛委别藏》续编。

按：此系影钞本。原本原藏北京内府毓庆宫，后转藏养心殿，今存台北故宫博物院。有1981年台湾商务印书馆影印本，1988年江苏古籍出版社翻印台湾商务印书馆本。

阮元《揅经室外集》卷一《梅花喜神谱二卷提要》："宋宋伯仁撰。伯仁字器之，湖州人。所著有《西塍集》一卷，《四库全书》已著录。此书《宋史艺文志》及诸家书目皆不载，惟钱曾《述古堂书目》有之。写梅花百图，上卷分五类，一蓓蕾四枝，二小蕊十六枝，三大蕊八枝，四欲开八枝，五大开十四枝。下卷分三类，一烂漫二十八枝，二欲谢十六枝，三就实六枝。每图各缀五言绝句。曰'喜神'者，殆写生意。考伯仁于嘉熙中曾为盐运司属官，故末首云'商鼎催羹'。其平日多与高九万、孙季蕃唱和，自号雪岩耕田夫。所吟亦见于陈起《江湖小集》。《千顷堂书目》并载其《烟波图》一卷，盖江湖派中人也。兹从宋板影钞。前有伯仁自序，后有向士璧、叶绍翁序跋。书初刻于嘉熙戊戌，此其景定辛酉金华双桂堂重刻之本也。"

嘉庆十六年辛未（1811）秋，松江古倪园沈氏以五砚楼主人袁寿阶手模《梅花喜神谱》重刊新本成。

封面题名下，有"宋本重刊"字样。

牌记有"嘉庆辛未云间古倪园沈氏用影摹宋本重雕"及"侨吴七十老人魏塘夏天培镌"。

按：是本较诸原宋本版式稍有改观，详见下引黄裳跋文。卷中又摹刻有"廷寿手模"阳文方印、"五砚楼图书记"阳文长方印、"袁仲引生"阳文方印、"静好楼"阳文方印、"绮云澧香夫妇印记"阳文长方印、"沈恕"阴文小方印、"赏雨书堂"阴文长方印、"铁夫鉴审"阴文方印诸印，正可见此本付印底本之来源及刊印主事之人。黄裳跋云，"此本所存题词及莪翁刊书跋、王铁夫夫妇二跋皆独见此册"。

是秋，举中吴吟课，昆山徐云路懒云、吴县李福子仙、吴县董国琛琢卿、休宁戴延介竹友等各为赋词，题沈本册中。

题记云："五砚楼主人手模《梅花喜神谱》，松江古倪园为镌新本。谱系宋伯仁手定，今藏求古居。伯仁嘉熙时人，著有《雪岩吟草》，见《南宋群贤集》。辛未秋，续举中吴吟课，填词纪事，调寄《探春漫》。"

徐氏题词云："劫后飞琼，蠹馀剩粉，仙姿依旧明秀。寸拗珊枝，分妆宫额，尽许寒消九九。漫拟广平赋，认五字、吟成香口。唤回鹤梦空山，较量清盈肥瘦。　谁赏丛残烟墨，只重访袁丝，荒江孤岫。峰泖生春，海苔摹艳，留取冰魂相守。一卷描神笔，更消得、疏帘清昼。珍护细囊，展时芸叶熏手。"

李氏题词云："冷影难寻，孤芳漫写，词人曾入清梦。想为传神，广平赋笔，付与后来小宋。无限临风态，浑不向、东皇衿宠。忆从妙手生春，暗香长自浮动。　惆怅袁丝老去，留淡墨一痕，藏弄珍重。宰木成荫，梅魂空返，重见芸窗清供。任尔心如铁，也胜听、玉龙哀弄。说与黄昏，愁怀花下应共。"

董氏题词云："旧月勾魂，新妆索笑，东风曾写寒碧。粉淡烟消，众香入古，认取当时颜色。似画宜春意，费基督、空山寻觅。底他作赋广平，冷琼飞上词笔。　难忘描摹女字，记此事推，瑶华留得。剩本丛残，酒人仙去，一样冰痕岑寂。清浅松波梦，恰进化、半缄凉墨。珍重卷书，芸窗如作花国。'推'下脱'袁'字。"

戴氏题词云："竹素开园，松烟捣窟，冰魂招遍亭圃。羽翠声中，额黄梦底，七百年前香古。乍展春风面，恐化朵、瑶华飞去。可怜铁石心肠，芸窗销作柔语。　　谁与深钩浅勒，恍身入琼壶，雪岩赓句。鹤背霜寒，渔汀秋冷，泪迸星妃无数。多谢云闲月，又照到、新妆眉妩。好约涪翁，一樽还酹湘楚。"

按：《探春漫》，当作《探春慢》。

十一月十三日，黄丕烈为沈氏作《影宋本梅花喜神谱跋》。

跋云："《梅花喜神谱》二卷，雪岩宋伯仁器之编。重锓于景定辛酉，此刻即重锓本也。钱遵王所得与此正同，其详见于足本《读书敏求记》中。余辛酉计偕北行，得之琉璃厂肆，奇秘之至。案宋伯仁有《雪岩吟草》一卷，刻诸读画斋《群贤小集》，其梗概见于《乌青文献》，刻《吟草》者附于后，兹不复赘。惟此谱世罕流传，余姻家袁君寿阶曾借归手摹一本，藏诸五砚楼。己巳秋，寿阶作古，拟将手摹本付梓，以表寿阶一生爱书苦心。适云间沈子绮云爱素好古，慨然引为己任，属余雠校精审，并悉摹向来藏书家图记，以志授受源流，其盛事也。雕成之日，我同人重举中吴吟课，各为填词纪事。诸君皆与寿阶生时交好，故多寓感旧之思焉。绮云谓余系藏此书之人，且董校勘之役，俾附名简末，是为跋。辛未十一月十三日，复翁黄丕烈识。"

按：此跋文见于《荛圃刻书题识》，上海远东出版社版《荛圃藏书题识》收录。

约同时或稍后，长塘鲍廷博据阮氏钞本刊入《知不足斋丛书》第二十六集。

按：阮元搜辑进呈《宛委别藏》多得鲍氏之助，则此本系据阮钞本付刊几无疑义。然此本并非影刊，其字体、版式已非原貌，即其所摹藏印，亦仅寥寥数方，故仅可传原本之内容，而不能传原本之貌。

又吴湖帆尝题自藏此本云："吴氏梅景书屋所藏副本　鲍刻。"下钤"某景书屋"朱文小方印、"吴湖帆"朱白文小方印。

又题见前引。

嘉庆十七年壬申（1812）四月七日，檇李戴光曾题黄藏宋本观款。

戴氏题云："嘉庆壬申孟夏七日，檇李戴光曾观。时是谱已重雕，俾后学得有师承。为此书庆遭逢也。"

按：此题中华书局民国十七年影印本收录。

四月十八日，长洲王芑孙及其妻曹贞秀为古倪园刊本题识。

王氏题云："老妻墨琴有季妹曰兰秀。三年前，余为骞修以归之绮云。兰秀自归沈氏，弄笔作没骨花，日有会心。绮云将广收昔贤画稿，纵其好于水墨之间，因从吾友莪翁借刊是本。殆刊成而兰秀已殂，苟悦所云'花不济春，麦不终夏'，有如是乎！'喜神'二字本出释藏《华严经》，花之在树，常不如其在纸之寿无量也。余为题后，匪啻说一偈云。嘉庆壬申浴佛后十日，楞伽山人观并识。"跋后摹刻阴文"老铁晚年书"、"王芑孙"及阳文"惕甫"三印。

曹跋云："余季妹澧香学画，故妹婿绮云借刊是本。其年，静好楼闽兰皆作双花，有并蒂者，有同心者，对花写生，是一是二。及澧香玉折，余渡泖视妆，收其残画吊之，有'好梦堕为秋后叶，归魂招向画中花'之句。今是谱刊成，而澧香不及见，绮云必有人琴之感，余亦怃然于是也。墨琴女史曹贞秀书。"跋后摹刻阳文"贞秀"、"墨琴"与阴文"写韵轩"三印。

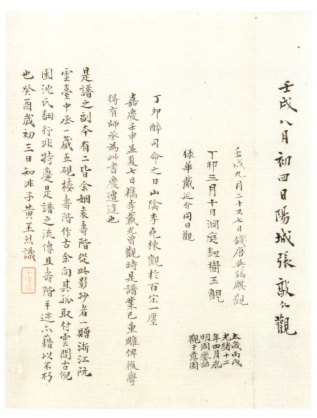

黄丕烈嘉庆十八年（1813）跋文（左）

嘉庆十八年癸酉（1813）正月初三，黄丕烈跋自藏宋本，且述二副本之流传。

黄跋云："是谱之副本有二，皆余姻袁寿阶从此影抄者，一赠浙江阮云台中丞，一藏五砚楼。寿阶作古，余向其孤取付云间古倪园沈氏翻行，非特庆是谱之流传，且寿阶手迹亦藉以不朽也。癸酉岁初三日，知非子黄丕烈识。"下钤"千顷波"朱文小长方印。

按：此跋中华书局民国十七年影印本收录。亦见于上海远东出版社版《荛圃藏书题识》。

日本文政二年（1819，时当嘉庆二十四年），海门平常德以《知不足斋丛书》本为底本，翻刻此书。

卷末有文政二年初夏念一日平常德跋文云："间尝阅宋伯仁《梅谱》，以谓是画梅家之巨绳也……人果能抚玩之，则将知画梅法则在此，亦犹匠氏必于矩绳者。于是乎表出之于鲍氏《丛书》，绣梓布世。鲍氏之书简帙重大，传播未遍，购藏其全编者甚少。此举也，盖所以不私其所好而公之于人也。"

嘉庆末年，黄丕烈以老景颓唐，所藏多售予同邑三十五峰园主人汪士钟。宋本《梅花喜神谱》当即此时售予汪氏艺芸书舍。

汪氏藏印有："汪士钟藏"白文长方印、"三十五峰园主人"朱文方印、"汪印士钟"白文方印。

按：汪士钟《艺芸书舍宋元本书目》著录有："《梅花喜神谱》，不分卷。"卷前冠同郡顾广圻道光二年（1822）序，则汪氏得书必在此前。

道光二至六年（1822—1826），乌程周中孚为慈云楼李筠嘉所聘，为撰藏书志，中有沈本《梅花喜神谱》跋文一篇。

跋云："《梅花喜神谱》二卷。云间沈氏古倪园重刊影宋钞本。宋宋伯仁撰。（伯仁字器之，号雪岩，湖州人。举弘词科，历监淮扬盐务。）《书录解题》、《通考》、《宋志》及《宋志补》俱不载，惟钱氏《读书敏求记》始载之。雪岩有梅癖，于花放之时观其自甲而芳，由荣而悴，图写花之状貌，以成是谱。上卷为蓓蕾四枝、小蕊十六枝、大蕊八枝、欲开八枝、大开十四枝，下卷为烂熳二十八枝、欲谢十六枝、就实六枝。凡百图，每图各有标目，各缀五言绝句一首。题云'喜神'者，宋时俗语以象像为喜神也。是书既能模写其花神之似真，又能形容他人之所未尽，盖图与诗已融洽而为一矣。前有雪岩自序，末有向士璧后序及嘉熙戊戌叶绍翁跋，盖初刻于嘉熙初年，至景定辛酉金华双桂堂重锓，见自序后无名氏跋。国朝嘉庆辛未，云间沈绮云借得吴门袁氏五砚楼影钞景定本手摹付梓，黄荛圃、王惕甫暨惕甫妻曹贞秀皆为之跋。又有徐云路等题词，并附录《读书敏求记》一则。《知不足斋丛书》亦收入之。"

按：此跋文见于周氏《郑堂读书记》卷四十八。

道光六年丙戌（1826），七十二芙容仙馆复刻此书，当据古倪园沈氏本所翻。

按：扉页摹刻"七十二芙容仙馆珍藏"方印，又有方形牌记云："大清道光岁在丙戌七十二夫容仙馆刊"。此本卷前伯仁序及重刊前言，皆宋体字，非若他本之为软体。又所摹原刻牌记，不惟字体、形状与原本不同，且亦略作"金华府双桂堂"。又所摹"几生修得到"阳文方印亦他本所无。

道光三十年庚戌（1850），吴估金顺甫携艺芸书舍旧藏多种至清河售予聊城杨以增，文登于昌进为之作缘，遂以宋本《梅花喜神谱》、《苏老泉集》为赠。

于昌进藏印有："进"朱文方印。

同年，于昌进以宋本《梅花喜神谱》赠其次兄昌遂，此本遂由小谟觞馆而入青棠红豆庐。

于昌遂藏印有："汉卿珍藏"白文长方印、"屏山于八"朱文小方印、"青棠红豆庐"白文方印、"于公子孙"朱文方印、"汉卿寓目"朱文方印、"尺月楼"朱文小方印。

同年，此本为画师蒋仲篱干没。

咸丰元年辛亥（1851），泾县包世臣为画师蒋仲篱题此宋本。

包氏题云："莪圃同年藏宋版至夥，独谓此谱世人几不复知有此物，其难得可知。百种为梅花写照，实足传铁骨冰心之神，宋君之笔妙已。而宋时工匠之精，亦万非后来所及。仲篱先生得之珍若拱璧宜矣。仆老惫已甚，咫尺不辨丹黄，勉缀数言。咸丰纪年，包世臣记。"下钤"安吴"朱文椭圆印。

按：此跋中华书局民国十七年影印本收录。

同年，金顺甫将此书自蒋仲篱处宛转赚回，复归于昌遂。

十月，于昌遂作跋，具陈得书始末，并倩阳湖龚丙吉代书册后。

于氏跋文云："岁庚戌，吴下书友金顺甫以百宋一廛书来售，仲氏出清俸购数十种，予分得《梅花喜神谱》一册，不啻获异珍也。旋为画师蒋仲篱攫去。婉索之，诡辞弗报。每当落月横窗，晨风引户，辄怅怅如失良友。今年顺甫复至河上，宛转赚得之，仍以归予，萧翼《兰亭》后，又增一韵事矣。乃藏之青棠红豆庐，焚鹧鸪斑吃苦茗细读一过，此身恍在罗浮梦中。自今伊始，非交深十年者不得阅此书也。咸丰纪元冬十月，斥山于昌遂识。"下钤"汉卿"朱文小方印、"昌遂"朱文小椭圆印。又有"手不知书"白文方印，当亦属汉卿所有。

按：此跋中华书局民国十七年影印本收录。

同月，阳湖龚丙吉为于昌遂此本作跋。

龚氏跋文云："汉卿得《梅花喜神谱》，爱之拱璧不啻也。无何，此册不胫而走。一年之后，展转来归。不觉狂喜，为余娓娓道之，并出跋语见示。以性不耐书，属余代书帧尾。余谓梅花得主已去复来，何异文姬返汉？韵事亦奇缘也。为之欣然捉笔，并识颠末如此。阳湖龚丙吉少卿氏题后。"下钤"丙吉"白文小方印、"少卿"朱文小方印。

按：此跋中华书局民国十七年影印本收录。

咸丰二年壬子（1852）夏四月下浣，于昌遂岳丈婺源齐学裘跋此本。

齐氏跋文云："余前年在苏台云起楼，梦至高阁中焚香细玩《梅花喜神谱》，彼时以为偶然一梦耳。谁知越二岁袁江舟次，访汉卿于尺月楼，得睹此册，展阅再四，不忍释手，古香娱人，恍如前梦，所见真一奇也。可见翰墨因缘，皆是前定。余年五十，目力全衰，得见《梅花喜神》真面，顿令眼明。聊志数语，以夸眼福。汉卿其宝藏之，勿轻示人。时咸丰二年壬子夏四月下浣，星江玉溪居士跋。"下钤"玉谿"白文方印、"齐印学裘"白文方印。又有"学裘过眼"朱文小方印。

按：此跋中华书局民国十七年影印本收录。

咸丰初，吴县潘曾莹跋于藏宋本。

潘氏跋文云："宋器之《梅花喜神谱》系景定辛酉重雕本，向为文氏所藏，后归黄荛圃丈，钱竹汀、洪稚存、孙渊如诸公皆有题跋。今归汉卿，视若拱璧，其跋中有'非交深十年不得阅此书'之语，其珍秘为何如耶！予幸睹此书，时值残暑，展玩数过，如置身竹篱茅屋，有嗅蕊、吹英、挼香、嚼粉，不啻一服清凉散也。爱题数语，以识眼福。星斋潘曾莹题。"下钤"星斋"朱文小方印。

按：此跋中华书局民国十七年影印本收录。

咸丰三年癸丑（1853）九月二十七日，吴县王复跋于藏宋本。

王氏跋文云："荛圃丈藏书数万卷，他书画名迹、珍秘奇怪无一不备。当嘉庆中叶，吴中士大夫称收藏之富，辄首言黄丈。三十年来，云烟过眼，每过滂喜园，感叹久之。是卷盖其极得意物，复垂髫时尝一见之，尔时殊不识其旨。今从汉卿案头展玩一过，因追思前辈风流，渺然不可复作，几为废卷唏嘘矣。咸丰三年九月廿七日，将之赣榆倚装书，王复。"

按：此跋中华书局民国十七年影印本收录。

咸丰六年丙辰（1856），汉阳叶氏翻刻《知不足斋丛书》本于广州督署。

卷前叶氏题云："乙卯岁十月朔，夜梦人赠一锦函，启视之，乃《梅花喜神谱》也。翌日，假诸书坊，阅帙尾为'商鼎催羹'，题句云：'指日梦惟肖，羹调天下安。'且有远祖靖逸先生跋，心甚异之。旋奉吏部咨文，长子名琛于九月十日拜协办大学士之命，又于十二月十六日复荷谕旨，正授体仁阁大学士。国恩家庆，先兆于兹，因重为摹刻，用志庆幸。并系以赞云……咸丰六年岁在丙辰春正月，汉阳叶志诜识，时就养两广督署福禄寿绵长之居。"

按：此系翻刻《知不足斋丛书》本，与鲍本相较，开本较阔，目录下多"汉阳叶氏校刊"一行，又卷尾摹"叶印志诜"阳文方印、"遂翁"阳文鼎形印各一。

同年，钱塘钱步文跋于藏宋本。

钱氏跋文云："自宋以来，咏梅与画梅者日夥，名家奇作，美不胜收，顾未有如是谱之独开生面而别有会心者。乃世顾罕知，盖亦如夏鼎商彝，未许伧父辈轻觏也。顾或疑其象有不甚类处，诗亦有未甚工处，岂知见担夫争道而可以悟书，闻瓦砾戛竹而可以证道？元著超超，固未可以刻舟求剑论矣。余幸获睹此，讵非眼福？展玩数四，不禁欢喜赞叹之无尽云。咸丰六年，钱步文。"下钤"冬士"朱文椭圆印。

按：此跋中华书局民国十七年影印本收录。

约咸丰年间，湘潭袁芳瑛曾寓目此于藏宋本。

卷中有"漱六"白文方印。

同治三年甲子（1864），仪征吴让之题于藏宋本观款。

款云："同治三年，岁在甲子，仪征吴让之观。"

按：此题中华书局民国十七年影印本收录。

同年夏，嘉兴唐翰题曾观于泰州。

周一良主编《自庄严堪善本书影》"高季迪赋姑苏杂咏一卷"条唐氏题跋："《梅花喜神谱》为吴中宋椠本之最著名者，今归文登于汉卿太守。甲子夏日，曾观于泰州寓次，亦明初宽帘竹纸印本。刻既潦草，墨色亦暗淡，余定为元翻本坊刻。"

同治十一年壬申（1872）二月初一，高要冯誉骥题于藏宋本观款。

冯氏题云："同治十一年二月乙卯朔，高要冯誉骥观。"下钤"誉骥"白文小方印。

光绪九年癸未（1883），常熟鲍廷爵翻刻沈本，收入《后知不足斋丛书》。

有牌记云："癸未仲春虞山后知不足斋鲍氏刊"。

光绪十年甲申（1884）夏，吴县徐康作《前尘梦影录》，言沈刻之详。

《前尘梦影录》卷下云："松江沈绮云所刻宋本《梅花喜神谱》，颇为博雅君子所赏鉴。沈氏家本素封，有池亭园林之胜。改七芗尝居停其处，谱中梅花，皆其一手所临，印本今尚有之。鲍渌饮刻《知不足斋丛书》，亦附刊焉。"

光绪十二年丙戌（1886），永明周銮诒观此宋本于盛氏意园。

周氏题云："太岁丙戌光绪十二年四月，永明周銮诒观于意园。"

按：此题中华书局民国十七年影印本收录。

同年秋，昌进子彤侯售此宋本于吴县潘祖荫滂喜斋。

李详《愧生徐录》卷一："宋刻《梅花喜神谱》，黄氏士礼居旧藏。《百宋一廛赋》载之。黄氏之书展转数手，售于杨致堂河帅。余友文登于彤侯之先德官南清河日为之平章，其人以是书及宋版《苏老泉集》相赠。传至彤侯，复转售于潘伯寅尚书（彤侯亲为余言）。此谱海内无二本也。"

叶昌炽《缘督庐日记》十月十六日："郋亭学使前日云，新为郑盦丈得宋刻《梅花喜神谱》，亦莈圃物，即载之《读书敏求记》者。又北宋刻《嘉祐集》、金刻《政和本草》、宋刻《读史蒙求》，直七百金。此数种出自山左于氏。余在都时久闻书估居奇，小珊、廉生诸君欲购之，俱不可得，必欲俟荥阳而后售，今果偿其愿矣。"

《滂喜斋宋元本书目》"子部"："宋板《梅花喜神谱》，二本。"

按：此书不见于《滂喜斋藏书记》。《滂喜斋宋元本书目》为宣统元年番禺沈宗畸《晨风阁丛书》本，沈氏刊书跋云："吴县潘氏宋元本书目未曾编定。此光绪乙未文勤身后其眷属南归厂肆为检点书籍时所钞，贵阳陈松山给谏田录入日记中者。宣统元年四月，罗叔言参事从给谏移录以诒畸，亟取付剞劂。"

光绪十六年（1890）十月庚寅，潘祖荫卒于位，无嗣，滂喜斋长物尽归其弟祖年所有。

光绪二十二年丙申（1896），潘氏全家南归，吴县吴郁生、长洲叶昌炽代为寓中检书，吴氏首次获睹此宋本，诧为珍秘。

光绪三十二年丙午（1906）夏四月初八浴佛日，长沙叶德辉撰叶本《梅花喜神谱》跋。

　　跋云："《梅花喜神谱》二卷。咸丰乙卯汉阳叶氏刻本。《梅花喜神谱》二卷，宋宋伯仁撰。余向有鲍廷博《知不足斋丛书》本，此则咸丰乙卯汉阳叶志诜仿宋单刻也。《南宋群贤小集》中有伯仁《雪岩吟草》，前引《乌青文献》伯仁传略：'伯仁字器之，号雪岩，苕川（人）。举鸿词，历监淮阳盐课。器之锐意功名，有击楫之慨而禄位不显。咸淳以后，事已难为，故语多慷慨，然能出之以和易，自然流迈而无叫嚣之气。自谓随口应声，如败叶翻风，枯荷闹雨，低昂疾徐，因势而出。盖实录云。'集中有《张监税新居》七律一首，此即刻桓宽《盐铁论》之张监税也。世传宋本《盐铁论》后有木记云：'淳熙改元锦溪张监税斋'，明涂祯刻本即从之出，可见二人风雅好事，为当时刻书投契之人。《盐铁论》经宋明人一再翻雕，仅存原本匡廓。此则据宋本初次翻者，不止虎贲之貌似也。志诜之子名琛，官两广总督，英人入城，劫之去印度，死还其榇，至今以为辱国。而此书即在广东督署刊行，犹题'福寿绵长之室'。岂知一场春梦，转不如此书之阅世久长。世有志诜其人，即以刻书为没世之名可乎。光绪三十二年丙午夏四月浴佛日记。"

　　又跋云："又一部。嘉庆辛未云间沈氏刻本。《梅花喜神谱》宋本，嘉庆中藏黄丕烈百宋一廛。嘉庆辛未，云间沈氏古倪园借以影刊者即此本也……取校向所藏汉阳叶氏影刻宋本，实同出一源。叶本书法图画均极精工，似不如此刻之朴厚，盖亦风气为之也。"

　　按：此两跋均见于叶氏《郎园读书志》卷六，第二跋未署年月，姑系此。次跋所云之两本"实同出一源"，不确，盖沈本出五砚楼主人手模本，叶本出鲍氏《知不足斋丛书》本。

民国辛酉正月初一（1921年2月8日），祖年婿吴县吴湖帆于潘氏滂喜斋首睹此宋本。

　　吴湖帆题云："自南宋理宗景定二年至今历十二辛酉，凡六百六十年，后茮翁所得二周甲。岁次辛酉，元旦日，吴湖帆静读一过。"下钤"吴迈"朱文小方印，又有"吴湖骊潘静淑夫妇所藏海内孤本宋椠梅华喜神谱之印章"朱文长方印。

按：此题中华书局民国十七年影印本收录。又民国以来，西历通行，兹以体例攸关，仍以旧历为次，为免歧义，谨于其后缀以相应西历，以为补充。又民国以来题者所标岁月，如非题者特别说明（若吴湖帆日记即多用新历），皆视作旧历。

正月十三日灯节（2月20日），祖年女静淑三十虚龄，从孙承厚请祖年以此宋本《梅花喜神谱》为仪。自是而还，《梅花喜神谱》转归吴氏，宝爱逾恒，遂颜其居云"梅景书屋"。

吴湖帆行书题签"梅华喜神谱二卷"，下署"吴氏梅影书屋珍藏镇宝，宋刻宋印本"。下钤"吴湖飄珍藏印"朱文方印。

吴湖帆卷前题记："吴氏文物四宝之一。周微子窑鼎、宋拓孤本《梁永阳王敬太妃双志》、元吴仲圭《渔父图卷》真迹及此书也，定为吴氏文物四宝。吴湖帆识。"又题云："微子窑鼎为先尚书公题名之宝，因以米芾书《多景楼诗册》为四宝之一。湖帆重记。"又题云："梅景书屋镇宝"。钤"某景书屋"朱文大方印、"至宝"朱文葫芦印。

吴氏藏印有："吴氏图书记"朱文长方印、"某景书屋"朱文小方印、"某景书屋"朱文长方印、"某景书屋"朱文中方印、"吴万印信"白文小方印、"某景书屋"白文长方印、"晨起望诸山"朱文椭圆印、"江南吴氏世家"朱文方印、"吴万宝藏"朱文方印、"江南吴湖飄潘静淑夫妇并读同珍之宝"朱文方印、"梅景书屋秘笈"朱文长方印、"潘静淑平生心爱之物"朱文方印、"吴氏图书"朱文长方印、"湖飄宝此过于明珠骏马"朱文长方印、"湖飄"白文小方印、"吴潘静淑"白文小方印、"吴押"朱文长方印、"十六金符斋"白文方印、"静""淑"朱文小连珠印、"某景书屋"朱文方印、"湖飄秘笈"朱文方印、"湖飄秘宝"朱文方印、"精妙世无双"白文方印、"铭心绝品"朱文方印。另有"元辅"朱文方

吴湖帆与潘静淑

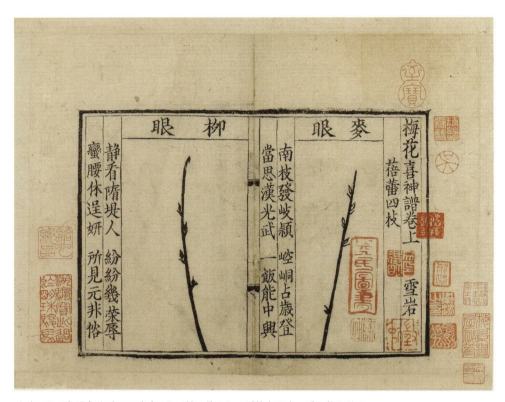

此叶可见"湖颿宝此过于明珠骏马"、"铭心绝品"、"潘静淑平生心爱之物"等印

印，又见于吴湖帆四欧堂旧藏《九成宫醴泉铭》拓本中，疑亦吴氏所有。书中又有"福仙富贵馀"白文扁方印、"大年"白文椭圆印、"何物汉子"朱文方印、"囗熟华香"朱文长方印、"如此至宝存岂多"白文方印及一金字塔形朱文押，皆未知主者。

按：吴湖帆《故妻潘夫人墓状》："辛酉，卅岁。父以《梅花喜神谱》为悦，颜吾居曰'梅景书屋'。"

又吴湖帆题词云："样翻百一，尽嗅英嚼粉，挼香吹雪。悴品荣题，一（平）点珠玑几肠裂。莫道闲中事冷，托感深、清癯吟笔。最可人、霜桂堂前，三五十分月。　　回溯春明旧梦，买鱼共换米，佳话传彻。索笑嫣然，修得前生，曾赏玉台朱阙。分厘移架流芳韵，正春满、华灯时节。照夜窗、绿萼横斜，爱说此情天阔。　　　次梦窗《暗香疏影》合调韵，题于书尾。吴湖帆。"下钤"吴湖飘"朱白文小方印、"某景书屋"朱文方印，另钤"醜簃词境"白文小方印。

按：此词未署年月，装于宋本册尾，姑系于此。又吴湖帆尝手绘折枝梅花刊印衬笺，重装此宋本为册页两本。

正月十五日元宵（2月22日），吴湖帆首跋此宋本《梅花喜神谱》。

吴氏跋文云："元旦往外家贺岁，得观此书，诧为眼福。越十二日，内子三十诞辰，外舅即以此书授女为仪。余得永永读之，岂非厚幸！与菱翁所得时同为辛酉，堪称奇遇。元宵灯下，吴湖帆题记。"下钤"吴迈"朱文小方印。

按：此题中华书局民国十七年影印本收录。

是月，潘静淑首题此宋本。

潘氏题云："先伯父文勤公旧藏宋刻《梅花谱》二册，辛酉正月灯节当予三十初度，父亲举以锡予宝之。静淑女史潘树春敬记。"下钤"静淑"朱文椭圆小印。

按：此题中华书局民国十七年影印本收录。

二月十五日花朝（3月24日），吴县王同愈为吴藏宋本题端。

篆书"宋刻梅华喜神谱"七字，下署"湖帆世兄、静淑女史伉俪宝玩。辛酉花朝王同愈"。下钤"王同愈"朱白文小方印。

民国壬戌二月（1922年3月），海宁王国维撰《两浙古刊本考》，中尝著录此书。

王氏《两浙古刊本考》卷下："《梅花喜神谱》一卷。景定辛酉金华双桂堂重锓。"

按：王氏误，此书当为二卷。

民国甲子正月初一（1924年2月5日），苏州吴梅为吴藏宋本题词。

吴氏题词云："桂堂故迹，是雪岩剩稿，苕川骚笔。（伯仁字器之，号雪岩，苕川人。此书为景定辛酉金华双桂堂本。）画取冷香，妆点孤山好春色。闲里功夫自遣，休重忆、冰天消息。（伯仁自序云，以闲功夫作闲事业，语颇沉痛。）但试看、数点幽芬，留得此瑶册。　　南国，富载籍。算侒宋艺芸，几度珍惜。（旧为菱圃、阆源藏本，后流转归滂喜斋。）百窗巷陌，鱼米长安佐清癖。（吾乡

吴湖帆、潘静淑等人题跋

王同愈题端

文徵仲旧藏此书。百窗楼在高师巷。后由五柳居人转赠某邸，得京米一挑、鱼肉一车，一时长安传为佳话。）还我吴中掌故，应付与、眉楼吟席。正论古、谁唤起，马塍倦客。（伯仁寓西马塍在嘉熙二三年间。）　调寄《暗香》。甲子元旦，湖帆、静淑贤伉俪珍赏，霜厓吴梅。"下钤"霜厓居士"朱白文方印。

同日，武进赵尊岳为吴藏宋本题词。

赵氏题词云："琼雕玉缀，认蠹尘茧纸，绝世清秘。月地云阶，玉骨冰肌，抽毫不禁芳意。参差影落南枝瘦，早付与、老岩吟事。（'南枝斜插右军持，瘦影参差落砚池'，宋伯器梅花诗语。）算离魂、清竺难招，索笑画中身世。

占取秾春几许，寿阳旧按谱，十样眉翠。莫剪冰绡，更忆宣酥，怨曲燕山亭子。苔华梓绣成今古，剩赵管、墨缘能似。付倦吟、故国王孙，一霎古情凄丽。　疏影　题宋刊《梅花喜神谱》，为湖帆、静淑伉俪珍赏。甲子元日立春，浚仪赵尊岳。"下钤"赵押"朱文长方印。卷中又有"尊岳经眼"朱文方印。

本年初，武进冯超然为吴藏宋本绘梅图、宋器之像并题。

梅图题云："宋椠《梅花喜神谱》系百宋一廛故物，荛翁生平读未见书之一种也。于汉卿尝言非深交十年不予阅此，其青箱珍秘可知。湖帆道兄以甲子岁朝立春为千载奇遇，并获此奇书出示共赏，属图简端，藉留鸿雪。我二人交契奚止十年，当不为汉卿所诃。冯超然识。"下钤"冯超然"白文方印、"太鹤溪人"朱文方印。

宋器之像题云："宋器之先生象。甲子春日，云溪冯超然枨于宋刻《梅花喜神谱》册首。"下钤"嵩山居士"朱文小方印。

民国十五年丙寅三月（1926），诸暨孙琼华观此宋本于梅影书屋。

孙氏题云："丙寅三月，过梅影书屋，静淑仁姊出观此册，属铁厓女史孙琼华题名。"下钤"孙琼花"朱文方印。

按：此题中华书局民国十七年影印本收录。

约同时，鄞县赵时枫题吴藏宋本观款。

赵氏题云："鄞县赵时枫捧观。"下钤"赵枫私印"白文方印。

按：此题中华书局民国十七年影印本收录。款无年月，以其接孙氏题后，且在高时显题之前，故姑系此。

五月，上虞罗振玉观宋本于梅影书屋并题签。

冯超然绘宋器之像

　　罗振玉楷书题签"宋椠本梅华喜神谱",下署"上虞罗振玉署"。下钤"罗振玉"白文小方印、"罗叔言"白文小方印。

　　罗氏题云:"丙寅五月,上虞罗振玉观于梅影书屋。"下钤"罗振玉"白文小方印、"罗叔言"白文小方印。

　　按:此题中华书局民国十七年影印本收录。又五月九日灯下,罗振玉曾为四欧堂藏宋拓《化度寺邕禅师舍利塔铭》题跋,则其题款《梅花喜神谱》当亦在此日。

八月十五日中秋(9月21日),吴湖帆再题宋本。

　　题云:"《知不足斋丛书》所刻此谱易题眉于画旁,卷尾摹刻'绍兴旌忠褒节之家'印,可证此册为鲍氏祖本,更证书经翻镌不复旧观之失。丙寅中秋吴湖帆识。"下钤"吴"圆朱印。

九月中旬，馀杭褚德彝观吴藏宋本，仁和高时显同观并为写梅、题记。

褚氏题云："丙寅九月，馀杭褚德彝观。"

高氏题梅图云："湖帆先生出示宋椠《梅花喜神谱》，为夫妇同珍之秘籍。属写一枝于简末，因桄谱中花式十种，仿彝斋居士。笔拙恶，恐无当大雅。野侯时显。"钤"野""侯"朱方小连珠印、"高显"白文小方印、"梅王阁"朱文方印、"五百本画某精舍"朱文方印。又有"高""显"朱文连珠印。

按：褚氏此题中华书局民国十七年影印本收录。高时显题记未署日期。然褚德彝此日又有四欧堂所藏宋拓《九成宫醴泉铭》、宋拓《虞恭公碑》、宋拓《皇甫诞碑》观款，高氏皆题同观。则高氏写梅、题款当亦即

罗振玉题签

此时。又丁卯（1927）夏五月，野侯再过四欧堂，为所藏宋拓《化度寺邕禅师舍利塔铭》题观款，则其写梅并题《梅花喜神谱》或亦即在此日。

十二月（1927年1月），高时显题自藏沈本。

高氏跋曰："宋器之《梅花喜神谱》宋刻孤本，为述古秘笈，黄荛圃得之，珍如拱璧，题咏至再。又以袁寿阶影摹本付古倪园沈氏翻雕，由是著闻于世。咸丰中归斥山于氏，既为吴县潘氏所有，什袭而藏，遂不复觏。古倪园影摹本雕印绝精，红羊劫后，流传亦极鲜，值兼金未易得也。比来藏家旧籍转鬻于肆，中有是谱，沈刻初印也，亟论直购之。不数月，晤窭斋中丞文孙湖帆公子，谓是谱宋椠本已为梅景书屋长物，装潢甫竟，跋尾有素纸，坚嘱写梅花一枝，以记雅韵。因移录诸家跋识于此册别叶，闲中省览，如睹庐山真面目矣。丙寅嘉平，适清供瓶梅，瘦蕊虬枝，正放三两花，颇似展彝斋居士画本，静对

兴然，遂记于后。高野侯书于五百本画梅精舍。"

本年，吴郁生为吴湖帆跋宋本《梅花喜神谱》。

吴氏跋文云："光绪丙申，文勤夫人谢世，全家南归。于是文恭公米市胡同百年以来京邸墟矣。余与叶侍读为之料检图书，宋元本数十种一一寓目焉。此本亦在内，缘督目为玩物，余谓世间如此雅玩亦不多耳。一瞬三十年，缘督已逝，仲午君亦弃人间，此本以归湖帆伉俪，为闺房怡神之品，诚不负此雅玩矣。老眼摩挲，欣然记此。钝叟吴郁生，时年七十有三。"下钤"钝斋"朱文小方印。

民国丁卯正月初一（1927年2月2日），潘静淑集文衡翁诗六绝以题此宋本。

潘氏题云："岩谷深居养素贞，幽花灼灼傍丛榛。天然一种孤高性，不识人

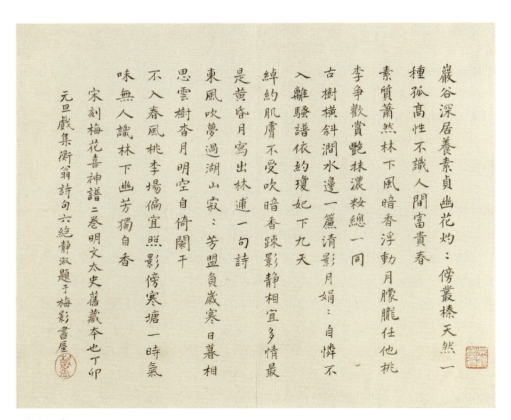

潘静淑题诗

间富贵春。　　素质萧然林下风，暗香浮动月朦胧。任他桃李争欢赏，艳抹浓
妆总一同。　　古树横斜涧水边，一帘清影月娟娟。自怜不入离骚谱，依约琼
妃下九天。　　绰约肌肤不受吹，暗香疏影静相宜。多情最是黄昏月，写出林
遣一句诗。　　东风吹梦过湖山，寂寂芳盟负岁寒。日暮相思云树杳，月明空
自倚阑干。　　不入春风桃李场，偏宜照影傍寒塘。一时气味无人识，林下幽
芳独自香。　　宋刻《梅花喜神谱》二卷，明文太史旧藏本也。丁卯元旦，戏
集衡翁诗句六绝。静淑题于梅影书屋。"下钤"静淑"朱文小椭圆印。又钤"吴
顾褒真"白文小方印。

民国戊辰六月（1928年8月），上海中华书局以高时显梅王阁所藏沈本为底本影印行世。

　　按：此本无沈氏刊书牌记，又少沈氏所摹之印若干，而多所摹后世递藏印
信若干，兹不缀录。又其版权叶注云：宋雪岩梅花喜神谱　定价大洋一元八角
（全二册）。藏者梅王阁，鉴定者高野侯。中华民国十七年六月发行，中华民国
十七年八月再版。

本年，归安朱孝臧为吴藏宋本题词。

　　题词云："暗香疏影　　碎珠一一，借粉函敛取，家林冰雪。笺留珍，不待
良金铸花骨。劫后人天岁晚，莫尽愁、灵芬销歇。算几生、风味依然，流藻入
词笔。　　何况都房旖旎，瓣香致叩叩，熏遍芸叶。展取灯宵，与媵芳尊，恰
称宜春夽帖。罗浮新月关同梦，愿双化、书丛仙蝶。倘数将、湋喜家珍，定有
外孙能说（管）。　　湖帆、静淑夫妇属题宋本《梅花喜神谱》，用觉翁自制夹
钟宫词。归安朱孝臧。"下钤"彊邨"朱文方印。

　　按：戊辰（1928）正月，朱孝臧曾为吴氏四欧堂藏宋拓《化度寺邕禅师舍
利塔铭》题观款，则其题《梅花喜神谱》或亦即在此时。又四欧堂旧藏宋拓《皇
甫诞碑》有朱氏题云："戊辰立春后十日，归安朱孝臧观。"则此处题款或亦即
在此日。又原词"笺留珍"当作"笺管留珍"，所脱之字即词末所补者。

民国己巳正月初一（1929年2月10日），吴湖帆绘《梅景书屋图》于宋本卷首并题词。

　　《梅景书屋图》题："梅景书屋　己巳春日吴湖帆仿宋院本制。"下钤"吴迈"
朱文小方印，又"某景书屋"朱文方印。

吴湖帆绘《梅景书屋图》

题词："瑞鹤仙 集吴梦窗句 洞箫谁院宇，正梁园、未雪玉阑春住。柔相系幽素，放小帘低揭，画眉添妩。铅华不御，冷香飞、红楼深处。向长安泛酒，芳筒重省，蒨时羁旅。 凝伫名笺淡墨，明月自铆，评花索句。江梅解舞，苔溪畔、记前度。伴兰翘清瘦，共归吴苑，相间金茸翠亩。甚年年春屋，围花夜温绣户。 己巳二月，《梅影书屋图》后题，吴湖帆。"下钤"吴湖飒"朱白文方印、"某景书屋"朱文长方印，又有"吴顾裛真"白文小方印。

同日，潘静淑再题词。

题云："烛影摇红 集吴梦窗词句自题《梅影书屋图》 茸屋营花，行云应在孤山畔。靓装临水最相宜，春近江南岸。唤赏清华池馆，记留连、歌尘凝扇。裁冰词笔，一幅闲情，铅香不断。 避影繁华，梅花重洗春风面。玉纤香动小帘钩，翠羽飞梁苑。共倚赟屏葱蒨，殢绿窗、星罗万卷。新诗细掏，卧篆长吟，洞箫低按。 己巳春日，书于《梅花喜神谱》册首。静淑。"下钤"吴"圆朱印、"潘静淑"朱文方印、"某景书屋"白文长方印，又有"吴顾裛真"白文小方印。

正月，潘静淑从兄吴县潘利毂题宋本于梅影书屋。

潘氏题云："己巳正月，访湖帆妹丈、静淑三妹于梅影书屋，以先从父文勤公旧藏此册见示，展读一过，移我情矣。潘利毂谨识。"下钤"臣义"朱白文小方印。

六月，吴县吴曾源、吴县张茂炯、苏州蔡晋镛为吴藏宋本题词。又慈溪冯开、番禺叶恭绰题词附。

按：四欧堂藏宋拓《虞恭公碑》有题记云："己巳六月，张茂炯、蔡晋镛、吴曾源、吴兴让同观。曾源记于四欧堂。"则三人题《梅花喜神谱》或亦即此时。

吴曾源题词："痴风峭绝，想送来滚滚，添上毫颊。莫点宫装，琼玉模糊，平章付与风月。和盐不是催羹手，笑事业、文园消渴。总未输、一片冰心，赋笔广平遥接。 谁信罗浮旧梦，数声听翠羽，痕化庄蝶。欲傲虞山，存目丛残，纸本莐翁夸说。高情毕竟宜林下，细嚼透、绿窗香雪。喜眷属（平）、修得三生，拱璧永缄吟篋。 调寄《疏影》，湖帆宗兄、静淑夫人以《梅花喜神谱》属题。九珠吴曾源。"下钤"九珠倚声"朱文方印。

张茂炯题词："化人萼绿，向马塍认取，春姿冰玉。倩影欲仙，百种轻盈巧

吴湖帆题《瑞鹤仙》词

潘静淑题《烛影摇红》词

妆来。应自南枝蓓蕾，凭看彻、阴成黄熟。甚卧雪、不问和羹，招隐入岩谷。

幽独，信绝俗，剩料捡画图，暗袭清馥。蠹尘细扑，香雪轻霏手堪掬。犹记初开梓处，双桂发、秋风金粟。笑佞宋、今换主，几生慧福。　调寄《暗香》，湖帆仁兄、静淑夫人属题《梅花喜神谱》。《谱》为宋双桂堂刻本，百宋一廛旧藏也。艮庐张茂炯。"下钤"中清"朱文小方印。

又有冯开题词，位于张题之后，未署年月，姑系于此："花身百亿，趁故家粉本，飞现香国。六百年来，抛劫春风，冰魂犹恋吟笔。苔枝玉样玲珑影，合置近、金奁书尺。想晓妆、鸾镜开看，防佛旧时月色。　闻道兰闺悦帘，缥函对展处，芳罨瑶席。细蕾疏英，图谱翻新，不是寻常标格。郎君画手调铅惯，试点取、含章宫娥。拥绀云、同梦罗浮，待觅翠禽消息。　湖帆、静淑伉俪属题宋刻《梅花喜神谱》，爰赋《疏景》一首乞教。冯开。"下钤"冯□"朱文小方印、"冯君木"白文小方印。

蔡晋镛题词："替花设色，借广平赋手，轻匀宫额。认取玉梅，百种丰神吐馨逸。看到春寒饯九，都收入、词人缭墨。更面目、不是逃禅，千古雪岩笔。

名迹，付什袭，问剩本对摹，夜月清寂。暗香乍坼，吹落江城几番笛。还笑新妆可似，同玩索、东风消息。记韵事、知俪影，小窗邃密。　湖帆先生、静淑夫人属题所藏宋刻宋器之《梅花喜神谱》，即乞玉台双政。雁邨蔡晋镛。"下钤"雁邨司人"白文方印。

又有叶恭绰题词，位于蔡题之后，未署年月，姑系于此："香南雪北，尽化身亿万，声影非隔。月地重寻，天水遗珍，雕琼自涌虚白。迦陵永劫同心护，禁几度、罗浮轻谪。祇素娥、笑证前因，好付玉苔双翩。　休问枝头幻否？未开那有谢，行解深密。彻骨奇寒，殢梦疏香，揽镜由来无物。相看一点西来意，待折讯、圣湖残客。漫等闲、忘了冬深，把卷恨索羌篷。　调寄《疏影》，湖帆仁兄世大人暨静淑夫人以所藏宋椠《梅花喜神谱》索题，偶有所感，因赋。叶恭绰。"上钤"词客有灵应识我"白文长方印，下钤"遐公"白文小方印。

八月，江宁邓邦述借读吴藏宋本于群碧楼十日后题。

邓氏题云："己巳八月，留荒斋十日，展玩数过，眼福不浅，书以志幸。江宁邓邦述记。"下钤"邦述"朱文小方印。又有"群碧校读"朱文方印。

按：民国十八年己巳七月二十七日，邓邦述曾为四欧堂藏宋拓《化度寺邕禅师舍利塔铭》题观款，又跋吴藏宋拓《皇甫诞碑》。吴藏宋拓《虞恭公碑》亦有邓氏题云："己巳七月，湖帆携示四欧宝拓，留荒斋欣赏累日。邓邦述记。"则其借读《梅花喜神谱》或亦即在此日。

九月三日（10月15日），邓邦述再题款。又册首题词。

邓氏题云："荛翁题字，吾生平所见盖未有如此书端好者，诸先辈题识无一不美，梅花有灵，故无俗韵耳。九月三日，群碧再记。"下钤"正闇学人"朱文方印。

册首题词云："旧芸杂沓，正捡残见尔，奇葩纷苴。尽写玉容，拾取幽芳满缃匣。修到孤山艳谱，应珍锡、夗央双押。但赚得、一辈词仙，歌与石湖答。

瑶札，意恰恰，信故老护持，妙墨香压。岁寒共歃，晴雪寻盟广平狴。相待苔枝暖浚，清夜蓺、云窗银蜡。愿费黛、摹万本，锦赗署甲（藏书家于宋元本每分钤甲、乙两印）。　暗香　题宋刊本宋伯仁《梅花喜神谱》，为湖帆先生、静淑女士赋此，即希双政。沤梦词人邓邦述。"下钤"沤梦词人"朱文方印。

按：此阕未署年月，谨依册尾所题日期系此。

十一月，吴氏弟子苏州张永芳为宋本题梅图一帧。

张氏题云："己巳建子月，临宋人纨扇本以奉静淑贤姊雅正。琰华谢张永芳并题。"下钤"琰华女史"朱文小方印，又钤"薏香楼"朱文方印。

仲冬，吴氏弟子王季迁之夫人吴县郑素为宋本题图。

郑氏题云："己巳仲冬，仿汤叔雅笔，呈静淑师母大人教正。郑素写于小静好楼。"下钤"郑元素"朱文小方印、"太原"朱文小方印。

冬，潘氏内侄吴县潘承谋、潘承厚、潘承弼为宋本题词。

潘承谋题词云："疏影　从草窗体韵　苔枝褪叶，拗琼思作寸，墨华奇发。梦入罗浮，烟雾参横，怅彻翠禽飞灭。孤山鹤约巡檐伴，休错认、抱香寒蝶。问晓来、点额妆成，试手可堪攀折。　闲了催羹事业，剩三高四皓，还钓江雪。柳眼回鞚，赋笔生春，黛扫一痕额月。崔书珍重藏杨笒，承袭秘、云蓝千叠。对绮窗、比赢冰夌，画里镜中双绝。　湖帆姑丈属题，并请静淑姑母同正律。潘承谋。"下钤"眉安倚声"白文方印。

潘承厚题词云："疏窗澹月，正锦囊缥缈，香雾芸结。百幅轻妆，彩管留真，当年应费双犀。孤山春色凭谁度，算路入、马塍天阔。一枝枝、萼绿琼

王季迁夫人郑素题图

姿，只少几分红雪。　珍重金华旧椠，画图映纸帐，芳蕊曾折。（丈手绘折枝梅花刊印衬笺上。）老去东风，玉貌依然，休寄陇头遥别。丹青点缀新池馆，待认见、神仙风骨。倚绣幕、笑并吟肩，好伴镜台高绝。　　疏影　依王圣与韵

辛酉正月，静淑姑母三十初度，拙速从祖以宋本《梅花喜神谱》为赐。是书刊于宋景定辛酉，至清嘉庆辛酉为乡先辈黄荛圃先生所得，咸丰辛酉归滂喜斋，干支巧合，用以为仪。越八年己巳，湖帆姑丈出纸属题，即请俪政。潘承厚倚声。"下钤"遽庵"朱文小方印。

潘承弼题词云："疏帘淡月，映画楼悄悄，相对幽绝。芳墨题新，瑶奁熏香，留得琼枝堪折。妆成百幅轻盈巧，做弄出、凌寒奇节。念宋廛、姑物飘零，未把暗香消灭。　　珍重神仙伴侣，联吟共读处，一样高洁。旧事苕溪，

双桂堂清，艺苑声名传彻。闲情尽有新词句，供粉笔、丹青生活。试展卷、省识冰姿，坐卧一窗风雪。　　调寄《疏影》，依玉田韵。题奉湖帆姑丈、静淑姑母大人斧政。己巳冬日，侄潘承弼呈稿。"下钤"景郑倚声"朱文方印。

　　按：潘承谋题词未署年月，今以其与承厚、承弼题词相接，且属昆仲行，姑系于此。又承厚题词自注云"咸丰辛酉归滂喜斋"当误。

民国庚午八月（1930），蕲水陈曾寿观宋本于梅影书屋并题。

　　陈氏题云："庚午秋八月，蕲水陈曾寿观于梅影书屋。"下钤"陈印曾寿"白文小方印、"苍虬"朱文小长方印。

　　按：陈氏此日又为吴湖帆四欧堂宋拓《九成宫醴泉铭》、宋拓《皇甫诞碑》题观款。

约民国辛未四月（1931），闽县郑孝胥为吴藏宋本题签。

　　郑氏楷书题签"宋椠本梅华喜神谱"，下署"孝胥"，钤"海藏楼"白文小长方印。

　　按：《郑孝胥日记》该年四月十七日（1931年5月4日）："陈巨来、吴湖帆来，示《常丑奴志》。吴乃清卿之孙。"吴湖帆《丑簃日记》该日："晨访郑苏戡，为余题《常丑奴墓志》。"据郑氏日记，则二人当系初识。而自此之后，郑氏即汲汲伪满洲国成立事，未曾回返沪上，故此题签姑系于此。

十二月七日（1932年1月14日），海宁赵万里观宋本于梅影书屋。

　　《丑簃日记》1932年1月14日："赵万里来，观吾家《梅花喜神谱》及《淮海词》。"

十二月，苏州张锺来题吴藏宋本观款。

　　张氏题云："辛未十二月，湖帆道兄出示宋本《梅花喜神谱》，相赏竟日，叹为观止。心秋张锺来。"

民国壬申二月十五日（1932年3月21日），新建夏敬观题词于吴藏宋本册尾。

　　夏氏题词云："却道君家似范村，卷里生香，浮动黄昏。缥签风拂绿芸窗，古墨吹成万点春。　　画梅今属画眉人，婀娜枝头，冰雪精神。笑比宫盘压担来，手捻双花，同泛清尊。　　右调《一剪梅》，湖帆先生属题。壬申花朝映庵夏敬观。"

约本年，苏州王季烈为吴藏宋本题诗。

王氏题诗云："妙得梅花趣，传神百品详。谱经双桂梓，书故复翁藏。遇合三辛酉，流传几海桑。井中心史在，一样冷心肠。（洪北江先生谓心史咏梅诸绝冷峭异常，《梅花谱》诗笔亦略相似。） 滂喜斋中物，铭心不待论。斯编尤冠绝，相赏欲忘言。玉润冰清溯，书淫墨癖存。羡君偕老福，却胜古倪园。（沈绮云刻是谱，为曹澧香习画故也。） 湖帆表妹丈、静淑表妹正题，蟂庐王季烈。"下钤"墙东"朱文小方印。

按：王氏题诗未标年月，今以其题于夏氏之后，姑系于此。

民国癸酉七月二日（1933年8月22日），乌程蒋祖诒题吴藏宋本。

题云："癸酉七月二日，湖帆先生四旬初度，集梅影书屋，获观此谱，洵属惊人秘帙。吾家旧藏雪岩《忘机集》，亦同时所刊也。乌程蒋祖诒记。"下钤"密均楼"朱文方印。

民国乙亥正月初一（1935年2月4日），吴湖帆、潘静淑同观此宋本于梅景书屋并题，潘静淑绘绿萼梅图。

吴湖帆题云："乙亥元旦，天气晴暖为二十余年来所未有。梅花蓓蕾似有迎春消息，出此谱观之，因题。吴湖帆、潘静淑同观，于梅景书屋试笔。"

《丑簃日记》阴历元旦（2月4日）："早晨与静淑同观《梅花喜神谱》，题字焉。静淑画绿萼梅一页于册后。"

正月初二（1935年2月5日），吴湖帆补潘静淑绿萼梅图。

吴湖帆题云："乙亥春日，湖帆补写红梅，装于宋刻《喜神谱》册尾。"下钤"吴印湖飘"白文方印、"吴顾褒真"白文方印。潘静淑题云："静淑画绿萼梅。"下钤"吴潘静淑"白文方印。又钤"双修阁"朱白文小方印。

按：是图存吉安周錬霞题诗："天风一夜绽寒香，翡翠珊瑚斗雪光。不向山中寻鹤伴，老逋今亦爱鸳鸯。周苣。"下钤"錬霞"朱文小方印、"周苣印"白文小方印。

民国丙子（1936）6月，上海商务印书馆《丛书集成初编》影印鲍氏《知不足斋丛书》本行世。

牌记云："本馆据《知不足斋丛书》本影印，《初编》各丛书仅有此本"。

民国戊寅（1938）6月，上海商务印书馆商借于吴湖帆，以其所藏宋本影印，收入涵芬楼印行《续古逸丛书》中，为第四十六种。吴氏又以商务本删去近跋，

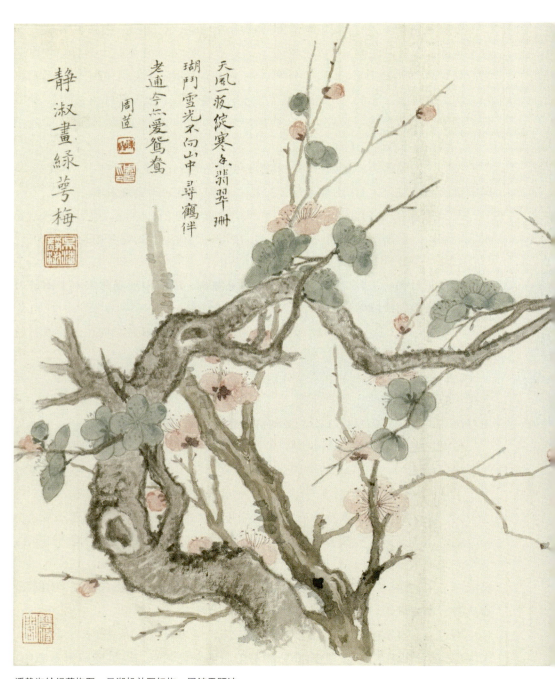

天風一夜縱寒來冪翠珊
瑚門雪光不向山中尋鶴伴
老逋今悉愛鴛鴦　周蓮

静淑畫綠萼梅

潘静淑绘绿萼梅图，吴湖帆补写红梅，周鍊霞题诗

故自费附印数十部，增入近贤文字，分诒亲友。

牌记云："上海涵芬楼影印吴县吴氏梅景书屋藏宋本"。

按：据版权叶载，此书印于长沙，每部一函一册。料半纸，大三开本，实价国币陆元，外埠酌加运费汇费。

民国己卯正月初九（1939年2月27日），吴氏夫妇寄存宋本《梅花喜神谱》于金城银行。

《丑簃日记》1939年2月27日："上午同静淑携徐甥传桐同至金城保管库，将《永阳王敬太妃志》、四欧碑、《梅花谱》、玉印两匣、宋哥窑罐碟各一件计十事安置。"又次日日记云"《梅花喜神谱》一匣"。

九月二十日（11月1日），吴湖帆以潘静淑所题集文衡山句六首付刘定之装于宋本册尾。

《丑簃日记》1939年11月1日："前日整理静淑遗箧，得其丁卯年集文衡山句诗六首题宋刻《梅花喜神谱》者，已缮正，当时不知何以遗去未装入，今属刘定之补装矣。"

辛卯正月（1951年2、3月间），益都黄裳跋所藏沈本。

黄裳跋云："此云间古倪园沈氏重刊宋本《梅花喜神谱》，初印精好，石麒得于吴下，携以归余。此宋本今在吴湖帆处，《续古逸丛书》有影印本，石印而非珂罗板，以视此本，雅俗判然。辛卯正月尾晴窗记。黄裳。"

正月三十日，黄裳再跋所藏沈本。

黄氏跋云："携此本归与《续古逸丛书》本对读，知此五砚楼摹本未能与宋刊毫发悉合，版心题字亦各不同，影摹图记亦有朱白文之异，而地位亦复不同也。宋本原跋亦未枙入，而此本所存题词及茪翁刊书跋、王铁夫夫妇二跋皆独见此册。刊书者夏天培，有牌记。其刻殊未佳，未能传宋本笔锋神趣，然刊木之业今已沦胥，睹此百年前故物，纸白如玉，墨色黝然，亦不能无珍惜之意耳。辛卯正月三十日灯下书。"

壬辰十一月初八日（1952年12月24日），黄裳再跋所藏沈本。

黄氏跋云："今秋在京，一日偶过缀玉轩闲话，阿英以笺纸一包赠浣华，言系于厂肆收得者，意甚珍重。浣华出以相示，即此《梅花喜神谱》也。与此本正同。不知果是此板刷印者否。重展漫记。壬辰冬至后二日，小雁。"

癸巳正月十五元宵（1953年2月28日），吴湖帆姬人吴县顾抱真、友人周鍊霞同题观款。

款云："癸巳元宵，抱真、鍊霞同观。"下钤"周鍊霞"朱白文方印、"吴顾褱真"白文方印、"某景书屋"朱文方印。

按：此日两人又同署宋拓《化度寺邕禅师舍利塔铭》观款。

甲午秋日（1954），吴湖帆于周鍊霞所补梅图题词。

吴湖帆题词："花占春先，香飞雪后，一样情牵。往事风流，美人林下，明月窗前。几番清梦缠绵，又何如、罗浮醉仙。心系词工，眉舒黛妩，额点妆妍。　柳梢青　倩庵题于《梅花喜神谱》后。"下钤"湖飘"朱文小长方印。

周鍊霞题云："拟宋人纨扇笔意，为静淑仁姊补图，鍊霞。"下钤"鍊霞"朱文小方印、"螺川诗屋"朱文小长方印。

又吴湖帆题云："原有张永芳女史画梅，毁损于丁丑之役，后由周茝缀补此帧，甲午秋日识。"下钤"倩"朱文小方印。

按：张永芳梅图实未毁，今未装入宋本册，然可见于吴湖帆1938年自印本中。

丙申（1956），如皋冒广生跋，吴湖帆旁记。

冒广生题云："曩从门人文登于去疾处见福山王文敏致其祖汉卿先生书，为此谱作缘，欲以归之吴县潘文勤者。谱中有文勤太翁绂庭光禄跋，盖犹在于氏收藏时也。丙申三月，湖帆世兄出观，沐手题记。疢斋冒广生，年八十四。"下钤"疢斋八十后作"朱文方印。

吴湖帆补记云："冒鹤丈以谱中有潘星斋先生跋，误为文勤公之父绂庭太

周錬霞补梅图，吴湖帆题《柳梢青》词

翁也。"

己酉（1979）年末，吴氏后人以家藏文物售诸上海博物馆，宋刻《梅花喜神谱》自此入藏上海博物馆。

辛酉（1981），文物出版社以朱色套印影宋本。

卷后"说明"云："原书开本广二一〇毫米，高一五五毫米，框广二〇三毫米，高一四六毫米。现藏上海博物馆。这次出版，为了展示书版页上原有的印章和题记，便于读者研究，开本适当加大。上海博物馆。一九七九年九月。"

按：此事发端于1978年，历经两年，于本年印出。又原本之题签、题图、跋文此本均未收。

乙丑（1985），中华书局以之入《丛书集成初编》新一版。

按：此本系影印商务印书馆《丛书集成初编》本。

辛未（1991），潘承弼以上海古籍出版社将影印所藏1938年吴湖帆自印影宋本，作跋于其上。

跋文云："宋伯仁《梅花喜神谱》，刊于南宋理宗景定二年辛酉，锓成于金华之双桂堂，雕椠精美，为浙刻中之上品。伯仁字器之，号雪岩，苕川人。举宏词科，历监淮扬盐课。锐意功名，而禄位不显，故语多慷慨流迈而无叫嚣之气。著有《西塍集》一卷。《四库全书》著录有《雪岩吟草》，则《南宋群贤小集》所刻，舍此则莫详其他著作矣。此书元明无传本，清初钱曾《读书敏求记》始著录及之。迨嘉庆辛酉，入藏黄丕烈士礼居，曾一再题跋，珍为绝品，钱大昕、孙星衍、洪亮吉等诸名家均有跋语。据黄氏题诗注称，书为文氏百窗楼旧藏。又称原由五柳居归王府，赠以京米十挑、鱼肉一车云。今据此本，文氏印鉴具存，可得踪迹焉。自士礼居书散，归汪士钟艺芸书舍。咸丰初，为文登于昌遂所得，先曾祖星斋公为作跋语。同治间，于氏书散，归郑庵叔祖，藏诸滂喜斋，惜未及载入《藏书记》中。迨郑庵公下世，仲午叔祖载书南归，慎护无失。郑庵公无后，仲午公晚岁亦仅存一女，即静淑姑母，归吴湖帆姑丈。姑母娴雅文辞，辛酉岁值三十初度，叔祖举以赠奁，遂入梅影书屋。湖帆姑丈重为装袭，并乞当时名贤题咏数十家。己巳岁，余年二十三，忝茑萝之亲，命赘俚句殿焉。旋由上海涵芬楼假印入《续古逸丛书》中，惜所印已删去近跋。湖帆姑丈遂斥资附印数十部，增入近贤文字以留鸿痕。书成分诒亲友，每册各署名，并取词句一字为证，今赠予册题一'笑'字可证也。忽忽至今已逾六十年，册内题词诸老先后殂谢，余衰龄荒伧，环顾前尘，能无梦华之感！此本之传，如沈氏古倪园、鲍氏知不足斋，所据均属影钞本。洎后传本等诸自郐，不足传真。即今涵芬楼印本亦如星凤，则此最后足本宜为重播以快睹艺苑焉。上海古籍出版社予以重播，因举此册付之，并存颠末于尾。时一九九一年一月，吴县潘景郑承弼跋于上海西康路寓楼，时年八十有四。"前钤"著砚楼"朱文长方印，下钤"景郑艺文"朱文长方印。

又题云："衰眼昏花，不能作楷，因倩及门林生申清代为缮录。景郑附识。"

又题词云："疏枝凉月，展瑶函百影，罗浮奇绝。遐想当年，骚笔苕川，丹青点缀心折。桑田风雨怀华梦，剩旧谱、参横琼节。抚椠珍、天水芸编，聚散锦囊长灭。　　还忆家珍滂喜，婿乡沿袭处，装点明洁。伴与双修，共读吟肩，韵事江干馨彻。鸿题遍帙都词家，尽瓣香、画里生活。怆劫馀、人物苍茫，我亦两鬓霜雪。　　重倚《疏影》玉田韵调赋此。忽忽六十年矣，题词诸老相继殂谢，江干孤雁独自凄吟耳。寄沤并识。"前钤"景郑倚声"白文方印。

按：此跋及题词又见于潘氏《著砚楼读书记》。

甲戌（1994），上海古籍出版社以潘承弼所藏吴湖帆自印本收入《中国版画丛刊二编》第一辑。

按：此本较吴湖帆旧藏宋刻本多张永芳题画一帧。

戊寅（1998）夏，黄裳再作沈本跋。

黄氏跋云："《梅花喜神谱》二卷，卷首大题下有雪岩二字。嘉庆古倪园刻。前有雪岩耕田夫宋伯仁序。序后有金华双桂堂景定辛酉重锓跋。次目录，题"雪岩宋伯仁器之编"。卷尾有容堂向士璧君玉甫跋，嘉熙二年八月廿六日靖逸叶绍翁跋。（以上翻宋本）。有"嘉庆辛未云间古倪园沈氏用影摹宋本重雕"及"侨吴七十老人魏塘夏天培锓"牌记。卷末有徐云路、李福、董国琛、戴延介题词，附录《读书敏求记》一则，辛未复翁黄丕烈后跋。嘉庆壬申楞伽山人跋，墨琴女史曹贞秀跋。"

按：黄裳诸跋见于所著《来燕榭书跋》，其1999年1月所撰后记云："去夏小燕卧病，侍疾之馀，写此书跋自遣……"故系此条于此。又黄氏上数跋又见于2002年江苏古籍出版社《中国版本文化丛书·清刻本》。另2005年复旦大学出版社《清代版刻一隅》(增订本)中亦收黄裳此本跋文，与此略同，不赘。

庚辰（2000），山东美术出版社收入《中国古画谱集成》第一集。

卷前说明云："《梅花喜神谱》一卷，宋刊本。现传世者为南宋理宗景定二年（1261）重雕本，原刊于何时不得而知。本书为我国最早的木刻版画谱。作者宋伯仁，字器之，号雪岩，广平（今河北广平）人。其著作又有《雪岩吟草》一卷。"

按：此本实为中华书局民国十七年本之影印本，其主者不明，说明多误。

乙酉（2005），北京图书馆出版社以上海博物馆提供宋本复制胶片，原色影印收入《中华再造善本》。

牌记云："据上海博物馆藏宋景定二年刻本影印，原书版框高十五厘米，宽二十·八厘米。"

上海博物馆藏大藏经零本四种

　　我馆藏品中，释部著作并不太多，但其中有四部汉文大藏经零本，却弥足珍贵。大藏经又名"一切经"，也称为"三藏"或"藏经"，是佛教典籍汇编而成的丛书名称。"大藏经"一词，从现存资料来看，最早出现于隋代和尚灌顶所著的《隋天台智者大师别传》中，灌顶引用铣法师称赞智者大师的话说："大师所造有为功德，造寺三十六所，大藏经十五藏，亲手度僧一万四千馀人，造㳂檀金铜素画像八十万躯，传弟子三十二人，得法自行者不可称数……"大藏经可以分为两个大类，即汉文大藏经和少数民族文字大藏经。而我们所指的大藏经，一般是就汉文文献而言。所谓"汉文大藏经"，方广锠先生认为可以定义为："基本网罗历代汉译佛典并以之为核心的，按照一定结构规范组织，并具有一定外在标志的汉文佛教典籍及相关文献的丛书。"

　　汉文大藏经大概可以分为三个类型，一为写本类型，大概从佛教初传直到清代都有生产，如现存敦煌文献中就有很多写本藏经。写本藏经由人工书写修造，这一制作方式决定了写本藏经的基本特点，即唯一性。一为刻本类型，从北宋的《开宝藏》，直到清末民初的《毗陵藏》，前后持续九百多年，所刻藏经总计在二十种以上，其中有官刻、私刻之分。其最显著的特点是版刻印刷，凡用同一幅版片刷印出来的经本，其形态全都一样。也就是说，鉴别刻本藏经的原则就是：只要版片不同，即使所依据的目录完全相同，哪怕后一部藏经是前一部藏经的覆刻本，我们仍然认为它们从属于不同的藏经。三为近现代印刷本类型。这一类型的印刷本藏经，大体又可分为排印与影印两种。属于排印本系统的，又可以分两类，一为铅印，如日本方面的《弘教藏》、《大日本大藏经》、《大日本续藏经》、《大正新修大藏经》等，中国方面的《频伽大藏经》与《普慧大藏经》；一为激光照排，如中国方面的《文殊大藏经》、《佛光大藏经》。影印本系统也可以分为两类，一类不改变底本的编排顺序，完全按照底本的形态原样影印，如近年影印的《初刻南藏》、明《北藏》、清《龙藏》、《频伽藏》等都是；一类则改变了原底本的编排顺序，重新予以排版编纂，如台湾方面的《中华藏》、大陆方面的《中华藏》都是。除此之外，随着科技的进步，现在又出现了电子版的汉文大藏经，但这一新型文献已经不属于传统的目录版本学研讨的范围，故而我们可以暂不考虑。

汉文大藏经版本的判定向来是个难题，但随着如方广锠、李际宁等先生的不懈努力，我们现在已经可以基本上予以区别。总的来说，写本大藏经因存世相对较少，一般不易接触到。近现代印刷本大藏经因时间距离较短，相对资料较多，判别较为容易。汉文大藏经版本判定的难题，主要就集中在刻本类型这一块。

汉文刻本大藏经据记载最早刊刻于北宋开宝四年（971），宋太祖赵匡胤敕命在四川开雕，故而又称为"蜀版大藏经"。《开宝藏》刊成于太宗太平兴国八年（983），经版共计十三万块，输运于东京开封府太平兴国寺贮存。到南北宋之交，金兵南侵，这些经版也都为金人捆载北去，从此不知下落。而《开宝藏》现在的存世零本不过十馀件而已。因此，我们也很难有机会面临有关《开宝藏》的版本鉴别问题。至此之后的汉文大藏经大概说来可以分为南北中三个系统，一为南方系统，以北宋末年刊行于福建东禅寺，经进于崇宁二年（1103）的《崇宁藏》为代表。这一系统的装帧形式是经折装，典型版式是每版六个半叶（仅《崇宁藏》、《毗卢藏》两部）或五个半叶，半叶六行，行十七字。后来在福州刊刻的《毗卢藏》、平江府刊刻的《思溪圆觉藏》(《思溪资福藏》)及《碛砂藏》、《普宁藏》、《洪武南藏》、《永乐南藏》等，都是这种装帧形式和版式。南方系统的大藏经基本框架都是依据《开元释教录略出》而稍事增减。中原系统是以《开宝藏》为代表的。其装帧形式是卷轴装，基本版式是上下单边，每版二十三行，行十四字，版端刊经名简称、卷次、千字文号等，后来的《赵城金藏》、《高丽藏》(初刻、再刻)也都是同样的装帧和版式。北方系统以《契丹藏》为代表，其装帧形式是卷轴装，基本版式是上下单边，每版二十七或二十八行，行十七字。

二

馆藏四种大藏经零本，从其外貌特征上就可以很容易地确定都属于南方系统。其中两种版本比较容易判定，都是元代的《普宁藏》零本。另外两种则情况比较复杂。据三位曾经目验这两册的日本京都大学的专家的看法，这两册都应该是《碛砂藏》本，但事实上，这个判断不一定准确。下面我们对这四册分别予以说明。

1、《佛说一向出生菩萨经》一卷，隋北天竺三藏法师阇那崛多译，经折装。每版三十行，五个半叶，半叶六行十七字，上下单边，计十二版。卷端首标经名"佛说一向出生菩萨经"，下为千字文序号"知九"，次行为译者，三行始为经文。每版的第一二版叶中镌页码，从第二版开始，页码之上并镌千字文序号"知九"（第十二版页码在经文之后，其上亦无千字文序号）。卷末又标经名，其下为千字文序号。之后附有音释。音释之后则为刊经题记，文曰：

> 杭州南山大普宁寺大藏经局，伏承平江路吴江县震泽镇东塘南骠字围崇先庵优婆塞戒弟子徐善遇同弟明贤，将售祖父遗下基地钞拾陆贯入局助刊一大藏尊经。所鸠功德报荐先祖二承事、祖妣周氏；先考百一居士、先妣沈氏、妹通姑；道友静姑、道友徐氏六娘子、弟云僧郎，仍用追荐高祖十承务、太君张氏；曾祖五秀才、太君潘氏；叔祖徐三郎、太君李氏；叔百五郎，俱藉良缘，高资胜品，然后报答，恩有同证真乘者。至元二十年七月　日，住山释如一谨题。

此段刊经题记记录了这一卷经文的刊刻地点、刊刻缘起以及刊刻时代，是判定这一经卷版本的最佳依据，即此卷经文是在元至元二十年（1283）七月由吴江县民徐善遇及其弟徐明贤以售卖先祖土地所得十六贯钱，请于杭州南山大普宁寺的住山僧人如一而刊行于世的，是为了替其先人祈福的。

《佛说一向出生菩萨经》卷首　　　　　　　　《佛说一向出生菩萨经》卷尾刊经题记

　　2、《金刚场陀罗尼经》，残卷四，隋北天竺三藏法师阇那崛多译，经折装。每版三十行，五个半叶，半叶六行十七字，上下单边，计十三版。卷端首标经名"金刚场陀罗尼经"，下为卷号"四"，再下为千字文序号"过四"，次行为译者，三行始为经文。每版的第一二版叶或第三四版业中镌页码，除第一版及第十三版外，页码之上并镌千字文序号"过四"。第一版页码下镌刻工名"行困"。卷末又标经名，其下为千字文序号。之后附有音释。音释之后则为刊经题记，文曰：

　　　　杭州路南山大普宁大藏经局，伏承嘉兴县永乐乡三十都居奉佛女弟子吴氏二娘同男陶铸、孙媳妇王氏十一娘施财刊开尊经壹卷，所集功德报荐先妣太君沈氏一娘子、奉佛女弟子王氏十一娘，附荐先夫陶庆一，将仕双魂，伏愿五云朵裹，采佛力以逍遥；千叶莲半，听经声而自在。至元二十一年十一月　日，住山释如志题。

此段刊经题记内容组成与上段相同，表明此经卷是在至元二十一年十一月，由奉佛女士吴二娘携其子陶铸、孙媳王十一娘布施财务所刊，是为了替其先母沈一娘子、孙媳王十一娘和先夫陶庆一祈福的。

上面两种零本，因为卷后所附的刊经题记，我们可以较为方便地判定其版本，即都出于元代《普宁藏》。《普宁藏》的完整名称应该是《杭州路馀杭县南山大普宁寺大藏经》，这是一部由政府支持，寺院和百姓募缘刊雕而成的私版大藏经。《普宁藏》是佛教白云宗寂堂思宗倡议募刊的，由其弟子普宁寺住持道安总体规划，开始于至元十四年（1277），到至元二十七年（1290）全部雕版完成，历时十四年。藏经刊刻开始未几，道安即将此项工作交由弟子如一负责管理。至元二十一年（1284）秋，如一去世，经版的刊行工作则由如志继任，次年又改由其师兄如贤担当。至元二十六年（1289），如贤退席，如志再次接任，整个《普宁藏》的刊行工作最后即完成于如志之手。《普宁》全藏共计五百九十一函，一千五百三十二部，五千九百九十六卷。元元统三年（1335）后不久，普宁寺失火，寺与经版俱毁，现在存世的大都为零本。另外值得一提的是，这两个本子在装帧形式上都基本保持了当时的原貌，都有护衣。其中《佛

《金刚场陀罗尼经》函套　《金刚场陀罗尼经》卷首

《金刚场陀罗尼经》卷尾刊经题记

说一向出生菩萨经》的护衣已经破损，但《金刚场陀罗尼经》的护衣则完好无缺。由封底向上，左右包裹封面。护衣的右半叶上有长方形经名题签，签为白色，经名外有双线黑框。护衣与封面均为棕色。

　　3、《大乘庄严论》，残一册，经折装。每版三十行，五个半叶，半叶六行十七字，上下单边，计十七版。开卷首行为序名"大乘庄严论序"，下钤"绥珊珍宝"朱文方印。下端为千字文函号"事一"，下钤"罗振常读书记"朱文长方印。序名与千字文号之前有戳记云"此号十三卷"，意即这一函中共收有经卷十三册。次行为序撰者名："太子右庶子安平男臣李百药撰。"序言计两版。第三版始为经文，首行为经名卷次，下钤"绥珊珍宝"朱文方印。次行为"无著菩萨造　唐三藏波罗颇迦罗蜜多罗译"，三行起即为经卷正文。奇数版次的第一二版叶和偶数版次的第三四版叶中镌页码，除第一版及第十七版外，页码之上并镌千字文序号"事一"。第一、二、三、七、八、九、十一、十四、十七版页码下镌刻工名"成"。卷末又标经名，下钤"绥珊珍宝"朱文方印，其下为千字文序号。之后附有音释。

　　此册经文卷末有罗振常手跋：

《大乘庄严论》外封题名　《大乘庄严论》卷尾　　　　　　　　《大乘庄严论》罗振常跋语

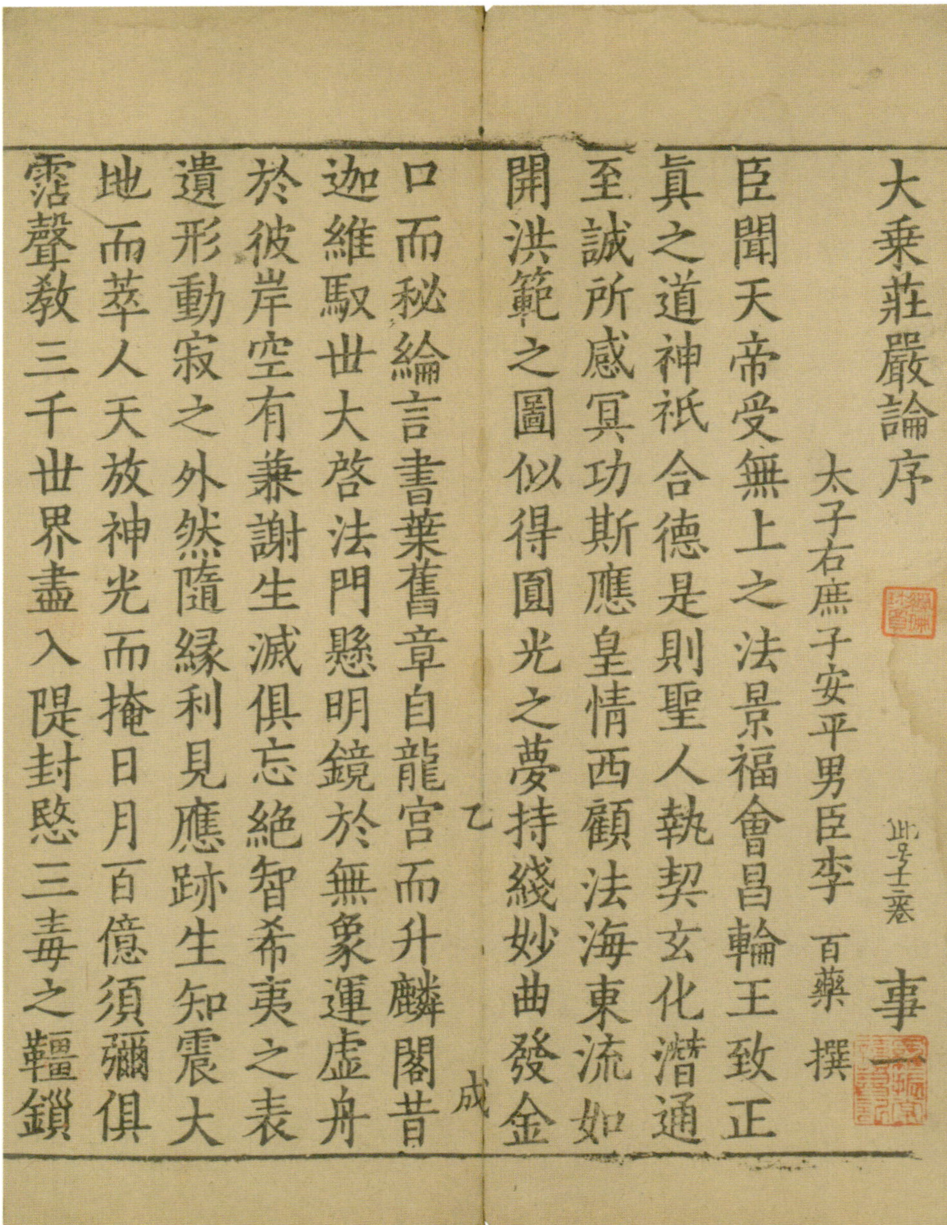

大乘莊嚴論序

太子右庶子安平男臣李 百藥 撰

臣聞天帝受無上之法景福會昌輪王致正
真之道神祇合德是則聖人執契玄化潛通
至誠所感冥功斯應皇情西顧法海東流如
開洪範之圖似得圓光之夢持綖妙曲發金

口而秘綸言書葉舊章自龍宮而升麟閣昔
迦維馭世大啓法門懸明鏡於無象運虛舟
於彼岸空有兼謝生滅俱忘絕智希夷之表
遺形動寂之外然隨緣利見應跡生知震大
地而萃人天放神光而掩日月百億須彌俱
露聲教三千世界盡入隄封慁三毒之韁鎖

《大乘庄严论》卷首

宋刻书多明印，古意全失，直一明板书而已。余无力致宋本，仅求残帙，二十年来元板元印者颇有所得，宋刻止获明印，宋印者至今无之。顷得宋刻经三册，纸光墨气极见精采，又复完整如新，确为宋印，可宝之至。玉素道兄与吾同好，因以一册贻之。时丙子季春，罗振常并志。

下钤"顽夫"白文方印。又封面墨题"宋刻大乘庄严论　残本"，审其笔意，当也是罗振常所题。这册藏经我们过去是当作《普宁藏》来著录的，今与《中华大藏经》《大正新刊大藏经》等核对校勘，这一著录应该是没有问题的，也就是说，罗振常当日所收，仍非他亟亟以求的宋刊本。至于刻工"成"，据李富华、何梅《汉文佛教大藏经研究》中所载《普宁藏》的刻工名单，有成实、成天保、成玉三成姓，则此"成"或者就是其中之一。

　　4、《大方广佛华严经》卷第九，一册，经折装。每版三十行，五个半叶，半叶六行十七字，上下单边，计二十版又卷尾一折叶。卷前有扉画一幅，四折叶，为释迦牟尼说法图，右下角镌"陈宁刊"字样，左下角镌"陈昇画"字样。经卷正文卷首为经名"大方广佛华严经卷第九"，下端为千字文函号"坐九"。次行为"东晋天竺三藏佛陀跋陀罗等译"字样，三行为"初发心菩萨功德品第十三"，之后便为该经第十三品部分正文。奇数版次的第一二版叶和偶数版次的第三四版叶中镌页码，上镌"古花九"，即"古华严经卷九"。又其中第一版下镌刻工"黄"，今以《汉文佛教大藏经研究》中所录《普宁藏》的刻工核之，黄姓刻工有黄升、黄宥、黄自忠三人，但这册《华严经》究竟为哪位所刻，现在已经无法判别了。卷尾又标经名、卷数，其下则为册号"北一"及千字文函号"坐九"。原著录为宋刊本。

　　这册《华严经》的卷前扉画显然属于《碛砂藏》八幅扉画之一，它与《影印宋碛砂藏经》"唐"字号96册、"汤"字号104册、"章"字号112册等完全相同，与"严"字号第264册等则细部稍有差异，但都是由陈昇画、陈宁刊的。一般来说，有此依据，我们就可以很确定地说这是一册《碛砂藏》零本，但事实却并非如此。细察扉画用纸与经文用纸并不相同。再以《影印宋碛砂藏经》"坐"字号第一百零五册《大方广佛华严经》对校，首先，扉画虽然相同，但《影印宋碛砂藏经》本"陈宁画"字样在画的右下角，其左下角则是"老王刊"字样；

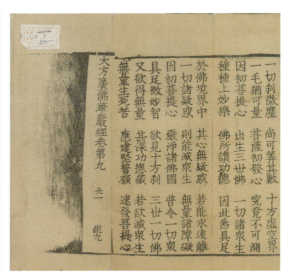

《大方广佛华严经》卷首

《大方广佛华严经》卷尾

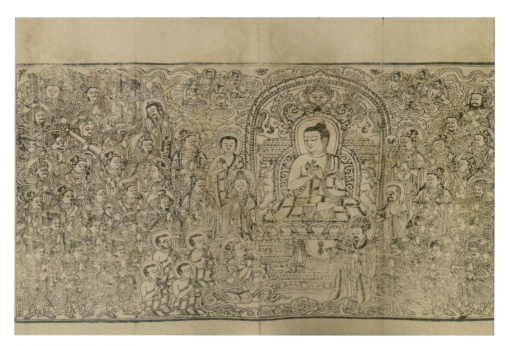

《大方广佛华严经》卷首扉画

其次,《影印宋碛砂藏经》本该卷内容为"梵行品第十二"的部分与"初发心菩萨功德品第十三"的部分,"第十三"其馀部分则被收入卷十之中,而此本只收录了完全的"初发心菩萨功德品第十三"内容(关于《华严经》分卷的不同,童玮《二十二种大藏经通检》中并未指出,只是笼统地说卷九即为"初发心菩萨功德品第十三"部分);再次,《影印宋碛砂藏经》本的刻工名为徐雅,而此本只有刻工姓氏黄。

此本分卷与后来的《大正新修大藏经》相同,我们知道,《大正藏》的底本是《高丽藏》,而《高丽藏》的底本又是北宋的《开宝藏》,也就是说,从分卷情况看,我们所藏的这个零本似应属于《开宝藏》的系统。但事实上,从纸色、字体及其他形制来看,这册《华严经》仍然为《普宁藏》零本,如每版均为五折的形制,即与《崇宁藏》、《毗卢藏》这两种《福州藏》不同(《福州藏》多以六折为主,间或有五折),而从分卷等方面来看,又与《思溪藏》、《碛砂藏》等绝不相同。这册《普宁》零本不同于其他存世《普宁》之处在于其卷尾并无请刊题记而已,而这也并非《普宁藏》的统一定式。一般说来,我们认为《普宁藏》的底本是《思溪藏》,而《思溪藏》的底本又是《福州藏》(《福州藏》所收《华严经》为五十卷本,《思溪藏》为六十卷本,但分卷情况则与后来的《碛砂藏》相同),但这一《华严经》零本则可证明《普宁藏》事实上也采选了其他藏经作为底本。

综上所述,上海博物馆现藏四种大藏经零本,都是《普宁藏》的零册。《普宁藏》零本在今天留存相对较多,主要是与元代所施行的宗教政策以及崇尚佛教而推行的种种措施所形成的大环境有关,如天历二年十二月"壬寅命江浙行省印佛经二十七藏"(《古今图书集成·释教部汇考》卷五)。正是因为类似的一些措施,所以虽然《普宁藏》书版在元代就已经被毁,但零本仍然广为流传。

上海博物馆藏珍本二种述要

一、《二百兰亭斋金石记·虢季子白盘》
清吴云编撰，清咸丰九年（1859）归安吴氏刻本，一册

　　清吴云批并跋，清钱泰吉跋，清姚燮、勒方锜、潘遵祁、李鸿裔、顾文彬、彭慰高、潘曾玮、沈秉成观款。一册。框高二十一点一厘米，广十五点一厘米。半叶十行，行二十二字，左右双边，白口。

　　据俞樾《江苏候补道吴君墓志铭》，吴云（1811—1883），字少甫，号平斋，晚号退楼，浙江归安人。少孤露，自奋于学。屡试秋闱不售，转益经世之学，旁及金石书画，咸究壶奥。道光甲辰，援例以通判分发江苏，两权宝山，一权金匮，所至有政声。长于折狱办赈，富经验，实事求是。寻摄泰坝监掣同知。值太平军沿江东下，侍郎雷以諴治军扬州，檄总理营务。叙功升知府，加道衔。咸丰戊午（1858），权知镇江府。明年，调苏州，奉上官命，赴上海与西国领事会议假洋兵助战，议未定，而省垣陷。巡抚薛焕命率炮艇会洋兵收复松江府城，遂兼摄松守，而部议以失苏州，将夺其官，薛公力争得白。因固请交代苏州事，并辞兼篆。然尚佐薛公幕，虽不居职，而有大议，必预焉。终为忌者谮去，遂不复出。诸大吏屡欲强起，皆以疾谢。侨居吴下，有泉石之胜。客有见之者，则幅巾杖履，萧然如神仙中人，几忘前此之为风尘吏也。乱后得齐侯罍二，更名所居曰"两罍轩"。著《两罍轩彝器图释》、《古官私印考》、《汉建安弩机考》、《温虞恭公碑考》、《华山碑考》、《焦山志》、《二百兰亭斋金石记》、《二百兰亭斋古铜印存》、《两罍轩印考漫存》、《两罍轩尺牍》等，诗文题跋又若干卷。同治十年（1871），以捐赈直隶水灾复原官。卒年七十三。

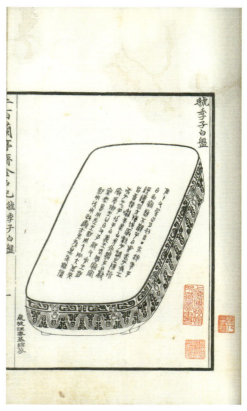

《二百兰亭斋金石记·虢季子白盘》扉叶　　　　　　汪泰基缩摹虢季子白盘全形图

　　此书首为岚坡汪泰基缩摹虢季子白盘全形图，次虢季子白盘审定拓本，次陈寿卿介祺释文、吕尧仙佺孙释文、翁叔均大年释文、张石洲穆释文、瞿珍之树宝释文，次吴云虢季子白盘释文。

　　钤有"南陵徐氏"朱文方印、"吴平斋五十岁小景"朱文方印、"二百兰亭斋"朱文长方印、"归安吴氏二百兰亭斋庚申后之印"白文方印、"吴""云"白文小方连珠印、"平斋"朱文方印、"知非盦主"朱文方印、"徐乃昌读"朱文方印、"两罍轩"朱文方印、"三退楼寓公"白文方印、"吴云平斋考订金石文字之印"朱文长方印、"知非盦主人"朱文方印、"吴云平斋"白文方印、"抱罍子"朱文方印、"吴云私印"白文方印、"平斋"朱文方印、"书生面目"朱文半通印。

虢季子白盘审定拓本　　　　　　　　翁大年释文　　　　　　　　吴云释文

此书虽名《二百兰亭斋金石记·虢季子白盘》，然迄今未见与《二百兰亭斋金石记》同订者，且一则此书刊于咸丰九年（1859），《二百兰亭斋金石记》刊于咸丰六年（1856）；再则二书版框大小略有差异，《二百兰亭斋金石记》框高二十点六厘米，广十四点一厘米；三则据平斋手跋，《二百兰亭斋金石记》中所收诸物，皆为两罍轩所藏者，而虢季子白盘则系徐氏所藏。故此书实为单行本，并非《二百兰亭斋金石记》之部分。

卷前装有平斋手书一通，当系写示其力者，文曰："此书拟裱成册页，即照原书大小，不必镶嵌，用樟木面（沈仲翁所送）。前后加副页（前二后四），留为题跋（交裱画店用市货拓寄）。壬午元旦，榆老人手记，申正一刻。"今此书之装帧与函中所言不同，当经后来藏家改装。

卷前衬叶又有吴氏手跋云：

余刻《二百兰亭斋金石记》，所载各器皆系旧藏，惟虢盘藏于毘陵徐氏。器重今权四百五十馀觔，寇至，不及运出，陷于城内。是书甫于己未

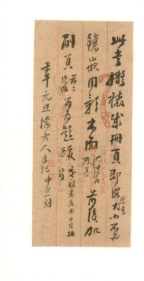

卷前所装吴云手迹

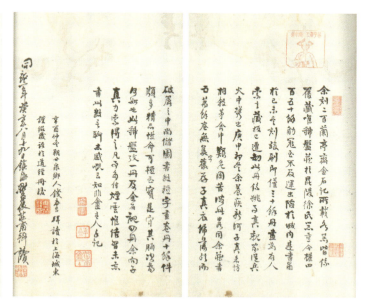

卷前衬叶上的吴云手跋

冬刻竣，刷印仅三十馀册，尽为友人索去。藏板已遭劫，此册系姚子真亲家从兵火中携出。庚申初冬，余养疾新河，子真来访，相叙茅舍中，艰危困苦，彼此略同。余藏书五万馀卷，无只字获存，子真衣饰荡然，而破篾之中尚储图书数种，字画卷册十馀件，类多精品。性命可轻，至宝是守，其胸次为何如也。此《虢盘考》一册及《金石记》四册，余向子真力索得之。凡事多付烟云，惟结习未忘，书此数言，聊志感慨云。知非盦主人手记。

后钤"吴""云"白文小方连珠印、"平斋"朱文方印、"知非盦主"朱文方印。后接嘉兴钱泰吉手跋："辛酉仲冬朔，甘泉乡人钱泰吉拜读于上海城东，谨缀跋语于道经册后。"后钤"由奉钱六"白文方印。后接镇海姚燮手跋："同治二年癸亥八月十九日，镇海燮复庄甫拜读。"后钤"复庄校读"白文方印。

又虢盘图后吴云跋：

咸丰四五年间，余寓泰州，家让之兄熙载下榻余家，时正烽烟涃洞，

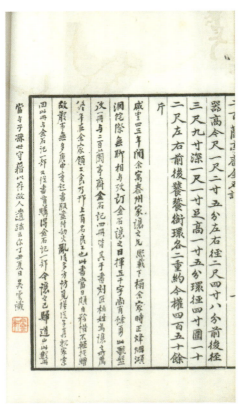

汪泰基缩摹虢季子白盘全形图之后的吴云跋语

侘傺无聊，相与考订金石。让之日挥五千字，尚有馀勇，此《虢盘考》一册与《二百兰亭斋金石记》四册皆其手书。刻匠柏姓，为让之所荐，终年在余家领工食，乃邗上有名良工也。此书当日颇自矜惜，不轻投赠，故散布无多。庚申变起，书版尽付劫火。乱后多方访觅，仅从子真亲家索回此册与《金石记》一部。又从书贾购得《金石记》一部。今让之已归道山，此数册当与子孙世守，藉以存故人遗迹云尔。丁丑夏日，吴云识。

后钤"两罍轩"朱文方印。

天头间有吴云手批，陈寿卿介祺释文中"海盐陈南叔犹子粟园"上批：

陈南叔缩摹《禊序》于青田印石，拓本流入朝鲜，其国赵景贤尚书有《题南叔缩本兰亭诗》，一时为艺林争重。南叔亦自爱特甚，贻其犹子粟园，粟园以贻朱筱沤都转，筱沤转赠二百兰亭斋。石平方高准工部营缮尺一寸九分，横经九分，笔法、刀法皆精妙绝伦，时上章涒滩之冬。知非盦主读《虢盘考》，见寿卿释文内记南叔、粟园，怅触前事，附识数语，不禁兴人琴之感云。

又"嘉兴张叔未廷济藏周史颂敦……"上批："史颂敦现归知非盦，为及门张敬仲明府所赠。敬仲，叔未丈之孙也。"翁叔均大年释文中"戠通鬷"上批："鬷字《左传》屡见注，皆训削，亦训尽。献鬷于王，于义似有未安。世乱道梗，安得与叔均重论之也？"又平斋所释文"献戎于王"上批："《春秋》庄

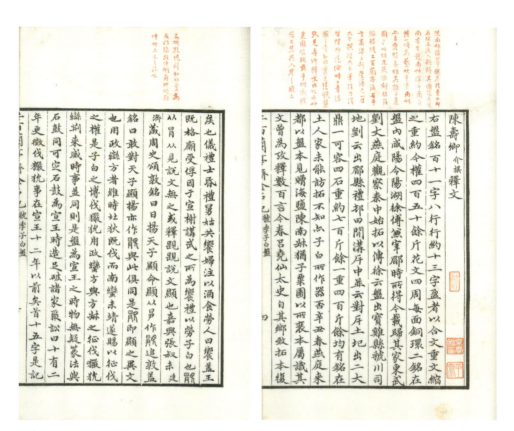

陈介祺释文上的吴云眉批

三十一年，'齐侯来献戎捷'，传曰：'齐侯来献戎捷，非礼也。凡诸侯有功于四夷，则献于王。'铭叙子白伐玁狁之功，按诸左氏，则献戎于王为明证。"

释文后有观款："光绪五年己卯冬十月十三日，新建勒方锜、吴县潘遵祁、中江李鸿裔、元和顾文彬、长洲彭慰高、吴县潘曾玮、归安沈秉成集吴氏听枫山馆同观，因记。"后钤"悟九"朱文方印、"李观鸿裔"朱文方印、"文彬"朱文方印、"成"朱文方印、"西圃"白文半通印、"曾玮之印"白文方印、"慰高私印"白文方印。按：今存此七人光绪五年（1879）十月十三日观款之物尚有数种，1.宋刻本《编年通载》十卷存四卷（一至四），今藏北京国家图书馆。2.宋刊本《参寥子诗集》十二卷，今藏北京国家图书馆。3.明万历十二年（1584）

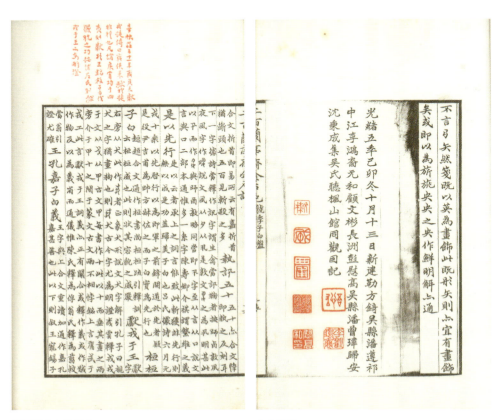

吴云释文上的眉批　　　　　众人观款

项笃寿万卷堂刻本《东观馀论》二卷，今藏北京国家图书馆。（按：此三种系参考王亮先生所言。）2.宋刻宋印本《吴郡图经续记》三卷，今藏台北"中央图书馆"。3.宋景定三年（1262）序刊咸淳间增修本《新定续志》十卷四册，今藏台北"中央图书馆"。4.宋嘉定三年（1210）刊嘉定四年至咸淳间递修增补本《中兴馆阁录》十卷（存九卷）《中兴馆阁续录》十卷，今藏台北"中央图书馆"。（按：此三种可见于《国立中央图书馆善本题跋真迹〔二〕》。）7.清咸丰六年（1856）归安吴氏刻本《二百兰亭斋收藏金石记》四卷，今藏美国加州大学柏克莱分校图书馆。（按：此种可见于柏克莱加州大学东亚图书馆编〔陈先行主编、郭立暄副主编〕《柏克莱加州大学东亚图书馆中文古籍善本书志》。）此七人与主人吴平斋当日同居苏州，常设雅集，名真率会，日聚于吴氏听枫山馆中，联袂把酒，同赏诸家珍藏。此日所赏者则系二百兰亭斋中所储诸宝，并乘兴题识，以志鸿泥。又尝倩海虞胡岫云淡绘除潘曾玮而外之另七人雅集情形，以存一时之胜。此图现存南京博物院中，名"吴中七老图"，然以卷末画中人彭慰高所题可知，此正当年真率会之写实，故宜更名"真率会图"。而所谓"吴中七老"者，则可见于南京博物院所藏另一"吴中七老图"中，即曾坐馆两罍轩中之吴县林福昌所绘《吴中七老图》，卷轴装，洒金笺，设色，纵四十点六厘米，横一四六厘米。图中之人据光绪五年（1879）曲园老人俞樾题记则为：潘遵祁，年七十二；蒋德馨，年七十；顾文彬，年六十九；彭慰高，年六十九；吴艾生，年六十九；潘曾玮，年六十二；吴嘉椿，年六十。两图之关联，容另文详述，此不赘。

又有可言者，钱泰吉、姚燮之题款，此本之外，尚可见于美国加州大学伯克莱分校所藏《二百兰亭斋收藏金石记》（按：以下引文皆见于上述《善本书志》），其文云：

> 归安吴平斋观察，文章政事，众所推重。经世馀暇，讲求金石之学。收罗宏富，考证精博，足与阮文达积古斋相伯仲。往岁海昌萧文学迺甲以观察所藏广明元年《老子道德经》石幢拓本见贻，诧为目所未睹，宝爱不能释。避乱转徙，携之箧中，儿子应溥未知为观察旧物也。兹来沪上，因以投赠，观察谓石幢已失，拓本亦罕存，见之喜甚，乃以所刻《二百兰亭斋金石记》属题，盖亦从姻家姚君子真索得者。观察自跋不胜烟霞过眼之叹，然《记》文传世，则按图可索，故物重还，当在旦莫间。观察名闻天下，人不爱宝，必不胫而至，吾知所积日多，金石之记，卷帙必日富。惜衰朽之质，未能相助编纂，附名册尾，亦所厚幸云。咸丰辛酉仲冬朔，甘泉乡人钱泰吉谨识。时年七十有一。（钤"闲心静居"白文长方印、"世业书田"白文方印、"钱泰吉印"白文方印、"辅宜"朱文方印、"生于乾隆辛亥"白文长方印）
>
> 同治癸亥八月十九日，镇海燮校读一周。（钤"复庄校读"白文方印）

与此书正系同时所题。据上文所引平斋手跋，《二百兰亭斋金石记》暨此《貔季子白盘》皆系咸丰十年冬索自姻亲姚子真，为二百兰亭斋乱前所刻之仅存者。观平斋屡出以示友人，且求题款，可知其于此劫馀之物宝爱何如！

又一册。川沙沈树镛旧藏本，有沈树镛跋。

封面题"二百兰亭斋金石记　虢季子白盘"。

卷前衬纸沈树镛跋："此仪征吴让之先生手书精刻本。庚申，粤匪陷苏城，板毁于火，印本流传甚少，当与让翁墨迹共珍之。同治乙丑九月，郑斋记于都门寓庐。"钤"沈树镛印"白文方印。

有藏印："沈"朱文小方印、"灵寿华馆"白文方印、"沈韵初珍藏印"朱文长方印、"树镛私印"白文方印、"树镛之印"朱白文方印、"郑斋金石文"白文方印、"郑斋考藏"朱文方印、"沈树镛审定金石文字"白文方印。

按：据《柏克莱加州大学东亚图书馆中文古籍善本书志》所述，上海图书馆藏有初印本《二百兰亭斋金石记》一部，亦沈树镛旧藏，不分卷，仅收录《齐侯罍》、《庚罴卣》、《维摩经残字》、《老子道德经幢残石》、《听松石床》五篇。存郑斋跋云："是书皆仪征吴让之熙载手写付刊，惜板已遭乱被毁。"知沈氏于

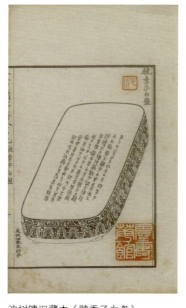

沈树镛旧藏本《虢季子白盘》　　　　　　　　　　　　沈树镛手跋

二百兰亭斋旧刻诸书，亦汲汲购藏者。

二、《金刚般若波罗蜜经》一卷
后秦鸠摩罗什译，宋王念三郎家刊本，一册

五行十三字，框高二十七点二厘米，经折装。藏印有"仰德斋珍藏印"朱文长方印、"双鉴楼珍藏印"朱文长方印、"傅印增湘"白文方印、"莱娱室印"朱文方印、"沅叔审定宋本"朱文长方印、"褒蜀庐"朱文方印、"企骥轩"白文半通印"白文小方印、"沅叔七十以后作"朱文小方印、"傅晋生所藏金石书画"朱文方印。

按：此卷为民国时期著名藏书家江安傅增湘双鉴楼旧藏物，封面题"金刚经 宋棚前南街西经坊王念三郎家刊本 甲子九月宋庵书于藏园"。宋庵，或即张文祁，字仲效，号宋庵居士，工书法，精鉴赏。前清工部侍郎张冀之子，著名文物收藏家张叔诚之兄。天津文物公司曾于2004年1月6日拍卖其民国十

傅增湘旧藏《金刚般若波罗蜜经》

九年（1930）所临苏东坡《黄州寒食帖》，帖有章钰、章梫、傅增湘、徐沅等跋，其妻兄宝熙题引首，韩振华题签。王念三郎，为书棚主人，所刻今仅知此，然此书字画精整，古雅流丽，当非偶然操觚者。

卷末有傅增湘题跋云：

　　临安书棚以陈氏、尹氏为最著，然所印行多属集部及杂说，未闻有刊佛经者。此经为黄念三郎家刻梓，实属稀见，字体劲整，图亦古雅，至可宝贵，后之得者，幸勿以寻常宋本视之（黄应作王）。岁在癸未冬抄，藏

卷末傅增湘跋语

园老人傅增湘识于企骊轩。

笺前衬纸上钤"企骊轩"白文半通印，笺末钤"傅增湘"白文小方印、"沅叔七十以后作"朱文小方印，又笺末衬纸上钤"傅晋生所藏金石书画"朱文方印。

此书为世所仅存，巨堪宝贵，《藏园群书经眼录》、《藏园群书题记》均曾著录，《藏园群书经眼录》卷十"子部四"著录云：

> 金刚般若波罗蜜经一卷　后秦鸠摩罗什译　宋王念三郎家刊本，五行十三字，每版共二十行。前有图十幅，末幅有木记二行，文曰"行在棚南前街西经坊　王念三郎家志心刊印"。（余藏。）❶

《藏园群书题记》卷十"子部五释家类"亦曾著录，其"宋刊金刚经跋"条云：

> 《金刚般若波罗蜜经》一卷，宋刊，大字经折本。半叶五行，每行十三字，分目三十二。第三行标"法会因由分第一"，下注云梁昭明太子加其分目。凡字音及训释小字附本字下，间有校证之处，如据某寺、某译、某碑补入字句者，亦缀本句下。以通行本校之，增改亦得数十事。如："如法受持分"第十三"即非般若波罗蜜"下有"是名般若波罗蜜"一句；"离相寂灭分"第十四"非忍辱波罗蜜"下有"是名忍辱波罗蜜"一句；"化无所化分"第二十五"如来说即非凡夫"下有"是名凡夫"一句。卷前有图十幅，题"奉请黄随求金刚"及"奉请金刚索菩萨"等，上绘菩萨诸像，下录历代持诵经文灵应故事，亦附小图。其第十图左角有牌子两行，文曰"行在棚前南街西经坊王念三郎家志心刊印"，字细如蚕。余得此于保古斋殷姓手，经坊刻经，亦诸藏家所稀见也。❷

保古斋，位于琉璃厂西首路南一五四号，曾经于1936年出版《保古斋书目》，

---

❶ 中华书局，1983年，第869页。
❷ 上海古籍出版社，1989年，第506页。

其他不详，藏园于保古斋所购，此外尚有明钞本《新编分类夷坚志》五十一卷。《金刚般若波罗蜜经》俗称《金刚经》，《法苑珠林》卷二十六引《冥报记》云："唐吴郡陆怀素家贞观二十年失火，屋宇总焚，爰及精庐，并从烟灭。有一函《金刚般若波罗蜜经》独存，经函及縹轴并尽，唯有经字竟不被烧尔。时人闻者，莫不惊叹。怀素即高阳许仁则前妻之兄，仁则当时目睹，于后具自言之。"可见此书之神奇，故刊印纂夥，如今存世最早之印刷品即系唐咸通九年（868）四月十五日王玠为二亲敬造普施者。而现存敦煌卷子中，亦多存此经之写本。临写《金刚经》，向为祈福，此正若嘉庆二十二年（1817）八月二十八日大兴翁覃溪致满洲铁梅溪函中所云（按：此函内容转引自沈津先生《翁方纲写〈金刚经〉兼驳代笔说一》，见于"书丛老蠹鱼的博客"http：//blog.sina.com.cn/s/blog_4e4a788a01007r0c.html）：

> 再有欲奉劝者，如有禀请尊大人台安家报，乞为谆致，如临池作字时，何不专写《金刚经》，如不写细楷，即装册作界格，随意或一寸内外之楷皆可。日写此经，即日诵此经。方纲每年写四部，写一部讫，即再接写一部，其功益无量，消灾积福，不能一言尽也。古人如东坡，如董香光，皆多写此经，但每见此二先生墨迹，内中尚有脱误（今见尊刻临帖内亦然）。大约每写一行即细校一遍，每写完半部即细校一遍，写完一部再细校一遍，昔人谓作字甚敬即此，可以养福，可以永年。区区私祝，愚陋之见，幸见采择。

而此本《金刚经》则如藏园跋文中所言，与通行本多有不同，则其反映当时民情宝爱此经之馀，更可据校今本。

《金刚经》共经六译，宋王炎撰《双溪类稿》卷二十四《金刚经序》云：

> 世所诵《金刚般若波罗蜜经》皆鸠摩罗什所译，本语似明白，意或不圆。偶得龙舒王日休校正六译本，其一则罗什所译，次则魏三藏留支、陈三藏真谛、隋三藏笈多、唐三藏玄奘、唐僧义净，是为六译。日休所释不足以发能仁之旨，其校正不可废也。

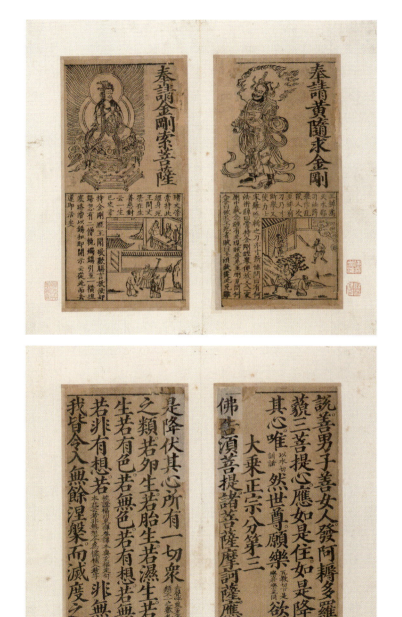

《金刚经》内叶

其中则以鸠摩罗什所译者最为盛行，此本较他本最显著之不同可参清汪由敦《松泉集》卷十六《跋金刚经》中所言：

> 《金刚般若波罗蜜经》四句偈，秦鸠摩罗什译为梦、幻、泡、影、露、电六如，而外如元魏三藏留支、陈真常、隋笈多、唐元奘、真谛俱译为星、翳、灯、幻、露、泡、梦、电、云皆九如。沙门子璿乃谓星灯有体，未是真空。云能含雨，是为含生。魏经九喻，秦略其三。固有所见。今西域梵经仍作九喻，而中华释子持诵皆尚秦经。六如脍炙人口，而九喻则罕有闻焉。乾隆壬申十二月腊八前二日，奉敕考证，跋之张即之所书《金刚经》册后，私记于此。

而此王念三郎家所刊者，即正为鸠摩罗什所译本。宋陈振孙《直斋书录解题》卷十二"释氏类"记云："《金刚般若经》一卷，姚秦三藏鸠摩罗什译。"所言或即此本，惜未得他证一实之。据藏园钤印及《藏园题记》手稿本中跋文所系年月（癸未十一月），知此书当系其七十以后所得，宝爱珍重，尝付坊间以珂罗版影印，以广流传，然此本今亦罕觏。

附录

所见上博藏影印本，存题签云："金刚经　宋棚前南街西经坊王念三郎家刊本　甲子九月宋庵在藏园书"。影本较原书卷末多跋文二篇，其一云：

> 此宋刻本《金刚经》为陶希泉居士发愿影印弘施者也。据居士考证所得，诚是传世第一鸿宝，人间不可再见者。居士制行清峻，闻见博洽，蛋岁从政，精于鉴赏，所藏名书古画、金石器用之属极为宏富，盖不欲以财货自累，独袭此珍秘，时一摩挲审玩，自乐而以遗子孙者也。比年翘勤净出视此世间玩好之具，又不足以牵萦其怀抱，唯崇出世清凉法宝，以解脱妙乐为归趣，故踊跃欢喜，流施是经也。惟此经沉闷千载，居然重耀人

影印本《金刚经》封面   持松法师跋文

间，其中必有守护者在焉。岁在阏逢涒滩病月朔，入入金刚密林谨跋。

下钤"持松"朱文小方印。

其二云：

　　右宋刻《金刚般若波罗蜜经》一卷，大字经摺本。半叶五行，行十三字。字体庄劲，楮墨明莹。卷前有八金刚、四菩萨图像十二幅，像下录历代持诵经文灵应故事，亦附小图。第十二幅左角有牌子两行，文曰"行在棚前南街西经坊王念三郎家志心刊印"，字细如蚕，亦宋刻中所仅有。棚本刻经，历代著录及诸藏家所未见也。按此经自译本传入中土，向以南唐天保五年寿春刻本为最古，其源出唐柳公权石墨本，今亦罕见，与近世通行本不同。此本第一分目下有"梁昭明太子加其分目"小字一行，凡字音

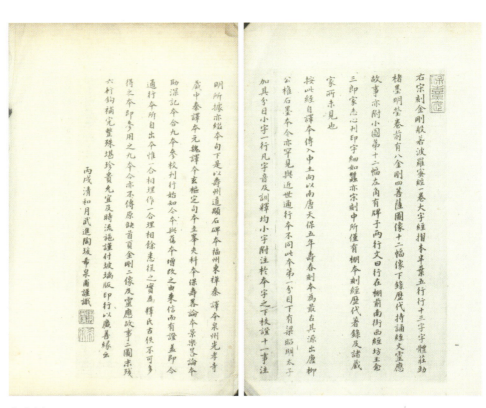

陶瑗跋文

及训释均小字附注于本字之下。校证十一事，注明所据，亦缀本句下，是以寿州道颐石碑本、福州东禅秦译本、泉州光孝寺藏中秦译本、元魏译本、玄枢定句本、圭峰夹科本、保寿略论本、景乐略论本、助深记本，合九本参校刊行。始知今本与旧本增改之由来信而有证，盖即今通行本所自出本。惟"一合相理"作"一合理相"，馀悉从之，实为释氏古佚不可多得之本。即参用之九本，今亦不传。原缺首页金刚二像及灵应故事二图。末残六行，钩补完整。殊堪珍贵，允宜及时流施，谨付玻璃版印行，以广善缘云。丙戌清和月，武进陶瑗希泉甫谨识。

文前钤"保熹宦"朱文长方印，文末钤"陶瑗印信"白文方印、"希泉"朱文方印。

《玉华堂日记》
及其中所见潘氏家事举隅[*]

　　《玉华堂日记》，共八册，明潘允端（1526-1601）撰，稿本。据《潘方伯充庵公传》："潘允端字仲履，号充庵，上海人潘恭定公笠江恩之仲子、学宪公衡斋允哲之弟也。"❶明嘉靖四十一年（1562）进士，曾任刑部主事、四川右布政使等职。万历五年（1577），因与上司交恶，遂解职回乡，筑豫园以娱老亲。生平擅诗文，通园艺，好戏曲，喜古玩。可惜的是，他的著作大都失传，今天所见的，仅有《豫园记》一篇文字以及这部《玉华堂日记》。潘氏豫园："垂二十馀年而成。地约四十馀亩，极亭台池沼之胜。"❷"（乐寿堂）环山临水，嘉树扶疏，高阁重堂，丹楹刻桷，园林之胜，冠绝一时……堂为莫中江学宪手题，规制备极宏敞，堂前广场数亩。石砌栏围，栏外碧水一池，奇峰叠照，月榭高临，曲桥远度。"❸而玉华堂，就是豫园中的一幢建筑，王世贞《游练川云间松陵诸园记》一文记玉华堂之位置为：

　　　　潘氏豫园者，方伯允端所创也。成仅可五年，其东为广场十馀亩，中杂积潦，一门翼然傍据之，榜曰豫园。入门折而西南，有坊楔孤耸，榜曰（阙）。度坊为石桥，过桥稍西曰玉华堂，前列峰石曰五老峰。一峰曰玉玲珑。❹

　　＊小文草成后，曾经复旦大学图书馆研究馆员眭骏博士、上海社科院历史所秦蓁博士、中华书局贾雪飞博士予以斧正，特此致谢。

❶ 何三畏《云间志略》卷十七，明天启刻本。
❷ 毛祥麟《墨馀录》卷八，上海古籍出版社，1985年，第127页。
❸ 叶梦珠《阅世编》卷十《居第二》，上海古籍出版社，1981年，第215页。
❹ 《弇州山人四部续稿》卷六十三"文部"，文渊阁《四库全书》本1282册，第822页。

应该在今豫园东部得月楼的旁侧、玉玲珑之北。日记虽然以此堂为名，但此处并非当日潘允端的日常起居之所。据《日记》，玉华堂有花树之盛，前有石桥，后有池塘，饲鱼其间。充庵在此堂中，设佛礼经，留宿友人，招酒设宴，但自己留宿此堂的时候并不很多。偶然居于园中，多寝于乐寿堂中，而非玉华堂。这部日记作于定制格纸之上，每日一格，每月两叶❶。自万历十四年丙戌（1586）正月十六日记起，至万历二十九年辛丑（1601）五月十一日止，仅戊戌残去正月及二月前半月，其馀十六年中，并无缺少。这部日记内容出于潘允端之手，当无异议。但是否潘氏亲笔，还值得探讨。据吴贵芳《潘允端及其玉

---

❶ 该日记详情可参姚光《玉华堂日记》跋："岁在己卯，避地在沪，于市肆觏有流转之明人日记，蠹蚀不易揭读。旋由余友同邑陈君端志购藏，重加装治，焕然如新，因假流览一过。是书版匡刻定二叶适供一月之用。每叶十六直格，前叶弟一格稍低，刻一'月'字，预备填写某月。其馀每格之首刻定日期，自初一以至十五日，后叶自十六以至三十日，第十六格空白。每日记一格，如逢小建，则三十日下空去。中缝鱼尾下刻'日记'二字，平截下刻'玉华堂'三字，所记达十有六年。据另笔所标记者，为万历十四年丙戌，至万历二十九年辛丑也。丙戌正月前半月只留空格一叶，十六日记起。戊戌残去正月及二月前半月。辛巳记至五月十一日止，下留空格一叶，其馀皆完备可阅。乃全书未出记者姓名，每册间存题签，有署'方伯公玉华堂日记'者，有署'方伯公玉华堂兴废记'者。卷末有题识，署'孙男焕宜'，而又皆不出其姓。传者谓系上海豫园旧物，豫园者，潘氏之园也。细检书中，盖有'潘印焕宜'四字白文一印（在壬辰卷首）。考潘恭定公恩次子名允端，四川右布政使。娶顾氏，累封宜人。投绂归后，筑乐寿堂。又潘恩生于弘治丙辰三月二十六日，卒于万历壬午十月十六日。今观书中，确家在上海城内，每于三月二十六日'先公生忌作享'，十月十六日记'先公讳日行奠'，又常称及乐寿堂、称及'先室顾宜人'，则记者为上海潘允端氏可无疑矣。卷首正月初一日空格下注曰：'万历十四年丙戌，方伯公年六十一岁'，卷末五月十二日空格下注曰：'十一日绝笔，不十六日即捐馆矣，可胜痛哉！孙男焕宜百拜书，时甲子三月廿九日也。'后于二十七日空格下又注曰：'是日，王父捐馆，家门已摧，何日再振，得继先人之志也。'是此记又允端晚年家居之作，而至绝笔也。此十六年中，逐日著笔，无一阙者，顾简略殊甚，所记多应酬、送礼、请仙、串戏等事，交游亦鲜知名之士，于治家之道，未见有述者。卷末其孙又注曰：'王父之寿，亦不可谓促矣。但致病之原，实因亲信贼奴官布事，直至弃产赔偿，尚藉后人完事。贼奴之罪滔天矣。而王父不慎于始，岂亦天命与？'官布未明何事？记中亦不详载。要之明季一带仕宦之家，恶奴之祸迭作，潘氏已肇其端矣。卷首粘有其外元孙曹材真识语曰：'极豪华，极精细，真人杰也。大臣去位，一无牢骚不平之意，尤见学问深纯。'则不无亲故溢美之辞。惟允端系嘉靖四十一年进士，授刑部主事，改调南工部，榷龙江关税，转驾部，以宪副分巡青登，晋参政，总理漕储。后迁四川右辖，不满于督府，遂厄之使投绂归。志乘载其历官颇著政绩。又称其归构乐寿堂，凿泉累石，奉恭定居其中，天伦乐事，海上以为世济其美云。今晚年之兴居如是，岂耄有所荒，抑记有所未尽邪？然明人日记卷帙之多而获存于今者，其手稿既未前见，即刻印者，亦仅见《味水轩日记》（秀水李日华，吴兴刘氏嘉业堂据传钞本刻）及《祁忠敏公日记》（山阴祁彪佳，民国二十六年绍兴县修志会据祁氏家藏钞稿本印，其中原本只存二年）而已。是书传世，已逾三百馀年，今则又得出于兵火而入陈君之手。君曾佐上海市博物馆事，国难之前，上海文献展览会之举，君赞划尤力。此记也，固于吾郡文献有关，而欲考见明代之风俗人情者，又不能不取资焉。余与恭定公之诗文集，往尝汇钞存之，加以题记。兹又获遇其子姓之日记而考校之，亦不可不谓有因缘在耳。中华民国二十九年三月十日檠右，金山姚光记于沪西之景华村。"

华堂日记》一文转引顾景炎的
看法：

> 　　余审定此项日记乃非
> 允端亲书手迹。每日由允
> 端起稿，而命其子若孙或
> 记室代书誊写上册者。其
> 足以证明有五点：一、首尾
> 笔迹，间有不同；二、允
> 端晚年必不耐作蝇头细字，
> 此日记用笔端谨，绝类记
> 室所书；三、日记中间有
> 涂笔改整之行书数字或十
> 数字，用笔流走，墨采飞
> 耀，此乃允端亲笔修改之
> 字，与日记之楷书完全不
> 同；四、其最后数日病至垂
> 危，万不能再作工楷之日
> 记；五、其最重要之证据，
> 在日记第四册丙申十一月
> 初八、初九两日，所写所
> 记完全类同，竟一字不易，
> 必系誊写者重复钞录所致，

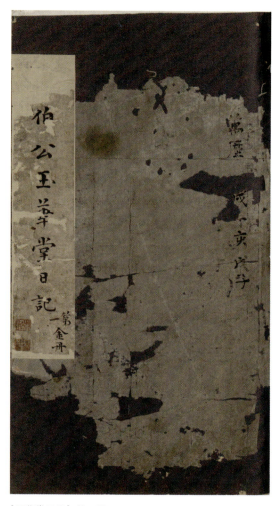

《玉华堂日记》第一册

> 若允端自书，决无此错误之理也。……盖此项日记，大约系四老堂（按堂
> 为潘恩退居后所筑）游谦之起居注耳。❶

所言颇有见地，盖充裕之家，大都有专门的记室，从事相关文字工作，无论是

---

❶顾景炎《上海文物过眼录》（未刊稿），见于吴文，《图书馆杂志》1982年第1期。

主人的日记，抑或是往来函件，都由记室操觚，如今上海图书馆所藏刘承幹《嘉业堂日记》及其往来书函，大都出自其记室之手，即可为证。但无论如何，这部流传至今的日记，确是稿本无疑。

这部日记，有人根据其中数册封面题签为"玉华堂兴居记"❶，故又以此为名。但以其性质而言，还是径名"日记"，比较一目了然。日记始于潘允端六十一岁之时，终于其去世前夕。再据今日记后存有其孙焕宜跋语落款可知，至少在天启四年（1624）的时候，这部日记还藏在其家。而其外玄孙曹树真的识语，估计应该也是作于日记尚在家藏的时候。不过，此后这部日记的流传情形到底如何，现在已经完全没有线索可循了。根据1939年日记仍在上海书肆出现这一现象来看，估计很可能一直就在上海境内流传。据姚光跋可知，这部日记大概在1939年左右为其同邑友人陈端志所收，并重加装治。陈端志，又名陈光辉，上海金山人。日本庆应大学毕业，南社成员。曾任国民政府社会部秘书、中国青年工读团团长、中国青年工读团建村农学院院长、上海新亚中学校长，又曾就职于上海市博物馆。主要著作有《五四运动之史的评价》、《博物馆学通论》、《抗战与社会问题》、《教育改制与工读教育》、《现代社会科学讲话》等。日记现在藏于上海博物馆中，根据上海市博物馆与上海博物馆的传承关系，这部日记很有可能就是当年由陈氏本人捐入其所在机构，而自此一路流传至今的。又据资料记载，这部日记是在1989年1月正式入藏上海博物馆的图书馆的，之前则存放于上海市文管委中。至于日记本身的相关情况以及价值所在，姚光跋文中所言已经非常详备，自可参阅，不劳辞费。

《玉华堂日记》记录比较简略，每日少者十馀字，多者不过百馀字，正如姚光跋文中所言："顾简略殊甚，所记多应酬、送礼、请仙、串戏等事，交游亦鲜知名之士，于治家之道，未见有可述者。"其为世人所瞩目者，并不完全因为作者为赫赫有名的沪上名胜豫园主人，也不是因为它是流传至今存世极少的早期日记，而是因为其中只言片语中所反映出来的明代中后期的社会经济生活状况以及城市文化消费状况，尤其值得重视。这些方面已经有不少文章加以阐

---

❶ 按：该日记第一册题"方伯公玉华堂日记"（"方"字已缺），第二及第六册原封面散佚不存，不知原作何名，其馀五册，均题"方伯公玉华堂兴居记"。

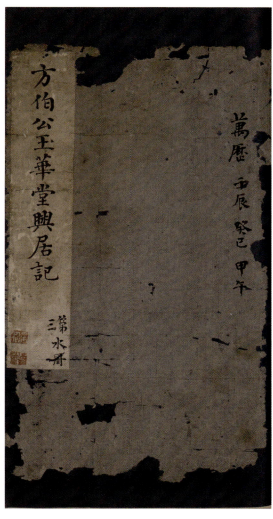

其中数册封面题名为"方伯公玉华堂兴居记"

第四册扉叶

述和分析❶，都可参考。《玉华堂日记》自民国时再次面世不久，即入藏博物馆中，先后存放于上海文管委以及上海博物馆，有缘获见其真容者甚少。故而其中所录，虽然简略少文，但依然可发掘出许多话题。

1960年8月，充庵叔父潘惠、堂兄弟潘允修允徵三人墓葬在肇嘉浜路被发现，经考古发掘，得见其留存的墓志以及墓葬品，大体知晓其生前身后的基本状况。我们不仅可以将墓志中所言潘惠父子的这些基本信息与日记互证，而且可以据日记补充三人去世前后墓志中没有提及的一些细节，这对我们了解当时的世风民俗以及潘氏宗族之间的关系，显然极有帮助。

潘惠是充庵之仲父，曾官温州倅。据王世贞所撰墓志：

> 当隆庆、万历间，故御史大夫上海潘恭定公偕其仲氏温倅公、叔氏比部公、季氏光禄公，咸以笃老致其官。归，恭定公筑堂于别圃，名之曰四老，约以佳时相过从，而诸子今学宪、方伯、都事、汀倅、监事诸君，咸盛衣冠，治醪糗，执子弟之业。四老人隗俄其间，雅歌投壶，谈笑甚适也。❷

据此可知，他很早就致仕家居，与其昆仲共享同怀之乐了。他与其兄弟关系融洽，自然与子侄也是其乐融融。潘惠之卒，据墓志：

> 公之初不豫也，时汀倅君方之郡，便道省侍，而学宪、方伯皆里居，公忽顾而泫然曰："我潘之先，累世为德，而钟我兄，以有若二子，而德不衰；今者乃闻诸子姓有妖惰参肆，日将隳其志而乐，不一劂之，非所望

❶ 如杨嘉祐《明代江南造园之风与士大夫生活—读明人潘允端〈玉华堂日记〉札记》（见于《社会科学战线》1981年第3期，第343—345页）、吴贵芳《潘允端及其〈玉华堂日记〉》（见于《图书馆杂志》1982年第1期，第50—51、26页）、张安奇《四百年前上海豫园的日日夜夜——读明稿本〈玉华堂兴居记〉》（见于《档案与史学》2001年第2期，第73—76页）、张安奇《明稿本〈玉华堂日记〉中的戏曲史料》（见于《中国文化研究集刊》第3辑，复旦大学出版社，1986年，第128—167页）、张安奇《明稿本〈玉华堂日记〉中的经济史资料研究》（见于《明史研究论丛》第5辑，江苏古籍出版社，1991年，第268—311页）等。

❷ 见于《上海明墓》第一章《纪年墓》41"光禄寺掌醢署监事潘允徵家族墓"，上海市文物管理委员会编，文物出版社，2009年，第101—109页。以下潘惠、潘允徵墓志均出于此，不再出注。

于贤者也。"因汍澜久之！明日语益惨，且加絮泣数行下！学宪怪语方伯，此何祥也？属元正，公当从之公庭祝禧，以病辞；越二日，为公诞辰，举家庆者，亦以病辞。盖七日而竟不起，时万历丁亥之正月七日也。

文中所言的学宪，就是充庵的大哥潘允哲；方伯，则即充庵。而充庵日记中的记载，恰可与此所言互为补充，万历十五年（1587）正月初二日："阴。早，往二叔拜寿。有微恙，不面，礼止受烛、面。"❶ 正月初三日："阴。早，谒园中各祠。至城隍庙，与二叔祈保。"正月初七日："晴。早，闻二叔病亟，急往候。午，归。申，复往，□□捐馆，临□。"墓志中所言"病辞"、"七日"之说，都可以与日记所载一一对应。充庵与其仲父情深甚至，在潘惠逝后，不仅连续数日临灵痛悼，如正月初八日："晴，大风，早，往二叔柩前哭临。"正月初九日："阴，有风。早，拜二□□［叔柩］。"正月十一日："雨。五更，往二叔家候开丧。平明行礼。"即便在开丧之后，每遇逢七之日，充庵依然必往其叔父府上拜柩，以寄哀思。

潘氏四老的子侄中，最为显赫的显然还是潘恩的两子，即充庵昆仲，再加上潘惠、充庵叔侄情切，因此，如前引墓志所言，潘惠卒前，不仅曾与充庵兄弟感慨家门前途问题，在其逝后，家事的处理也多仰赖充庵兄弟。潘惠的墓志之作，也是由充庵弟兄为之张罗而成，据王世贞所撰墓志云：

> 以学宪君状而请志铭于余，学宪君名允哲，与余为儿女姻，而余故庄恭定公，不敢辞。铭曰：乐有三而公得其二，福有五而独公之备。乃犹赢其一，曰有繁喆嗣。夫不知公者，以公之兄；不知公详者，以公从子之状，而余之志与铭。余言若新，公亦若生。

其中所言"不知公详者，以公从子之状"，指的应该就是充庵在日记中所言六月初十日："文台弟侄来，乞传。"七月三十日："送传与文台五郎，家人送打发银一两。"潘惠去世之后，一直在家停丧未葬，直到该年年底，才入土为安。

---

❶ 见于《玉华堂日记》，稿本，上海博物馆藏。以下所引日记均出于此，不再出注。

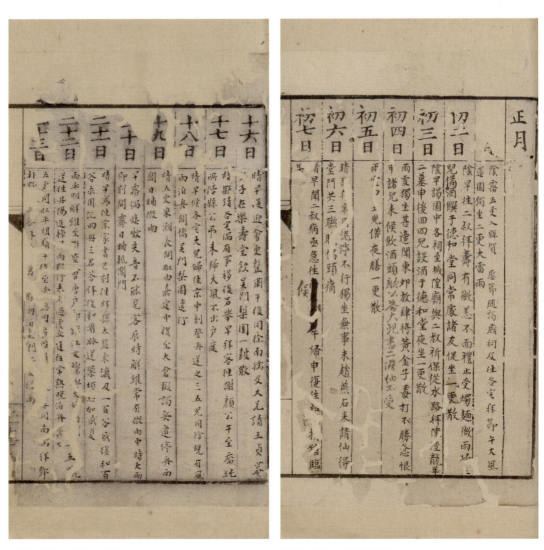

万历十四年（1586）四月　　　　万历十五年（1587）正月

十二月初四日："晴。早，同大兄与文台求颜公题主。会王百谷请饭，不赴。"十二月十三日："阴，寒。早，因二叔父家开丧，往拜。午，写祭文行奠。"次日，充庵日记记录道："阴，寒。早，往二叔父行奠。"又过了两日："雨甚。五更，至南门送二叔殡。"至此潘惠的丧礼才算完全结束。

潘惠共有四子，其中最有名的莫过于次子潘允徵了。允徵，字叔久，别号文台，官光禄寺掌醢署监事。潘允徵的墓葬经过考古发掘，不仅在其中发现了其墓志，还发掘出了现在陈列于上海博物馆展厅中的广为人知的明器仪仗队。文台的墓志是充庵代请其友人唐文献所撰，墓志中说："既余奉使事竣还里，而君之子云章、继芳俨然奉君之从兄方伯公状谒余，请铭君墓矣。"可见，在文台身后，其家事方面也是非常仰仗充庵为之主持的。在日记

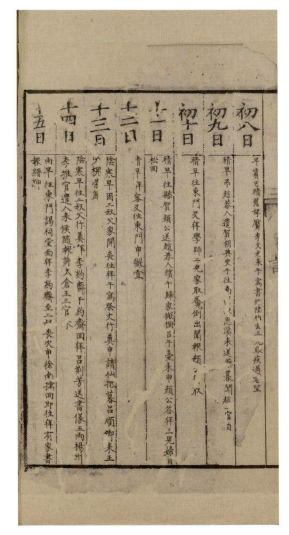

万历十五年（1587）十二月

中，充庵对此有更加详细的记录。万历十七年（1589）正月十七日："请仙。写疏为文台乞寿。"也就是说，在这年年初的时候，文台的身体状况就出现了问题。到了五月，十五日："晴。早，往县答拜许公。至东门祠堂及望文台。"十六日："晴。早，因文台病，同诸兄弟叔侄祷神。"十七日："送文台礼不受……文台病亟。"接下来数日，充庵曾数次登门问候，但文台的状况已经是每况愈

下。至二十二日："晴。早，往山川檀祷雨，候文台。"次日，充庵再次前往文台府上："随候文台及城隍庙。已时，闻文台变□往□。未时，入棺，虹桥四官与二侄有言，略解□，不能定。"文台就此逝矣。

早在潘惠去世之后，其家中就因财产分配问题而纠纷不断，如万历十五年（1587）潘惠逝后，四月十八日文台自京中返回："闻文台奔丧归，先遣三儿往候。"五月初二日："晴。早，□东宅及文台家论分家事。"五月初三日："至文台家分家产，四官颇不知事，可怪。"可见，这场家庭纠纷，主要是由四官引发的。四官，想来就是潘惠的四子"允光，太学生，娶倪，侧室张出"❶。据潘惠墓志："元配王，亦自孺人进安人。王有贤行，先公卒，公感而不复娶。"潘惠四子中，前三位都是由王氏所出，惟有幼子是侧室所生，所以在老父身后难免与家中发生矛盾。但虽有波折，潘惠府上分家事宜在充庵主持下，总算顺利结束。不仅如此，五月十三日："雨甚。□□静坐。申，文台兄弟将银百两送予，为二叔所分，辞之不得，□[权]受。即以此银七十两□[作]买沈□[家]□价。"作为利益获取方，充庵想来对此次主持分家感到满意，但其实也为潘氏后来的纠纷埋下隐患。

至万历十七年（1589）文台逝后，潘惠一支家中更是纷乱不堪。五月二十三日文台身故，次日，幼弟允光即与文台遗属发生波澜："晴。早，往文台□[家]，与四官甚□，将随□□[去郡]……□□[郡归]。"正如潘惠逝后，其府中纠纷由充庵协调处理一样，这次充庵依旧是文台身后矛盾的调解者。二十五日："晴。早，往文台宅解纷。午，归。四□□□[官母来]。"但这次的问题，大概比上一次更为复杂。或者说，上次问题的累加，使得此次纠纷进一步恶化。终于，允光与其次兄的遗属打算对簿公堂。五月二十六日："晴。五更起，往文台家发丧。随至□[东]门，行祖忌日祭。午，见四官递禀。申，闻文台家亦往乡赴许公告状。屡阵□[不]雨，人心皇皇。"虽然两家均已递状，但充庵仍在努力为之调和，二十七日："晴。早，往文台丧次，及往东门候大兄。文台家事因予公论，闻□[有]异言，心甚不乐。晚，拜斗。知四官告状准行，两家俱来见予，正言切责。"五月二十八日："晴。早，往县候许公，未

---

❶见潘惠墓志。

会。□［午］，□□［甚暑］。申，文台家告状。作阵不雨，人心皇皇。"五月二十九日："晴，甚暑。早，因文台首七往拜。随至县会许公……申，许公答拜。与四官言处不从。"充庵甚至在对允光劝说无效的情况下，搬出了他唯一在世的三兄允达。如前所言，潘惠共有四子，除幼子允光之外，全出一母。但长子既逝于潘惠生前，故此时仅有允达、允光在世。六月初一日："晴，暑。早，与诸公往庙社行香，谒东门祠寺祠。午，作阵雷雨二寸馀，但四郊未沾足。与澄□［源］及王仰槐等议和四官讼，事勉强定而气尚未平。"澄源，就是潘允达，在他及其他友朋的劝说之下，四官大概是同意了和解方案。故而次日，充庵"写四官讼事执照"。六月初三日，按照双方的约定，允光应该是至其次兄灵前和解。但事出意外，允光竟然突然变卦："晴。早，容与堂定磋。往东门候大兄安。至文台家，唤四官吊丧，又不果。午，伊妻至大兄，求免罚金，即得请，心殊不平。□□［以］□□母妻纷纷奔走，亦可耻也。未，请仙，略有数言。"四官又派其夫人转而向充庵的长兄允哲求援，并得到了允哲的支持。故而充庵只能转而与其兄允哲沟通，六月初四日："晴。早，遣人候大兄。又与四官议和事。"六月初五日："晴。早，往东门候大兄安。王□［仰］槐等众人会于城隍庙定和息供，四官不赴，不果定。文台二子神前哭甚哀，见□［者］无不堕泪。申，请仙。予意遥自做和供，不凭两房。"文台的两子哀哭于神位之前，显系委屈备至，故而使得见者皆致同情。职此之故，充庵决定直接自行和解。于是，在六月初六日："阴，□［风］。早，唤姚一元写定息词。午，闻□［四］官又投状。"本来是写定了息词，打算撤销诉讼，但允光却又反其道而行，再次投状。事已至此，家庭间的纠纷最终不得不见官处理，六月初七日："□，风。□往□［东］门候大兄安。文台二七，拜□［柩］。四官投文。未，两房候□官，□［大］儿、三儿□［往］看。申，□□［请仙］。□［许］公问出□［魔］魅真情，要尽法□［之］可□［措］也。晚，四……□［言］责之。"许公是当时的上海知县，江西湖口人许汝魁，系万历十四年（1586）进士。据同治《上海县志》："汝魁不好更张，以简静镇俗。"❶因此其处理意见想来也是以维护大局为要，且问出允光之"魔魅真情"，要对之"尽法之可措"。

---

❶ 卷十四《名宦》，同治十一年（1872）南园志局刊本。

按道理，这次家庭财务纠纷应该到此结束了，因已有官断，自须遵从。但允光为人似乎甚为强悍，据六月初八日日记载：

> 阴。辰，□［许］公来拜，□［随］往答。午，归宅内□［大］儿饭。未，□［四］官□□□［来请旨］不……同锁往见官，余□出□□［即有］相角□［之］意。四官遣人往禀云，在乐寿□［堂］锁打县公遣人……辞，□□［许公］怒，添差七人拿梅□，不肯出，益□，即至察院审问，□人打卅，如法拟罪。

这段文字有缺，不可尽知其意，但可以确认无疑的是，事态进一步扩大，且允光处境愈加不利。如果按照当时的情势，则潘氏族中必将大起波澜。

到了次日，事情又发生了新的变化，潘惠次子允达也加入这一风波之中，六月初九日："大风，微雨。竖容与堂。早，澄源□［来］，说许公批□［词］有□言，甚不□，心颇不平，不得□□［文］书许公更名。未，王仰槐□［来］，□□□［欲进］县与许公再请和，许之。"但无论如何，潘氏一家还是达成谅解，打算和解。六月初十日，当事诸方同至县衙："晴，大风。早，拟往县求和处。"但就在县衙之中，竟然又有了意外之变："澄□［源］出手本，词侵余，怒归。澄源遥往递及送东门书。遣大儿进白情事。午，在宅饭。见□□［许公］回东门书，不允所请。"允达所言，想来是指充庵处事不公，在其亡兄与幼弟的矛盾中有所偏袒。事既至此，充庵大概也是心力憔悴，似乎决意不再参与允光兄弟子侄之间的矛盾。六月十一日："晴。早，闻乡士夫奠文台，余不往。"充庵之为人，据前揭《潘方伯充庵公传》载："其族属姻党贫者赈之，冤者直之，贤且□者奖荐之。直举贵贱亲疏，包容殆遍，其有宏度而无褊衷者耶！"可知向来急公好义，颇有令名，故之前对于其从父家中纠葛的调解，应该也是比较公允。所以虽然他并没有参与公奠，同里乡绅还是主持了公道。在此压力之下，允光再次表示要和解："辰，纯所来望，知识轩与澄源辩证语塞。……薄暮，闻四官复要求和，余未许。"虽然充庵对四官表达不再讲和，但等到允达来请时，充庵还是同意了和解。六月十二日："晴。早，因腹痛不出。澄源等□□［来请］和……命姚一元草和呈稿。"想必令充庵极度崩溃的是，允光再次反对和议，六月十三日："四官议和又不成。"而这样欲和还休的场景又上演了多次，终于，在官府的压力之下，潘府的争端才得到了解决：六月十五日："晴。早，往东门。至县求许公和息，未允。□，望倪鲛□［楼］。□［午］，诸公至乐寿堂议写息词，抵暮方定。识轩、连城与澄源辩论，气甚不平。"六月十六日："晴。早，四官家进县递和呈，不允。午，□［戴］水玄送顾庄契□［来］。又写□［和］呈。申，令之递又不果。"六月十七日："晴。早，各往县送息词，四官复有所激，余不胜忿怒。午，三儿等复往苦劝。申，进见许公，诸人苦告，四官□［得］释罪。"六月十八日："晴。早，往谢许公，随陪四官至南门拜枢。"这次财务争端，终于以允光祭拜于其亡兄枢前告一段落。而此事真正的终结，则在半月馀之后，七月初五日："晴。早，往东门候疾，随至文□［台］做六七。申，往祭。四官还两房田房事完。"至此，潘惠后裔争产一事才算是有了最终结果，而此次纠纷的大概原因也由此可见，是允光侵占子侄的田房而致。

如前所言，充庵日记向来简略，故于允光争产一事虽有大概记录，但细节究竟如何，现在已经无法考知了。不过，潘家在其乐融融的四老去世之后未久，就迅速开始了兄弟阋于墙的变化，其间所反映的社会风貌，尤其是嫡庶之间的关系，实在很值得重视。充庵日记中关于其家族内部情形的记载还有不少，这些第一手的材料正是了解和研究明代中后期江南著姓望族的最佳素材。

康熙刻本《六书通》解题

　　《六书通》十卷，康熙末年刻本。明闵齐伋编，清毕弘述篆订。散五册。书高二十九厘米，宽十八点三厘米。白口，无鱼尾。四周双边。半叶八行，行大字十二，注文双行小字二十四。版框高二十点九厘米，宽十五点五厘米。版心上镌题名，中韵字、四声字，如"队　去"、"屋　入"等。下卷数及页码，如"一之二五"、"九之三八"等。

　　内封四周双边，分三栏，左右栏等宽，中栏稍阔。右题"五湖闵寓五先生稿本"，中栏题"六书通"，左栏题"基闻堂篆订"。首顺治辛丑仲冬五湖闵齐伋寓五父序，时寓五八十二岁。序中首释题名："六书通者何？通六书之变也。孰通之？《说文解字》之执也。"以为"一代之同文，即为一代之变体，变变相寻，充塞宇宙，而五百四十字者，方新而未艾也"，故而须作书以释《说文》之后字体之变迁。后康熙五十九年岁次庚子四月之望襄平张涵序，下镌"张涵之印"阴文方印、"渊度一字容谷"阳文方印、"家在铁凤城西"阴文方印。后康熙庚子清和月穀旦苕溪程炜赤文氏序，下镌"程炜之印"阴文方印、"赤文"阳文方印。后康熙五十九年岁次庚子清和之望海盐毕弘述既明氏序，下镌"弘述之印"阴文方印、"既明图书"阳文方印、"公侯子孙"阴文方印。程炜序中述此书之成云：

　　　　闵寓五先生好古读书，生明季，能远绍仓颉微旨，于三代秦汉诸篆法，遐搜备其形体，穷讨溯其本原，参互辨其疑似，劳精竭神者五十馀年，辑成书，题曰"六书通"。而先生老死，是书流传散失，几付之荒烟。而又六十馀年，炜得之。炜交于毕殿扬先生。先生弟既明先生工文词，善书，尤精篆籀诸法。余因殿扬先生以《六书通》请正焉，先生一见惊绝，谓周秦古法复见于今。惜残阙非全书，且伤其几于泯灭也，为之加参考篆订。阅四载书成，且付之梓人，以传于后。

毕既明序亦言："《六书通》为五湖闵寓五先生稿本，余得之苕溪程子赤文家。"知既明此刻，系《六书通》之初次付梓。

卷首第一行上镌题名，下镌声韵，如"上平声上第一"。第二行镌"海盐毕弘述既明篆订"，下镌"苕溪闵章含贞、程昌炜赤文同校"，第三行镌"一

康熙刻本《六书通》

东"，第四行始正文。正文以《洪武正韵》列先后。首楷书正字，以方框围之，后篆书，后双行小字释及切音，后列各体字形，最后间有闵氏诠次。讳"玄"字，缺末笔。每册首钤"东吴沈宝谦行一字六皆号济之又自号曰平岐子"、"莲花桥外小桥边"白文方印，册一钤"望云草堂所藏"朱文方印，闵序后钤"好古平生僻"朱文方印，张序后钤"右启我后人"白文方印，程序后钤"东海沈氏"白文方印，毕序后钤"吴兴伯子"白文方印，凡例前钤"吴中沈氏"白文方印、"食旧德氏"朱文方印，凡例后钤"平岐子印"白文方印。卷一首钤"鲁盦所藏"白文方印、"臣宝谦印"白文方印、"济之"朱文方印。卷二首钤"宝谦"白文长印，末钤"漱六艺之芳津"白文长印。卷三首钤"鲁盦所藏"白文方印、"平岐子印"朱文长印。卷四首钤"济之印信"朱文方印。卷五首钤"鲁盦所藏"白文方印、"平岐子印"朱文方印。卷六首钤"平岐子"白文长印。卷七首钤"海粟斋"白文长印、"鲁盦所藏"白文方印、"霁"白文方印、"塘"朱文方印。卷八首钤"济之"朱文方印。卷九首钤"鲁盦所藏"白文方印、"沈宝谦印"白文方印。卷十首钤"济之"朱文方印。卷十末有沈宝谦墨笔题跋五行，署名"平岐子"，钤"平岐子印"白文方印。文云：

> 初印《六书通》旧值青蚨四千个，兹以一千六百得之。案《六书通》每卷第二行"毕"字下一字未改"宏"字者，此是原刻。其未改之字，并未缺末笔者，此是初印此书是也。此书余家旧自有之，庚申之变，苏城失，书亦俱失。今又得之荡口华氏，又一书本矣。辛酉季冬之月，平岐子。

辛酉即咸丰十一年（1861），客岁之四月十三日，太平军攻入苏州，中丞徐有壬朝服赴署内清德堂池死，邑人多有逃难至无锡荡口者，济之此际当亦避难于此。

《四库全书总目提要》尝论《六书通》一书云：

> 大致仿《金石韵府》之例，以《洪武正韵》部分，编次《说文》，而以篆文别体之字类从于下。其但有小篆而无别体者，则谓之"附通"，亦并列之。不收钟鼎文，而兼采印谱。自称通许慎之执，不知所病正在以许

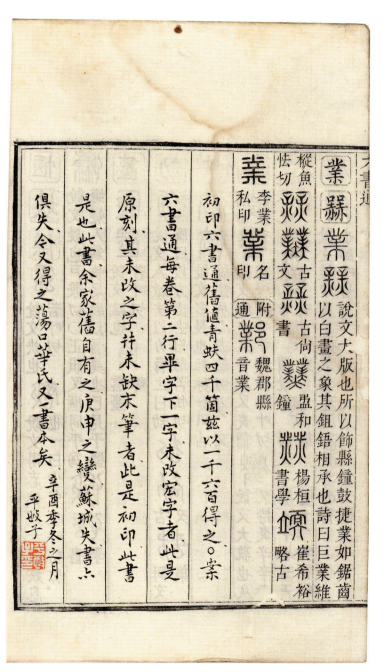

六書通

業 縣 業 㸚

說文大版也所以飾縣鍾鼓捷業如鋸齒以白畫之象其鉏鋙相承也詩曰巨業維

樅魚㸚　古尚㸚　古㕣㸚　文㸚㸚

怭切　李業　名　附

私印　李業印　通　音業　品　魏郡縣

業　通　音業

盟和　楊桓

鐘　崔希裕

書　書學

㸚　頌

略古

初印六書通舊值青蚨四千簡茲以一千六百得之。案

六書通每卷第二行罪字下一字未改宏字者此是

原刻其未改之字并未缺末筆者此是初印此書

是也此書余家舊自有之庚申之變蘇城失書凒

俱失令又得之蕩口華氏又一書本矣　辛酉季冬之月　平坡子 [印]

卷十末有沈宝谦墨笔题跋

慎为执也。❶

然既明序中言："附之以不变，通之以无不可变。"其用意与《四库提要》所云全然不同，故所谓"以许慎为执"者，自可不论。《六书通》一书，所采《说文》以大徐本为主。凡《说文》之部首字，均标明"建首"二字，后列古文、籀文、钟鼎彝器以及秦汉公私印章字形。于《说文》所未收者，大都注明出处，自为注解，并引经史加以证明。闵氏《凡例》云："灼然乖悖者，芟之。稍涉疑似，安知古人之不出于疑似也？现当并存，以俟千古。"即凡曾见诸记录之字形，书中均予录入。故其所收，多存不见他书著录之异体形态，虽未能尽是，然其所录，可为古文字研究提供一定线索，亦为研究汉字字体演变及书法篆刻不可或缺之参考。

此书旧藏吴门沈氏。据《民国吴县志》：

> 沈宝谦字济之，国学生，积书万卷，手自校雠。尤善审金石文字，事亲至孝，母殇，素食凡十有六年，终岁不饮茶。兵燹后，冯宫詹议减田赋，赖宝谦往复陈说，议乃定。又订《丰备仓章程》，尽革曩时旧弊。❷

其同里陈奂有《海粟斋印存序》，云：

> 平岐子者，沈夕阳之亲兄子也。敦孝友，能文。其少也，已志存兼济，尝注《救世文》行世。道咸间，年四十馀矣。作策论，言时事，条分缕析，每一篇辄数千言，议者以为类贾长沙。精铁笔，其所自存印，旁刻或自抒所见，如论才论功名论忠恕，言皆有物，想见其为人有足多者。❸

知其亦曾涉足于篆刻，且曾集成印谱一部。惟惜此谱存佚未知，不得窥其窔要。书后转张鲁庵望云草堂收藏。鲁庵原名锡诚，更名英，字鲁庵，号咀英，

---

❶ 文渊阁《四库全书》本。
❷ 卷六十六下《列传四》，曹允源、李根源纂，苏州文新公司，1933年铅印本。
❸ 见于陈奂《三百堂文集》，王大隆辑《乙亥丛编》本，1935年。

室名望云草堂。赵时枫弟子。篆刻家、鉴别家。收藏善本印谱四百馀种,有秦汉铜印及名家刻印千馀方,身后皆捐诸西泠印社。鲁庵篆刻师法秦汉,旁及浙、皖两派,皆有法度。工诗,又擅制印泥,其鲁庵印泥甚为同仁所好。沈、张二氏皆擅铁笔,而皆好读此书,此书之用,具可窥见一斑。

《六书通》一书,付梓未几即风行海内,曾经多次翻刻、翻印,仅据《文字音韵训诂知见书目》❶著录,即有乾隆四十五年(1780)大文堂刻本、乾隆六十年刻本、光绪四年(1878)绣谷留耕堂刻本、光绪七年锄耕堂刻本、光绪十四年上海大同书局石印本、光绪十九年上海校经山房石印本、光绪十九年平远书屋石印本、光绪十九年上海书局石印本、光绪二十一年上海鸿宝斋石印本、光绪间上海积山书局石印本、宣统元年(1909)上海扫叶山房石印本、民国五年(1916)上海扫叶山房石印本(后又有民国十年、十九年、二十六年、三十六年石印本)、民国七年上海鸿文书局石印本、民国十七年上海鸿宾书局石印本、民国间上海广益书局石印本及1980年北京中国书店影印清刻本。又有嘉庆六年(1801)毕氏刻《订正六书通》(一名《篆字汇》),亦有民国二十五年上海广益书局石印本及1981年上海书店影印本。书虽异名,其实不过此书之翻刻而已。

既明之孙名星海(1740–1801)者,又尝祖述乃祖,成《六书通摭遗》两卷,附其所刊《订正六书通》行世。其书仍以韵分隶《说文》诸字。自序言:"凡《六书通》所未载之字及笔迹有不同者,辄为摹录。"❷然所收较诸《六书通》审慎有加,"所收至慎,惟碑碣真本凿凿可据,苟有小异,具录于编"。杨锺羲尝言是书:"盖本闵齐伋《六书通》之意,集三代秦汉篆法,以《说文》字为标首,下列古文籀文以及鼎彝符印,其体例与《金石韵府》诸书为近。星海亦好参考点画形声,得张燕昌、吴东发、张廷济所寄古器铭砖文印文,辄为摹录,成《摭遗》二卷,附《六书通》后。"❸然其用心,则稍异于闵氏原书,故杨氏又云:"探原许书,与齐伋自称通《说文》之执者,固不侔矣。"

---

❶ 阳海清等编,湖北人民出版社,2002年,第68–69页。
❷ 嘉庆六年(1801)刻本卷前。
❸ 《续修四库全书总目提要(稿本)》第三册,齐鲁书社,1996年,第780页。

胡正言及其《印存初集》述略

胡氏家世生平综述❶

胡正言，字曰从，晚号默庵老人。生于万历十二年甲申（1584）秋九月，卒于康熙十三年甲寅（1674），年九十一岁。本籍安徽休宁县文昌坊人❷，以成年后，即定居南京鸡笼山下，故又自称上元人。为北宋著名学者胡瑗（安定先生）之后裔。其父某，人称仰宁公。乾隆《六安州志》卷十五、同治《六安州志》卷四十、光绪《霍山县志》卷三十一皆云胡氏"世以医为业"，则曰从之父或即以悬壶济世为生❸。曰从昆仲三人，长正心，字无所，号萧然子。季弟正行，字子著。曰从所刻诸书，多为其昆弟三人联名校订者，如崇祯间所刻郑二阳《孙子明解》八卷《师卦解》一卷，卷端下刻"海阳胡正心、胡正言、胡正行较"。再如崇祯十年（1637）十竹斋刻叶廷秀辑评《诗谭》十卷，卷端下刻"新都无所胡正心、曰从胡正言、子著胡正行较订"，皆为其显例。崇祯六年（1633）春，南京刑部湖广清吏司郎中张兆曾为曰从所刻远祖瑗《格言类

---

❶ 按：此节多参南京图书馆已故研究馆员潘天祯先生《胡正言家世考》、《胡正言生卒、定居及启用十竹斋名的时间考察》二文（见于《潘天祯文集》，《芸香阁丛书》本，北京图书馆出版社、上海科学技术文献出版社，2002年，第123-142页），谨此致谢。

❷ 按：曰从昆弟复多署作海阳人、大鄣人。海阳者，休宁旧称也；大鄣者，徽州府之名山也。《江南通志》（黄之隽撰，扬州古籍书店，1987年）卷三十四《舆地志·古迹·徽州府》："海阳废县旧治休宁县西二里灵鸟山，寻移治县东十三里万安山上。本歙县地，孙吴析置休阳县，后改海阳。"《江南通志》卷十五《舆地志·山川·徽州府》："大鄣山在绩溪县东六十里，一名玉山，是为邑镇。高五百五十仞，周百五十里。秦立鄣郡取此。"

❸ 又崇祯十七年（1644）秋李于坚《十竹斋笺谱小引》中述曰从语云："家世著书，不屑卖耜，忆昔堂上修髓之供，此日屋下生聚之赡，于是托焉，何能不私一艺而耻雕虫耶？"则曰从先人，或亦尝从事出版。

编》所作序言云："吾友曰从氏博雅君子也，其昆季皆邃于理学，一言一动，必以先辈为程。"周亮工《印人传·书胡中翰印章前》则称曰从："最留心于理学，旁及绘事。"[1]《胡氏篆草》孙于王序则言："先生事亲孝，一兄两弟又唯先生是资[2]。伯无所、季子著两先生咸从事理学，伯纯明而季闳达，其间得俯仰无营，专心一力，踔然以儒者称，则皆出先生友弟之助焉。"可见远祖安定先生所辟家风绵延不绝，为胡氏世代青箱之学。

曰从尝协其长兄无所编纂、订正多种医书，现存者有《订补简易备验方》及所谓"十竹斋袖珍本医书十三种"，后者各单种版式相同，皆为半叶七行十五字，白口，四周单边。版心上刻书名，或全或简不一，下刻"十竹斋"三字。版框高约八点九厘米，宽约五点七厘米。原丛书名已佚，现名乃今人所拟。诸书卷端下题"大鄣胡正心无所订　胡正言曰从较"者两种，馀题"大鄣曰从胡正言较"、"大鄣曰从胡正言曰"或"曰从胡正言较"等，又《伤寒五法》卷端下题"新安胡正心识　胡正言较阅"。由此可知，此批袖珍本医籍之刊行，系由无所主持，曰从则负校勘之责者。《订补简易备验方》十六卷十竹斋刻本卷端下题"新都胡正心无所父、胡正言曰从父编辑"，再衡诸该书所附无所崇祯四年（1631）《简易备验方引》所云之"取所积验方，摘其简省而便易者，编类镌行，以拯人之急"等语，则无所、曰从皆精医道可知，而所刊之医书均无所主持，则其或更专注于此道。十竹斋又刻有《古今辞命达》八卷，卷端下题"内江范文茨订定　海阳胡正心纂集　胡正言参正"，系自周秦至明代之文章选集，此亦可见曰从兄弟兴趣之一斑。

子著既缘家学，长次两兄复通医术，想于医道亦自有得，惜无文献予以佐证。然据康熙《上元县志》卷二十四："胡正行，休宁诸生，究心理学，私淑近溪罗子，以道脉为己任，躬行实践，扫除窠臼。天玉何公折节与交，延至家塾。继主明德书院。所著《四书正说贯》，为钱嘉善、孔建德两相国所赏。"无所崇祯五年（1632）所作《汇刻薛氏医按叙》亦云："季弟行述《会语》，请正大方。愚欲订定《医按》之庞赘，梓成小本，以便悬肘。"则无所、子著各有

---

[1] 卷一，《印人传·续印人传》本，江苏广陵古籍刻印社，1998年。

[2] 按：孙氏此言曰从"一兄两弟"，与其他文献所述不合，疑误。

所好，而子著尤深于理学可知。

曰从生子二人，一其朴，一其毅。其朴生平，颇难踪迹，或当生于天启初年。后尝偕弟其毅共同订正、编校十竹斋所刊行之《印存初集》、《十竹斋临古篆文法帖》等，又尝于康熙十二年（1673）偕其毅同请杜濬为撰曰从九十寿序。除此之外，别无事迹可寻。其毅，据《金陵通志·胡正言传》："子其毅，字致果。一名澄，字静夫。精研性理，以九峰、白沙自期……诗存古格，纪映钟、陈师泰、陈鉴皆重之。著有《静拙斋诗选》、《微吟集》。"顾梦游《顾与治诗》卷六《胡曰从中翰七十》："朝市由来说隐情，老思逃世未逃名。不将金马重寻梦，为感铜驼只掩荆。海内诗今称有子（令嗣致果有诗名），闺中友共说无生。重阳过后秋愈好，舣处西山爽气迎。"❶周亮工《书胡中翰印章前》云："仲子致果名其毅，以诗文名，从予游最久，博雅士也。"则知致果尝从周亮工问学，诗名卓著，且深谙理学者。

至于曰从之生平出处大节，清初四明西亭凌雪纂修《南天痕》中所述最为详明，以此书向未经研究曰从者所引用，兹不嫌词赘，谨录于此：

胡正言，字曰从，休宁人，徙上元。少颖悟，博学能文，精究六书。其所摹金石古文、大小篆，推重一时，为国子监上舍生。南京礼部檄令纂辑《诏制全书》，校刊《钦颁小学》、《表忠记》诸书，以劳咨铨部，当授翰林院职，未赴而京师陷。南都仓卒立君，时尚宝诸玺悉沦于贼，诏诰待玺以行。署礼部侍郎吕大器言于朝曰："胡正言博雅工篆法，可令之督治。"立遣使召赴工部，考古式督工范金为之。首成"广运之宝"，继乃购大玉，开局雕镂龙文螭纽，镌"皇帝之宝"。宝成，正言又撰《大宝箴》一疏，藉宝以献。其略曰："祖宗大宝，传历永世。自天启中，宦竖窃弄，宝几堕地。先帝圣明继统，虔虔奉持十有七年，忧勤不息。不幸沦丧，光启陛下。《易》曰：圣人之大宝曰位，何以守位曰仁。惟陛下祈天永命，以仁为宝，克赞中兴。报仇雪耻，缵复旧物。则大宝永永，与天无极。诗曰：天维显斯，命不易哉！守宝之道，在是而已。"疏上，授武英殿中书舍人。

❶清初书林毛恒所刻本。

正言曰："我岂以艺博一官耶？"辞不受。其后国事日乱，正言绝口不谈世务。及南都亡，屏居一楼，足不履地者三十年。年九十一，无疾而逝。当金陵之建，士大夫奔走势要如鹜【鹜】，虽自号东林老宿，不难返颜攻正人，以冀马、阮之怜而收之。其后，卒献国以自媚。正言试官中书，得日与枢辅接席，岂非趋名位者一机哉！而嚣嚣然不顾，宁屏居守正而以穷死。其抱岁寒之节者欤！夫贪名败检之夫丛集于上，而坚贞直谅者泯没于下，此世所以终否也。❶

据无所《简易备验方引》中又有"愚兄弟隐居山中，日以求仁为事"之言，王三德《十竹斋书画谱引》云："胡曰从，盖市而隐者也。"《印存初集》杜濬序云："吾社❷中翰胡曰从氏，今之必传者也。世咸慕其工，然莫能如之，不知曰从故有隐德，朝夕处一小楼，好诵贾谊、刘向之文及陶渊明之诗……"韩诗序云："顾曰从交游名公卿间，声遍南北，索奇问秘，日门多长者车辙，谈玄味道，博综群书，而于八体之学考究源流本末，海内向之以书名家者，莫不退让第一。至其灵灏镂心，清徽载道，作为诸技，大雅绝尘，精渺善物，非隐君子有所托而逃者乎？"顾梦游《胡曰从中翰七十》："朝市由来说隐情，老思逃世未逃名。"则曰从昆弟，当为豹隐于市廛间，以商贾业生者。曰从学丰才赡，夐绝一时，友人王三德《十竹斋画谱引》称："其天性颖异，多巧思，所为事无不精绝，他人摹仿，极力不能至。始为墨，继逃墨而为印、为笺、为绘刻。墨多双脊龙样，印得松雪、子行遗法，笺如云蓝麦光，尽左伯乌丝栏之妙。近更广绘刻而为书画谱，绘刻精而奇，谱则巧而该矣。"崇祯十七年（1644）夏，李克恭《十竹斋笺谱叙》言曰从："尝与先祖如真翁商六书之学，摩躏钟鼎石鼓，旁及诸家。于是篆隶真行，一时独步，而兼好绘事，遇有佳者即镂诸板，公诸同好……十竹诸笺汇古今之名迹，集萩苑之大成，化旧翻新，穷工极变……"崇祯十七年秋，李于坚《十竹斋笺谱小引》："尝作篆隶真行，简正矫逸，直迈前哲，今海内名流珍袭不翅百朋矣。"《印存初集》杜濬序："至于籀书绘事，固

---

❶《台湾文献丛刊》第七十六种，《南天痕》卷十九·列传三十《胡正言》条。

❷ 按：世间多言曰从为复社成员者，然《复社姓氏传略》（吴山嘉辑，中国书店，1990年）中未载曰从之名，故此处所言之"吾社"究系何社，尚需续考，颇疑其仅为泛称而已。

其所独擅而与其摹古之笔并有名于海以内者也。然世之知其铁笔者，或未必尽知其书画，而况其出于诗古文之渊源乎？如是，则虽欲仿佛其古雅，何道之繇？至是曰从书成，以序属余，曰子以诗古文为性命，其必达是理矣。"陈丹衷序："曰从留心四声一义、五音六书，益穷秦汉以前鄦碑、汲冢之文，用之图章。"钱应金序："所居白门，为四方贤豪星聚之地，所交皆名公巨卿，博闻广见，复有以发其珠联璧合之彩，游白门者，不得先生一篆，则心耻以为欠事。生平所镌极多，兹特见其一斑……"则曰从多才多艺，超轶伦辈，为时人所叹羡者如此。而吴奇跋文《书印存后》云：

> 曰从知字学故能作篆，知篆书故能作印。若此册中之大者、小者、阴者、阳者、疏者、密者、斜者、整者、细文者、满白者、字夥者、字俭者，或乍满乍阙，或让左让右，或齐首敛足，或齐足敛首，或上下俱空。而且为法有增有损，有合有离，有衡【冲】有反，有代有复，法法具备。要具章法、字法于胸，而后古之章法、字法随我得宜。进此则有刀法，意在笔先，亦在笔后……

正可揭示曰从治印技艺之精诣所在。

胡氏《印存初集》述略

曰从一生，多才善艺，前已略及。曰从友人兰溪居士崇祯十六年（1643）所作《题〈十竹斋书画册〉小引》云："新安胡曰从氏清姿博学，既精六书，尤擅众巧，所制隃糜砥茧与所镌法语名言，皆出心裁，赏鉴家多宝爱之。"王相业《印存初集》序中，更总结曰从篆印艺术成就之原因为："独吾曰从蔚然名宿，其于此道本以诗文悟入，既已洞见原委，然后养之以不息之学，静观幽讨，博稽远绍，聪明静默，胆识自生……呜呼，此胡氏之印所以奇不离宗，正不伤趣，穷神尽变，久而愈可喜，殆将遗世而独存者欤？"而据《江南通志》卷一百七十云："国朝胡正言，字曰从。家居金陵，尝师法李氏登，精研六书。著有《印薮》、《篆草》诸书。"再《四库总目》卷四十一"《说文字原》一卷《六书正讹》五卷"条:"正言字曰从,海阳人,官中书舍人。工于镌篆,有《十竹斋印谱》两集。此二书篆文即所手书也。"曰从印作技法娴熟,得心应手,形态端凝,气韵生动,备受世人推崇,有"游白门者,不得先生一篆,则心耻以为欠事"❶之誉,时人尝评之云:"……奇不欲怪,委曲不欲忸怩,古拙不欲矜饰,是亦余所心折者矣。余尝谓藏锋敛锷,其不可及处,全在精神,此汉印之妙也。何必糜蚀残驳,宛出土中,然后目为秦汉!"❷曰从于印坛声望之所以如此之高,究其因,则当如其友钱应金所言:

> 先生精心博古,胸蟠篆籀,一点一画,俱原本《说文字原》。用刀复苍茂古雅,俨然复见正始。能参用文、何之意而直追秦汉之遗。其为人萧淡静深,穆然大雅,即然诺不苟,直以古人自命。胸中高旷,故笔下无凡近之气,真堪与承旨、待诏并传……先生善隶书,旁及翎毛、竹石、兰卉、靡不博极其致而以篆学端门,无怪其谱之博雅而精工也。❸

《印存初集》卷端

---

❶ 钱应金《印存初集叙》。
❷ 吴奇《书印存后》。
❸ 《印存初集叙》。

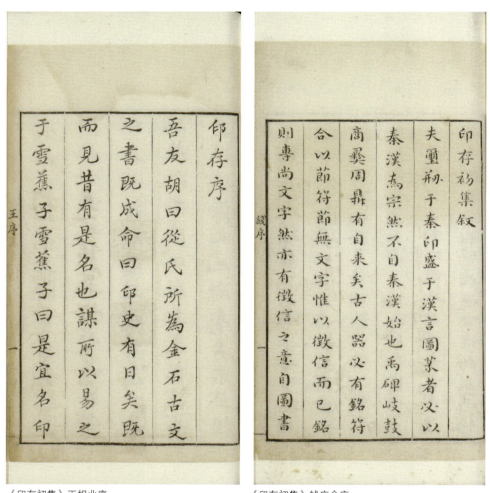

《印存初集》王相业序　　　　　　　　　《印存初集》钱应金序

曰从之篆，奏刀圆润，工稳古朴，平实处取法于何雪渔[1]而复参己意，自成一格，正系文士篆刻之典型面貌。故今不烦词赘，略述其所篆《印存初集》一事，以见其才人风流一斑。

──────────

[1] 朱简《印经·缵绪篇》："沈千秋、吴午叔、吴孟贞、罗伯伦、刘卫卿、梁千秋、陈文叔、沈子云、胡曰从、谭君常、杨长倩、汪不易、邵潜夫及吾徽、闽、浙诸俊所习，雪渔派也。"见于《历代印学论文选》第一编《印学论著》，韩天衡编订，西泠印社，1999年，第139页。

《印存初集》四卷，清顺治四年（1647）胡氏十竹斋刻钤印本二册。其得名之经由，可见于卷前友人王相业序中："吾友胡曰从氏所为金石古文之书既成，命曰'印史'有日矣，既而见昔有是名也，谋所以易之于雪蕉子，雪蕉子曰是宜名'印存'……"则现名"印存"者，避熟名耳。又《四库全书总目提要》："《印存初集》二卷、《印存元览》二卷，国朝胡正言撰。正言字曰从，海阳人。前明尝官武英殿中书舍人，以摹印名一时。是编其印谱也。《初集》以朱印之，别名《元览》者则以墨印之。"❶文中所谓"元览"者，与"玄览"同，避清圣祖玄烨讳也。据此，则《印存初集》、《印存元览》元系一书，惟墨色有别耳。而《玄览》既系墨印，则为刻本可知❷。然今夷考二书，《四库总目》所言不尽核实，其间异同，不仅在于一十竹斋本，一蒂古堂本耳。今以《印存玄览》❸卷一所收七十一方印文为例，以上海博物馆所藏《印存初集》核之，其情可见下表：

次序	印文	印存初集
1	瀛山堂	未见
2	钱士升印	卷一叶一B
3	塞庵	卷二叶九A
4	刘肇国印	卷二叶七B
5	阮儇	未见
6	麋公	未见
7	袁宏道中郎氏	未见
8	潜菴	卷一叶八A
9	郑二阳印	卷二叶十二A
10	杨嗣昌印	未见

❶ 卷一百十四"子部"二十四"艺术类"存目，海南出版社，1999年，第595页。
❷《印存玄览》纪映鐘序："中翰胡曰从先生……近乃掇辑其生平所著，寿之梨枣。"
❸《四库全书存目丛书》"子部"第七十五册收国家图书馆藏本，齐鲁书社，1995年，又见于《续修四库全书》第1091册，上海古籍出版社，2002年，第419–473页。

次序	印文	印存初集
11	文弱	未见
12	髻珠园剑叟空是之印	未见
13	原名官抚辰字凝之道号石人	未见
14	魏塘梅里世家	未见
15	学书学剑	未见
16	循吏名臣愧表扬	未见
17	羲室先生曾孙守轩先生季孙企翁先生仲子	未见
18	就园	未见
19	韩文镜字亮孺	未见
20	盘白石兮坐素月	未见
21	稽山草堂	未见
22	李胤嵒印	未见
23	莪居	卷四叶十四 A
24	飞云阁	未见
25	含虚	未见
26	朱徽之印	未见
27	遂初	未见
28	醉香亭	未见
29	鹿柴	未见
30	凤鸣	未见
31	晚香堂印	未见
32	沈正宗印	未见
33	若水	未见
34	马顾之印	卷三叶十二 B

次序	印文	印存初集
35	人表	未见
36	骆绍之印	未见
37	周臣氏	未见
38	六朝松石主人	未见
39	葆光堂印	未见
40	甄淑之印	未见
41	瑞芝堂印	未见
42	韩日缵印	未见
43	绪仲	未见
44	何应瑞印	未见
45	圣符氏	未见
46	孙嘉绩印	未见
47	硕肤	未见
48	睦堂莹印	未见
49	元洁氏	未见
50	刘佑之印	未见
51	云麓	未见
52	香岩山中霆溪处士	未见
53	惠道者皋	未见
54	吉赞	未见
55	琼石	未见
56	胡接辉印	未见
57	东井	未见
58	范文光印	未见

次序	印文	印存初集
59	两石	未见
60	诸葛羲印	卷二叶四B
61	何亮功	未见
62	邓宗京印	未见
63	玉笈氏	未见
64	徐氏宝摩印章	未见
65	虞印	未见
66	百史氏	未见
67	陈名夏印	未见
68	九公山房	未见
69	石醒堂	未见
70	昨非庵主人	未见
71	坐花醉月	未见

　　知《印存初集》与《玄览》二书，不惟成书方式有别，一钤印，一刻印，即其卷次分合、内容、数量❶等方面亦皆有所不同，故二者所收印文虽多重叠，却绝非仅仅异名而已。然《四库总目提要》此说，却非馆臣之凭空臆语，乃系出自周亮工之《书胡中翰印章前》，其云："胡曰从正言印谱旧名《印史》，吾友王雪蕉易曰《印存》，其以墨印者曰《元赏》。陈昱昭侍御、韩圣秋别驾、杜于皇司李与余序之，皆能及其生平。"则知其说传讹已久。又《四库总目提要》言二书皆二卷，今以现存诸家著录衡之，皆作四卷，故所谓二卷者恐亦有误❷。

　　据下揭十竹斋刊印书目可知，曰从《印存初集》一书现藏较多，两岸计达

---

　　❶《玄览》收印数目，计卷一七十一方，卷二一百五十六方，卷三四百五十四方，卷四三百八十一方，总一千零六十二方；《印存初集》以上海博物馆藏本计，卷一三十九方，卷二一百八十六方，卷三三百九十二方，卷四九十一方，总七百零八方。

　　❷王贵忱、王大文《胡正言所刻图书简述》中言其自藏本即为两卷本，然以版本学而论，二卷本实系四卷本之残存而已。

十家收藏机构，若欲一一批阅以核异同，则多所不便。今谨依上海博物馆藏本为主❶，略以浙江省图书馆藏本❷对较，以见其间之异同：

一、版权叶：上海博物馆藏本缺。浙江图书馆藏本存，三行，首云"海阳胡曰从篆"，次云"印存初集"，再次云"金陵十竹斋珍藏"，下钤胡氏名印一方。

二、序文：上海博物馆藏本序文六篇皆在卷前。浙江图书馆藏本则周、王、杜序在卷一前，陈序在卷二前，钱序在卷三前，韩序在卷四前。又浙江图书馆藏本周序后多一叶，题"东海王府则书"，并周氏、王氏各二印，朱色❸。上海博物馆藏本无。浙江图书馆藏本王序后题"于在镕书"，并于氏印二方，

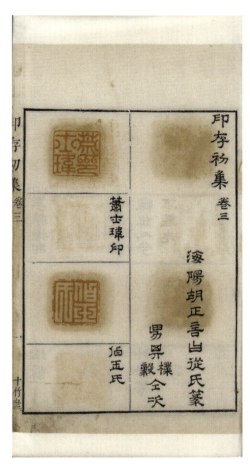

《印存初集》卷三

朱色。上海博物馆藏本无。又王氏二印，浙江图书馆藏本为朱色，上海博物馆藏本则序文后名印皆为梓成者，墨色。下诸序皆同此。

三、跋文：上海博物馆藏本跋文先吴奇后彭原，浙江图书馆藏本则反是。

❶按：上海博物馆藏本与国家图书馆藏本完全一致，故当系流传较广之本，或即皆系所谓二十本初印之本。国家图书馆所藏本可见于《四库全书存目丛书》"子部"第75册（第703–764页），又见于《续修四库全书》第1091册（第357–418页）。

❷原件未见，此处所言者系1983年浙江美术学院"西湖艺苑"依原样手工拓制本。

❸按：浙江图书馆藏本原本所录名印或系钤印者，兹以所见系复制本故，仅可言其朱色而已。

又上海博物馆藏本跋文后名印皆为梓成者，墨色。浙江图书馆藏本则为朱色。

四、印文数量：卷一，上海博物馆藏本十叶三十九方。浙江图书馆藏本十五叶五十九方。卷二，上海博物馆藏本二十四叶一百八十六方。浙江图书馆藏本二十五叶一百九十八方。卷三，上海博物馆藏本三十九叶三百九十二方，浙江博物馆藏本四十叶四百零四方。卷四，上海博物馆藏本十五叶九十一方，浙江图书馆藏本亦十五叶九十一方。

二本差异之大，由此可见一斑。而该书每卷末辄有"某卷终"之字样，惟上海博物馆藏本卷二末无此，似为该卷或有缺叶之证，然查国家图书馆藏本此叶，则"二卷终"字样赫然在焉，故知上海博物馆藏本此卷亦无缺叶现象。至于此本缘何独缺此三字，则或即曰从反复修正此书之证。

而即就其内容而言，二本亦多有不同，今仍以前揭《玄览》卷一中所举若干印文为例，以见二本之别：

次序	印文	上海博物馆本	浙江图书馆本
1	钱士升印	卷一叶一 B	未见
2	塞庵	卷二叶九 A	卷二叶八 A
3	刘肇国印	卷二叶七 B	未见
4	麋公	未见	卷一叶二 B
5	袁宏道中郎氏	未见	卷一叶三 B
6	潜菴	卷一叶八 A	卷一叶五 B
7	郑二阳印	卷二叶十二 A	卷一叶五 B
8	杨嗣昌印	未见	卷一叶四 A
9	文弱	未见	卷一叶四 A
10	就园	未见	卷一叶六 B
11	盘白石兮坐素月	未见	卷一叶二 B
12	稽山草堂	未见	卷一叶六 A
13	莪居	卷四叶十四 A	未见
14	飞云阁	未见	卷一叶六 B

次序	印文	上海博物馆本	浙江图书馆本
15	含虚	未见	卷一叶八A
16	鹿柴	未见	卷一叶十B
17	晚香堂印	未见	卷一叶十A
18	马顾之印	卷三叶十二B	未见
19	瑞芝堂印	未见	卷一叶十三B
20	韩日缵印	未见	卷一叶十三A
21	绪仲	未见	卷一叶十三A
22	胡接辉印	未见	卷二叶六B
23	诸葛羲印	卷二叶四B	卷一叶十五A
24	陈名夏印	未见	卷一叶七A

由此可知，欲研究《印存初集》，必得先合众本，详加雠对，精校比勘，纂成定本，方可着手。而以目前相关文献索解、比对可知，仅以上海博物馆藏本与浙江图书馆藏本而论，上海博物馆藏本当更接近曰从当日定本，或曰更可反映定本之真实面目。

关于《印存初集》之内容及艺术价值，《四库全书总目提要》曾概括为：

> 大抵名字印十之八，斋阁印十之一，镌成语者十之一。自明中叶，篆刻分文彭、何震二家。文以秀雅为宗，其末流伤于妩媚，无复古意。何以苍劲为宗，其末流破碎楂枒，备诸恶状。正言欲矫两家之失，独以端重为主，颇合古人摹印之法，而学之者失于板滞，又为土偶之衣冠矣。

今人郑振铎亦曾总结云：

> 《印存》四卷中，所刊刻之印章，故多为忠臣烈士及诸遗老（间亦有后仕新朝者，然其时则皆是遗民也）。自钱士升、倪元璐、范景文、杨文骢、冯如京、孙必显、徐石麒、钟惺、谭元春、王思任、杨嗣昌以下凡百

馀家。中有"史可法"、"道邻"二印尤为可宝。而龚鼎孳、周亮工、杜濬、萧士玮诸人印章亦预焉。盖包罗万历末至顺治初之诸文士名流，亦以见胡氏生平交游之广也。印章皆押于开花纸页上，其色彩至今尤焕耀鲜明。气魄甚大，不拘拘于摹拟秦汉印。❶

主要强调此集可据以了解曰从之交游大概，于其内容则并未涉笔。今日欲晓此书之内容大概，则莫如海东横田实氏所述之详明简要：

> 上卷　六三叶（内序文三十叶）
> 　　卷一　私印大印　三九
> 　　卷二　堂社印私印　一八六
> 下卷　五九叶（内跋文四叶）
> 　　卷三　私印文语印　三二〇
> 　　卷四　长方印　九〇
> 序文　周亮工、陈丹、王相业、韩诗、钱应金
> 跋文　吴奇、彭源❷❸

---

❶《西谛书话·劫中得书续记·十竹斋印存》，生活·读书·新知三联书店，1983年，第369–370页。

❷按："彭源"当作"彭原"，《印存初集》卷三叶十七Ａ即收有"彭原之印"朱文方印一枚，又有其字"歙光父"白文方印一枚。

❸见于《中国印谱解题》，（日本）二玄社，1976年，第251–252页。原文为：

この譜は全部胡曰従の模篆であるが、朱白印相半ばして奏刀円潤刻技熟達を思わせる。書柱"十竹斎"とあり印下に釈文を附していろ。

上卷　六三葉（内序文三十葉）
　　卷一　私印大印　三九
　　卷二　堂社印私印　一八六
下卷　五九葉（内跋文四葉）
　　卷三　私印文語印　三二〇
　　卷四　長方印　九〇
序文は　周亮工、陳丹、王相業、韓詩、銭応金
跋文　呉奇、彭源

本書の日本到來極あて尠なく、かつて園田湖城氏が一本を藏したことが記録されているくらいで、中国譜目にも見えず、おそらく初印二十部前後であつたとわれる。

胡曰従の曰は日でなくエツである。

《印存初集》之大概情态，皆可由此而知，虽然，其中仍有与上海博物馆藏本不相吻合之处。如其云上卷共六十三叶，上海博物馆藏本则为六十四叶；云下卷五十九叶，内跋文四叶，上海博物馆藏本跋文则为五叶；云卷三收印三百二十方，上海博物馆藏本则收三百九十二方；云卷四长方印九十方，上海博物馆藏本则不仅收长方印，亦收长圆印，计九十一方；云序文顺序为周亮工、陈丹❶、王相业、韩诗、钱应金，上海博物馆藏本则为陈丹衷、王相业、杜濬、韩诗、周亮工、钱应金，且较其多一杜序❷。

至于郑振铎先生所瞩目之曰从有关交游情状，则此一印谱固然为一极佳之索引，研究者自可以此为线索顺藤摸瓜，以见曰从生平酬唱之欢情。除此之外，欲深考曰从与生平友好之往还实情，尚需多方爬梳，集腋成裘，如施闰章《施愚山诗集》卷十即有《石城赠胡曰从》一诗：

> 驱车方北首，启途怀故山。言就幽人居，如游林谷间。佳木引修竹，白日深柴关。丈人年九十，郊杖仍丹颜。古篆破金石，屈强蛟螭蟠。授我枕中书，大笑雕虫言。出门即钟阜，目送孤云还。❸

兹据《施愚山年谱简编》康熙十二年（1673）条："冬游金陵。"再核以诗中所言"丈人年九十"❹，则此诗作于是年无疑。再据诗中所云"古篆破金石，屈强蛟螭蟠。授我枕中书，大笑雕虫言"，则曰从自许篆法之状若可目见。再以"萧尺木山水轴"❺所存萧云从之诗、跋而论，其文云：

---

❶ 按："陈丹"当作"陈丹衷"，《印存初集》卷三叶四A即收有"陈丹衷印"白文方印。又据《江南通志》卷一六五云："陈丹衷，字旻昭，江宁人，崇祯癸未进士。少以孝闻，登第后请缨自效，授御史。召募苗兵未遂志，卒。为文阂奥，自成一家。"又据《御定佩文斋书画谱》卷四十四（孙岳颁等纂修，《四库全书》第820册，1987年）云："陈丹衷，字旻昭，崇祯癸未进士。为文阂奥，自成一家。诗原本《离骚》，出入少陵、长吉。工书能画。《江宁府志》。"

❷ 按：国家图书馆藏本序文顺序亦稍有不同，为周、陈、韩、杜、王、钱。然序文顺序固无足轻重，仅见其异而已。

❸ 《施愚山集》本，何庆善、杨应芹点校，《安徽古籍丛书》本，黄山书社，1993年，第178页。

❹ 《施愚山集》附录四，何庆善、杨应芹编，第302页。

❺ 纸本，水墨，高二尺六寸九分，阔一尺四寸。见于《虚斋名画录》卷十，庞元济辑注，《中国书画全书》第十二册，卢辅圣主编，上海书画出版社，2000年，第512页。

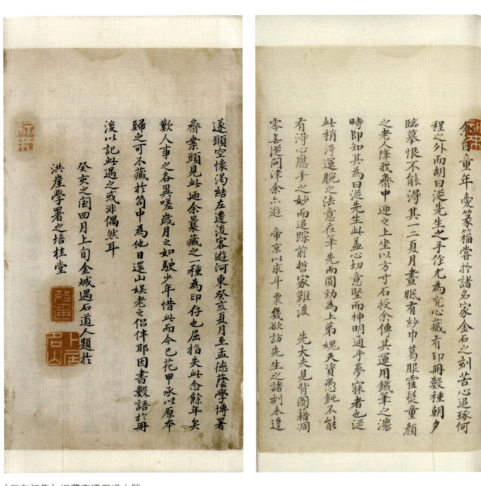

余自童年慶篆籀嘗於諸名家金石之刻苦心追琢何
程之外而胡日逆先生之手作尤為究心藏有印數種朝夕
臨摹恨不能得其一二夏月畫眠有紗巾葛服霍髮童顏
之老人降我齋中迎之上坐以方寸石授余傅其運用鐵筆之澹
時即知其為日逆先生此蓋心切意堅而神明通乎夢寐者也逆
此稍浮運腕之法意在筆先而圓勁為上弟娓天資愚鈍不能
有浮心應手之妙而追踪前哲家難後　先大夫見背圖籍洞
零吾浪跡問津余六遊　帝京以求斗粟幾欲訪先生之諸刻本遇

遂頹空懷渴結左遷浚客遊河東癸亥夏月至孟德蔭學博署
齋紫頭見此迴余暴藏之一種為印存也屈指失此餘年矣
歎人事之各異嗟歲月之如駛少年惜此而今已花甲矣以原本
歸之可不藏於笥中為他日還山娛老之侶伴耶因書數語於冊
後以記此遇之或非偶然耳
　　　　癸亥之閏四月上旬金城遇石道人題於
　　　　洪崖學署之培桂堂

《印存初集》旧藏家遇石道人跋

胡公九十好林居，三十年前老秘书。蠕區心潜羲颉学，凌云大字光椒
除。即今高卧紫峰阁，天下何人不式庐。气卷灵春太液润，道潆棼缊青阳
舒。烧兰旧赐宫中烛，倚缛仍安下泽车。淇水洋洋数竿竹，颐期卫武歌璠
玙。文章善后延松鹤，敬为胡公赋遂初。 曰从先生长余十二岁，别三十
年，偶来金陵拜瞻几杖，年开九袤，人景千秋，犹镌小印，篆成蝇头。神
明不隔，真寿征也。丁未九月，区湖七十二弟萧云从诗画呈教。

观此则不仅可知曰从早年潜心书艺，晚岁高卧林下为世人景仰之状，且可考
知曰从与尺木相知相交之大概状况，更可察晓直至耄耋之年，曰从犹手不释
刀黾勉印艺之态。而据顺治四年（1647）周亮工《印存初集序》所云"……适
曰从游广陵，挟数方见赠，因出其手作一册相质……"，更可知所谓顺治二年
（1645）清兵攻克南京之后，时年六十二岁之曰从遂于鸡笼山下（现鸡鸣寺山
前一带）"独处一小楼，足不履地者三十年"❶之语，不过夸饰之说，绝非事实
可言，万不可据为典要。凡此种种，皆可见曰从生平及其艺术生涯研究，尚有
可为，正须我辈肆力其间，以发其覆耳。

附录：胡氏刊印书籍概略❷

李克恭《十竹斋笺谱叙》又曰："（曰从）尝种翠筠十馀竿于楯间，昕
夕博古，对此自娱，因以十竹名斋……"故曰从又有号云"十竹斋主人"。其后，
以《十竹斋书画谱》、《十竹斋笺谱》等诸出版品风行海内外之故，十竹斋之名，
遂为世人所皆知矣。然"十竹斋"之名究竟起用于何时，尚难明断，就目前研
究而言，有确切时日之十竹斋题名最早见于胡氏兄弟崇祯五年（1632）所刻《汇

---

❶《变雅堂文集》卷五《胡曰从中翰九十寿序》，杜濬撰，《续修四库全书》第1394册，第49-50页。此
说又见于前引西亭凌雪纂修《南天痕》及《南疆逸史》卷四十一"隐遁"《胡正言传》："及南都亡，屏居一楼，
足不履地者三十年。"温睿临撰，中华书局，1959年，第307页。

❷按：此节所述现存胡氏所刻书，多无缘目验，其数据得自中国国家图书馆、台北"国家图书馆"、中
研院历史语言研究所傅斯年图书馆等相关网站检索系统，其间版式、行款、藏地等容有差讹，非确知其误者
不作改动。又非确有实据为同一版本者，亦不作合并。其间谬误定不在少，尚祈知者有以教我。

刻薛氏医按》，其无所所撰《汇刻薛氏医按叙》末题云："崇祯壬申四年望大鄩胡正心书于十竹斋。"据潘天祯先生依《十竹斋书画谱》中相关诸题词之分析，胡氏启用"十竹斋"之名当在天启初年之际，惟崇祯四年（1631）无所撰《简易备验方引》末仍题云："崇祯辛未春书于鸡鸣山之方丈。"《引》中又云："庚午夏，与季弟行自霍山之白门，困于公车，藏修鸡鸣山房。"则所谓"鸡鸣山之方丈"为胡氏僦居之所，亦即崇祯四年之际，并未形成以十竹斋为刊发图籍标识之定例。

十竹斋所刻书中以成书于明天启年间之《十竹斋书画谱》及成书于明崇祯十七年（1644年甲申）之《十竹斋笺谱》最为知名，曰从巧妙地利用"饾版"、"拱花"技术，精心制作，集创新、守成于一体，使二书成为中国传统木版水印技术最高水准之代表，一时风行海内，大江南北争相购置以为宝❶。然胡氏原刊留存綦少，珍若星凤，若郑振铎即尝感慨云："梦寐中所不能忘者，惟彩色本程君房《墨苑》、胡曰从《十竹斋笺谱》及初印本《十竹斋画谱》等三伟著耳。"❷《十竹斋书画谱》分"书画册"、"墨华册"、"果谱"、"翎毛谱"、"兰谱"、"竹谱"、"梅谱"、"石谱"八种，每种一书一画各二十幅。其中有曰从之自作，亦有临摹前辈如赵孟頫、沈周、唐寅、文徵明、陈淳等作品者，更多则为友人之画作，如高阳、高友、赵备、赵龙、吴彬、归世昌、胡崇智、魏之璜、魏之克、凌云翰、吴士冠、赵芝、谢道龄、沈硕、沈襄、沈存德、倪英、程胜、周萧、葛中选、刘迈、释行一、朱鹭、杨嘉祚、茂林、如参、程宪、凌九皋、竹村、厉颖、声远等计三十馀人。其中部分友人更直接参与《书画谱》之编辑、刻印，如"兰谱"中有"胡曰从辑选，高阳、凌云翰、魏之璜、魏之克、吴士冠、胡家智、高友及行一和尚等同校"一幅。此谱集古今艺苑之精，再以工艺精湛，且多实用价值，初学者可藉此以为学习临摹之范本，可谓后学之津梁，画学之金针，书家之宝筏，故向享盛誉。而《十竹斋笺谱》则如曰从友人李克恭所云："十竹诸笺，汇古今之名迹，集萩苑之大成，化旧翻新，穷工极变，

---

❶ 若《十竹斋书画谱》行世未久，即为坊间翻版盗印，故曰从重印之时尝着意声明云："原版珍藏，素遐真赏，近有效颦，恐混鱼目，善价沽者，毋虚藻鉴。"

❷《西谛书话·劫中得书续记·十竹斋笺谱初集》，第399页。

毋乃太盛乎！"❶皆可见《十竹斋笺谱》所取得之艺术成就。全书共四卷，列目如下：

卷一，七类六十二幅：清供八种、华石八种、博古八种、画诗八种、奇石十种、隐逸十种、写生十种。

卷二，九类七十七幅：龙种九种、胜览八种、入林十种、无华八种、凤子八种、折赠八种、墨友十种、雅玩八种、如兰八种。

卷三，九类七十二幅：孺慕八种、棣华八种、应求八种、闺则八种、敏学八种、极修八种、尚志八种、伟度八种、高标八种。

卷四，八类七十二幅：建义八种、寿征八种、灵瑞八种、香雪八种、韵叟八种、宝素八种、文佩八种、杂稿十六种。

全帙共计图二百八十三幅，皆以"饾版"、"拱花"为之彩色套印，不仅绘刻俱精，且内容包罗众相，含蓄抒情，玩味无穷。

十竹斋刊发图籍，其总量现已难于统计，惟据目下公私诸家著录，可得如下若干种：

1. 《重订四六鸳鸯谱》六卷，明苏琰撰，明崇祯七年（1634）胡正言十竹斋刻巾箱本。十册。六行十五字，四周双边，白口，单鱼尾。香港大学冯平山图书馆藏。

2. 《订补简易备验方》十六卷，明胡正心、胡正言辑，明末胡氏十竹斋刻本。中医研究院、济南市图书馆藏。

3. 《东坡先生谭史广》四卷《南宫先生谭史广》二卷，明郭化撰，明海阳胡氏十竹斋刊本。六册。台北故宫博物院图书馆藏。

4. 《格言类编》六卷，明胡正言辑，明崇祯刻本。九行二十一字，白口，四周单边。北京大学图书馆、北京师范大学图书馆、群众出版社、南京图书馆、贵州省图书馆藏。

5. 《古今辞命达》八卷，明胡正心辑，明崇祯十二年（1639）胡氏十竹斋刻本。八行十八字，白口，四周单边。中国国家图书馆、普林斯顿大学东亚图书馆藏。

---

❶《十竹斋笺谱叙》。

6. 《穀诒汇》十四卷卷首二卷❶，明陈盟序，明王锡衮序，明崇祯间刻本。八册二函。八行十八字。原题"北齐琅琊颜之推著　海阳胡正言较　明滇南陶希皋辑　男珙订、孙男以鈇以铸督梓"。陈盟序崇祯七年（1634），王锡衮序崇祯七年，自识崇祯七年。台北"国家图书馆"藏。

7. 《穀诒汇》十四卷，明陶西皋等辑，明胡正言等较订，明崇祯七年（1634）陶氏刻本。一函四册。书高二十七厘米，宽十七厘米。版框高二十厘米，宽十三点五厘米。八行十八字，白口，四周单边，无鱼尾。崇祯甲戌（1634）许联枢序。天津图书馆藏。又一本，二册一函。美国国会图书馆藏。

8. 《胡氏篆草》一卷，明胡正言篆刻，清顾梦游题词，清初蒂古堂钤拓本。一册。版框高十八点四厘米，宽十二点八厘米。中国国家图书馆藏。

9. 《皇明表忠记》十卷首一卷附录一卷，明钱士升撰，明崇祯胡氏十竹斋刻本。八行十八字，白口，四周单边。中国国家图书馆、湖北省图书馆藏。

10. 《皇明诏制》十卷，明孔贞运编，明崇祯间刊本。明崇祯七年（1634）孔氏自序。每卷首叶板心下刻"儒士胡正言督刻"。二十册。书高三十厘米。台北中研院傅斯年图书馆藏。

---

❶按：据台北"国家图书馆"网络检索系统所录前贤考证云：(此书）盖实为陶珙所辑者。珙字仲□，号紫阆，云南姚安所人。按《宝庆府志》："陶珙，崇祯十年知府事，时天王寺贼寇境，珙简阅壮丁，分地御防，克期寇平。遂缮城垣，谨乡团，清滞狱，振孤贫，置义冢，建学宫，纂修群志。又建四先生祠，珙自为记。时岷府校尉，横恣日甚，珙仗而囚之，王大怒，被劾去官。流贼入滇南，珙时家居，率乡勇御之，不胜被执，被害。"珙辑刻是书，在出知宝庆前，有自识云："先君赞廷先生每以春华秋实训我兄弟曰：君子有穀诒孙子，是予小子，今日且嘉赖，焉可秘诸！因从其请，诠次如左，命曰《穀诒汇》，藏之家塾。"故卷内题："陶希皋辑，男珙订。"考《云南通志》卷一百五十七："希皋字直南，万历癸酉元年举人。少从旴江罗汝芳学。知永宁州，再迁王府教授。归里，养亲课子。"又卷一百四十九《选举志》谓希皋为珽之子，今以珙证之，珽当为希皋子也。珽万历庚戌三十八年进士，辑刻《续说郛》，艺林重之。王锡衮序是书称"陶君一门父子兄弟，虎绣蒸霞，辉煌仕学"，陈盟序云"元方之清真绝俗，季方之谨愿诚悫"，盖指珙与□也。是书凡十四卷，辑颜之推《家训》至袁了凡训子言，凡十馀种。珙题训子言云："训子言及决科要语功过格诸篇，刻者夥矣。"则于凡诸篇，在明季已家传户诵。又涂司相《养蒙图说》二卷，冠于卷首。卷上五十一叶，卷下五十叶，上为图，下为说，凡为图百有一。绘态如生，非出俗手。此必为十竹斋刻本也。持校十竹斋所刻书，刀迹又极相似，益信其必然。盖当时珙官南京工部，以陈盟序称珙为水部知之。正言侨寓金陵十竹斋中，校刊群籍，此其一也。此本封面别题"齐家雅言"，称"精刊绘像谷诒汇原本，云间陈眉公先生订定"，则似在易代之后，版归书估，改换名目，又托之眉公以速售者。

11.《交泰韵》二卷，明吕坤撰，明末胡正言十竹斋刻本。八行十八字，小字双行十八字，白口，四周单边，无刻工。南京图书馆藏。

12.《精选古今诗馀醉》十五卷，明潘犹龙编，明崇祯丁丑（1637）海阳胡氏十竹斋刊本。八册。台北故宫博物院图书馆藏。

13.《敬事草》五卷，明孔贞运撰，明崇祯十竹斋刻本。九行二十字，白口，四周单边。广东省中山图书馆藏。

14.《六书正讹》五卷，元周伯琦撰，明崇祯七年（1634）胡正言十竹斋刻清古香阁印本。五册。版框高二十二厘米，宽十三点四厘米。五行大字篆书字数不等，小字双行十八字，单栏，白口，单白鱼尾，版心下镌"十竹叁"。柏克莱加州大学东亚图书馆、普林斯顿大学东亚图书馆、美国国会图书馆、台北中研院傅斯年图书馆藏。

15.《六书正讹》五卷，元周伯琦撰，明崇祯七年（1634）胡正言十竹斋刻本。五行字数不等，小字双行十八字，白口，四周单边。北京大学图书馆、山西省图书馆、祁县图书馆、山西师范大学图书馆、辽宁省图书馆、大连图书馆、甘肃师范大学图书馆、新疆大学图书馆、青岛市博物馆、南京图书馆、安徽省图书馆、芜湖市图书馆、安徽省博物馆、福建省图书馆、福建省惠安县文化馆图书室、福建师范大学图书馆、湖南师范大学图书馆、广东省中山图书馆、广西壮族自治区桂林图书馆藏。又清帅石生校注本，江西省图书馆藏。

16.《六书正讹》五卷，元周伯琦撰，明胡正言订纂，明崇祯间海阳胡正言十竹斋刻本。四册。五行字数不一，小字双行十八字，白口，四周单边，单鱼尾。古香阁藏版。中国国家图书馆、东京大学东洋文化研究所藏。

17.《六书正讹》五卷《说文字原》一卷，元周伯琦撰，明凌稚隆辑评，明胡正言篆，明崇祯甲戌（1634）海阳胡氏十竹斋刊本。二函七册。书高二十七厘米，版框高十九点九厘米，宽十四点一厘米。五行大字不定，小字十八字，单栏。台湾大学图书馆藏。

18.《六书正讹》五卷《说文字原》一卷，元周伯琦撰，明胡正言篆，明孔贞运序，明黄芳序，元宇文公谅序，明崇祯甲戌（1634）海阳胡氏十竹斋刊本。六册。版框高二十点二厘米，宽十四点一厘米。五行，小字双行十八字，单栏，版心白口，单鱼尾，上方记书名卷第，中间记卷目、文目，下方记叶次，再下署"十竹叁"。台北"国家图书馆"藏。

19.《牌统孚玉》四卷，题栖筠子撰，明崇祯十三年（1640）胡氏十竹斋刻本。九行二十字，白口，四周单边。中国国家图书馆、首都图书馆、中国科学院图书馆、上海图书馆、重庆市图书馆、美国国会图书馆藏。

20.《千文六书统要》二卷，明胡正言撰，清康熙胡正言十竹斋刻本。二册。十六行二十六字，白口，四周单边，单鱼尾。清华大学图书馆、中国科学院图书馆、复旦大学图书馆、中国国家图书馆藏。又清柴弯樵客等题识本，重庆市图书馆藏。

21.《千文六书统要》二卷附《千字文》二卷《篆法偏旁正讹歌》一卷，明胡正言撰，清康熙十竹斋刻本。首都图书馆、山东省图书馆藏。

22.《千文六书统要》二卷附《篆法偏旁正讹歌》一卷，明胡正言撰，清康熙十竹斋刻本。北京大学图书馆、首都师范大学图书馆、天津图书馆、临猗县图书馆、吉林省社会科学院图书馆、青海省图书馆、南京图书馆、安徽大学图书馆藏。

23.《千文六书统要》二卷《篆法偏旁正讹歌》一卷，明胡正言辑篆，明李仲卿、李香严鉴定，明末十竹斋刻本。一函四册。书高二十七厘米，宽十六点四厘米，版框高十八点二厘米，宽十三点二厘米。六行，白口，四周单边，单黑鱼尾，版心中镌卷次，下镌"十竹叁"。封面镌"十竹斋藏板"。天津图书馆、普林斯顿大学东亚图书馆藏。

24.《伤寒秘要》二卷，明董玹撰，明胡正心补，明崇祯六年（1633）胡氏十竹斋刻本。七行十五字，白口，四周单边。中国国家图书馆、中医研究院藏。

25.《邵康节先生诗抄》一卷，宋邵雍撰；《杨慈湖先生诗抄》一卷，宋杨简撰，明新安胡正言十竹斋刻本。八行十八字，白口，四周单边。湖南省图书馆藏。

26.《诗谭》十卷《续录》一卷，明叶廷秀辑，明叶廷秀序，明崇祯间新都胡氏十竹斋刊本。六册。版框高二十点三厘米，宽十四点三厘米。八行十九字，单栏，白口，单白鱼尾，版心上方记书名。台北"国家图书馆"、香港大学冯平山图书馆、中国国家图书馆藏。

27.《诗谭》十卷《续录》一卷，明叶廷秀辑，明崇祯八年（1635）胡正言十竹斋刻本。八行十八字，白口，四周单边，版心下镌"十竹斋"。中国人民大学图书馆、中国社会科学院文学研究所、上海图书馆、曲阜文物管理委员会、南京图书馆藏。

28.《十竹斋画谱》八卷，明胡正言辑，明崇祯胡氏十竹斋刻套印本。中国国家图书馆、首都图书馆、北京大学图书馆、故宫博物院图书馆、中国国家博物馆、辽宁省图书馆、哈尔滨师范大学图书馆、青海民族大学图书馆、福建师范大学图书馆、上海博物馆藏。

29.《十竹斋临古篆文法帖》，明胡正言临，清顺治十三年（1656）刻。六册。书高二十四点二厘米，宽十二点八厘米，版框高十九点八厘米，宽十点二厘米。胡艺藏❶。

30.《十竹斋笺谱初集》四卷，明胡正言辑，明崇祯十七年（1644）胡氏十竹斋刻套印本。中国国家图书馆、故宫博物院图书馆、上海博物馆、大阪府立图书馆藏。又清徐康、沈树镛跋本，存一卷（卷一），中国国家图书馆藏。

31.《书法必稽》一卷，明胡正言撰，明末胡氏十竹斋刻本。八行十八字，白口，四周单边。中国国家图书馆、南京图书馆藏。

32.《说文字原》一卷《六书正讹》五卷，元周伯琦撰，明崇祯七年（1634）胡曰从十竹斋刻本。二册。五行十八字，小字双行同，白口，四周单边。中国国家图书馆藏。

33.《说文字原》一卷，元周伯琦撰，明崇祯七年（1634）胡正言十竹斋刻本。字行不等，白口，四周单边。辽宁省图书馆、华侨大学图书馆藏。

34.《说文字原》一卷《六书正讹》五卷，元周伯琦撰，明崇祯七年（1634）胡正言十竹斋刻本。八行十八字，白口，四周单边。中国国家图书馆、

❶见胡艺《胡正言石版印书》，《朵云》第二辑，上海书画出版社，1982年，第157-158页。

山西省图书馆、吉林大学图书馆、宁夏大学图书馆、安徽师范大学图书馆、湖北大学图书馆藏。

35.《四六霞肆》二十卷，明何伟然编，王锡衮序。书高二十六厘米。普林斯顿大学东亚图书馆藏。

36.《四六霞肆》十六卷，明何伟然编，明吴正炳增删，明吴宗邵增删，明末十竹斋刊本。二十四册。版框高二十点三厘米，宽十四点一厘米。八行十八字，四周单栏，版心花口，单白鱼尾。台北"国家图书馆"藏。

37.《四六霞肆》十六卷，明何伟然纂，明吴正炳、明吴宗邵增删，明胡正言十竹斋刻本。十二册。八行十八字，白口，四周单边，单白鱼尾。有残损叶。中国国家图书馆藏。

38.《四六霞肆》十六卷，明胡伟然辑，明末胡正言十竹斋刻本。八行十八字，白口，四周单边。清华大学图书馆、河北大学图书馆、吉林大学图书馆、浙江图书馆、重庆市图书馆藏。

39.《四六鸳鸯谱》六卷，明苏琰撰，明崇祯七年（1634）胡正言十竹斋刻巾箱本。十册。香港大学冯平山图书馆藏。

40.《四书定本辨正》不分卷，明胡正言撰，崇祯十三年（1640）新安胡氏十竹斋序刻本。一帙四册。东京大学东洋文化研究所藏。

41.《苏米谭史广》六卷，明郭化辑，明末胡正言刻本。八行二十字，白口，四周单边。中国国家图书馆、美国国会图书馆、南京图书馆藏。

42.《孙子明解》八卷，明郑二阳撰，附《师卦解》一卷，明崇祯胡正言刻本。八行十八字，白口，四周单边。清华大学图书馆、上海图书馆、山东省图书馆藏。

43.《薛氏医按六种》十七卷，明胡正心编，明崇祯五年（1632）胡氏十竹斋刻本。中医研究院藏。子目：《内科摘要》二卷，明薛己撰；《原机启微》二卷附录一卷，元倪维德撰；《痘疹撮要》四卷，明薛己撰；《痘疹方论》二卷，明薛己撰；《女科撮要》二卷，明薛己撰；《外科枢要》四卷，明薛己撰。

44.《印存初集》四卷，明胡正言篆，清顺治四年（1647）胡氏十竹斋刻钤印本。二册。中国国家图书馆、北京市文物局、上海博物馆、山东省博物馆、南京图书馆、浙江图书馆、西泠印社、河南省图书馆、四川省图书馆、台北"国家图书馆"藏。

45.《印存玄览》四卷，明胡正言篆，清顺治十七年（1660）胡氏蒂古堂刻本。中国国家图书馆、南京图书馆藏。

46.《韵法横图》一卷《韵法直图》一卷，明李世泽撰，明末胡正言十竹斋刻本。八行十七字，白口，四周单边，无刻工。南京图书馆藏。

47.《助道微机或问记》一卷，明周汝登辑，明十竹斋刻本。八行十八字，白口，四周单边，版心下镌"十竹垒"。湖南省图书馆藏。

48.《篆法偏旁正讹歌》，清李登订，明胡正言书，清道光五年（1825）清照斋刻本。三册。中国国家图书馆藏。

49.《篆书正》四卷，清戴明说撰，清顺治十四年（1657）胡正言刻本。北京大学图书馆、上海图书馆、辽宁大学图书馆、吉林省社会科学院图书馆、湖南师范大学图书馆、西华师范大学图书馆、普林斯顿大学东亚图书馆藏。又清单为灜跋本，山东省图书馆藏。

胡氏所刻之书，今可确知藏地者，大概即如上所举。然除此之外，尚有现存而未经著录者，若沈津《胡正言与十竹斋》❶，王贵忱、王大文《胡正言所刻图书简述》❷二文中所条列之数种，即未入此表，此皆当容续访。

---

❶见《朵云》第三辑，上海书画出版社，1982年，第131–134页。
❷见《十竹斋研究文集》，南京十竹斋艺术研究部编，1987年，第84–89页。

《胡氏印存残帙》及其藏家考实

  《胡氏印存残帙》,经折装一册,高三十三点一厘米,宽十七厘米,印蜕粘贴本,单面,每面二、三、六印不等,计二十面,收印七十六方。各印大概以印面大小为序,朱文、白文错杂。为大兴傅氏旧藏,其装帧仍存傅氏旧式,以花绫衬底,红木为框,前镌"胡氏印存残帙"篆文六字,直书;后镌"华延年室鉴藏"楷书六字,横书。卷前正书"胡氏印存残帙",分两行。又题跋两则,第一则为:

    胡曰从中翰家秣陵,尝缩古篆籀为小石刻。年八十,双眸炯炯,尚执
  椠不少休。著有《印存》一书。节子公祖大人得其残帙,计存七十六颗,
  准绳具在,洵可宝也。昔吾闽有老儒获文信国铁印,传粘于户可以愈疟,
  然则此帙或以忠臣手泽存焉,所活亦多人,岂仅作骨董家羹汤已哉!甲申
  元夕治愚弟杨淑题嵩。

  甲申当为光绪十年(1884),文称"节子公祖大人",又云"治愚弟",则傅氏方膺二千石之选可知。

  旧藏家傅氏(1827—1898),原名以豫,字茂臣,号小石,后更今名,字节子,别署节庵学人。直隶大兴籍会稽人。少务举业,抑郁不得申,红阳劫后,纳赀为县丞,分发福建,积劳洊升,署福州府,加盐运使衔。节子生平好尚,其外孙馀杭俞人蔚[1]尝概述云:

---

[1] 生卒年不详,字彦文。入民国,尝任福建福安县知事、杭州造币厂厂长、浙江省实业厅厅长等职。

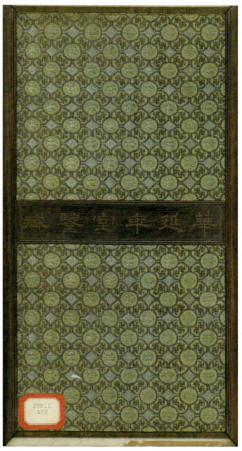

《胡氏印存残帙》

　　公为学一以乾嘉诸老为宗，多识博闻，长于考订，自历代典章制度以及故书雅记、金石谱录、逸史稗乘，靡不博综参稽，钗析其同异得失，而于明季掌故搜订尤勤。同时交游若杭州丁大令丙、湖州陆观察心源，以藏书雄海内；而会稽赵大令之谦、李农部慈铭、仁和魏醲尹锡曾、祥符周太守星诒，又皆一时方闻之彦。公与诸子方驾联镳，邮问往来无虚日，每得珍椠佳本、秘笈精钞，辄彼此饷遗，互相赏析，由是所见益富而考证益

《印存》题字及卷前题跋

精……❶

颇能道其大要。节子所好既多，尤浸涵坟籍，收藏馀闲，复多校钞之举，享誉一时。山阴李㤅伯慈铭尝有诗赞节子曰：

> 有华延年日铸黄，矻矻一室有底忙。官贫家馨俱不计，吉金乐石生辉

❶《华延年室题跋》跋，宣统元年（1909）石印本。

光。键户惟闻硾拓声，发箧欲饱尊彝香。我始识君道咸际，其时年少气发扬。买书斗富极精力，对酒论古倾肺肠……❶

可见其年少时即职志向学，非呼卢喝雉、走马斗鸡之伦。节子藏弃之富，固可傲视一时，而其学力之丰，亦颇足自豪，所著有《华延年室题跋》、《残明宰辅年表》、《唐史论断校勘记》、《元朝名臣事略校勘记》、《有万憙斋石刻跋》、《残明大统历》，又辑有《晋诸公序赞》、《晋公卿礼秩故事》、《续文章志》、《傅子》、《攻媿集拾遗》、《传芳集》、《然脂百一编》、《文定集拾遗》等❷。藏书之所及斋名，有长恩阁、七林书屋、华延年室、有万憙斋等。所用印鉴则多出挚友山阴赵㧑叔之谦手篆，有"傅以豫茂臣氏之印信"、"季节"、"以豫白笺"、"葳子"、"节子"、"臣豫小印"、"以豫"、"戊臣"、"清河傅氏"、"以礼审定"、"华延年室考藏校订印"、"大兴傅氏"、"华延年室"等十数枚，足见二氏之交谊非寻常可比❸。

节子遗著，多零落未刊，绣梓者仅寥寥数种，其中《华延年室题跋》卷中之末，又附录有节子之子傅栻遗稿数篇，名为《薖庐题跋》。傅栻宅相，亦即该书之刊刻者俞人蔚于宣统元年（1909）四月所作刊书跋文中云："子式舅氏承外王父家学，笃嗜金石，赏鉴精审。平生于著述不甚留意，身后遗稿仅得金石题跋数篇，而考据之精，迥与盲人评古不同。吉光片羽，弥足宝贵，兹刻外王

---

❶《越缦堂诗续集》卷九《题傅节子华延年室金石拓本即送其赴闽补官……》，由云龙辑，民国二十四年（1935）商务印书馆印本。

❷ 又《遯盦金石丛书》（吴隐辑，民国十年山阴吴氏西泠印社木活字排印本）中收有节子《有万憙斋题跋》一卷，据冯汝玠为《续修四库全书总目提要》所撰提要云（第二册，齐鲁书社，1996年，第369页）："是本在《华延年室题跋》中，吴氏从其中辑出属于金石者易为是编，与朱竹垞《曝书亭金石跋尾》、何子贞《东洲草堂金石跋》皆从其全集中辑出别行同例。前后无序跋，惟题跋十六种。"王敦化《篆刻参考书传本书目》（民国二十九年山东沂风堂刊本）"印款"则有："《七家印款辑存》一卷——大兴傅节子辑。精抄本。"

❸ 又尝获睹上海辞书出版社所藏明万历六年（1578）李良柱淮阴刻《韵经》五卷本，其上钤印累累，多傅氏旧迹，计有："顺天傅氏长恩阁藏书印"大小朱文方印各一、"华延年室校藏善本"朱文长方印、"节子读竟手识"白文长方印、"清河傅氏"白文方印、"元祐党人后裔"白文方印、"同治癸亥阳月华延年室重装"朱文长方印、"傅氏图籍"圆朱印、"长恩阁藏本"朱文长方印、"傅以豫茂臣氏之印信"白文方印、"傅氏秘笈"白文方印等。而流落东瀛之节子旧藏汪关《宝印斋印式》中，亦存其光绪八年（1882）手跋一篇及藏印多枚，不见前述者则有"大兴傅氏考藏印"朱文方印、"元祐党人之后"白文方印、"季节"白文半通印。另有"健宁府印"朱文方官印一枚，则可见节子当时职守所在。

父《华延年室题跋》竣，仿古集子从父例，即以此编附卷末云。"此数篇仅存之子式遗著中，有"华延年室集印"一条，云："先大夫所藏单行者如苏尔宣之《苏氏印略》、胡曰从之《印存初集》（此两种皆于各印下详载释文）……"惟其所指未必即为此册。

傅栻其人，生前事迹多晦焉不显，惟其次甥人萃❶尝偕同人辑成《丁丑劫馀印存》二十卷❷，就中知其尝宝藏印钮多方❸。而卷十九中，又收有其自用印信多方，卷前小传则云："傅栻字子式，号戊牧❹，又号蒿庐，会稽籍大兴人，有《蒿庐题跋》。光绪癸卯卒，年五十四。"卷中所收印蜕则有：郫县丘东霖篆"傅栻字子式号戊牧"朱文方印❺、"大兴傅栻"白文方印❻，自篆"今古兴亡一肚皮"白文长方印❼，莆田郭慎行（幼安）篆"生于庚戌字曰戊牧"朱文方印❽，郭慎行篆"大兴傅栻印信长寿"白文方印❾，沈镇篆"特健药人书记"白文长方印❿，玉湖居士篆"节子读过"⓫、"大兴傅氏考集摹拓印"⓬白文方印，颇可考见其生平。又序文《荔庵印选》卷前载俞氏民国庚辰自序云："余自束发受书，即嗜金石刻，于印章尤所好焉。尝游外家，获睹舅氏傅子式公所辑《华延年室集印》，

---

❶ 人蔚胞弟。《西泠印社志稿》卷二"志人"："俞人萃（1897—1942），字序文，号荔盦，馀杭人。工书，精鉴别，收藏名家刻印极夥。尝与丁仁等各出所藏，印制《丁丑劫馀印存》二十卷，又制《荔盦藏印》二卷。"王福庵审订，秦康祥编纂，孙智敏裁正，余正注释，浙江古籍出版社，2006年第2版，第12页。

❷ 浙西四家所藏，民国二十六年（1937）钤印本。

❸ 《丁丑劫馀印存》卷前高野侯序"馀杭俞氏香叶簃收集日富"句下自注云："大兴傅氏华延年室节子先生酷耆旧印，收集极富，有印谱。后人中落，悉以易米。序文为傅氏所自出，潜为收集，承护外氏手泽，以偿夙好。"

❹ 按：当作"戊牧"。

❺ 边款为："作小印，宜工致。为子式大哥拈此，极意求工，未审有当万一否？弟霖记。"

❻ 边款为："春荪仿汉，癸未九月。"

❼ 边款为："《学山堂印普》有是印，明贤手笔也。庚寅五月手枕成之。子式记。"

❽ 边款为："庚辰冬日幼安作。"

❾ 边款为："戊牧属慎行仿汉印。"

❿ 边款为："子式属留安作。"

⓫ 边款为："玉湖生"。按：此印当为子式父所作。

⓬ 边款为："玉湖居士作于春雨山房，丁丑八月十九日。"

爱不释手……"❶则知子式又尝有辑家藏诸印而成谱之举❷。子式同胞四人❸，情好綦深，卒后，嗣孙客游，未遑继志，遗物多归俞氏，故序文昆弟于外家拳拳致意惟恐未周，长则刊行遗著，次则收罗遗物，而后世之得仰承节子父子风流馀绪，亦多赖俞氏昆仲诸举。

《胡氏印存残帙》卷前第二则题跋则为沈镇笔录节子所作跋文。又可见于《华延年室题跋》卷中"胡氏印存残帙"条，文云：

> 曩岁己卯，佐郡莆阳刘上舍尚文以翦黏旧印一帙见贻❹，中多明季巨公名章，刀法苍茂古雅，颇足方轨文、何，惟以名氏无考为憾。客秋有展觐之役，归途复经沪上，偶从坊肆得胡氏《印存初集》四卷❺，与此互勘，始知为胡正言手笔❻，第是帙❼凡七十六印，而见《印存》者仅十有八，其馀各印或成谱时删汰，未可知也❽。胡氏名正言，字曰从，休宁人，家于金陵。宏光建号，授中书舍人，当时玺宝咸出其手，事迹具《印人传》暨《南疆史》❾。《四库全书总目》载《印存初集》二卷、《印存元览》二卷。《初集》以朱印之，别名"元览"者，则以墨印之，见"子部艺术类"存目。

❶ 俞序文辑，民国二十年（1931）钤印本。
❷ 子式所辑印谱，《华延年室集印》《西泠六家印存》之外，又有辑赵之谦所篆而成之《二金蝶堂印存》及辑丁、黄、蒋、奚所篆而成之《西泠前四家印谱》（疑此即子式《西泠六家印存》之残本，六家为丁、黄、蒋、奚及二陈），其详皆可参童衍方《天风砚斋印谱集藏琐记》，见于《西泠印社》第十七辑，荣宝斋出版社，2008年，第9–26页。
❸ 子式《西泠六家印存跋》（光绪十年傅氏华延年室刻钤印本）："是谱经始于辛巳春，竣事于甲申冬。各印半为亡妹隽儒（寯）、采儒（采）手钤……长妹适冯文卿大令（彬蔚），次妹适徐伟卿茂才（藜青），三年中均罹产难，谱成而两妹不及见矣。"幼妹即即俞氏昆仲母青儒。南通包谦六曾云："杭州高丐叟仁偶，野侯之介弟，傅节子之外孙也。"（《文坛杂忆初编》"丐叟谈往"条，顾国华编，上海书店出版社，1999年，第17页）当误。
❹ 跋文作"诒"。
❺ 跋文无"四卷"。
❻ 跋文作"始知是胡谱残本"。
❼ 跋文作"是册"。
❽ "其馀……"句，跋文作："其馀当载续集，惜未获并致以证之耳。"
❾ 跋文作"泊《南疆佚史》"。又跋文以下作："甲申长至后一日，识于临漳行馆。戊子季夏之月，秀水沈镇留安谨录。"后钤"沈镇私印"白文小方印、"留庵"朱文小方印。

沈镇笔录傅节子所作跋文

其笔录者沈镇，据子式《西泠六家印谱跋》云："……各印款式，波磔纤细，世乏章简甫，摹勒好手，难得其真，爰属予友沈留庵镇转录并写释文付梓，以广流传。癸未八月，大兴傅栻子式识。"可知其为子式之友。则此残帙之装潢，或出子式之手，乃遂倩友移录乃父跋文于前以为郑重。又子式此跋末旁钤"傅栻字子式号戌牧"朱文方印、"大兴傅氏祖贯会稽"白文方印。又光绪十一年（1885）跋署款云："乙酉立夏前三日，特健药人又书于华延年室。"旁钤"印癖"、"傅氏所辑西泠六家印存之记"白文小长方印。均可为傅氏乔梓用印及生平研究之助。

又节子此跋引《四库全书总目》言胡曰从所辑之印谱云："《初集》以朱印之，别名《元览》❶者，则以墨印之。"❷据此，则《印存初集》、《印存玄览》原系一书，惟墨色有别耳。而《玄览》既系墨印，则为刻本可知❸。然今夷考二书，《四库总目》所言不尽核实，其间异同，不仅在于一十竹斋本，一蒂古堂本耳❹。《印存初集》与《玄览》二书，不惟成书方式有别，一钤印，一刻印，即其卷次分合、内容、数

❶《元览》即《玄览》，避圣祖玄烨讳耳。
❷卷一百十四"子部"二十四"艺术类"存目，海南出版社，1999年，第595页。
❸《印存玄览》纪映钟序："中翰胡曰从先生……近乃掇辑其生平所著，寿之梨枣。"
❹《印存初集》版心中有"十竹斋"字样，而《印存玄览》版心中则有"蒂古堂"字样。

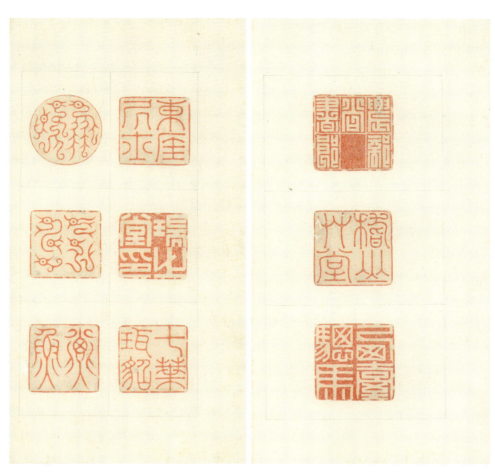

《胡氏印存》内叶

量[1]等方面亦皆有所不同，故二者所收印文虽多重叠，却绝非仅仅异名而已[2]。
至于节子跋中所言"偶从坊肆得胡氏《印存初集》四卷，与此互勘，始知为胡
正言手笔，第是帙凡七十六印，而见《印存》者仅十有八，其馀各印或成谱时

---

[1] 《玄览》收印数目，计卷一七十一方，卷二一百五十六方，卷三四百五十四方，卷四三百八十一方，总一千零六十二方；《印存初集》以上海博物馆藏本计，卷一三十九方，卷二一百八十六方，卷三三百九十二方，卷四九十一方，总七百零八方。

[2] 两书异同，则可详参前文《胡正言及其〈印存初集〉述略》，原刊《明清徽州篆刻学术研讨会论文集》，西泠印社出版社，2008年。

删汰，未可知也"云云，亦为似是而非。今以《残帙》、《玄览》、《初集》互勘，则收录情况如下：

《残帙》印文	《印存玄览》	《印存初集》
"韩印日缵" 朱文方印	卷一	无
"绪仲" 白文方印	卷一	无
"葆光堂印" 白文方印	卷一	无
"沈印正宗" 朱文方印	卷一	无
"若水" 朱文方印	卷一	无
"六朝松石主人" 朱文方印	卷一	无
"诸葛羲印" 朱文方印	卷一	卷二收有同文白文小方印
"基画" 朱文方印	无	卷二收有同文白文小方印
"凤鸣" 圆朱印	卷一	无
"东厓居士" 朱文方印	无	卷一
"瑞之堂印" 白文方印	卷一	无
"邓印宗京" 白文方印	卷一	无
"思皇" 白文方印	无	卷二收有同文白文小方印

除此十三方之外，《残帙》所收之另外六十三枚，皆未见于曰从传世此两印谱之中。而《初集》与《玄览》相较，知兹残卷毋宁云与《玄览》一书更多接近，或为《玄览》之删存者。此又可见《玄览》、《初集》本属两书，所异绝非戋戋耳。

虞山钱遵王诗集说略

　　大概在十年前，我第一次听说了响山堂何氏及其所藏旧钞本《虞山钱遵王诗稿》。那时，我还在求学期间，常常陪侍于业师致之先生之侧，不仅饫闻绪论，且得以借机结识了很多学界前辈。所以能够对响山堂及其所藏有所耳闻，就是在业师招待其友人，美国 Grinnell College 历史系教授谢正光博士的座上。谢博士博洽多闻，早年肄业于新亚书院，后来辗转日本、美国获取学位，并留美任教。不废所业，孜孜矻矻，常仆仆于中美之间，访书寻友，不改所乐，尤其倾心于明遗民群的研究，想来这也是别有怀抱，心有戚戚所致了。记得初识席间，正光先生曾一一问及在座诸同门的研究状况，其中尤其对于佘彦焱博士的钱曾《读书敏求记》研究兴趣盎然，并由此言及其曾从事于钱曾诗集的笺注，底本即来源于堪萨斯州纳尔逊－阿特金斯艺术博物馆中国艺术部主任何惠鉴先生响山堂所藏钞本。自此之后，我便对响山堂及其所藏的钱遵王诗稿钞本念念不忘，盼望有朝一日能够一饱眼福。

　　说来也巧，在进入上海博物馆工作后不久，便听说何先生于 2003 年底不幸辞世后，其藏书和手稿资料等已经家人悉数捐赠给了上海博物馆。到 2012 年 2 月底，承馆方委派，赴位于周浦的库房点收这批藏书，甫一开工，便不待工友动手，我自己首先逐一开箱，终于在第一时间找到了这册《虞山钱遵王诗稿》钞本，至此久久悬念，终于安然。

　　钱曾（1629–1701），清初著名藏书家。字遵王，号也是翁，又号贯花道人、述古主人。虞山（今江苏常熟）人。曾为其藏书编著有《述古堂书目》、《也是园书目》和《读书敏求记》三书，其中尤以后者为世人瞩目，备受赞誉。即便如《四库全书总目提要》，虽然对其抨击甚力，也不得不承认此书"述授受

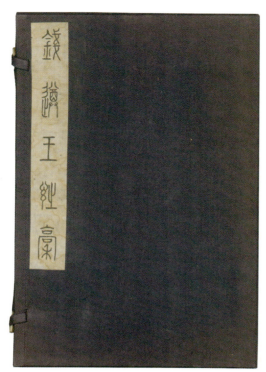

钞本《虞山钱遵王诗稿》

之源流，究缮刻之同异，见闻既博，辨别尤精"。遵王的诗歌，直接虞山宗匠钱谦益（牧斋）门径，甚为牧斋激赏，他曾在《遵王绝句跋语》中说：

> （遵王）断句诗神情轩举，兴会络绎，颇似陆鲁望《自遣》三十首，殊非今人格调，良可喜也。多读书，厚养气，深造而自得之，如鲁望所谓陵轹波涛，穿穴险固，卒造平淡而后已，吾有厚望焉。仲文之赋《湘瑟》，思公之继《玉台》，笈后风流，庶几再睹。

而对于遵王的《秋夜宿破山寺绝句十二首》中的"莫取琉璃笼眼界，举头争忍见河山"一联，牧斋尤为叹赏，在选门下士诗为《吾炙集》时，以之为压卷之作，并在诗后评论道："（观遵王新句）灵心慧眼，玲珑穿透，本之胎性，出乎毫端，非有使然也。"可见遵王在诗歌方面的造诣，确实不同凡响，并非因人成事者。故而苏州大学已故教授钱仲联先生在其《顺康雍诗坛点将录》中，曾将遵王拟为"天英星小李广花荣"，并云"遵王为诗，得蒙叟指授，具体而微"，直是视遵王为牧斋的传法弟子。

据谢正光博士的《钱遵王诗集笺校》前言中综述，遵王共著有诗集七种，其中只有《今吾集》一种，曾有康熙十一年（1672）的自刻本，其他的《怀园小集》、《交芦言怨集》、《莺花集》、《夙兴草堂集》、《判春集》、《奚囊集》六种，都只有钞本行世。即便是已经付刻的《今吾集》，流传也非常之罕，目前大陆公藏单位中，只有国家图书馆藏的一部常熟瞿氏铁琴铜剑楼旧藏本，另有西谛旧藏的一部题为《今吾集》和《笔云集》的合订本（实际上只是《今吾集》的钞本）及一册民国间钞本而已，坊间也只有一部曾经谢刚主题尚的近年屡屡上拍的旧钞本罢了。而遵王的其他六种集子，其大貌则只有通过这册响山堂旧藏的《虞山钱遵王诗稿》才得以窥见了。遵王的诗集，除了以上所述，还有现藏于常熟图书馆的铁琴铜剑楼钞本《辑本钱遵王诗稿》一种，但此本并非全本，仅就其收录的数量而言，即较响山堂本少了四十五首古体诗。更何况该本不但打乱了原来各集的固有次序，且大量删改了原本的诗题、诗序、诗注，甚至连诗集名称也被彻底抛掷，较之于响山堂本，其价值自是逊色不少。七集之中，需要特别说明的是《怀园小集》，钱谦益《牧斋有学集》卷十九中有此集的序言，但不见于此钞本中。不过，《牧斋有学集》的目录中，此篇题作《遵王笔云集序》，正文则作《遵王族孙诗序》，在该序的开首即云"族孙遵王侍陆丈孟凫过余水亭啜茗，出其所著《怀园小集》求是正焉"，也就是说，《怀园小集》应该又名《笔云集》。

响山堂本《虞山钱遵王诗稿》，一函一册，蓝色粗布函套，外签条小篆题"钱遵王诗稿"。书外封为蓝靛青纸重装面，原封面有前人墨笔楷书"钱遵王诗稿"字样。后为目录，依次为第一行"虞山钱遵王诗稿"；第二行"怀园小集"，下小字注"十九页"；第三行"交芦言怨集"，下小字注"十二页"；第四行"莺花集"，下小字注"十一页"；第五行"夙兴草堂集"，下小字注"六页"；第六行"判春集"，下小字注"卅六页，有自序"；第七行"奚囊集"，下小字注"七页"。正文半叶十行，行二十字，小字双行同。白口，无鱼尾。版心上

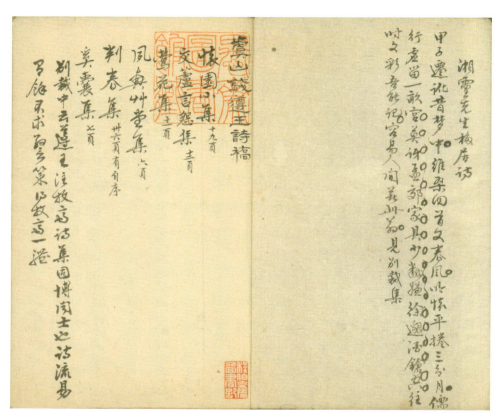

钞本《虞山钱遵王诗稿》目录

写集名，或全名，或简称。不过间有误书的情况，如《凤兴草堂集》的第五、六页中，版心上方的集名就被误书为"交芦"，但又经白笔涂抹去。又有漏标者，如《判春集》第二十、第二十七页等处，都是空白。版心下写页码。每集单独计页。最末页版心中有墨笔记"共记【计】九十六叶"。每集卷端第一行书集名，次行书作者名，或作"笺后人曾遵王"，或作"虞山钱曾遵王"，不一律。全书共收遵王诗作三百八十五首，其中《怀园小集》六十八首、《交芦言怨集》六十七首、《莺花集》四十首、《凤兴草堂集》三十一首、《判春集》一百五十二首、《奚囊集》二十七首。这些诗作，与遵王诗歌中唯一未被收入这部《虞山钱遵王诗稿》中的《今吾集》中所收相较，计有六题十首是重复的。但这重

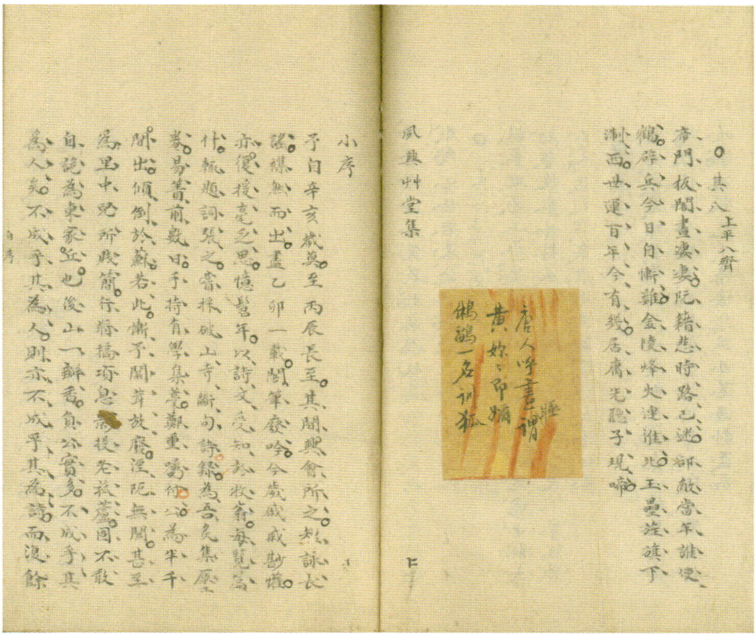

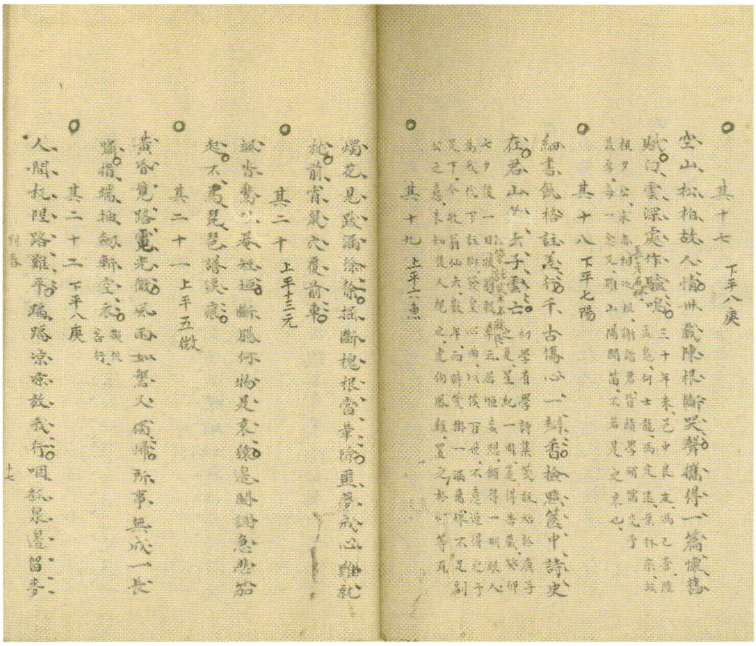

風懷堂集

小序

其八　上平八齊

其十七　下平八庚

其十八　下平七陽

其十九　上平十一真

其二十　上平十三元

其二十一　上平五微

其二十二　下平八庚

《判春集》

复的十首诗，并非字字相同，有几首还是有些区别的，如《今吾集》中有《宿虎丘僧房》，中云"病花悟解三生梦，顽石虚参一指禅。半壁残灯犹照我，鸡鸣后夜影迢然"，而同诗《交芦言怨集》题作《秋夜宿虎丘僧房》，诗中"虚"作"能"，"犹"作"虚"。再如《今吾集》中有《途中有感》，中云"寒风猎猎过危城，浪静舟平潮未生。峻垒荒烟孤城恨，远山斜日旅人情。断桥古庙凄凉在，野渡闲云黯淡横。不是天涯独垂泪，几多哀雁送愁声"，此诗《怀园小集》题作《途中偶作》，其中"断桥古庙凄凉在，野渡闲云黯淡横"句作"霞明浅水汀芦短，云护斜桥岸柳生"，而此句实际上曾经改动，钞本上被点去的原作为"数家茅屋凄凉在，十片闲云黯淡横"。不过总体而言，这些有差异的地方，据华东政法大学中文系教授王晓骊博士和复旦大学图书馆古籍部副主任眭骏博士的看法，都是《今吾集》中的措辞更胜一筹。他们两位都是古代文学研究方面的专家，判断自然可信。由此可见前人吟诗作句，虽然反复锻炼，但未必一定越改越好。至于遵王七集诗作，在钞本中惟无《今吾集》，想来正是因为它已有刻本罢了。

书中每一诗题之下，都经后人用墨笔标明平水韵的用韵情况，如《怀园小集》开首第一篇《元日二首》，其一标明"下平一先"，其二标明"上平一东"等。全书墨笔圈点殆遍，间有朱笔圈点。其中古风如《怀园小集》中的《哭留守相公诗一百韵》、《莺花集》中的《无题一百韵》等，都用直音法将其中僻字注音，书于天头，间亦有直接将同音字标注于僻字之侧的。全书间有校改，方法有两种，一种是将原来之字用白粉涂掉，然后在其上直接改为正字；另一种则是直接将原字用墨笔划掉，在其旁边添注新字。但仔细考究一下，这两种方法虽然目的相同，但其针对的对象则有所不同。第一种改法，如《怀园小集》中《江村自遣三十首》中的其十九"衔鱼飞过水西涯"句，"水"原作"飞"，后涂白，改为"水"。第二种改法，如《怀园小集》中《秋暮远望怅然有感》中的"寂寥滋味归诗卷"，原作"凄凉风物归诗卷"；"可叹年华容易去"，原作"可叹年华容易老"。再如《莺花集》中《曲房春昼四首》之三中的"渡江双姊妹"，原作"桃根与桃叶"等，都是用墨笔点去原文，在其侧旁注出新文的。第一种改动，根据情理判断，应该是钞手完工之后的校对结果的体现。而第二种改动，因为牵涉到整首诗的遣词造句，显然，再荒唐的钞手也不可能发

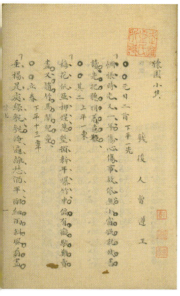

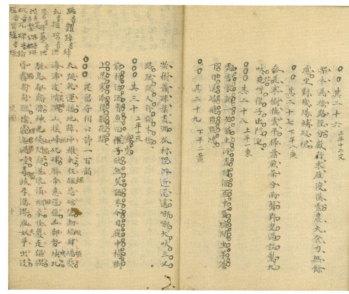

《怀园小集》中的《元日二首》　　　　　《哭留守相公诗一百韵》

生这样的错误，故而只能是根据后来得到的作者的自改本的校改。但这里虽然分为两种改法，实际上，很有可能只是同一次校勘的成果而已。也就是说，从情理上来讲，这个本子，应该是在清初的时候根据作者钱遵王自己认可的文本进行校勘的，结合下面要讲到的避讳的情况来看，这个钞本，必然形成于康熙中前期遵王在世或者过世后不久，其文本的来源应该是权威的。响山堂本中所存遵王的诗作，最晚者大概就是《奚囊集》中所收的部分了，多作于康熙二十年（1681）南昌之游道中，这也是此钞本成书的上限。

　　响山堂本中的文字改动，除了以上两种之外，其实还有另外一种改动，就是对于避讳字以及敏感词的改动，如《怀园小集》中《早春闲居十首效天随体》之十"拙甚虚摇麈尾玄"句、《交芦言怨集》中《咏梦》"耳轮有路入兜玄"等，"玄"侧加了一个小方框，旁增"元"字。这是避清圣祖玄烨的讳，说明此本在钞录的时候对于讳字并无回避。这个现象告诉我们，此本的钞录者和收藏者很有可能是对明朝还有故国之思的，是以遗民自居的。不过，即便是后来的改动工作其实也并不严谨，书中往往还存在一些漏网之鱼，如《判春集》中的古风《早春词二十首》之十二"数里山光候管弦"句中的"弦"字，便没有被改动。再如同集《寒食行》自注，有"绛云一烬之后，所存书籍大半皆赵玄度脉望馆校藏旧本……"云云，其中的"玄"也未经改动。对于敏感词的改动不是很多，如《怀园小集》中的《悲歌十首》之第四首"平明胡骑入城中"，"胡骑"被改为"突骑"；"可怜竟受胡儿辱"，"胡儿"被改为"穹庐"。这些改动，很容易让我们联想到乾隆时期在编修《四库全书》时对于一些古代典籍，尤其是明末典籍的改动情形。但与此改动形成鲜明对比的是，此诗第六首中的"自言大兵未到时"，"大兵"被改为"虏兵"。这一改动，从道理上来说，应该是最初一次校勘的结果。否则，因其措辞上的差别而显示出的明显的褒贬意味，就无从解释了。大概而言，这个本子中存在着如上所述的几种文字改动方式，而这些改动并非完成于一时，应该是数次改写的结果。从时间上来说，大概是从康熙年间一直跨越至乾隆年间。这一判断不仅是根据上述改动的痕迹做出的，原书中还有着更为直接的证据。在该书内页，有墨笔行书据沈德潜《清诗别裁集》补录《湘灵先生移居诗》七律一首。目录后，也有墨笔行书云："《别裁》中云，遵王注牧斋诗集，固博闻士也。诗流易有馀，不求警策，得牧斋一体。"又《莺花集》中的《蝶二首》之下，存有墨笔注云"沈选"。而在《奚囊集》卷末，则又有墨笔行书据《清诗别裁集》补录《梅村先生枉驾相访商榷绥寇纪略闻有感赋此》七律一首（此首收入《今吾集》中）。上述的"别裁"、"沈选"指的都是沈德潜的《清诗别裁集》，此书乾隆二十四年（1759）初刻。所以，这一注释无疑是在此年之后才出现的。又《怀园小集》卷末《问月诗》后有墨笔行书评云：

> 月子弯弯照九州，几家欢乐几家忧。几家骨肉能团聚，几家飘散说离愁。此诗借问大旨，意在斯乎？篇中六问四怜，词意甚觉凄切，读之令人酸楚。

观其用笔，应该是与上述墨笔校核文字同出一人之手，也是在乾隆中期所遗留的。另外需要特别指出的是，《湘灵先生移居诗》有钱陆灿自己的和诗八首，收入其《调运斋集》中，湘灵在诗前的引子中说道：

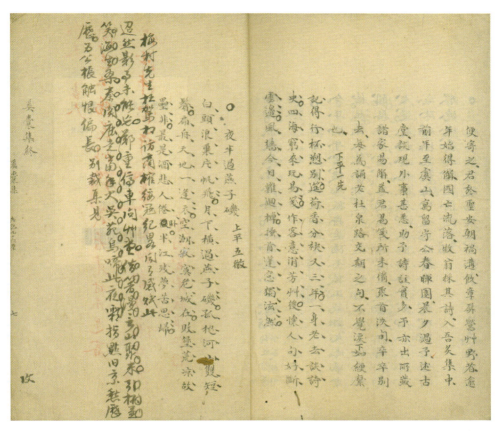

在《奚囊集》卷末，有墨笔行书据《清诗别裁集》补录的《梅村先生枉驾相访商榷绥寇纪略闻有感赋此》

　　二月移居东城调运斋，遵王俀诒诗八句……余因拈和翁字起韵，又杂书共得八首，特录遵王诗为缘起。杜老所云"诗是吾家事"也。陆灿，时年七十有五。

　　湘灵七十五岁，即康熙二十五年（1686），时遵王五十八岁。今响山堂本中既然未录此诗，那或许是因为这个钞本成书是在此之前。如果此说不误，那么，这一钞本的成书下限就是康熙二十五年。

　　响山堂本的全书最末一页之上，还存有朱笔行书录七绝一首，云：

响山堂本《虞山钱遵王诗稿》最末一页

敬夫、吉夫：闻道洛阳花似锦，我若来时不遇春。饮酒泮宫许我并，着鞭云路让君先。眷同学弟钱维仁拜。

这首诗虽然实在是平平无奇，但据睢兄认为，可以从中看出作者钱维仁是一名诸生，与收信人敬夫、吉夫两人同时领青衿。但作者蹭蹬科第，而那两位则已早登贤书，并于此时进京参加春闱了。无疑，这是一封诗束，而之所以写于此书之后，正可说明钱氏就是当时的藏家。钱氏到底是何方人士？因书中留存信息所限，不敢断言，但承睢兄检示，道光《凤凰厅志》卷十三《职官》"五寨司巡检"条有："钱维仁，顺天大兴人。吏员。乾隆十年任。"又乾隆《沅州府志》卷三十《职官》六"凉山司巡检"条有："钱维仁，顺天大兴人。吏员。乾隆二十一年任。"又同治《芷江西县志》卷十五《职官》"怀化驿丰丞"条有："钱维仁，大兴人。乾隆二十四年署。"显然，这三部方志中出现的钱维仁是同一个人，且既然十数年间都蹭跎于微末小吏，则其即便拥有科名，顶多也不过就是生员而已。虽然如此，此钱是否彼钱实际上也不能确认。然而无论如何，钱维仁在书中留下的痕迹其实很有意味。如果没有意外的话，书中那些朱笔圈点应该也是钱氏的手笔，而正如前所述，这些朱笔圈点并非针对全书，而是很有选择性，主要集中于《怀园小集》的《哭留守相公诗一百韵》、《问月诗》，《莺花集》的《蝶二首》之一、《和友人过旧游怅然》、《无题一百韵》和《判春集》的《冬日南村屏居即事十首》之一之四、《丙辰早春雨中

重过梅村先生梅花庵主人留饮追忆昔游怅然有作》、《偶访许九日突兀想看颇有
观河面皱之讶弹指执别已十五年矣》、《春日杂题长句八首》之二之四之六、《寒
食行》等诗作，细究这些诗的内容，概括地讲，其实只是抒发了两方面的情感，
一为怀故友，一为悼先烈。对于前者，很好理解，钱氏在本书卷尾的诗束，其
实也是表达相同情感的。对于后者，我们虽不能够妄自勾连，但批阅者对于如
《哭留守相公诗一百韵》、《问月诗》这样的作品的欣赏，确是无可疑问的，那
么，作者的思想倾向也就可以思过半矣。

　　响山堂本的早年收藏情况，不是很清楚。书中留存的印记有目录页上的
"愚斋图书馆藏"朱文大方印、"程伯奋图书记"白文长方印，和正文卷端即《怀
园小集》首页上的"武进盛氏所藏"朱文方印及"白奋"、"林枚"、"禹口"三
方朱文小方印。据同事上海博物馆研究馆员孙慰祖先生拨冗见示，后两方印记
应该是属于清初人所有，至晚不过乾隆年间。众所周知，"愚斋图书馆藏"和
"武进盛氏所藏"两方印记属于晚清大吏盛宣怀，但正如铁琴铜剑楼旧藏的康
熙十一年（1672）述古堂自刻本《今吾集》和旧钞《辑本钱遵王诗稿》不见于
《铁琴铜剑楼藏书目录》著录一样，这个响山堂本《虞山钱遵王诗稿》也不见
于传世的《愚斋图书馆藏书目录》中。但无论如何，此书曾为盛氏旧藏无疑。
另外的"程伯奋图书记"和"白奋"两方印记，则属于古董商程琦所有。程琦
（1911－1988），安徽歙县人。字伯奋，号二石老人，又号可庵。斋号双宋楼、

目录页上的"愚斋图书馆藏"朱文大
方印

"程伯奋图书记"
白文长方印

"武进盛氏所藏"
朱文方印

萱晖堂、奎章阁、绛雪簃、巨燕轩。著有《萱晖堂书画录》二卷，一著书法，一著画作。旅日侨商，古物鉴赏家。古董世家出身的张永芳在《我的父亲和我的祖父》一文中说："我回到上海后，想起一个朋友程伯奋，他早年留学日本，其父程秉泉是大古玩商，他跟着父亲认识不少达官贵人，人脉颇广，有时也做一点古玩生意……1950年，程伯奋移居日本开古玩店。"大概可以由此知道程氏在1949年之后的去向。程琦与盛宣怀的第七子盛升颐应该关系极其密切，上世纪40年代末，盛升颐将七十七册未捐"盛档"带至香港，后又随身携至日本。过了十馀年，因晚年生活窘迫，遂欲出售。当时台北中研院近代史研究所曾有意收购，但终以价格问题而未能如愿。至1964年，盛升颐去世，该批"盛档"即于此年前后转归程伯奋所有。1983年，程氏又将这些"盛档"交由香港中文大学保管，随后即转让给该校。可见伯奋与盛氏收藏的因缘不浅。程氏的收藏极富，眼光尤好。当年在国际拍卖市场上，真正为人瞩目的华人收藏家大概以他与王季迁最负盛名了。程伯奋的收藏到底有多少，大概谁也说不清楚，但他既然开设古玩店，难免就进进出出，循环不已，其藏品并非是固定不变的。目前所能藉以知道其收藏大概的，只有《萱晖堂书画录》了，其中著录的藏品近年不断出现于拍卖市场，每每引起高价竞购，这也从侧面反映出程氏的收藏水平。2003年，台湾广达计算机董事长林百里以四千二百万美元的高价，从伯奋后裔手中整体收购了程琦的古代书画收藏，从而一举成为华人收藏界的巨擘。而程氏巨燕轩中自此是否尚有遗藏，则不知其详了。这册遵王的诗集，是何惠鉴先生1970年左右在东京购入的，结合上述程伯奋收藏盛氏遗存长物的情形，可知何先生当年很有可能就是直接从伯奋本人之手购得此书的。综上所述，此册《虞山钱遵王诗稿》在钞成之后，曾先后经林枚、钱维仁、武进盛氏、程氏巨燕轩、何氏响山堂收藏，最终因何氏后裔的善举，化私为公，现在落户于上海博物馆中。

石韫玉与其《古香林印稿》*

  石韫玉（1756–1837），字执如，一字琢如，号琢堂、花韵庵主、绿春词客、西迹山人、竹堂居士、归真子，晚又号独学老人。清苏州府吴县人。乾隆五十五年（1790）庚戌廷试第一，授修撰。"自释褐通籍，历官修撰、福建乡试正考官、提督湖南学政、日讲起居注官、四川重庆府知府兼护川东道、陕西潼商道、山东按察使署布政使。嘉庆十二年（1807），部议革职。仁宗赏给翰林院编修、国史馆行走。旋引疾归田，历主杭州紫阳书院、金陵尊经书院、苏州紫阳书院讲席。"❶曾与修《全唐文》，并主持编纂道光《苏州府志》。生平著述颇丰，今存而可考者二十馀种。其诗众体咸备，具见性情。为文渊雅朴茂，论者拟之为有明之归（有光）、唐（顺之）。又擅倚声之作，所填《微波词》《花韵庵诗馀》，亦缠绵婉约，堪称作手。书法名擅一时，行楷皆长，尤工篆书。石氏科名既高，又得享大年，主持吴中文会数十年之久，且与乾嘉时贤颇多交游，堪称一时耆宿。殁后，其甥吴嵰尝作《独学老人年谱》一卷，述其生平大略。至1999年，又有复旦大学吴格先生指导研究生眭骏，成硕士论文《石韫玉年谱》数十万言，于石氏生平详加考核，细大不捐，为探索考究石韫玉之必备参考。

  执如之习篆，在其自作诸诗文中极少记载，仅见者如《云麾使杨泽山索镌石章作长歌报之》中有"我生爱铁笔，制作追皇古。帝羲臣颉不可攀，降从八体寻规矩"❷之句。又嘉庆十四年（1809）为汪一檠作《题汪氏六息斋印稿》："我

＊此文之作，多得同门复旦大学古籍部主任眭骏博士之助，特此申谢，以志高谊。

❶ 眭骏《石韫玉年谱·传略》，光明日报出版社，2009年，第4页。

❷ 《独学庐初稿·诗》卷二《江湖集》上，乾隆嘉庆道光递刻本。

石韫玉画像（国家博物馆藏《清代学者象传》）

少习鄙事，爱古忘愚蠢。穷年琢山骨，胪列同璜琮。不辞嘲石癖，稍异供书佣。抚此触素好，恍闻谷音跫。珍如金万镒，袭以锦十重。岂云雕虫技，壮夫所不容。"❶李放《皇清书史》中则明确云："（石韫玉）工隶书，铁笔古雅，如其为人。"❷而韫玉之《古香林印谱》，则并无人提及。

非仅如此，此稿亦不见诸书目记载，则其罕见可知。其完稿时间，当与执

---

❶《独学庐三稿·晚香楼集二》，乾隆嘉庆道光递刻本。韩天衡《中国印学年表》（上海书画出版社，1987年）云汪氏于嘉庆十一年（1806）自刻印成《六息斋印草》四册，又于十三年撰《印学辨体》二册。

❷卷三十一，上海书店出版社，1994年影印《丛书集成续编》本。

如所刊《古香林丛刻十种》同，均在石氏晚年❶。又据韩天衡先生《中国印学年表》云：道光十年（1830），"石韫玉辑自刻印成《古香林印稿》一册"❷，是年，石韫玉七十五岁，此说庶几近真。《印稿》中所收多为石氏自篆自用之印，章法各异，造意多端，堪为一时神品。其中间亦有为他人所篆者，如"瘦竹幽花之馆"白文长方印，即系其长子同福所用者❸。《印稿》系刻钤印本，卷端题"古香林印稿　独学老人作"。四周单边，细黑口，宽十点九厘米，高十六点三厘米，版心上镌"古香林印稿"。单面打钤，每面或刻为四格，或刻为两格不等，分钤四、三、二枚印不等。一函两册。上册扉页钤"晓泉"朱文长方印，有民国时苏州程氏墨笔注云："此乃姜晓泉之真印也。"

上册扉页钤"晓泉"朱文长方印，有民国苏州程氏墨笔注

据《（光绪）松江府续志》卷二十六《艺术传》："姜埙，字晓泉，自号鸳鸯亭长，华亭人。写生得恽寿平法，绘仕女，工为幽怨之态。性孤介，终岁杜门不出，与俗寡谐，所交惟长洲王芑孙、嘉兴陈鸿寿诸人。故其画幽澹，有林下风。病革时，招二三知己与诀，合掌而逝，年五十八。"❹按：姜某与王芑孙善，而王氏又执如之挚友，则姜自当与石韫玉相识。此印章或为程氏旧藏，以姜为执如旧友而钤此印于此。《印稿》上册三十一面，著录一一七方，下册三十二面，著录九十八方，间有程氏墨笔释文。又卷端有程氏手跋云："铁笔欲叕，细审来历，石氏印谱现已不易多得，此乃初印，更宜宝贵。然殿撰公有此等技，真所谓雕虫小技，然亦属六艺之一，我故曰孔子云何陋之有。平江程口口湖（又号天士）。民二年志。"又卷末有跋文云："壬戌仲冬，与孙少庭至东海旧宅，获此石氏印谱，颇觉醒目。志之以见思巢中亦有此乐趣也。"具见此稿之来历。

---

❶执如《花间乐府》（嘉庆间刻本）卷端题"归真子著"，据睦骏博士考证，此乐府作于执如晚年归田家居时，则此号乃其暮年自署。今谱中所收有"归真子"朱文方印一方，亦可证此印集为执如晚年拓印自娱之作。

❷第70页。

❸同福有《瘦竹幽花之馆诗存》四卷，稿本，现藏上海图书馆。

❹姚光发、张云望总纂，光绪十年（1884）刻本。

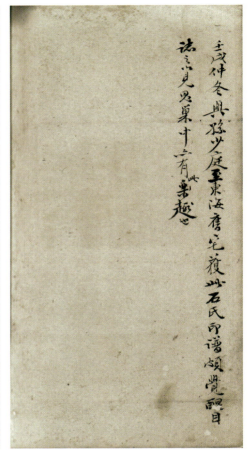

《古香林印稿》卷端及卷末跋文

　　程氏获藏此帙后，研读之际，多有墨笔释文旁注于印文之侧，然其释文间有误者，如"夷惠之间"白文长方印，误释为"弟惠之间"；"竹溪所隐"白文方印，漏释"所"字；"庚戌状元"朱文方印，误释为"戊戌状元"；"非我人安知我"白文方印，误释为"非我人也知我"；"三冬文史足用"朱文长方印，误释为"三冬文奴足用"等等，此又可知，程氏于摹篆一道知之甚少。而释文之外，程氏于此稿亦间有评论篆刻方法者：如"雪中鸿爪"白文方印，旁注"此名增减法，应由大而小"；"闻过圣明之日"白文方印，旁注曰"状之夸"等等。

"庚戌状元"朱文方印　　　　　"雪中鸿爪"白文方印　　　　　"闻过圣明之日"白文方印

　　《印稿》中所收诸印，多有来历可考，或反映其名号，或反映其斋室名，或标明其志向……即如印谱题名中所云"古香林"，即系指禅林而言。古印度马鸣著，北凉昙无谶译《佛所行赞》卷四《受祇桓精舍品第二十》："如风拂香林，气合成熏飙。"❶ 吴月氏优婆塞支谦译《佛说菩萨本业经》："东去无极，有香林刹，佛名入精进，菩萨字敬首。"❷ 姚秦凉州沙门竺佛念译《菩萨璎珞本业经》卷上《集众品第一》❸ 大意同。该词之为人所广泛运用，当在李唐及其后，如唐储光羲《题眄上人禅居》云："江流映朱户，山鸟鸣香林。"唐高适《同群公宿开善寺赠陈十六所居》有："徘徊龙象侧，始见香林花。"今人刘开扬笺注："香林称佛寺。"❹ 宋苏轼《赠诗僧道通》亦有："香林乍喜闻薝卜，古井惟愁断辘轳。"至于以"香林"名寺者，则更遍及神州各处，兹不赘。而《印稿》中，以"古香林"为题者，计有"古香林"朱文椭圆印、白文方印、朱文长方印三方，足见执如晚年沉浸禅悦之状。

---

❶《大正新修大藏经》第四卷"本缘部下"，日本平成元年(1989年)版，台北白马精舍印经会印，第32页。

❷《大正新修大藏经》第十卷"华严部下"，第446页。

❸《大正新修大藏经》第二十四卷"律部三"，第1010页。

❹ 刘开扬《高适诗集编年笺注》，中华书局，1981年，第295页。

"古香林"朱文椭圆印

"古香林"白文方印

执如一生，以科第而入金马玉堂，辗转南北，又优游林下数十年，历主诸书院讲席，学殖既深，复益以闻见之广，皆可于其所治诸印文中得以一一印证，而印文与其身世亦如合符节，此正可见其学人本色。夏孙桐撰"独学庐集四十八卷"条提要云："按韫玉之诗，圆美谐适，在香山、剑南之间。"[1]执如自述其肆力所在则云："不佞习古文辞，于兹十年。虽望道未见，亦尝究心于古作者之林。始得司马迁之文而好之，学焉而不得其径也；继得庄生之文，又好之，学焉又不得其径也。因思行远者自迩，登高者自卑，降而学于眉山大苏之集，忽忽若有所遇，涉笔有文从字顺之乐，遂自谓得之矣。习之既久，觉其浅水不漪，由是复泛滥于古之立言者。"[2]又云："余则诵习欧阳子之文，而诗格宗尚陶、谢、王、孟。"[3]而此种种，亦皆可于此谱中考见一二。兹不吝词费，为之强为索解，横加分类者，仅便说明而已，非敢言当耳[4]。

一、标名号者

执如甥吴嶙所撰《独学老人年谱》"乾隆二十一年"条："是夕，徐太夫人梦公之先祖介庵先生以一白璧相付，既觉而公生，故韬山先生命以小字曰玉郎。其后名曰韫玉，字执如，皆志此庆也。"[5]又刘凤诰《石竹堂书画记》尝记述执如旅居京师之际云："所居经史巷，为何义门学士故宅，以其近竹堂寺，假竹堂自号。"[6]见于谱中之"竹堂"朱文方印、"竹堂居士"朱文方印、"竹堂私印"白文方印、"竹堂"白文方印、"韫玉"白文方印、"执如"朱文长方印、"琢堂韫玉"白文方印、"执如"朱文方印、"石印韫玉"白文方印、"执如之章"朱文方印、

---

[1]《续修四库全书总目提要（稿本）》第十册，齐鲁书社，1996年，第517页。
[2]《独学庐初稿·文》卷三《与王念丰论文书》。
[3]《独学庐二稿·文》卷中《沈氏群峰集序》，乾隆嘉庆道光递刻本。
[4]所引印文大皆以其钤印之先后为序。
[5]道光间刻本。
[6]《存悔斋集》卷十一，道光间刻本。

"石印韫玉" 　　"执如"白文　　"竹堂"朱文　　"石印韫玉" 　　"执如之章"
白文方印　　　　方印　　　　　方印　　　　　白文方印　　　　朱文方印

"竹堂居士"朱文长方印、"执如"白文方印、"乾坤一竹堂"朱文长方印、"竹堂"
圆白、"竹堂居士"白文方印、"竹斋"白文方印、"竹堂真赏"朱文长方印、"石
叟"朱文方印等，皆与此相关。

乾隆五十六年（1791），执如三十六岁，倩铁保作"独学庐"额，并作诗
言谢云："宣南旧有独学庐，非公书额德恐孤。愿公擘窠更作此，长使丽藻辉
孤庐。"❶而据嘉庆三年（1798）执如四十三岁所作《独学庐铭并序》又云："余
年三十五，以进士及第，供奉翰林，卜居于京师宣武门东，颜其所居之室曰独
学庐。及值上书房，请成亲王书额。归田后，揭诸两楹之间。"❷则其"独学庐"
额当存两幅。而梁章钜则有《石琢堂前辈韫玉独学庐画卷》题诗，中云：

　　……城南老屋村墅美，隐几青山吟绿水。问字车看一巷停，谈经席有
　　重茵荐。画图示我杜德机，味道腴躬富神采。孤往千秋定力存，心灯不灭
　　宗师在。重君独学成令名，喜君七十颜如婴。莲池老辈灵光岿，锦里新诗
　　洛社英。门前五柳挺千尺，阶下三芝森九茎……❸

知执如又尝倩人绘图志念。又其诗文集皆以"独学"为名，则其钟爱"独学"
尤可具见。执如尝有《移居》诗云："偶尔栖迟亦卜邻，廿椽茅屋背城闉。画
梁燕似初归客，幽径花如待字人。朋得盍簪真可乐，俸能举火未为贫。门庭近
市还如水，忘却槐街十丈尘。"❹所咏为其京师寓所，虽未显言即系"独学庐"，

❶《铁卿先生作草书见赠走笔奉谢并乞书独学庐额》，见于《独学庐初稿·诗》卷五《玉堂集》。
❷《独学庐三稿》卷一，乾隆嘉庆道光递修本。
❸《退庵诗存》卷十三，道光间刻本。
❹《独学庐初稿·诗》卷五《玉堂集》。

然衡诸其仕宦踪迹，正是此庐无疑。而谱中所见则有"独学老人鉴定"朱文方印、"独学"朱文方印、"独学老人"白文方印、"独""学"连珠朱文方印、"独学"白文椭圆印、"独学庐"圆白、"独学老人心画"朱文长方印、"独学翁"朱文方印、"独学老人"朱文方印、"独学庐"朱文方印、"独学"白文长方印等。

二、志生平者

1、执如《国朝大臣谥法录序》云："余于嘉庆丁卯之秋，再入翰林，备员史馆，分纂纯皇帝本纪……旧史氏石韫玉自序。"❶而谱中所见与此相关者，有"旧史"朱文椭圆印、"旧史氏"朱文方印。今考此语实出张衡《西京赋》，中云："有凭虚公子者……雅好博古，学乎旧史氏（注：言公子雅性好博，知古事，故学于旧史。旧史，太史，掌图典者也），是以多识前代之载。"❷

2、"古柱下史"朱文方印。《史记·张丞相列传》："而张苍乃自秦时为柱下史，明习天下图书计籍。"司马贞《索隐》："周秦皆有柱下史，谓御史也。所掌及侍立恒在殿柱之下。"又唐李白《赠宣城赵太守悦》："公为柱下史，脱绣归田园。"

3、"翰墨林"白文长方印。李白《赠崔侍郎》："君乃翷轩佐，予叨翰墨林。"

"独学老人心画"
朱文长方印

"蓬莱山上再来人"
白文长方印

4、"蓬莱山上再来人"白文长方印。《后汉书·窦章传》："是时学者称东观为老氏藏室，道家蓬莱山。"章怀太子注："老子为守藏史，复为柱下史，四方所记文书皆归柱下，事见《史记》。言东观经籍多也。蓬莱，海中神山，为秘府，幽经秘录并皆在焉。"又唐杨炯《登秘书省阁诗序》云："周王群玉之山，汉帝蓬莱之室。"❸宋曾巩《送郑州邵资政》诗云："隽游追幕府，高步集蓬莱。"

❶《古香林丛书》第六种，道光十五年（1835）刻本。
❷《文选》卷二，中华书局，1977年。
❸《全唐文》卷一九一，中华书局，1983年，第1925页。

5、"读书中秘"白文方印。《汉书·成帝纪》:"光禄大夫刘向校中秘书。"唐常衮《晚秋集贤院即事寄徐薛二侍郎》云:"穆穆上清居,沉沉中秘书。"唐白居易《读张籍古乐府》云:"恐君百岁后,灭没人不闻。愿藏中秘书,百代不湮沦。"

6、"曾历九州"朱文葫芦印。清初陈书《鹃声集》有《暮春书怀》:"清佩曾趋三殿直,劳薪遍历九州尘。"

7、执如《生日自寿》序云:"予生于乾隆丙子闰九月。"❶而谱中"我生之初岁在丙子"朱文方印,即为此而镌者。

8、"庚戌状元"朱文方印。陶澍《墓志铭》:"庚戌成进士。殿试进呈第二甲一名,纯皇帝特拔置第一甲一名,授翰林院修撰。"执如《闻喜》第三首"君恩特赐魁天下"❷句自注云:"韫玉试卷,读卷大臣初拟第四,仰荷圣恩特擢第一。"

三、标志向者

嘉庆五年(1800)之际,执如即有罢归之意,尝作《放言》诗云:"仕宦至二千石,古人以为荣名。今我忽忽不乐,毋乃不近人情……坐享一州斗大,消磨秋蟀春鹂。何似拂衣归去,江湖放浪馀生。杞菊一庐偕隐,鸥波万里同盟。"❸八年暮春,执如佐经略勒保幕,专司章奏,并总理行营事务,时所作《暮春书怀》,亦颇见倦宦之意,诗云:"望云鹤已乘轩倦,上竹鱼犹纵壑迟。回首五湖烟水阔,黄金何日铸鸱夷。"❹又云:"闻道钧天张广乐,可知世有谪仙人。"凡此等等,皆见执如淡泊之怀,而谱中所载,亦多有标明此意者:

1、"在山泉"朱文方印。杜甫《佳人》:"在山泉水清,出山泉水浊。"晚年执如居所以此为名,更见执如之心意所在。

2、"仙有九障名属其一"白文长方印。《海录碎事》卷十三上"仙障"条:

---

❶《独学庐五稿·诗·燕居集》,乾隆嘉庆道光递刻本。
❷《独学庐初稿·诗》卷五《玉堂集》。
❸《独学庐二稿·诗》卷二《鹃声集》,乾隆嘉庆道光递修本。
❹同上。

"陶弘景云：仙障有九，名居其一。使吾不白日升天，盖三朝有浮名乎？"

3、"白云谁侣"朱文椭圆印。孔稚圭《北山移文》："青松落阴，白云谁侣。涧石摧绝无与归，石径荒凉徒延伫。"❶

4、"时于松间得少佳趣"白文方印。此当为化自苏轼之句，东坡《与毛维瞻》云："岁行尽矣，风雨凄然。纸窗竹屋，灯火青荧，时于此间得少佳趣。无由持献，独享为愧，想当一笑也。"❷

5、"游于物之外"朱文方印。苏轼《超然台记》："游于物之内，而不游于物之外。物非有大小也，自其内而观之，未有不高且大者也。彼挟其高大以临我，则我常眩乱反复，如隙中之观斗，又乌知胜负之所在？是以美恶横生，而忧乐出焉，可不大哀乎！……予弟子由，适在济南，闻而赋之，且名其台曰'超然'，以见予之无所往而不乐者，盖游于物之外也。"❸

6、"消遣世虑"白文方印。王禹偁《黄州竹楼记》："公退之暇，披鹤氅衣，戴华阳巾，手执《周易》一卷，焚香嘿坐，消遣世虑。江山之外，但见风帆、沙鸟、烟云、竹树而已。"❹

7、"臣本布衣"白文方印。诸葛亮《出师表》："臣本布衣，躬耕于南阳，苟全性命于乱世，不求闻达于诸侯。先帝不以臣卑鄙，猥自枉屈，三顾臣于草庐之中，谘臣以当世之事，由是感激，遂许先帝以驱驰。"❺

8、"我是玉皇香案吏"朱文圆印。元稹《以州宅夸于乐天》："我是玉皇香案吏，谪居犹得住蓬莱。"

9、"四海一闲人"朱文方印。陆游《乙巳秋暮独酌四首》之一："孤云系不定，野鹤笼难驯。卖药句曲秋，沽酒天台春。中原几流血，四海一闲人。邀月对我影，折花插我巾。花月成三友，江海为四邻。何敢忘吾君，巢由称外臣。"

10、"名山藏"朱文方印。《史记·太史公自序》："以拾遗补艺，成一家之言……藏之名山，副在京师，俟后世圣人君子。"唐司马贞《索隐》："言正本

---

❶《文选注》卷四十三。

❷《苏轼文集》卷五十九，明茅维编，孔凡礼点校，中华书局，1986年，第1798页。

❸《苏轼文集》卷十一，第351—352页。

❹《小畜集》卷十七。

❺《三国志》卷三十五《诸葛亮传》。

藏之书府，副本留京师也。《穆天子传》云：'天子北征，至于群玉之山，河平无险，四彻中绳，先王所谓策府。'郭璞云：'古帝王藏策之府。'则此谓'藏之名山'是也。"晋葛洪《抱朴子・内篇自序》："余所著子书之数而别为此一部，名曰内篇……虽不足以藏名山石室，且欲缄之金匮，以示识者。"

11、"水竹间"白文方印。宋陆游《衡门》："小聚风烟外，衡门水竹间。疏沟分北涧，剪木见南山。人笑谋生拙，天教到死闲。犹存挂杖子，遇兴即跻攀。"

12、"冰壶秋月"朱文方印。宋苏轼《赠潘谷》："布衫漆黑手如龟，未害冰壶贮秋月。"《宋史・李侗传》："沙县邓迪尝谓松曰：'愿中如冰壶秋月，莹彻无瑕，非吾曹所及。'"❶宋王质《倦寻芳・试墨》："冰壶秋月，去了潘郎，传到梁老。"❷宋真德秀《祭赵提举》："介洁自将，则冰壶秋月之莹；刚果立断，则太阿龙泉之锋。"❸

13、"五柳先生本在山"白文方印。唐雍陶《和孙明府怀旧山》："五柳先生本在山，偶然为客落人间。秋来见月多归思，自起开笼放白鹇。"

14、"心如莲花"白文椭圆印。《东坡志林》卷十一："耳如芭蕉，心如莲花，百节疏通，万窍玲珑。来时一，去时八万四千。此义出《楞严》，世未有知之者也。元符三年九月二十一日，书赠都峤邵道士。"

15、"蓬庐"白文方印。《淮南鸿烈解》卷八《本经训》："民之专室蓬庐，无所归宿。"三国魏曹植《愍志赋》："去君子之清宇，归小人之蓬庐。"❹晋陶潜《答庞参军》："朝为灌园，夕偃蓬庐。"❺明张居正《答守备太监王函斋书》："即是惠及蓬庐，不烦恩礼，致累清德也。"❻

16、"种树种松柏"白文方印。明胡俨《结交行》："种树种松柏，莫种桃李花。结交贵谨始，末路空叹嗟。"❼清李玉《清忠谱》第二折《书闹》："种树种

---

❶ 卷四二八《道学二》。

❷ 《雪山集》卷十六。

❸ 《西山文集》卷五十五。

❹ 《曹子建集》卷二。

❺ 《陶渊明集》卷一。

❻ 《张太岳先生文集》卷二十九。

❼ 《颐庵文选》卷上。

"四海一闲人"
朱文方印

"五柳先生本在山"
白文方印

"种树种松柏"
白文方印

"不知老之将至"
朱文方印

松柏，结交结君子。松柏耐岁寒，君子有始终。"

17、"宅边有五柳树"白文方印。陶渊明《五柳先生传》："先生，不知何许人也，亦不详其姓字；宅边有五柳树，因以为号焉。"❶

18、"七十老翁何所求"白文方印。王维《夷门歌》："七雄雄雌犹未分，攻城杀将何纷纷。秦兵益围邯郸急，魏王不救平原君。公子为嬴停驷马，执辔愈恭意愈下。亥为屠肆鼓刀人，嬴乃夷门抱关者。非但慷慨献良谋，意气兼将身命酬。向风刎颈送公子，七十老翁何所求。"

19、"不知老之将至"朱文方印。《论语·述而》："叶公问孔子于子路，子路不对。子曰：'女奚不曰：其为人也，发愤忘食，乐以忘忧，不知老之将至云尔。'"汉郑玄《论语注》："言此才，勉人于学也。"南宋朱熹《论语集注》："未得则发愤而忘食，已得则乐之而忘忧，以是二者俛焉日有孳孳而不知年数之不足。但自言其好学之笃耳。"近人康有为《论语注》："忘食，则不知贫贱；忘忧，则不知苦戚；忘老，则不知死生，非至人安能至此。"《礼记·表记》："子曰：'《诗》之好仁如此。乡道而行，中道而废，忘身之老也，不知年数之不足也。俛焉日有孳孳，毙而后已。'"

20、"应无所住而生其心"朱文方印。《金刚般若波罗蜜经》第六《净佛土分》："有般若智慧者，自然体用一如，于无所住中，不废其心，虽生其心，生即不生，外不住于六尘，内不住于六根，中不住于六识，以无住之广大，非证法身者不足以当之，故曰应无所住而生其心。"除此之外，尚有如"青山白云人"白文方印、"岩穴之士"白文方印、"屏山小隐"白文方印等，皆可见执如

❶《陶渊明集》卷五。

冲淡之怀。

四、言趣味者

执如与清代中期吴中藏书四家之一黄丕烈为中表昆弟，情谊夙敦，其所撰《秋清居士家传》中云："居士姓黄，名丕烈，字绍武，一字荛圃……余与君为中表兄弟，少时同塾读书，迄今垂六十年，知君素行者莫余若也。"❶两人晚年交游犹频，吟咏唱和之馀，更多赏奇析疑之举。黄氏藏书之富之精自不待言，而执如数十年宦迹所至，亦以访求典册为职志，藏弆甚丰。陶澍《恩赏翰林院编修前山东按察使琢堂石公墓志铭》曾言："即所居，建凌波阁，贮书四万馀卷。"❷道光二年（1822），执如六十七岁时，尝作《凌波阁藏书目录序》云：

> 余性淡泊无所好，惟好藏书，自弱冠以来，至今积至四万馀卷……乃于所居花间草堂之西，涤山潭之上，筑小楼三间以为藏书之所。楼向东背西，取其朝暮有日色入楼中，无朽蠹之患。书凡分十类，曰经、曰史、曰子、曰专集、曰总集、曰丛书、曰类书、曰地志、曰词曲、曰小说、曰释道二藏，贮为二十厨，排为六行，两两相对，标其类于厨之闑，索其书检之即是。而法书、名画、金石文字亦附于其中。❸

并追溯其藏书之始云："既于甲午岁赴省试，在金陵市中购得《史记》一部，归而读之，大喜。"又其《壬午除夕示儿孙》云："清俸聚书三万卷，子孙能守即称贤。"❹后自注云："近筑凌波阁，藏书三万馀卷。"与此相应，谱中所见"凌波阁"白文长方印、"吴中石氏珍藏"朱文长方印、"吴门石氏珍藏"朱文长方印、"凌波阁藏书印"朱文方印、"吴中石氏凌波阁藏书"朱文方印、"平江石氏图书"朱文方印诸方，皆可反映此事。

---

❶《独学庐四稿·文》卷五，乾隆嘉庆道光递修本。
❷《陶文毅公全集》卷四十五，道光二十年（1840）刻本。
❸《独学庐文存》卷三，道光十五年刻本。
❹《独学庐四稿·诗》卷三《池上集》三。

"吴中石氏凌波阁藏书"
朱文方印

"传世谬词客前身应画
师"白文方印

与此相近，可从中窥见执如趣味者，亦可见于如下印文：

1、"传世谬词客前身应画师"白文方印。王维《偶然作六首》之六："宿世谬词客，前身应画师。"

2、"心手相师"朱文方印。唐戴叔伦《怀素上人草书歌》云："驰毫骤墨剧奔驷，满坐失声看不及。心手相师势转奇，诡形怪状翻合宜。"

3、"千里共婵娟"朱文方印。宋苏轼《水调歌头》："人有悲欢离合，月有阴晴圆缺，此事古难全。但愿人长久，千里共婵娟。"

3、"金粟如来是后身"朱文方印。李白《答湖州迦叶司马问白是何人》："青莲居士谪仙人，酒肆藏名三十春。湖州司马何须问，金粟如来是后身。"所谓"金粟如来"，即维摩诘大士。《文选·王中〈头陀寺碑文〉》"金粟来仪"李善注引《发迹经》："净名大士是往古金粟如来。"唐白居易《内道场永欢上人就郡见访善说〈维摩经〉临别请诗因以此赠》："正传金粟如来偈，何用钱塘太守诗？"

4、"人书俱老"朱文方印。孙过庭《书谱序》："通会之际，人书俱老。"

5、"如扫落叶"朱文长方印。宋沈括《梦溪笔谈》卷二十五："宋宣献博学喜藏异书，皆手自校雠。尝谓校书如扫尘，一面扫一面生，故一书三四校，犹有脱谬。"

6、"无间临池之志"白文方印。孙过庭《书谱》："余志学之年，留心翰墨，味锺、张之馀烈，挹羲、献之前规，极虑专精，时逾二纪，有乖入木之术，无间临池之志。"

7、"托微波以通词"白文方印。魏曹植《洛神赋》："余情悦其淑美兮，心振荡而不怡。无良媒以接欢兮，托微波而通辞。愿诚素之先达兮，解玉佩以要之。"

8、"古人不见我"朱文长方印。《太平广记》"张融"条："吴郡张融字思光，长史畅之子，郎中纬之孙。融神明俊出，机辩如流，尝谒太祖于太极西堂。弥时之方登。上笑曰：'卿至何迟？'答曰：'自地升天，理不得速。'融为中书郎，尝叹曰：'不恨我不见古人，恨古人不见我。'融善草隶，太祖尝语曰：'卿书殊有骨力，但恨无二王法。'答曰：'非恨臣无二王法，亦恨二王无臣法。'"❶

9、"大小二篆生八分"朱文长方印。杜甫《李潮八分小篆歌》："苍颉鸟迹既茫昧，字体变化如浮云。陈仓石鼓又已讹，大小二篆生八分。秦有李斯汉蔡邕，中间作者寂不闻。峄山之碑野火焚，枣木传刻肥失真……"

10、"勤学翻知误"白文方印。岑参《题山寺僧房》："勤学翻知误，为官好欲慵。"

11、"老见异书眼犹明"白文方印。陆游《先少师宣和初有赠晁公以道诗云奴爱才如萧颖士婢知诗似郑康成晁公大爱赏今逸全篇偶读晁公文集泣而足之》："仕不逢时勇退耕，闭门自号景迂生。远闻佳士辄心许，老见异书犹眼明。奴爱才如萧颖士，婢知诗似郑康成。早孤遇事偏多感，欲续残章涕已倾。"

12、"东吴菇芦中人"朱文长方印。《太平御览》："诸葛亮见殷礼而叹曰：'不意东吴菇芦中，乃有奇伟如此人！'"❷

13、"芥舟"朱文椭圆印。《庄子·逍遥游》："覆杯水于坳堂之上，则芥为之舟，置杯焉则胶，水浅而舟大也。"陆德明《释文》："芥，小草也。"唐太宗《小池赋》："牵狭镜兮数寻，泛芥舟而已沈。"❸

14、"书中有素人"白文方印。"素人"者，即"素心人"之省称，陶渊明《移居》诗："昔欲居南村，非为卜其宅。闻多素心人，乐与数晨夕……邻曲时时来，抗言谈在昔。奇文共欣赏，疑义相与析。"除此而外，另如"希古"朱文椭圆印、"希古"朱文方印、"有天际真空想"白文方印、"古欢"朱文长方印、"西山樵"朱文长方印、"经史愚人"白文长方印等，亦可显示执如志趣之所在。

五、咏居所者

执如晚岁归乡家居，尝一再为文纪其住所，如其《城南老屋记》云：

---

❶ 卷一七三《俊辩一》，出《谈薮》。
❷ 卷一〇〇〇"百卉部"七引《通语》。
❸《全唐文》卷四。

所居之南有水一池，上有五柳树，皆合抱参天，遂名之曰五柳园。柳在池北者四，池南者一，绿阴如幄覆池上，池水常绿。西碛黄山人贻余大石，上有涤山潭三篆字，遂以石名吾潭。柳荫筑屋三楹，面水曰花间草堂。其西乃何氏赉砚斋，彼名之以荣君赀，余不可无其实而有其名，易其名曰花韵庵。其东南有屋三间，临水曰微波榭。榭之西有庐若舫，环植梅树，颜曰旧时月色。后有小阁象柁楼曰瑶华阁。阁外玉兰一树，高与阁齐，花时如雪积檐端，阁因树以为名。舫之北，叠石为洞，门曰归云洞。洞外石中有泉，曰在山泉。洞内构屋三间，曰卧云精舍。由此绕出花韵庵之左，东北有斗室曰梦蝶斋。园东因何氏语古斋旧基改筑楼五楹，落成于鞠有黄华之候，名之曰晚香楼。楼北曰鹤寿山堂，则余先世云留书屋故地矣。余既受朝恩通仕籍，不可袭希夷遁世之语，而往岁得焦山《瘗鹤铭》古本，宝而藏之，故摘铭首二字以名吾堂。又其北曰独学庐，藏书二万馀卷。其东北曰舒咏斋，童子读书之所。其北曰征麟堂，则先世之旧听事也。❶

又有《山居十五咏》❷，分述斋中各处（选九）：

《鹤寿山堂》："茅堂新筑小山幽，此日归潜愿始酬。宦拙早同黄鹄举，心闲久为白云留。帘中丝竹供行乐，壁上川原当卧游。清俸写成书万本，传家端不羡封侯。"

《独学庐》："门因谢客昼常关，孤陋无闻亦等闲。当世何人知畏垒，著书曾梦到嫏环。学成隐几师南郭，草就移文付北山。解读离骚能饮酒，此心常在圣贤间。"

《舒咏斋》："文章结习我生初，坐拥琳琅向此居。上客谈经争夺席，后生问字辄停车。何缘豪杰思投笔，始信神仙爱读书。珍重河间献王迹，常留光宠在蓬庐（斋额，成亲王所题）。"

《晚香楼》："男儿坠地万缘牵，草草劳人五十年。识破浮生同旅寄，营成乐国号梯仙。妄思寿世留诗草，稍喜传家有砚田。一壑一邱天许我，梅花看到

---

❶《独学庐三稿》卷一。
❷《独学庐三稿·晚香楼集四》。

菊花天。"

《五柳园》："小筑衡茅为养真，百年乔木状轮囷。申公因树先成屋，陶令归田且卜邻。黄犬卫人常警夜，仓庚求友自鸣春。却嫌车马门前客，偏向花源数问津。"

《花间草堂》："学筑卢鸿旧草堂，阶前桃李俨成行。春归杨柳风三面，秋到蒹葭水一方。社后乌衣犹葺垒，曲终红豆自盈箱。纸屏木榻香山样，不假庄严七宝装。"

《微波榭》："幽室如巢杨柳阴，每逢避暑一登临。出泥花有超尘相，在沼鱼无上竹心。锤子审音调白雪，浪仙得句铸黄金。蒹葭秋水分明是，欲问灵修路转深。"

《花韵庵》："萧斋十笏向阳开，丛桂连蜷手自栽。曾在玉堂呼供奉，又将金粟谶如来。清言对客挥松麈，绮语移人费麝煤。老学维摩常宴坐，不知天女散花回。"

《在山泉》："贪廉何苦妄争名，水在山中性自清。颜子一瓢知道味，苏公万斛喻文情。养花有术能熏麝，润物无功且濯缨。愿与尧民同饮此，耕田击壤过今生。"

与此相应，谱中如"晚香楼"白文方印、"舒咏斋"朱文方印、"五柳园"朱白文方印、"吴国男子"白文方印、"五柳园"白文长方印、"五柳"朱文长方印、"修白亭"朱文椭圆印、"五柳"朱文椭圆印、"宅边有五柳树"朱文方印、"鹤寿山堂"白文方印、"怡云山馆"白文方印、"花间草堂"朱文方印、"藏书高起竹间楼"朱文方印、"平江石氏"朱文长方印、"家在绿溪青嶂"朱文长方印、"五柳"朱白文方印、"吴人"圆朱、"有竹人家"白文方印、"有竹人家"朱文长方印等，皆为执如为其所居而篆者。

谱中又偶有尊礼前贤之作，如"赵氏子昂"朱文方印、"文长"白文方印等，然此类印文极罕。又有"三冬文史足用"朱文长方印，语出《东方朔传》："上书曰：'臣朔少失父母，长养兄嫂。年十三学书，三冬，文史足用……'"[1]亦为倾慕前贤而作。又有志交游者，如"海墨因缘"朱文方印。执如《题萧曼叔海

"藏书高起竹间楼"
朱文方印

"海墨因缘"朱文方印

---

[1]《汉书》卷六十五。

墨楼图》尝咏云："百尺岑楼接太空，幽人于此听松风。携将一滴金壶墨，撒遍华严法界中。"❶另外，如"真迹"朱文长方印、"神品"朱文长方印、"寿同金石"白文椭圆印等，则为其鉴赏之印。

综括而言，执如于篆印虽非当行里手，然可融经铸史，以一己之生平、志趣、寄托灌注于方寸之间，正足见其学人本色。而此谱之珍，亦非仅因其罕觏，更以其可窥见旧时学人之精神所在耳。

---

❶《独学庐四稿·诗》卷四《池上集》四。

上海博物馆藏黄丕烈题跋本

上海博物馆所藏古籍，虽然不成系统，但披沙拣金，往往见宝。即以近年来备受世人关注的清代著名藏书家吴中黄丕烈题跋本而论，即有四种。不过，这四种中，三种是其手跋，另外一种，则只是过录本而已。但这个过录本也极有意思，以其并非简单过录，而是一个包括黄跋在内的全本影抄本。

一、宋本《梅花喜神谱》二卷
宋宋伯仁绘并辑，南宋景定二年（1261）刻本

清黄丕烈跋并题诗，清钱大昕、孙星衍、洪亮吉、包世臣、戴光曾、齐学裘、潘曾莹跋，民国吴郁生、冒广生跋，清吴让之、张敦仁、吴锡麒、钮树玉、戴延介、李尧栋、周銮诒题款，民国朱孝臧、冯开、邓邦述、吴梅、夏敬观题词，民国王季烈题诗。

著录:《百宋一廛书录》、《百宋一廛赋》、《求古居宋本书目》、《荛圃藏书题识》五、《荛圃题识续》二、《艺芸精舍宋元本书目》、《滂喜斋宋元本书目》、《著砚楼读书记》、《中国古籍善本书目》子部4783。

递藏：刘氏、文徵明、卫泳、五柳居、某王府、黄丕烈、汪士钟、于昌遂、潘祖荫、吴湖帆、上海博物馆。

现在提起宋本《梅花喜神谱》，从事古代艺术研究和喜好收藏古籍的没有不知道的，它是国内留存至今最早的木刻版画图籍，无论是历史文物性、学术资料性还是艺术代表性任何一个方面，这部书都是当之无愧首屈一指的。所谓"梅花喜神谱"，其实意思就是梅花的画像，这一点钱大昕说得很清楚，他在本

黄丕烈画像（国家博物馆藏《清代学者象传》）

南宋景定二年（1261）刻本《梅花喜神谱》

书的题跋中写道："谱梅花而标题系以喜神者，宋时俗语谓写像为喜神也。"

黄丕烈曾跋《梅花喜神谱》云：

> 读画斋所刻《群贤小集》，皆南宋时人，内有《雪岩吟草》一卷，为莒川宋伯仁器之叟著……卷后叶绍翁跋，作于嘉熙二年。而《吟草》中，有"嘉熙戊戌家马塍稿"、"嘉熙戊戌复游海陵稿"、"嘉熙戊戌己亥马塍稿"（按：《吟草》有此三稿）。稿中《岁旦》一首，注云"己亥嘉熙三年"，则嘉熙二年为戊戌。此谱之作，当在侨居西马塍后，以闲工夫作闲事业，意盖有所感尔。

推测了《梅花喜神谱》的创作年代当在嘉熙二年（1238），即此书最早的版本为宋嘉熙二年所刻，但这个本子早已失传。我们现在所说的宋本，其实就是嘉熙本的景定二年（1261）金华双桂堂重刻本。双桂堂大概是个民间书坊，目前我们仅知它刻行过此书。这个双桂堂重刻本叠经名家收藏，从明代开始，有文徵明，进入清代之后，则以曾为钱曾《读书敏求记》著录而名声更显（述古堂旧藏本今不传）。在此之后，据黄丕烈跋云，此书曾经五柳居售于王府，但到了嘉庆间，此书又从王府散出，归黄氏士礼居了。荛圃及身而书散，此书曾入藏汪士钟艺芸精舍，但不久又流落书肆。道光三十年（1850），书贾金顺甫以数十种百宋一廛旧藏售予文登于昌进，昌进又转赠其弟昌遂，故此书又归于青棠红豆庐珍藏。但此书在于氏手中时，也曾稍起波澜，据他的跋文云，他在得到此书之后不久，就被画师蒋仲藜攫去，屡索不得。到咸丰元年（1851），又重新从金顺甫手中购回。虽然于氏对此书珍若拱璧，"非交深十年不得阅此书"，但不数年又经转手到吴县滂喜斋了。

潘祖荫本人没有留下对此书的记载，不过此书大概是潘氏在同治年间购入的。祖荫没有后裔，逝后长物全归胞弟祖年。民国辛酉（1921），祖年女静淑女史树春欣逢三十虚龄，祖年遂将《梅花喜神谱》作为贺礼赠送，静淑婿吴湖帆记此事因缘云："自南宋理宗景定二年至今历十二辛酉，凡六百六十年，后荛翁所得二周甲。"夫妻二人喜不自胜，遂将所居改名为"梅景书屋"，以示珍重（所谓"景"，则是指吴湖帆所藏宋米芾《多景楼帖》，现亦藏上海博物馆）。从王府而士礼居而艺芸精舍而青棠红豆庐而滂喜斋，《梅花喜神谱》所入者都是令人艳羡的大家巨族，但都宝藏未久，就又辗转易手。吴氏梅景书屋则藏弆时间最长，直至1979年才转入公藏，现在安居于上海博物馆保管部的文物库房之中。

关于《梅花喜神谱》编刊者宋伯仁的生平，向来多采用黄丕烈所作小传，其实在黄氏之后，归安陆心源的《湖州府志人物传》中，也收有宋氏小传，虽与荛翁所作大同小异，但其中都标注了材料来源，具可覆按。陆传又引《渔溪乙稿》载钱塘俞桂赠伯仁诗有"诗与梅花一样清，江湖久矣熟知名"之句，可见伯仁诗名也为一时所盛赞。

这一宋本的宝贵与珍奇，向来为藏家和世人交口赞誉，如黄丕烈《荛圃藏书题识》卷五有云：

雨窗岑寂，书前跋毕，因用《雪岩吟草》中《瓶梅》、《问梅》二诗韵作二绝句，以补跋语所未备云："王府遗编费护持，（此书为王府中散出，其签题尚是王爷笔。）重搜故纸付装池。（装工有宋纸条，今取之以副四围。）书林佳话传闻得，尚说长安担米时。（此书原由五柳居归于王府，赠以京米十挑，鱼肉一车云。）""神物无端去又来，百窗楼畔卷重开。（书为文氏旧藏，百窗楼在高师巷，与余居相近。）更奇雕版年辛酉，喜得相逢笑满腮。（此为景定辛酉重雕本，与余收藏之岁适合。）"

现藏上海博物馆的这一存世孤本，向来为人瞩目，已经有很多前贤做过详细研究，自不需词费了。唯一可说的就是，此书在梅景书屋期间，为主人吴湖

黄丕烈跋文

帆拆散另裱为册页，仍为两册，外则用吴氏一贯之华丽樟木盒盛放，上镌阴文篆字，糅以绿色，放眼望去，即惊心摄目，确属不同凡响。现在我们能看到的很多影印本，其实都是以上海博物馆所藏的这一宋本为底本的。

又据黄丕烈对此书的另一题跋："是谱之副本有二，皆余姻袁寿阶从此影钞者，一赠浙江阮云台中丞，一藏五砚楼。寿阶作古，余向其孤取付云间古倪园沈氏翻行……癸酉岁初三日……"而叶德辉《书林清话》卷八记载："松江沈绮云所刻宋本《梅花喜神谱》颇为博雅君子所赏鉴。沈氏家本素封，有池亭园林之盛，改七芗尝居停其处，《谱》中梅花，皆其一手所临，印本今尚有之……"这一本子，其实就是《梅花喜神谱》最早的翻刻本了。黄裳认为，沈氏这一刊本，"为沈绮云倩黄荛圃用袁寿阶手摹宋本重刊，刻手精妙，然终未能与原书毫发悉合，版心题字亦各不同，影摹收藏图记亦有朱白文之异。然系此书重刊之第一本，初印用开花榜纸，墨色晶莹，由士礼居黄氏为之经营，遂成精本"。这一嘉庆十七年（1812）的刊本，卷末的题词有云："五砚楼主人手模《梅花喜神谱》，松江古倪园为镌新本。"其原刊本，现在流传较稀，不过，1928年中华书局的影印本就是以沈本为底本的。沈本原藏家高野侯有跋叙述得书经过云：

> 宋器之《梅花喜神谱》宋刻孤本，为述古秘笈，黄荛圃得之，珍如拱璧，题咏至再。又以袁寿阶影摹本付古倪园沈氏翻雕，由是著闻于世。咸丰中归斥山于氏，既为吴县潘氏所有，什袭而藏，遂不复觌。古倪园影摹本雕印绝精，红羊劫后，流传亦极鲜，值兼金未易得也。比来藏家旧籍转鬻于肆，中有是谱，沈刻初印也，亟论直购之。不数月，晤恳斋中丞文孙湖帆公子，谓是谱宋椠本已为梅景书屋长物，装潢甫竟，跋尾有素纸，坚嘱写梅花一枝，以记雅韵。因移录诸家跋识于此册别叶，闲中省览，如睹庐山真面目矣。

此跋文显然是沈本藏者高野侯题写于自藏本上的，故而不见于宋本之上。至于跋中所云吴湖帆请其于宋本别叶上绘梅花一本以记雅韵之梅，则在今宋本的下册之首。

二、宋残本《淮海居士长短句》三卷
宋秦观撰，宋乾道刻本（卷中下配明朱承爵抄本）

吴湖帆、黄丕烈、邓邦述、潘静淑、朱孝臧题签，冒广生题诗，吴湖帆补图，邓邦述、吴湖帆题跋，陈定山、吴湖帆题词，孙云鸿、朱孝臧、吴梅、蒋因培、潘承厚、潘承弼、冒广生、叶恭绰、蒋汝藻、汪东、龙榆生、顾廷龙、吕贞白、向迪琮题款。

著录：《荛圃藏书题识》十、《滂喜斋藏书记》三、《中国古籍善本书目》集20901。

递藏：明吴宽、文彭、周天球、李日华，清朱之赤、江藩、吴氏、黄丕烈、张蓉镜、沈曾植、潘祖荫、吴湖帆、上海博物馆。

此书虽然号称宋本，但事实上，宋刊部分数量很少，仅存目录二叶，《淮海闲居文集序》等四叶，《淮海居士长短句》上卷七叶与中卷第二、四两叶，卷中其馀部分与卷下，则是补配了清初朱之赤据明嘉靖张綖刻本的钞本。据卷中所载黄丕烈手跋：

> 嘉庆庚午人日，书友以社坛吴氏所藏诸本求售，中惟《淮海居士长短句》最佳。因目录及上卷与中卷之二叶、四叶犹宋刻也。余所见《淮海集》宋刻全本，行款不同，无《长短句》，盖非一刻。而所藏有残宋本，行款正同，内有错入《淮海闲居文集序》第三叶，与此目录后所列序中三叶文理正同，知《全集》或有《长短句》本也。惜此已钞补，然出朱卧庵家旧藏，必有所本矣。买成之日，复翁记。

> 此册不止《长短句》之可宝也，前目录后有《淮海闲居文集序》四叶，尤为可宝。此《全集》之序，偶未散失，附此以存，俾考文集颠末。后来翻刻传抄之本，俱无有矣，勿忽视之。道光元年四月重检并记，荛翁。

黄丕烈百宋一廛中，藏有秦观作品多种，因而他的多条跋文都曾涉及这部残宋本，如甲戌二月三十日跋"淮海长短句三卷校本"云：《淮海居士集》前集四十卷、后集六卷，宋刻本藏锡山秦氏，余从孙平叔借校，此甲子年事也。

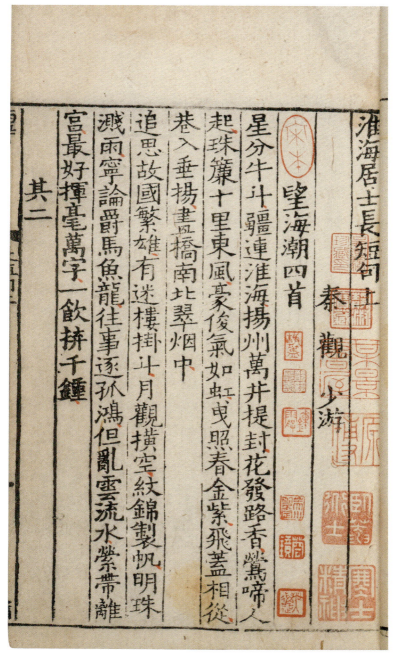

淮海居士長短句 卷上

秦觀 少游

望海潮四首

星分牛斗疆連淮海揚州萬井提封花發路香鶯燕啼人

起珠簾十里東風豪俊氣如虹曳照春金紫飛蓋相從

巷入垂楊畫橋南北翠烟中

追思故國繁雄有迷樓掛斗月觀橫空紋錦製帆明珠

濺雨寧論爵馬魚龍往事逐孤鴻但亂雲流水縈帶離

宮最好揮毫萬字一飲拼千鍾

其二

宋残本《淮海居士长短句》卷端

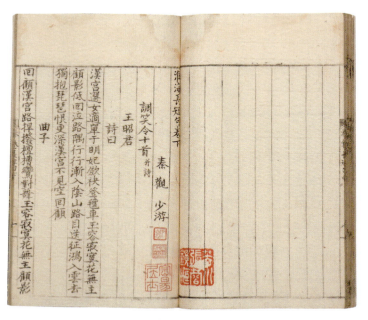

《淮海居士长短句》补配的朱之赤钞叶

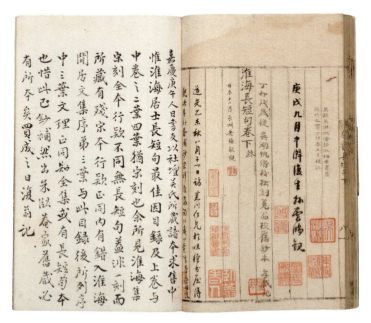

《淮海居士长短句》黄丕烈跋文及吴湖帆、朱孝臧、吴梅等人题记或观款

顷偶忆《全集》中不知有词与否，因检校本核之，彼弟有诗文，不收词也。可见残宋《淮海居士长短句》盖专刻也。"这条跋文还说："嘉庆庚午人日，书客以江郑堂旧藏诸本一单见遗，惟残宋刻《淮海居士长短句》最佳……"又说："庚午人日，书客携残宋刻来，目录及上卷全，中卷止有第二、第四叶。"可见，对于这部残本《长短句》的认识，荛圃曾经屡经变化，初以为不在全集之中，因无锡秦氏本中无词。后来则又根据《淮海闲居文集序》判断，应该是存在包括《长短句》在内的全集的。又此书两跋中所言的旧藏者不同，想来应该是先经江藩藏过，后归社坛吴氏，转而入于百宋一廛的。这部书后来经由滂喜斋转入吴湖帆梅景书屋之中，在1930年，曾为叶恭绰借刊，与故宫博物院藏本汇合影印成《淮海居士长短句》三卷，又称《宋本两种合印淮海居士长短句》。书前有吴湖帆题识及叶氏自序，后附叶恭绰的《宋版淮海词校印随记》、《淮海词版本系统表》、《淮海词经见各本概要表》、《淮海词经见各本字句异同表》、《现存淮海词宋本两种比较表》、《宋本淮海长短句有关系各序跋汇录》六种，对于淮海词的版本多有梳理，是当时公认的善本。再到后来，饶宗颐在日本内阁文库看到了其所藏的乾道癸巳高邮军学刊《淮海居士长短句》三卷本，对勘叶本，认为"叶本由于合印之原本皆有残缺，以旧校钞补，乃非完璧"，又称："叶本所据原为南宋刊《淮海集》附刻，刊于何时何地，因有缺页，未谙其详。叶丈定为乾道间杭郡本，盖从集中宋讳缺笔推定，非别有确据也。"他认为叶刊本所据两个本子，其实也是南宋乾道癸巳高邮军学刊本，而非杭郡刊本。

日本内阁文库藏有全本宋刻《淮海居士集》四十卷《长短句》三卷《后集》六卷，可以证明黄丕烈后来修正自己的看法颇有道理。故宫本今天转藏在台北故宫博物院中，也是包括《长短句》在内的四十九卷本，这个本子实际上就是黄丕烈提到的曾经借来校勘所藏的秦氏本。但无论是黄丕烈还是之前康熙年间曾作跋于书上的严绳孙，都说此本是四十六卷本，不包括《长短句》三卷，可见这三卷是在百宋一廛借校之后补入的。但无论如何，现存的这三部《长短句》，都是高邮军本。

三、《樊川文集》二十卷存二卷（一至二）《外集》一卷《别集》一卷

唐杜牧撰，明嘉靖刻本，黄丕烈跋

存总目、卷一、卷二、《外集》、《别集》，散三册，书高二十六厘米，宽十六点二厘米。白口，单黑鱼尾，左右双边，叶十行，大字行十八字，双行小字行二十五字左右。版框高十八点八厘米，宽十三点二厘米。卷首钤"古处堂图籍印"朱文长印、"窗前华影重"白文方印，总目叶钤"法祖"白文方印、"近庭"

明嘉靖刻本《樊川文集》卷端

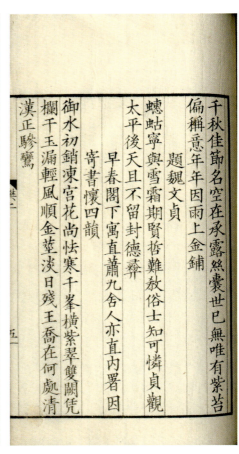

《樊川文集》钞补叶

朱文方印,卷一首钤"乐志斋"朱文长印。有朱笔校改。卷二第五叶为钞补。

卷首有唐裴延翰《樊川文集序》,《别集》首有宋熙宁六年（1073）田概序。这部黄跋书过去未为人知,所以此跋文从未收入现今行世的几种黄跋辑录中,也就是说,这是一篇新发现的黄跋。

《樊川文集》最早为杜牧的外甥裴延翰所定,"离为二十编,合为四百五十首"。这个本子就是后来杜牧文集的基本构成部分,也是最可靠的部分。后来至晁公武《郡斋读书志》中,著录有《樊川集》二十卷《外集》一卷,此《外集》不知从何而来,南宋刘克庄《后村诗话》中以为:"樊川有续别集三卷,十八九皆许浑诗。"明代的徐兴公在其《红雨楼题跋》中也认为:"别集一卷,姚宽《西溪丛话》以为许浑之诗……"可见,正集之外,以樊川名义流传至今的文字,其实都很可疑。

《樊川文集》未见宋元本行世,目前所见最早者,均为明翻宋本。不过,王士禛《居易录》中曾说:"予藏《樊川集》二十卷,后见徐健庵所藏宋版本,雕刻最精而多数卷。"但事实上,《传是楼宋元本书目》中并未著录此集,因此,徐乾学当时到底藏的是什么本子,还需要进一步探讨。清初钱曾《读书敏求记》中,曾著录一部影钞宋本,是"从宋本摹写者",但这个摹宋本与"新刻校之无大异",从而认为这个用来校对的仿宋刻本是"翻宋雕之佳也"。这里所谓的仿宋刻本,就是常熟瞿氏《铁琴铜剑楼书目》中认为的嘉靖刻本,是钱曾述古堂的旧藏,有钱曾后人钱兴祖的收藏印记。这样说来,述古堂曾经收藏过一部影宋钞本应该是没有问题的,但这个本子的底本到底如何,却仍然不得而知。但既然与明翻本无大异同,则其或者就是同出一源吧?另外在光绪二十二年（1896）,宜都杨氏景苏园曾经以杨守敬影摹的日本枫山文库藏宋刊本为底本影刊此书行世,杨守敬云此枫山文库本为北宋刊本,但事实上此本也是明翻宋本,现存宫内厅书陵部。

樊川集流传至今最早的版本,就是现在这个明翻宋本。无论是瞿氏还是后来的缪荃孙,都认为此本是嘉靖本,今从版式、纸张、字体来看,这个说法虽不中亦不远。上博所藏此本仅存目录、卷一、卷二和《外集》、《别集》部分,共三册。黄丕烈手跋写于卷尾另纸之上,云:

《樊川文集》黄丕烈跋文

　　《樊川文集》二十卷，翻宋雕者最佳，此见诸《读书敏求记》，而《外》、《别集》不之及，岂以其附见故略邪？余向从朱秋崖家见一本，钱君景开以为是即翻宋雕本，惜其时不甚置集，且索直颇昂，未及归之。后闻其归于东城陈肯堂处，肯堂子肇嘉与余为同门友，屡欲假阅而未往，心殊怏怏。今秋得是集于五柳书居，内诗阙二叶，缘肇嘉兄假其父书钞补以成完璧。陈本纸幅阔大而楮墨殊淡，余本较为古雅。爱喜而题数语于后。时乾隆甲寅寒露后一日，读未见书斋主人黄丕烈识。

跋文中所说的朱秋垞即吴县的朱邦衡，有滋兰堂藏书，百宋一廛中多有他的旧藏。钱景凯即钱时霁，一字景凯，号听默，浙江湖州人，居于江苏苏州，以贩书为业，往来于江南淮扬各藏书家之间。钱氏与黄丕烈为书友，往来密切，黄丕烈在《续世说》跋文中，曾记载："适邀余友钱景开、陶蕴辉至家，二人皆能识古书者。"陶蕴辉也就是这篇《樊川文集》跋文中所言的五柳居的主人。洪亮吉在《北江诗话》中也曾提及这两位书商，称"又次则于旧家中落者，贱售其所藏，富室嗜书者，要求其善价，眼别真赝，心知古今，闽本、蜀本一不得欺，宋椠、元椠见而即识，是谓掠贩家，如吴门之钱景开、陶五柳、湖州之施汉英诸书估是也"。虽然品评不佳，但对于他们的鉴别能力，无疑是极为肯定的。黄丕烈的藏书中，有多种都是经由这两位而入藏的，如宋本《史记》、《吴志》、《颜氏家训》，旧钞本《括异志》、《王右丞集》，元刻本《许丁卯集》，旧刻本《陶情集》和《韩山人诗集》等。这部《樊川文集》，据跋文知原阙两叶，后借钞于同邑陈氏，终得补完。今查书内卷二第五叶系手钞补入，与跋文所言正合。又黄丕烈跋文现存甚多，但多撰于中年之后，本跋作于乾隆五十九年（1794），黄氏年方三十二岁。这篇跋文不仅可以补传世黄跋之不足，也可从中得见黄丕烈早期手迹，无疑是早期黄氏手迹鉴定的重要标准件。

四、《蔡中郎文集》十卷
汉蔡邕撰，摹写黄氏士礼居影写华氏活字本，过录黄丕烈跋

　　《蔡中郎集》以北宋天圣间欧静辑本为最古，华氏的兰雪堂铜活字本，无论是弘治本还是正德本，都是以欧辑本为源头的。但具体所出，则尚不详，顾千里以为是"似据一行书写本作底子"，也有一定的道理。另外还有一种直接出自欧本的明本，是万历时的徐子器本，但这个本子在刊行之时，曾于原本稍有更动。顾千里评判这个活字本和徐本的优劣道："此本远胜万历二年徐子器所刻，但不可通者尚多……"

　　明代铜活字印刷技术大兴，最有名的铜活字出版人就是无锡的华燧与安国以及华燧的侄子华坚（字允刚）。华坚事迹不详，所印书多有"锡山兰雪堂华坚允刚活字铜版印行"的牌子或刊语，又有"锡山"两字圆印及"兰雪堂华坚

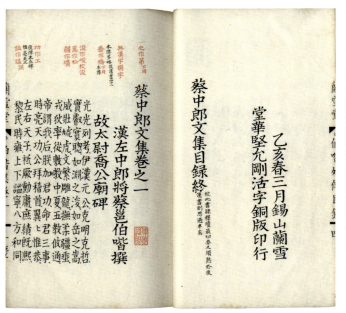

上海博物馆藏影钞本《蔡中郎文集》卷端　　　　　　　荀斋旧藏《蔡中郎文集》书影

活字铜板印"篆文小印，且多注明"活字铜板"字样。兰雪堂曾先后印有唐人
类书《艺文类聚》及东汉蔡邕的《蔡中郎文集》、唐白居易的《白氏文集》、元
稹的《元氏长庆集》等。各书因为一栏内排印两行，所以被称为"兰雪堂双
行本"。在《祁阳陈澄中旧藏善本古籍图录》中，著录了一部以兰雪堂铜活字
本《蔡中郎文集》为底本的士礼居影钞本，一函两册。卷中钤印有"黄印丕
烈"、"荛圃"、"读未见书斋收藏"、"荛圃手校"、"士礼居"、"荛翁"、"门仆抄
书"、"陈仲鱼读书记"、"仲鱼过眼"。为黄丕烈命门人影钞明锡山兰雪堂华坚
允刚铜活字本，首录有《蔡中郎文集》序，黄丕烈以墨笔过录顾广圻跋语及批
校，又朱笔以朴学斋旧钞本校，黄丕烈题写书签和封面。扉页有黄丕烈题"影
写华氏活字本，黑笔临顾千里校"及其校记，前录有思适居士顾千里题跋。黄
丕烈以朱笔校"朴学斋旧钞本"。黄丕烈嘉庆丙寅（1806）、丁卯（1807）、戊
辰（1808）等五跋，备述钞、批、校等事。影钞本上还钤有嘉庆时期海宁陈鳣
的印信（"陈仲鱼读书记"、"仲鱼过眼"），且间有其黄笔校字，想来此书也曾

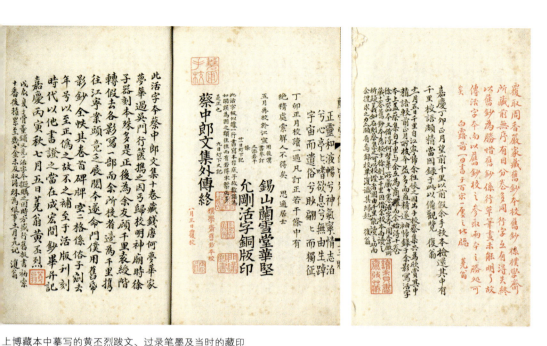

上博藏本中摹写的黄丕烈跋文、过录笔墨及当时的藏印

为其向山阁借阅，故而钤印，以志鸿泥。

　　黄丕烈原藏的这部影钞本，后来辗转归于荀斋所有，传至其子国瑾，并于2008年经中国嘉德拍卖公司以五百三十七万元拍出。而上海博物馆所藏者，则系这部影钞本之影钞本。此影钞本摹描惟肖，点画悉同，且将黄丕烈题跋、过录笔墨以及当时的藏印一一摹写，与原本有虎贲中郎之似。虽然并非黄藏原本，但确实当得起下真迹一等的赞誉。此书的递藏源流究竟如何，却毫无线索，以其并无他家印记可寻。

　　事实上，当年在黄丕烈命门徒影钞这一铜活字本之前，这一本子已经有了两部影钞本，黄丕烈在嘉庆丙寅秋七月五日的跋文中记到："此活字本《蔡中郎文集》十卷，藏钱唐何梦华家。梦华过吴门，行箧携之，因丐归校明神庙时徐子器刻本，殊多是正。后为余友顾千里、袁绶阶转假去，各影写一部。"遗憾的是，这两部影写本至今未见踪迹，否则，想来会有更多的学友雅谊可藉以发掘。

刘喜海《海东金石苑》刊行始末*

　　刘喜海（1793－1852），字燕庭，或作燕亭，又字吉甫，山东青州府诸城县逄哥庄（今划归高密）人。其挚友歙县鲍康《刘氏长安获古编序》中曾经记述燕庭生平大概情况曰："先生为文正、文清公孙，文恭公子。韦平之阀，室无长物，惟手辑金石文字逾五千通之多。服官中外廿馀载，所至不名一钱，而篋中钱币尊彝载之兼两，繁富莫可殚究，盖博古君子也。"❶就是说，燕庭以清华贵胄之裔，却偏以风雅好古为尚。燕庭祖、父都为朝廷显要，而燕庭自身也以举人而渐擢为浙江布政使，且曾署理巡抚一职，虽说是不坠门风，但较之祖、父而言，已经式微了。不过，燕庭也有以自振的是，作为一位后世意义上的文献学家，他在收藏、出版诸方面都取得极其显著的成绩。如据前揭鲍康序可知，燕庭专好搜罗碑版金石文字❷，又为当之无愧的中国钱币学的奠基人。除此之外，燕庭的藏书、抄书也是称绝一时，可惜殁后未久也就星散了。常熟翁心存

　　＊小文写作过程中，蒙山东大学杜泽逊教授、友人万年春兄分别惠赐《山东藏书家史略》、二铭草堂本《海东金石苑》予以参考，特此致谢。

　　❶此为道光二十一年（1841）所撰序，见于同治十三年（1874）刻《观古阁续丛稿》。鲍康又有同名序，为壬申年所撰，见于同治十二年刻《观古阁丛稿》卷上。另鲍康同治十二年所刻《观古阁泉说》中，也有对于燕庭的概述，可窥燕庭生平大要之一斑："燕有《论泉绝句》二百首，乃中年所刻。此外尚有《金石苑》、《古泉苑》、《长安获古编》、《海东金石苑》诸书，皆未及刊行，仅刻《三巴冢古志》一种，钩勒殊精，闻张石匏、陈粟园诸君监刻者也。《获古编》甫刻有圆篆，余拟为编次成之。燕庭半生宦橐，悉购古器。布政浙江时，方思尽付枣梨，因论事辄与中丞不合，遽以好古密劾去，遂诸愿莫偿，身后并书亦散佚。《泉苑》一百一卷，余仅手录其目，念之为腹痛。然嗜古罢官，尚不失雅人深致耳。"燕庭生平详情，可参胡昌健《刘喜海年谱》，见于《文献》2000年第2期。

　　❷燕庭曾跋其手校本《寰宇访碑录》云："喜海自嘉庆辛未年十八时始搜金石，每有所得，必于是录记以朱圈，迄庚辰十年于兹矣。"（见于《王子霖古籍版本学文集》第二册《古籍善本经眼录》"寰宇访碑录五卷"条，王雨著，王书燕编纂，上海古籍出版社，2006年，第44页）可知其嗜习金石之始。

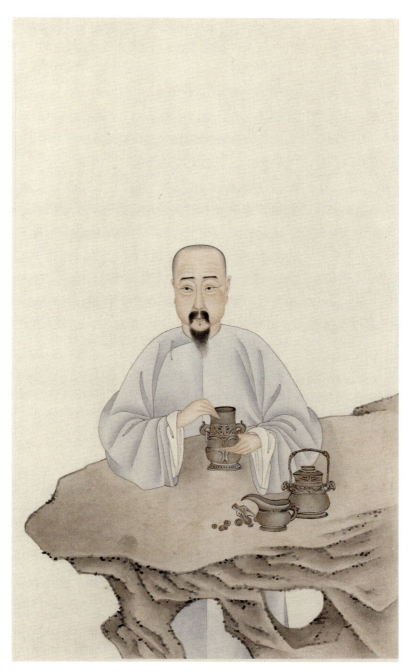

刘喜海画像（国家博物馆藏《清代学者象传》）

曾经在《椒花吟舫书目跋》中提到："燕庭方伯一生精力萃于金石碑版，殁后已捆载归诸城。今其子将出室以行，酌留所藏秘籍，其馀书籍概皆斥卖，以便轻赍，而触目琳琅……"[1]可知早已散落尘间[2]。现在可见的刘氏抄本，虽几经播迁，也有一百馀种之多，多存于国家图书馆内。诸城刘氏抄本多为蓝格稿纸，版心下刻有"东武刘氏味经书屋"，左栏外则刻有"燕庭抄校"或"嘉荫簃写书"字样。嘉荫簃内其他藏书，则在光绪初年散出后多归归安姚觐元咫进斋宝藏，其后则又转入江南图书馆中。另有金石碑版文字三千六百馀种，江阴缪荃孙曾于光绪二十二年（1896）间得诸吴门市廛[3]，现则难于究诘了[4]。燕庭生平著述等身，但以生前未自收拾，逝后多有散佚，现存则有《三巴古古志》《金石苑》《嘉荫簃论泉绝句》《长安获古编》《古泉苑》《海东金石苑》《泉苑菁华》《四川访碑录》《燕庭遗稿》《嘉荫簃集》《燕庭金石丛稿》等。

燕庭以金张甲第而醉心风雅，又安居京师有年，其所往来者大多为研经探史之辈，扬榷品评，也是一时盛会。而其与朝鲜远人的往还，也就开始于此际[5]。但燕庭与海东友人之交游细状，现在因为文献难征，已经无法较为全面地

---

❶ 国家图书馆藏《椒花吟舫书目》不分卷，清抄本。未见，转引自郑伟章《文献家通考》"刘喜海"条，中华书局，1999年，第769页。

❷ 山东大学图书馆现藏有《刘燕庭书目》一帙，为燕庭乡后辈张鉴祥就售残之馀帙草编而成，计收1127种，可以略见味经书屋流韵。

❸ 缪荃孙《艺风老人日记·丙申日记》（第二册，北京大学出版社，1986年，第909—910页）："（光绪二十二年十一月廿三日甲寅）屺怀出视明拓《张迁碑》……皆绝佳，另刘燕庭藏碑三千种，以二千元让荃，当可留之。"《艺风堂金石文字目》（清光绪三十二年刻本）自序："（光绪二十二年）是冬，薄游吴门，遇南汇沈均初（树镛）家拓本三千种，皆刘燕庭方伯故物，以重值收之。"以艺风前后所言合观，则刘氏此批碑拓，当是自川沙沈树镛家流出后，经吴县费念慈之介转入艺风堂。又《王同愈集·栩缘随笔》（顾廷龙编，上海古籍出版社，1998年，第466页）："钝斋前辈藏有高丽碑七十种，皆刘燕庭物。内有大镜禅师、真镜禅师、石南山寺、洞真大师、朗慧和尚、三重大师各碑。字体整洁峭拔，酷似欧阳通，而其妙处且有过之者。"同书所收《栩缘日记》卷一光绪二十二年十二月初十亦记及此，云："阴。携缘督访钝斋，出示董香光临李晞古小卷，极佳。高丽碑七十种，皆刘燕庭物……"（第211页）则艺风所得并非燕庭旧藏碑碣全份可知。又吴钝斋所藏，其来源则为同里之潘文勤祖荫，叶昌炽曾记其流传云："（刘燕庭）其全拓归潘文勤师滂喜斋，今归同里吴蔚若前辈。"（《语石·语石异同评》卷二，叶昌炽撰，柯昌泗评，中华书局，1994年版2005年第2次印刷本，第140页）

❹ 筱珊没后，所藏金石拓本一万馀都让售燕京大学，刘氏旧物若也在其中，则现在当多安藏于北京大学。

❺ 据下文所引燕庭《海东金石苑》自序，至少在嘉庆二十一年（1816）二十四岁时，燕庭与朝鲜使臣就有交往。

描绘出来了❶，不过我们还是可以通过现存的一些零星的记载，大约知晓燕庭对于海东之兴趣，确非一时心血来潮，如道光十一年（1831），刘氏味经书屋钞成《书目汇编》二卷（包括《朝鲜书目》一卷、《日本所刊书目》一卷）；约道光二十九年间，刘氏又钞成朝鲜韩百谦撰《朝鲜志》二卷、《箕田考》一卷等，都可作为佐证。燕庭所编撰的《海东金石苑》一书，则更是直接反映了双方交谊的深厚与密切。

关于《海东金石苑》的编纂缘起及其体例，可以窥诸燕庭的自序文字之中：

> ……鉴别宜精，翦除贵当。摭彼陈迹，扩我异闻。孙穆之《类事》难详，徐兢之《图经》可续。窗前灯右，古色古香。研北花南，奇文奇事。实不啻枕中之秘，洵足称海外之珍。录其全文，缀以数语，楷手精誊乎不律，苔笺远购乎美浓（所藏东碑，俱属钞胥以精楷写于云石所赠日本国美浓纸）。乃参妙谛于文字禅（海东金石多释子碑碣，故云），亦命嘉名为"金石苑"（余辑寰宇金石，汇著一编，名《金石苑》。今是书亦名为"金石苑"，而首以"海东"二字别之）。

而燕庭与海东诸友的朋好之欢和编纂此书的资料来源，也可见诸此序之中：

> ……爰有云石赵君（赵云石名寅永，字义【羲】卿，朝鲜人。嘉庆丙子入都，知余有金石癖，于书林中晤之，出行箧所携东碑数十种，悉以见饷。嗣后每遇鸿便，必有金石之寄），竹林继美（云石小阮名秉龟，字景宝，亦有金石之好。道光庚寅春日，充使来都，即以金石为贽，修旧好矣）；山泉金子（金山泉，名命喜，道光癸未来都，与余同好，多金石之赠），棠棣齐名（山泉长兄秋史名正喜者，曾于庚午来都谒见翁覃溪、阮云台诸先生，其经术文名为朝鲜一时之冠，曾手拓古碑寄余）。学富缥缃，谊敦缟纻，雅慕中华之教，欲观上国之光。鸭水春寒，凤城晓霁。邮程揽

---

❶燕庭与海东诸人之交往，东人藤塚邻撰、藤塚明直编《清朝文化東傳の研究——嘉慶・道光學壇と李朝の金阮堂》（日本国书刊行会，1975年）一书第十四章《劉燕庭と阮堂》中（第348–391页），已得见其大略，可参阅。

胜，历尽万二千峰（赵秀三谓余曰，一路来多山，历过一万二千馀峰）；石墨凝香，携来百三十卷。相逢倾盖，文字结于奇缘；持赠探囊，金石投夫雅契。

也就是说，燕庭《海东金石苑》之作，资料全来自朝鲜友人赵寅永、赵秉龟叔侄及金正喜、金命喜昆弟，内容多以禅寺碑版为主。燕庭则于缀录文字之馀，每通之后都加以跋文，或考订文字，或述其来源，并以时代先后编排，付诸写生，精楷写定于同为东人所赠之美浓纸上。其精慎凝重的态度可窥一斑。可惜的是，燕庭此书未及绣梓，就归道山，身后文字零落，此书遂亦散佚。

襄助燕庭搜罗朝鲜碑版之海东诸人的大概情况，已见于前揭燕庭序文自注及藤塚邻大文，兹不赘述。但有一事则是必须要着力强调的，那就是此书之得以成形，是两国学者共同努力的结果，这一点不仅表现在资料的搜集上，如民国时期嘉业堂本《海东金石苑》卷一"新罗真兴王巡狩碑"跋文云："嘉庆戊寅春日，云石手拓见饷，并云向无著录者，昨岁携金秋史始搜得之……"刘喜海自序中也说到："小兄故号犹存（高句骊故城刻字，金秋史搜得之，据其文中有'小兄'二字，定为长寿王时）。"卷四"宋高丽龙头寺铁幢记"条跋文云："曩曾与朝鲜赵云石言之，云石博雅士也，赠余墨本甚夥，于金则有唐奉德寺钟、宋演福寺钟，并此铁幢而三焉。非云石，何能使余搜罗如是之广也！书此以志欣赏。"卷八"元高丽林州大普光禅寺重创碑"条："太朴稿中尚有所撰《敕赐高丽海州神光寺碑文》一首，今未见，当属云石、秋史共访之，此本盖即云石所赠，系旧拓本……"在内容的考订上，也多有反映，即书中多引朝鲜学者的研究成果。仍以嘉业堂本为例，卷一"高句骊故城石刻"条，后附金正喜跋文；卷五"宋高丽陀罗尼石幢"条："篆文奇缪，几至不可识，赵云石云是宋时所刻……"都能看到这种合作的痕迹，从中可见中朝学者交游往还之密迩及类似交往对于学术发展之推动。

《海东金石苑》燕庭自序之后录有道光十一年（1831）十月朝鲜李尚迪题辞。尚迪（1804-1865），字惠吉，号藕船，牛峰人。出身世代译官，官至知中枢府事，为朝鲜纯祖至高宗时期，即中国清代道光至同治期间的一位重要诗人，但因朝鲜国内世阀之故，沉沦下僚，难竟其志，所谓"如李惠吉者，文才实可进用，乃拘于门阀，屈于象译，是可恨也"❶。有《恩诵堂集》二十四卷等行于世。

往还燕京十二次之多❷，与清代学者文士联系綦密。其题辞云："鳅生藉流芳，幸作燕南客。客窗识韵语，黄花澹将夕。"可见，此诗作于藕船北行朝天之际。

藕船《恩诵堂集（文编）》卷一《隶源津逮序》中曾经说道："昔予游燕，所交皆东南宏博之士，而多以三代秦汉金石文字相见赠，居然有古人缟纻风矣。若扬州阮氏《积古斋钟鼎彝器款识》、东武刘氏《寰宇金石苑》诸书，洵是地负海涵，独出冠时，轶过赵明诚、薛尚功一流人……"❸则知藕船于金石一事，也是情有所钟❹。

《海东金石苑》的成书时间，似乎没有确切的记录。福州陈宗彝道光十二年（1832）七月处暑京师所作《海东金石存考序》中言："民部尚有《海东金石苑》八卷，则据拓本录文而详考之者，皆可备石渠之采择焉……"❺但细绎其意，则陈氏似乎并未目验此书，故而此时是否成书，也不可遽尔下断。又据燕庭晚年友人鲍康《题新罗真兴王巡狩碑拓本》小引曰："道光庚子（道光二十年，1840）夏，于刘丈燕庭嘉荫嘉荫簃中获读所著《海东金石苑》八卷，载古刻凡

---

❶ 清吴稼轩《朝鲜使者金永爵笔谈记》，转引自《韩客诗存》，韩国崔永禧、中国李豫辑校，书目文献出版社，1996年，第263页。

❷《〈砚樵山房日记〉手稿中的朝鲜人资料》同治三年（1864）三月三十日条："藕老此来凡十二度矣，亦罕事也。"见于《韩客诗存》，第328页。

❸《恩诵堂集文》卷一，《韩国文集丛刊》本，第312册，（韩国）民族文化推进会，2003年，第214页。

❹ 燕庭与藕船的具体交往情形，可参温兆海《朝鲜诗人李尚迪与晚清学人刘喜海》，《延边大学学报》（社会科学版）第41卷第2期，2008年。又藕船于燕庭此书亦有补正，其《恩诵堂续集》卷二《新罗真兴王巡狩碑拓文书后》（第244-245页）云："……此仅就本文'岁次戊子秋八月巡狩管境'之语而起见耳，不亦僨乎？按金富轼《三国史》，真兴王讳彡麦宗，立三十七年薨，谥真兴。又按碑文有曰'真兴太王'而石多缺泐，首尾不全，虽无建碑年月之可据，究非真兴巡狩时所建者则确然无疑。夫岂有生册谥而自尊为太王也哉？是必真智、真平二王之世，追述其先王巡方之迹，勒石于旧址，而推其时则似在乎陈末隋初矣……往在道光辛卯秋，亡友刘燕庭方伯见示手辑《海东金石苑》八卷，首载此碑，亦称陈光大二年建。岂燕庭尝得之于我人，而袭其谬悠之见，遂不之检钦？时余临别匆匆，未由订正，殊可憾也。近览拓文，未能无慨然于中。"以为真兴王碑并非公认的陈光大二年所刻。但这段议论，因为原文不曾系年，所以难以确定其具体年代，但或许是藕船临终之前未久时候的观点。而在距离其去世只有三年时所作的《小棠索题新罗真兴王巡狩碑拓本》中（《恩诵堂续集》卷八，第296页），藕船曾咏此碑云："麦宗巡狩日，光大二年秋。"可见此时藕船亦认同此碑为光大二年所立。诗中又云："济丽无此作，欧赵未曾收。谁复编金石，临风忆旧游。"自注："道光辛卯，刘燕庭方伯辑《海东金石苑》首载此碑，属余书序文。近闻燕庭身后，其书亦湮没焉，可胜怆惜！"则燕京庚申遭劫，已为东人所周悉矣。

❺ 光绪十四年（1888）夏德化李氏刊《木犀轩丛书》本卷前。

八十馀通……"❶则至晚在此时,《海东金石录》一书已经基本定稿。但不幸的是,燕庭生前无力刊行己著,而身后寥落,至咸丰庚申之变,原稿竟为祝融所收。不过,这一中朝学者合力编撰的大作却并未为世人遗忘,如金石学家潍县陈介祺在致鲍康信中就曾提及此书,并督促为之刊行:"燕翁录碑文,乞访之。《海东金石苑》,甚精,亦切访刻之。"❷而在致吴云的信中,陈氏评论道:"古碑以录文为要,刘燕翁《海东金石苑》极精,惜未刻。今不知所在。昔见其录文,大纸稿片,多于《萃编》,亦无存矣。"❸均可反映一时舆论对于此书价值的认识。

关于《海东金石苑》之横遭回禄,鲍康于行文中曾经一再记之,此亦可见其痛心疾首之状,如《为董云舫跋高丽钟拓》记云:"刘燕庭著《海东金石苑》八卷,以美浓纸备载全碑殊精,惜咸丰庚申毁于火。潘伯寅录有诸碑跋,甲戌春,余为刻之。原本余亦曾假观,手录其目……"❹又鲍氏《刘氏海东金石苑序》亦云:"当年余曾假观《海东金石苑》,手录其目,原帙旋毁于火……赖(潘)伯寅钞有各碑跋语,出以授余,读之如见全貌,爰亟付手民,并假胡石查(义赞)农部所藏先生《论泉绝句》原刻,一并授梓,公之同好。"再据同治癸酉(同治十二年)十二月鲍康序《嘉荫簃论泉绝句》:"同治壬申余自夔府解组旋京师,陈寿卿以《长安获古编》寄余,潘伯寅以《海东金石苑》赠余,方次第为先生梓行。"❺则鲍康可谓不负死友,燕庭之著作多赖此人之搜集、刊行,才得流传至今,确是功德无量之举❻。此为《海东金石苑》之首次面世,即同治十二年癸酉(1873)鲍康刻《海东金石苑》一卷,但录题跋而无原文,

---

❶《观古阁丛稿三编》卷下。
❷《簠斋尺牍》第八册,民国八年(1919)涵芬楼影印本。
❸《簠斋尺牍》第十一册。
❹《观古阁丛稿三编》卷上,光绪二年(1876)刻本。
❺同治十二年(1873)观古阁重刻本。
❻鲍康曾就此事去函与潘伯寅云:"《海东金石苑题跋》一册,对之如见故人。是书全帙当日曾经假观,念从来未睹专书,实足为石墨生色。亦手录其目及原序、题词,时出展示。今虽全碑文已付一炬,犹喜诸跋并存,有心人留此一段翰墨缘,良足幸矣。康拟即付手民,公之同好,兼乞作弁言以志原委。闻石查处尚有燕翁《论泉绝句》原刻,当并索来刻之。怆思燕翁一生嗜古,遗稿零落几尽,存十一于千百,庶藉告知好于九泉乎?"(见于《滂喜斋丛书》第四函,光绪间吴县潘氏京师刻本)函中所言之伯寅所撰弁言,今附书后。而《论泉绝句》,亦见《观古阁丛刻》之中。

收入鲍氏《观古阁丛刻》之中。

《海东金石苑》的刊刻问题，嘉业堂主人吴兴刘承幹氏民国十一年（1922）时所作刊书序言中所说最为明白畅达：

其搜海外金石辑为专书者，则自刘燕庭方伯《海东金石苑》始。顾其书当时未及刊行，咸丰庚申都门之变，稿本复毁于兵燹。幸吴中潘文勤公传录其跋尾一卷及全书前四卷，于是鲍子年太守于同治癸未先刊其跋尾。光绪辛巳，吾衢张松坪太守复刻前四卷，其既佚之后四卷，意人间

鲍康观古阁本《海东金石苑》胡氏题签

不复有副本矣。乃前数年，忽于书估手得刘氏初稿本卷二至卷八，而佚卷一，前有长白杨幼云太守致鲍子年书及鲍答书，后有幼云太守跋尾，谓本有首卷，以庚申之乱失之。予为之狂喜，欲据以补刻后四卷，以补张本之阙。嗣得京师友人书，言于厂肆曾见此书卷一，其首叶有"继振"朱印，知必是杨氏庚申年所佚者，亟移书购之。于是延津之剑，离而复合，付梓之念乃益坚。上虞罗叔言参事闻之，邮书借观，且曰张刻舛讹触目，往岁曾手校《平百济》及《刘仁愿纪功》二碑，补正数百字，不知此稿视张刻

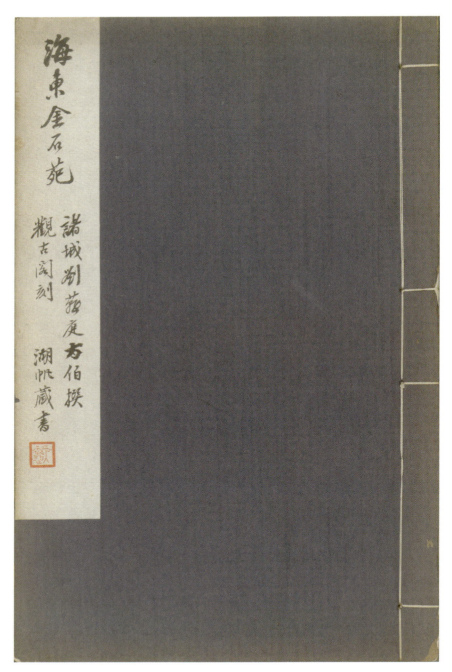

海東金石苑

諸城劉燕庭方伯撰

觀古閣刻

湖帆藏書

鮑康觀古閣本《海东金石苑》吴湖帆题签

鲍康观古阁本《海东金石苑》牌记及序文

何如？若与张本同出一源者，非以原碑校写，不可遽以付梓。 ❶

这是说在观古阁刻本之后，《海东金石苑》曾经两次付梓。文中所说的潘文勤，即吴县潘祖荫，鲍康所刊观古阁本，来源就是潘氏。又云"吾衢张松坪太守复刻前四卷"，则指的是光绪七年（1881）衢州张德容二铭草堂梓成《海东金石苑》前四卷并卷首一卷。

----

❶《嘉业堂金石丛书》本。

鲍康观古阁本《海东金石苑》牌记及序文

何如？若与张本同出一源者，非以原碑校写，不可遽以付梓。 ❶

这是说在观古阁刻本之后，《海东金石苑》曾经两次付梓。文中所说的潘文勤，即吴县潘祖荫，鲍康所刊观古阁本，来源就是潘氏。又云"吾衢张松坪太守复刻前四卷"，则指的是光绪七年（1881）衢州张德容二铭草堂梓成《海东金石苑》前四卷并卷首一卷。

----

❶《嘉业堂金石丛书》本。

刘喜海《海东金石苑》刊行始末　199

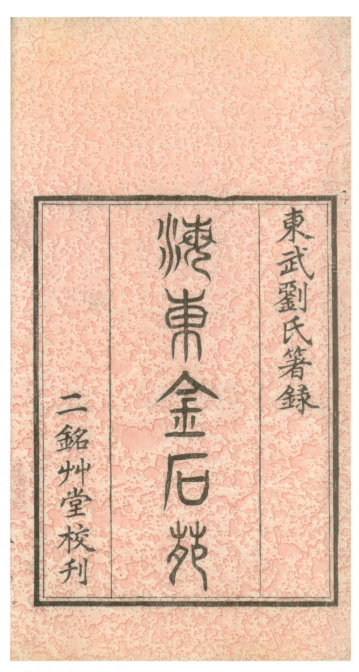

二铭草堂本《海东金石苑》书名叶

张德容的这次刊书过程，可以参他本人于光绪七年十月所作的跋文：

（《海东金石苑》）原本八卷，成书后以碑本尽予其（刘燕庭）婿沈念农少司成。咸丰间，（燕庭）先生已归道山，哲嗣鹭卿以稿本示容，并属为校勘。时容暴值枢垣，携至海甸直庐，潘伯寅世丈值南书房，亦笃好金石之学，因假至澄怀园并读。庚申岁，海中扬尘，遭劫失去，幸由伯寅抄得其半，仅存唐宋前四卷，而辽金元明诸碑已各云烟过眼，不可复睹矣。仍以付容，携至南中……乃勉以其半付之手民，亦聊存什一于千百而已。然念农司成当督学安徽之后，其先生所授原碑悉寄京师仁钱会馆，又为人窃鬻于琉璃厂，并皆流散，无可依据。第就容箧中所有，粗为校核，实什不得一也。

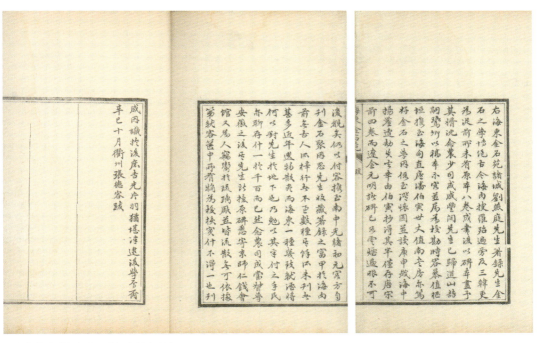

二铭草堂本《海东金石苑》张德容跋文

根据张松坪的这段文字，我们可以得知《海东金石苑》定本的流传过程是：刘燕庭卒后传与其子鹭卿；咸丰间，鹭卿交张松坪校勘，而潘伯寅因得抄录前四卷及跋尾；同治末年，鲍子年以潘钞跋尾付刊；光绪七年（1881），张松坪以潘钞前四卷付梓。也就是说，《海东金石苑》的前两次付刻，其底本来源其实是相同的。

此书之嘉业堂本，据前引刘承幹自序"……忽于书估手得刘氏初稿本卷二至卷八，而佚卷一，前有长白杨幼云太守致鲍子年书及鲍答书，后有幼云太守跋尾……"，则与前述之观古阁本、二铭草堂本源出非一可知。再根据嘉业堂本卷末所附杨继振跋文：

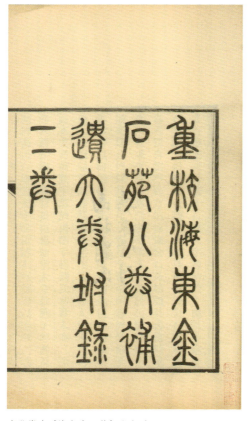

嘉业堂本《海东金石苑》书名叶

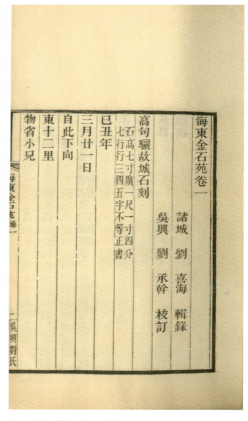

嘉业堂本《海东金石苑》卷端

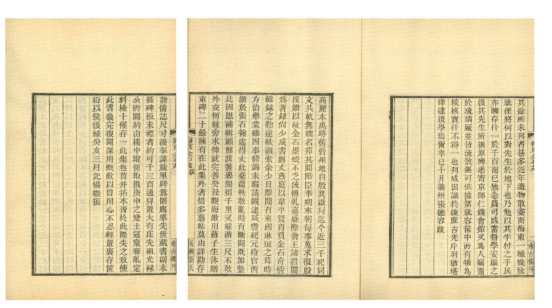

嘉业堂本《海东金石苑》杨继振跋文

　　逮咸丰纪元，侍官西浙，于张石匏处得丈此稿，篇帙散乱，时有断阙。既加整比，因思补辑……癸丑，观海潋川，蒋子生沐赠东碑二十馀种，有在此集外者，惜多羸帖，莫由详勘存泐，备志尺寸。后奉讳旋里，辟嚣园寓，举先世藏书副本暨碑板未褾者约可千三百通，异置大有庄先祖光禄公所辟约山楼中，取便取携。庚申之变，土寇窜夺，乱定存检，十仅存一。此集卷首并拓本胥于此际失之，致使此书几完复阙，深用慨叹。以曾用心，不忍轻置，裹存筐衍，以俟后缘。癸亥三月记，杨继振。

则此稿系继振得自张氏冰玉堂中者。所云张石匏者，为海盐张燕昌之子，名开福，字质民，又号太华归云叟，与燕庭亦多交往❶。又观其云"篇帙散乱，时有断阙"，则此稿虽为燕庭手稿，但缺略散乱，并非定稿可以断言。

───────────────

　❶ 如燕庭旧藏宋拓长垣本《西岳华山庙碑》之上，即有质民观款："道光十七年小除夕，观于燕庭观察厦门官斋。仁和华嵒，海盐陈峻、张开福并记。"见于民国间上海有正书局影印本。

刘喜海《海东金石苑》刊行始末　**203**

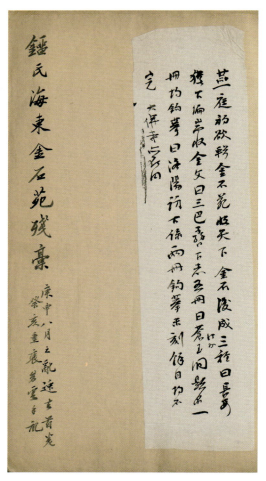

嘉业堂旧藏《海东金石苑残稿》第二册内封及浮签

此嘉业堂旧藏本现存复旦大学图书馆,六册一函,其中线装一册、毛装五册(封面均题"嘉荫簃海东金石苑残稿"及卷号)。有杨又云、嘉业堂藏印多枚。其第二册内封有杨氏手记云:"庚申八月之乱逸去首卷,癸亥重装。"与嘉业堂本所附继振跋文正相符合。此稿多分钞于"东武刘氏味经书屋校钞书籍"蓝格稿纸、"嘉荫簃写书"蓝格稿纸、"味经书屋鉴藏书籍"墨格稿纸(左栏下方刻"东武刘燕庭氏校钞")、"东武刘氏味经书屋藏书"无格稿纸(左栏下方刻"燕庭校钞"字样),间有"吴兴刘氏嘉业堂钞本"黑格稿纸补叶,又"圣迟斋写书"蓝格稿纸补录碑文一通并杨氏手跋一通,书中又多有朱墨笔及浮签校补之处,当即刘氏嘉业堂本之底本。但此稿本目录中标注为"此目有文无拓本"、"此碑太漫漶,文待商"、"此目无文无拓本"者,皆为刻本所删(部分条目虽未标"有目无文"等字,但也因类似情况被删,如卷一"唐新罗白莲社大字额"、卷二"唐新罗华严经残字"、卷三"晋高丽三川寺大智国师残碑并碑阴"及"晋高丽知谷寺真观禅师碑"、卷四"宋高丽大慈恩元化寺碑并碑阴记"、卷五"宋高丽浮石寺圆融国师碑"等);刻本中亦有稿本所缺之目,如卷七"高丽弘觉禅师残碑"等,当为嘉业堂刊书之际所补。

此稿之藏者继振,字彦起,又字幼云、又云,号莲公,别署又翁、燕南学

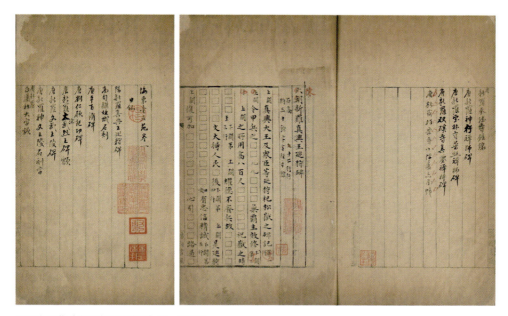

嘉业堂旧藏《海东金石苑残稿》第一册内叶

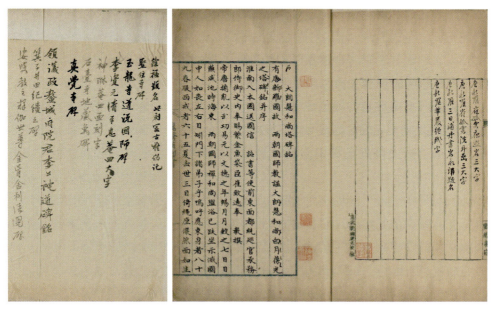

嘉业堂旧藏《海东金石苑残稿》第二册内叶

人、二泉山人、齐轩道人、半斋道人、苏斋学人、星凤堂主人等，汉军镶黄旗人。癖嗜金石文字，又好藏书❶，尤闻名者为乾隆时钞百二十回本《红楼梦稿》。而据鲍康《观古阁丛稿》卷上《为继幼云跋币拓册子》："壬申（康）解组旋都下，闻幼云收藏益富，刘氏嘉荫簃诸异品多归之，谈者皆艳羡……空首布最晚出，当时惟嘉荫簃藏百馀，《泉汇》曾载之，今悉归幼云……"❷则幼云于燕庭之旧藏汲汲搜罗，情态可见。

事实上，早在观古阁以潘伯寅钞本跋尾付刊之际，幼云所藏之《海东金石苑》已为鲍康所知，遗憾的是刻版已成，未能及时将此本补入。此事经过可见于嘉业堂本卷末所附杨、鲍往来书函。同治十三年（1874）六月《杨幼云太守致鲍子年书》云："……及今当亟成全之，以此残稿七卷寄子年。其十三碑属伯寅代补之。设再蹉跎，后来未必更有此等巧遘也，况已刻有叙目乎！此事当怂恿吾子年一力仔肩，校勘之役，当与廉生分任之……"而鲍康答书则云："示我《海东金石苑》，但美浓纸原本庚申年既毁于园中，伯寅处亦无从补钞。此书不可复完，即纳还，存作故人手迹可也。况题跋已刻，足见一斑矣。"细绎这两通函件，可以知晓：

一、杨继振曾将所藏七卷寄予鲍康，希望能在潘祖荫的协助下补足，并由鲍氏付刊。

二、鲍康并不认为杨继振所藏为燕庭定稿的美浓纸本，而云其已毁。但此本也是燕庭手迹，故当为初稿❸。

三、云定本"毁于园中"，结合前揭之张德容跋中所谓"因假至澄怀园并读"，则此园当系指澄怀园而言。

嘉业堂主人序言中又引罗振玉函云："旧藏叶氏平安馆写本《高丽金石录》，尝欲据以补张刻佚卷，以与张本讹误相伯仲，遂废然中辍。"缪荃孙《艺风藏

---

❶ 王同愈《栩缘文存》卷一 "纫园烟墨著录"条云："丙申冬于海王村肆见此刻，原藏汉军杨又云家（名继振，宜春宇侍郎之弟）。又云好蓄书，不论何书，但雕印精致者，首尾皆朱印累累，爱惜备至。"《王同愈集》，第50页，又见于同书《栩缘日记》卷一丁酉元月十四日日记，第218页。

❷ 同治十二年（1873）刻《观古阁丛稿》本。

❸ 今上海图书馆所藏云有《海东金石苑》定稿一种，著录为 "稿本八册"，版心下题 "东武刘氏味经书屋校钞" 及 "燕庭定本" 字样，13.4*18.1cm，黑格，十一行二十一字。潘承弼先生曾有《海东金石苑原本考辨》一文刊于《制言》杂志，言此为原稿本。今以原书未获目验，不敢遽言其究竟。

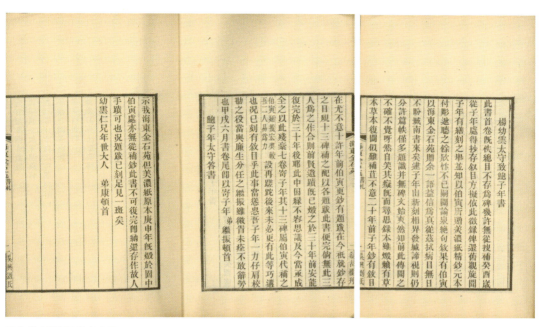

嘉业堂本附杨鲍往来书函

书记》卷五有"高丽碑全文四册"，记云："亦（叶）志诜手稿。自唐至明，得五十八种。与《海东金石苑》互有详略。"❶叶志诜为燕庭伯祖刘墉门人，且与燕庭交好❷，又多与当时来朝的东人交游❸，爱好相似，多互通有无之举，故而缪氏所说此书与《金石苑》互有详略，则即如刘翰怡所言"与张本讹误相伯仲"，二者也足可互补。雪堂函中又云："今幸方伯所藏墨本为吴中吴蔚若枢密所得，盍移笺商借，从事校写，俾成善本乎？"则知燕庭当日所储高丽墨拓竟安然度劫，转为苏州吴郁生所得。序中又言："予亟如参事（罗振玉）言商之枢密，枢

---

❶ 黄明、杨同甫标点，上海古籍出版社，2007年，第106页。

❷ 叶志诜有手钞《刘燕庭所得金石目》一卷，"皆燕庭所藏书及石之名，非拓本也"（《艺风藏书续记》卷五，同上书，第361页）。

❸ 可参《清朝文化東傳の研究——嘉慶·道光學壇と李朝の金阮堂》第十二章《葉東卿父子と阮堂》，第281—313页。

密慨诺。爰以墨本与稿本互勘，讹舛触目，果如参事所云……总计校订者得六十三碑，入附录者七碑。又从叔言参事所藏叶氏录中得八碑，为方伯著录所未及，以无墨本可校勘，亦列之附录中。于是此书乃完善可授梓。"据此可知嘉业堂本较前本的改观之处。

大致而言，《海东金石苑》这三个版本的不同之处为：观古阁本不分卷，一册；二铭草堂本四卷四册；嘉业堂本八卷四册。观古阁本共八十条，仅录燕庭跋文；二铭草堂本卷一为十三条，卷二为十二条，卷三为十一条，卷四为五条，共计四十一条；嘉业堂本卷一为十二条，卷二为十条，卷三为十条，卷四为四条，卷五为七条，卷六为五条，卷七为七条，卷八为十条，共计六十五条。以前四卷而论，篇目亦有不同：

版本 篇名	观古阁本	二铭草堂本	嘉业堂本
高句丽故城石刻又一种	无	无	卷一
唐新罗柏原寺幢	存"唐新罗柏栗寺小浮屠六面幢"目	存"唐新罗柏栗寺小浮屠六面幢"目	卷一
唐新罗白莲社大字额	有	卷一	无
唐新罗□藏寺碑	有	卷一	无
唐新罗华严经残字	有	卷二	无
晋高丽三川寺大智国师残碑并碑阴	有	卷三	无
晋高丽知谷寺真观禅师碑	仅存目	卷三存目	无
宋高丽大慈恩元化寺碑并碑阴记	有	卷四	无

后四卷中，观古阁本篇目与嘉业堂本也有所不同：

版本 篇名	观古阁本	嘉业堂本
宋高丽浮石寺圆融国师碑	有	无
宋高丽清平息庵四大字	有	无
宋高丽普德窟佛经残石	仅存目	无
辽高丽居顿寺圆空国师胜妙塔碑	有	无
金高丽依止大师残碑	有	无
元高丽文殊寺藏经碑	有	无
元高丽伊彦埋香碑	仅存目	无
元高丽圆觉国师碑	仅存目	无
元高丽王妃鲁国大长公主正陵碑	有	无
元高丽麟角寺普贤国师碑	有	无

除了这些篇目上的差异之外，正如序言中所云，嘉业堂本还做过一些订讹补缺的工作，如于原文之下多加以评骘考辨之词：

卷一"高句丽故城石刻"条后云："此刻原列'真兴王巡狩碑'之次。考此刻当长寿王时，《东国事略》长寿王立于晋义熙九年，卒于永明九年，在真兴王之前，故改列卷首。又前一刻'三月'原作'五月'，今审石本当是'三'字；'自此下'原《录》作'自此以下'，今审石本实无'以'字，均为更正。弟二刻乃金正喜重书，燕庭先生谓是柷本，亦误。"

卷一"唐新罗柏原寺幢"条云："此幢漫漶太甚，故原书有目而无文，今据拓本补书之。可辨者仅八十馀，无文义可寻，但以文中有'□兴王'字，知为新罗石刻而已。"

卷五"宋高丽陀罗尼石幢"条云："此碑原有释文曰'广平寺佛顶尊胜陀罗尼庆万宝幢'。案，'寺'字误，当是'等'字，乃'广平等'也。原题称'广平寺石幢'，今为改正。"

又曾对燕庭原书的不妥做过一些处理，如卷五"宋高丽祭真乐公文"条："此碑原列'文殊院记'之前，然此文确当在宣和间，而刻之'院记'之阴，其为建炎时所刻可知，故移列'院记'之后。"另外，如序言所言校订者计六十三碑，于每条之后，都标明改正讹字、误字及补字的数目。最后，嘉业堂本十分注重广罗众本进行校勘。如卷八"元高丽林州大普光禅寺重创碑"条卷末跋云："此碑刘氏所藏拓本已佚，兹据上虞罗氏雪堂整纸本录之。"嘉业堂本中，借上虞罗氏藏碑校勘者有《唐平百济碑》、《唐新罗真鉴禅师碑铭》、《元高丽林州大普光禅寺重创碑》三通。除此之外，又有如"据石本校录" ❶、"据精拓正" ❷、"借友人藏本校勘" ❸、"校以整纸本" ❹、"碑阳弟三石原阙，今补" ❺、"据墨本录上" ❻、"据拓本改正" ❼等情况，可见当年为刊行此书，也曾穷搜苦索、用力甚深的情状。

嘉业堂本不仅广泛搜求存世各种资料对原书进行补足、校订，而且还会吸收之前版本的长处来弥补不足，如卷八"明高丽彰圣寺真觉国师碑"条："此碑原本但列其目，今据拓本补录全文，并据观古阁本录跋尾。"当然，之前的版本也有优于嘉业堂本的地方，如观古阁本卷末："案'唐新罗柏栗寺小浮屠六面幢'、'晋高丽知谷寺真观禅师碑'亦均无跋。"又于卷末附录"日本国多胡郡碑"跋文一则，并"日本国多贺城壶石碑"、"日本国佛足石碑"、"大日本国杠鸟灵迹建寺之口"目三则，说明云："以上诸碑跋失载。"对于所收资料，完全备载，并不因只存目而删减。这对于日后按目补足的意义，自是不言自明的。而这点，在嘉业堂本中转而未曾留意。尤其值得说明的是，就算抛开存亡继绝之文献保存之功，观古阁本和二铭草堂本也自有不可为嘉业堂本代替的价值，此观上述二表自可明了，并非如罗雪堂所言之毫无价值。

又有可论者为，嘉业堂本在《海东金石苑》正文之后，又附刊有《补遗》六卷《附录》两卷。关于这两部分，刘翰怡自己其实说得很清楚：

---

❶ 卷一 "高句丽故城石刻" 条。
❷ 卷一 "唐刘仁愿纪功碑" 条。
❸ 卷一 "唐新罗神行禅师碑" 条。
❹ 卷二 "唐新罗朗惠和尚塔碑" 条。
❺ 卷二 "晋高丽兴发寺真空大师忠湛塔铭" 条。
❻ 卷五 "宋高丽重修文殊院记" 条。
❼ 卷五 "宋高丽元景大和尚碑铭" 条。

予既校订燕庭方伯《海东金石苑》，卷第一仍其旧，但移易其二三年代倒置者，而以其无墨本可校者入之《附录》。其晚出之碑方伯不及见者，若《好太王山陵刻石》之类，不敢加入，以乱方伯原书。颇欲俟原书校毕，搜求晚出者，别为《补遗》……及（罗叔言）参事邮致所藏，乃复以半岁之力，一一移录，并考证史籍，为之跋尾，成书六卷，与方伯原书合并刊之。于是海东古刻先后所集合以《附录》，总得百五十通，虽不敢云海外琳琅毕萃于是，然亦略备矣……

则知这两部分是翰怡在罗雪堂之协助下完成的[1]，与刘燕庭并无关系。或以为嘉业堂本既号全本，则后两部分亦自系燕庭原文[2]，实在却是误会。

不过，虽然这两种对于《海东金石苑》的补充著作并非燕庭所作，但燕庭自己名下确实有一种与此书相关的著作，即《海东金石存考》及其《待访目》。光绪十四年（1888），德化李氏以《海东金石存考》一卷《待访目》一卷刻入《木犀轩丛书》。之后，民国十年（1921），《海东金石苑存考》一卷被山阴吴隐

---

[1] 按：嘉业堂本实为罗叔言所代为纂辑者，其详可尽见于罗氏致王国维书函。其始则云："近为翰怡撰《金石萃编》，分金、石、陶三类，而殿以海外金石。"（《罗振玉王国维往来书信》第六五三通，1920年3月11日，王庆祥、萧文立校注，罗继祖审订，东方出版社，2000年，第494页）继则云："翰怡返沪否？有书祈转交。弟欲为校补《海东金石苑》，问渠板式，恐渠因循，祈问明示知，即可着手写刊，今年尚可成也。原书校写太草率，而传古之功，自不可没，故欲为传之。"（第六五九通，1920年6月2日，第497—498页）又云："岁除元旦，为翰怡校《海东金石》，讹夺舛错，出人意外。现请一子爵、一二品荫生为写官，从事缮写。原书八卷外，拟为撰续编二卷、附录一卷，今年夏间当可告成也。"（第六八一通，1921年2月14日，第511页）又云："近校《海东金石》，已得少半，今年雇写官三人，而无一熟手，故事再倍而功不及三之一，如何如何。"（第六八三通，1921年3月10日，第512页）又云："前诒重赠之高丽史三种，遇便求寄下，能由邮局寄下最感。此书时时需检，近著《海东金石》，尤须此书。"（第七〇三通，1921年12月19日，第522页）又云："日来为翰怡编校《海东金石苑》，即在舍雇工写定，大约夏间或可观成。兹有致翰怡书，并《海东金石苑》刻本一册，祈饬送为荷。"（第七〇六通，1922年2月11日，第523页）又云："《海东金石苑》原书与《补遗》得十六卷，大约夏秋间定刻成也。"（第七〇八通，1922年3月12日，第524页）又云："《海东金石苑》正续已刊五卷，《补遗》已写成五卷馀，尚缺大半卷即告成。正编则书成四卷，附录亦附写，秋后定可观成，祈转达翰翁为荷。"（第七一八通，1922年5月3日，第531页）又云："此刻急欲将翰怡《海东金石苑》校刊，但存二卷，拟于月内毕事也。"（第七三〇通，1922年7月6日，第539页）又云："《海东金石苑》四卷已刊成，未校草样，祈交翰怡。现计成八卷又二半卷也。"（第七三四通，1922年7月，第542页）则此书之重编、补遗、校勘、写定、刊行，都是由罗雪堂一手操办，而翰怡尸其名者，徒以出资故耳。

[2] 如《山东藏书家史略》（王绍曾、沙嘉孙著，山东大学出版社，1992年）、《文献家通考》都以为后两部分也是燕庭所编撰（郑氏当系径直移录前书之误而然）。

收入《遯庵金石丛书》。民国二十三年（1934），《海东金石存考》一卷《待访目》一卷被收入南海黄任恒辑《信古阁小丛书》内。皆以此种为燕庭自作，此说遂流传至今未休❶。但事实上，这个说法是有问题的。据东瀛藤塚鄰言❷，嘉庆二十二年（1817）间，东人赵云石曾以自著《海东金石存考》拓本目录手写稿本寄赠燕庭，而这就是燕庭日后所成同名著作的基础。这一稿本后来为藤塚鄰购诸琉璃厂来熏阁书肆，遂转藏其望汉庐之中。此本之上又有刘燕庭嘉庆二十三年二月十五日手跋云：

> 丙子春，遇朝鲜赵羲卿于都门，询及海东金石，即罄行箧所携以赠。嗣后书至，必有所贻，积三四年，已不下数十种。兹复邮寄《海东金石存考》一册见示，并云就所藏所见编辑成书者。每种系以小跋，间有按语，考证精详，征引宏富。载金二、石九十有五，始陈光大二年，止明洪武十八年，以新罗、高丽为前代，悉斠入录；至洪武廿五年后，高丽易为朝鲜，即概置不采，辨别亦为至当。俾余得见古人所未见，洵海外良友之惠也……

又同年十二月除夜题云："目中凡喜海已具有拓本者，皆注明于碑目之下。"故而藤塚鄰以为，《海东金石存考》一书，世人以未见云石稿本，都误作燕庭自著，事实上应该署名作"赵云石著、刘燕庭增补"，方才妥当。

---

❶ 即如可反映民国时期学术研究大要的东方文化事业委员会组织编纂之《续修四库全书总目提要》中，负责撰写此书提要的冯汝玠就认为："《海东金石存考》一卷，清刘喜海撰……是编因获交海东博雅之士金秋史、赵云石诸人，得其所贻碑目及各碑刻拓本，遂考而成此。"又述此书的大致内容为："前有三山陈宗彝序，后继之以考。考属于新罗者三十种，属于高丽者七十七种，都凡一百七种，皆详考其碑刻年月、撰书姓名及其所在之地注于其下。其碑已无存而又无可考之十七种，则别为待访附于卷尾。核其所考，盖专以见存者为主。考海东金石，近人刘承幹校定刘氏《海东金石苑》凡得六十三种，入于附录者十五种，又为之补遗者八十种，都为一百五十馀种，校是编所考见存之碑多至五十馀种。此五十馀种既有拓墨流传，必尚存在，即其中不无亡佚，其见存者亦应仍居多数，断不至全无可考。倘从而考之，其见存可以考知者，当于是考之外有所增益。是编所考，殊非其见存确数，不过就金、赵诸人所贻碑目及其拓本，考其中之见存者耳。"见《续修四库全书总目提要（稿本）》第二册，齐鲁书社，1996年，第362页。

❷ 参《清朝文化東傳の研究——嘉慶・道光學壇と李朝の金阮堂》第十四章《劉燕庭と阮堂》四 "雲石の稿本海東金石存攷の寄贈と燕庭古石鼓拓本の答贈"、五 "所謂燕庭所著海東金石存攷の真相" 两部分，第356–371页。

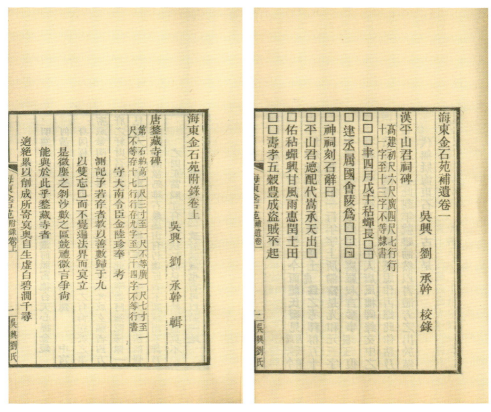

嘉业堂本《海东金石苑》附刊之《附录》两卷　　　嘉业堂本《海东金石苑》附刊之《补遗》六卷

　　道光十二年（1832），福州陈宗彝获观燕庭增补之《存考》一书，惊佩之馀，曾借钞一册。嗣后此书之刊本即源出于此，书前录陈氏序云："东武刘燕庭民部，嗜金石文字。居官京师，获见海东金秋史正喜、赵云石诸博雅之士，因得其所诒碑目并拓本。退食之暇，博考东国史鉴，著《海东金石存考》。其无存十七碑，则附以待访目录于后。"则这一误会，其实是由陈宗彝造成的，与燕庭本人实在并无关系。

上海博物馆藏《孟子疏证》二十二卷

不久以前，我们敏求图书馆中又有一部新的善本入藏，这就是清代连鹤寿的《孟子疏证》二十二卷钞本（包括《班爵禄疏证》十六卷、《正经界疏证》六卷两部分）。作者连鹤寿（1773－？），字兰宫，号青崖，道光六年（1826）进士，官池州府教授。擅长考证，嗜好经学，又明晰天算，精研古义。撰有《齐诗翼氏学》（有嘉庆十七年〔1812〕蓬莱山房刻本和同年吴门张玉尧刻本），发挥西汉今文家的微言大义，于翼氏一家之学，虽恐仍多臆测之词，不过也有不少发明。但其辨《诗纬》，则显然多有未达之处。《韵字急就篇》十卷，与沈懋德同编，据民国时候冯汝玠所撰提要称：

> 是编卷依平上去入诸声为次，每声依其韵部之先后为序，每韵各就韵部所有诸字，仿《急就篇》首句之例，率以七言为句。每句之字悉以本韵之字为限，其藉以连络本韵之字以成句者，则间取他韵之字以相牵缩，不尽限于本韵。句中多用单字连缀成文，其单字彼此不易连属者，则博采载记中之成典两字相连并在本韵者，贯串而裁对之。每字并悉注以音释，以便诵读。其两字用成典者，并略加诠解以便通晓。以一百馀韵之如许字，一以七言贯之，编为韵语，核其博考典坟，牵连搭配，殊非任取若干字随意排比、仓猝可就者所可比拟。虽初涉于学者猝不易读，深邃于学者无烦乎此，非读书识字人人适用之，而匠心独具，生面别开，能镕铸全部韵书之字，悉听其锤炼，尽以为篇什，要不能不于一切字书之中推为奇作也。❶

---

❶《续修四库全书总目提要（稿本）》第二册，齐鲁书社，1996年，第218–219页。

上海博物馆藏《孟子疏证》

评价可算是很高了。又撰有《帝王世纪地名衍》，也是以钞本形式流传于世，主要推测三代土田户口之数，考订夏商周九州经界开方计里，使得封建井田的制度都可推算而知，大概跟我们这部《孟子疏证》，内容上多有互补之处。

连鹤寿一生最重要的著作除了《齐诗翼氏学》之外，就算《孟子疏证》二十二卷了。但这部书从来未见刻本，仅有钞本存世，流传很是稀少。就目前所经眼的各类公私目录来看，除了民国时候书商孙殿起的《贩书偶记》和他的外甥雷梦水所编《古书经眼录》以及《清史稿艺文志》中有过简单记载外，其他目录中概不载录。而这三部目录中所记也极其简单，只是说明此书为《班爵禄疏证》十六卷、《正经界疏证》六卷两部分组成，版本是传钞本而已，并没有记载其他更多的信息。就目前我们所掌握的情况来看，连鹤寿的《孟子疏证》这部书，此前仅有上海图书馆藏有其中的《班爵禄疏证》部分，共十六卷；《正经界疏证》六卷部分，则只有我们这次收藏的这个本子。也就是说，我们这次入藏的这部《孟子疏证》，从某种意义上来讲，是个孤本。

在上海图书馆历史文献研究中心郭立暄兄的热情帮助下，我们有幸对上海图书馆所藏《班爵禄疏证》十六卷进行了一些仔细的考察工作。我们发现，上海图书馆所藏的这十六卷《班爵禄疏证》，是连鹤寿当时的稿本。它的每卷之前都写有本卷目录一份（其中卷五的目录误订在第二卷之末），目录页的版心下方都标有"雕虫馆校本"字样，而雕虫馆则是连鹤寿的父亲连朗的堂号。这部稿本中多有朱墨笔校改的痕迹，或涂或增不一，又多有墨笔签条，确实是连氏的稿本无疑。可惜的是，目前我们能够看到的只有这十六卷残本，《正经界疏证》六卷部分已经遗佚。这一稿本的卷一前钤"丰华堂书库宝藏印"朱文方印，则当是清末杭州杨氏丰华堂旧藏。书中有旧签条两幅，上书"孟子疏证八册 姚善3 330"，上海图书馆的签条中也标有"姚氏"字样，则此书曾经金山姚氏复庐收藏，应该问题不大。

上海博物馆入藏的这部《孟子疏证》则是誊清稿本，共十四册（《班爵禄疏证》八册、《正经界疏证》六册），每册卷前钤有"弢斋藏书记"朱文长方印。据有关记载，民国时期曾任总统的徐世昌藏书印就是如此。经与《中国国家图书馆古籍藏书印选编》中收录的明代借绿草堂刻本《图绘宝鉴》上所钤同文藏书印对比，两处藏印正是同一方印章所钤（我们曾经请孙慰祖先生做过对比鉴定，他认为肯定是同一方印章。在此，我们对孙先生的帮助表示诚挚的感谢）。1935年，徐世昌曾经把自己的藏书目录汇总为《书髓楼藏书目》八卷付梓，这部书目中虽然没有著录《孟子疏证》，但这部《图绘宝鉴》却赫然在目。也就是说，从藏印对比来看，这部《孟子疏证》曾经徐世昌收藏这一结论是不成问题的。至于为什么徐世昌没有把它收录到《书髓楼藏书目》，其原因一是可能当时这部书还没有入藏到徐氏书髓楼中，另一种可能就是徐氏对此书较为珍重，故意秘不示人。但无论如何，此书流传很少，尤其是《正经界疏证》六卷更不见于其他目录著录，且是清稿本，具有较高的收藏价值、学术价值这点是毫无疑义的。

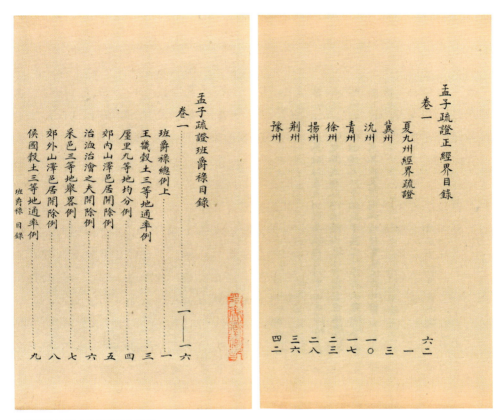

上海博物馆藏《孟子疏证》目录

　　事实上，这部《孟子疏证》在上世纪30年代具有日本背景的东方文化事业总委员会中曾经出现过。当时，日本人用退还中国的庚款在北京（当时称北平）、上海和日本的京都等地曾经成立若干文化机构，用于推动中日文化交流，其中设立于北京的东方文化事业总委员会曾经主持了《续修四库全书总目提要》的编纂工作（关于这一工程的起因、进展、结果，可参照复旦大学王亮博士的博士论文《续修四库全书总目提要研究》）。他们的编纂成果《续修四库全书总目提要》中，就收有著名藏书家、北京大学教授伦明先生所撰《孟子疏证二十二卷》提要，对于连鹤寿此书的介绍极为精到：

《孟子疏证》二十二卷，传抄本，清连鹤寿撰。鹤寿有《齐诗翼氏学》，已著录。是书《正经界》六卷,《班爵禄》十六卷。《正经界》有凡例七则，分夏九州经界、夏九州分土、殷九州经界、殷九州分土、周九州经界、周九州分土。夏九州据《禹贡》，殷九州据《尔雅》，周九州据《职方》，其分土用今地证古地，以积方计之而详其四至。惟夏制据山水泽地所在为准，难免迁就。至据《尔雅·释地》说殷制，郭璞等本出臆断，按郑康成《诗谱》言"梁雍荆豫徐扬之民被文王之化"，今《尔雅》无梁州，非殷制可知。惟周制据《周官·职方》，参以《汉书·地理志》，较可信耳。《班爵录》有总例二卷，其目一曰周室封建，分二卷，上卷考武王封兄弟及同姓、先代苗裔、周室昏姻、功臣谋士，各若干国，下卷考先代旧封、同姓支庶、异姓支庶、周时侯伯，各若干国。一曰班爵五等，首天子，如西周十二王、春秋十四王、战国十一王是也；次公，如同姓二国、异姓五国是也；次侯，如同姓十九图、异姓十二国是也；次伯，如同姓十六国、异姓十八国是也；次子，如同姓五国、异姓三十六国是也；次男，如同姓二国、异姓三国是也。一曰班爵六等，凡君、卿、大夫、上士、中士、下士、府史胥徒，王朝侯国，制各有数。一曰王畿乡遂都鄙，凡郊甸稍县畺诸地暨名山大川里数、远郊朝宿之邑，又王官、方伯是也。一曰侯国疆里，凡公侯伯子男封国里数以至方岳汤沐之邑是也，附以黜陟、庆让二表。一曰东西二都，有东西二都表、东都八至表、西都八至表、畿内国及畿内名山大川。一曰侯国道里，志东都、西都、南方、东南、东方、东北、北方所有侯国道里。一曰附庸五等，据《汉书·王莽传》，附庸自九成至一成，并证以公附庸、侯附庸、伯附庸、子附庸、男附庸之见于记载者，附以间田，及畿内名山大川。一曰采邑三等，分王畿采邑里数、东西二都采邑、侯国采邑数、列国采邑。一曰王朝侯国官禄，分王朝官禄、王朝市肆群胥数、王畿乡遂郊野官数、王朝都鄙公臣数、王朝采邑官数、山林川泽官数，而大国次国小国之官禄、乡遂郊野官数、采邑官数视以为差。一曰农夫五等，分获粟差数、视年出税、食粟中数、农夫五等，又王畿、公国、侯国、伯国、子国、男国田税与军赋之差。一曰班爵禄通释，分二卷，凡三十馀条，皆要义，补他篇所未详者，其大旨具总例篇中。以《孟子》与

《周官》言封建不合，创为调停之说，谓《孟子》言谷土，《周官》言封疆，虽异实同。又周制六官，亡《冬官》，据五官之数，五分取一以补之，因以推之侯国官制，亦比例而定其数。按《周官》一书，即先儒信之者，亦以为周公拟而未行，岂能据为定制，况《周官》所无者，而可以臆见补之乎？然其间条理精密，非同苟作。又按是书缺总序，疑不止此二大目，亦似不专为《孟子》作也。❶

入藏上博的这部《孟子疏证》，与伦明的介绍一一若合符节。但伦明在提要中说："又按是书缺总序，疑不止此二大目，亦似不专为《孟子》作也。"却是有些武断，我们在翻检上海图书馆藏《班爵禄疏证》的时候，在其卷末发现迮鹤寿的手跋一则，正是他对撰写《孟子疏证》情况的说明：

> 辛未春，从家君居吴氏东园，客有以《孟子》"班爵禄"、"正经界"二章问者，家君曰："封建、井田、学校，经国大典备于斯矣，盍取而疏之！"于是取而疏之。越二年书成，分为十六卷，名曰"孟子疏证"，手写而藏之，将以赠通经之士。嘉庆十有八年三月初吉迮鹤寿记。

可知，迮氏此书是专为《孟子·滕文公上》和《万章下》中的"正经界"和"班爵禄"两个问题而作的，并非伦明怀疑的那样，"疑不止此二大目，亦似不专为《孟子》作也"。

这部《孟子疏证》，上文已经说过，是部清稿本。根据我们与上海图书馆所藏稿本中部分段落的比对，正文内容几乎没有什么差异，也就是说，这部清稿本实际上就是这部书的定本。至于书中用字避讳的情况，我们发现，清宣宗道光皇帝旻宁名字中的"宁"字，基本上都改写为"寍"字；清穆宗同治皇帝载淳名字中的"淳"字，也多有改写为"湻"字者；清德宗光绪皇帝载湉名字中的"湉"字，因为较为生僻，书中并未查出；而宣统皇帝溥仪名字中的"仪"字，则全不避讳。也就是说，从避讳用字情况来看，这部书大概是钞写于光绪

---

❶《续修四库全书总目提要（稿本）》第十四册，第123–124页。

年间。

　　根据我们的调查，东方文化事业总委员会当年在编纂《续修四库全书总目提要》的过程中，不仅大量收购图书以供编纂的需要，还曾经充分利用有关公私藏书和书肆贩卖的书籍来作为撰写对象。那么，当时撰写这条提要的时候曾经利用到徐世昌书髓楼的藏书也是顺理成章的一件事情。更何况，东方文化事业总委员会的总委员长柯劭忞正是徐世昌的老友，而徐世昌的弟弟徐世章，也是《续修四库总目提要》的撰写人之一。就算这部《孟子疏证》当时并非藏在书髓楼中，但它曾在孙殿起的通学斋中却是不争的事实，而通学斋书肆的出资人正是伦明。那么，根据以上的分析结果，如果没有什么太大的意外，我们现在所能知道的关于《孟子疏证》二十二卷的记载，无论是《贩书偶记》、《古书经眼录》，还是《续修四库全书总目提要》，其实说的都是同一部书，也就是现藏于上海博物馆敏求图书馆的这部清稿本。

《半塘老人钤印》等三种印谱提要

一、《程荔江印谱》不分卷　经折装两册
清程从龙辑，朱钤印本

两册均棉纸，装裱前高二十四点一厘米，宽十五点四厘米。每面钤十二枚为恒，然其下多钤有相关印章以资比较者，故每面所收事实上多有差异。上册五十面，收六百一十八方；下册五十一面，收六百四十八方。版心中有墨笔所记页码，上下册统一编页，共计一百一十面，收印一千二百六十六方。

封面右侧题："清奉买来，厌我归索。香云绕月，蛟龙勿攫。"下钤"周銮诒印"朱文方印、"主考广东"白文方印。左侧又题："程荔江印谱二册　厉徵君《樊榭山房集》有程荔江《秦汉印谱序》，此册殆其初稿欤？光绪乙酉珠江净砚斋艎记永明周矕记。"钤有"季矕"朱文方印。卷前钞有乾隆二年（1737）季夏上海周铨序、乾隆三年九月廿一日程从龙荔江序。旁钤"何瑗玉印"白文方印、"曾藏何璩盦处"朱文方印。册尾夹板白笔注云："徐懋斋藏。"

下册卷前周銮诒跋："今年二月有山东罝董客杜生至都，携有程荔江《秦汉印谱》，秘不相示。吴清卿大澂以四十金收去。深以不一见为憾。乃于岭外无意得此，岂非兹游奇绝处耶？舟夜寂冷，秉烛记此，聊以散怀。"钤"周銮诒印"朱文方印。

又："谱中各印大半归番禺潘氏看篆楼，今为潍县陈寿卿前辈所有；半归沧州王氏，其子孙分散售之，有入陈氏者，有入汉易叶氏平安馆者。入叶氏者，同治间虎坊桥宅毁，复散入歙鲍子年、大兴孙问羹二家。鲍印后多归孙，余亦从得十数方。舟次三水县记。"

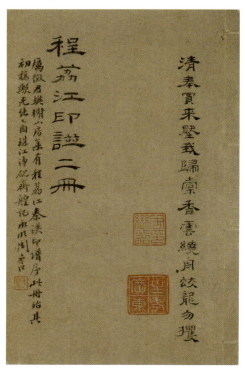

《程荔江印谱》

　　下册卷末周銮诒跋："往读《厉樊榭集》，见有程荔江《秦汉印谱序》，因锐意求之。去年二月，潍县骨董客杜生为予觅得一册，吴清卿前辈以重直要敓之。闻而诘之，不任也。怏悒殊甚。乃于岭外无意获此，岂非奇绝。此无厉序，殆犹初稿，不知清卿本视此同否？谱中各印大半归番禺潘氏，潘有《看篆楼印谱》，程瑶田为作序者也。此番惜未求得。乙酉九月展重易日广州皇华行馆净砚斋记，銮诒。"

　　今按：此为清乾隆三年（1738）程氏所钤印者，又名《师意斋秦汉印谱》，世多传本，然此本为初稿，系《中国古籍善本书目》所收录之孤本，故弥见珍贵。编者程从龙，清江苏甘泉人，一作淮阴人。字荔江，又字振华，斋名为师意斋。多才艺，最精鉴赏，好藏古玺印，馀事则不详。此谱所收，如程氏自序所云："此千二百方中，秦汉而下间以魏晋，以其未远于古，故终不忍割去。又

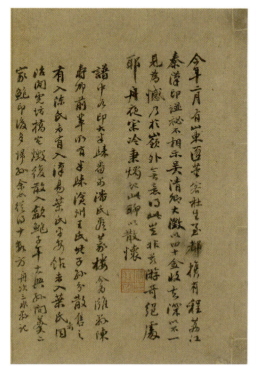

下册卷前之周銮诒跋文　　　　　　　　　　下册卷末之周銮诒跋文

有一二刀法类元明人，以其式古，亦过而存之，始满千二百方之数。"又据乾隆二年（1737）周铨序，此谱"止存其印文而不加以笺释"，则其大概面目可见。尝著录此谱之书有张咀英《鲁盦所藏印谱简目》（名《程氏秦汉印谱》，云六本）、罗福颐《印谱考》（名《师意斋秦汉印谱》，原书六册，存五册，共印九百十六方）、王敦化《篆刻参考书传本书目》（名《师意斋秦汉印谱》不分卷，乾隆钤印本四册）、雷梦水《贩书偶记续编》卷十《艺术类·篆刻之属》（名《秦汉印谱》无卷数，乾隆三年师意斋印本）、日本横田实《中国印谱解题》等。此谱现通行本为商务印书馆涵芬楼1924年据《师意斋秦汉印谱》初稿（二册本）影印重刊者，书首重录有厉鹗、周铨序及程氏自序。

又据前文，则知此册曾经广东高要何瑗玉、湖南永明周銮诒、浙江桐乡徐安递藏。

二、《半塘老人钤印》不分卷　线装一函一册
民国王序梅辑，民国二十四年（1935）刻朱钤印本

宽十厘米，高十五点二厘米。单面打钤于王氏定制白棉纸上，每纸单面印绿色大格，格内右上方镌"半塘老人钤印"篆字，格外左下方镌"桂林王氏家藏"篆字。每格一印，无释文，无页码。计收印七十二方。

函套及外封均长洲章钰行书题签"半塘老人钤印　霜根学人钰题"，下钤"章钰"朱文小方印。内封番禺叶恭绰题"半塘老人钤印　后学叶恭绰敬题"，下钤"恭绰长寿"白文方印。

卷前存民国乙亥（1935）秋十月新建胡先骕序、临桂况周颐《半塘老人传》及半塘老人王鹏运自撰《半塘僧鹜自序》，又半塘孙序梅按语。卷末存民国二十四年乙亥秋序梅跋。半叶十行，行二十五字。左右双边，无鱼尾，黑口。版心下镌页码。

今按：半塘老人者，临桂王鹏运自号。王氏字幼霞，别号甚夥，此《半塘老人钤印》，即其生前所用印信之大端。据编者序梅跋中所述云：

> 谨按：先王父印章除册内拓存者外，就藏书中曾加钤用、可资考证者尚有朱文"王幼霞图书记"长方印、"校梦龛"腰圆印、"书窝"小腰圆印、"酣睡轩"长方印、"似僧有发"方印、"黑酣乡人"方印、"四印斋"方印、钟鼎文"且食蛤利"方印暨白文"半塘僧鹜"方印、"王氏书窝"方印、"词客有灵应识我"方印、"四印斋"方印，共十有二方，悉已无存。原光绪甲辰先王父病逝苏州，遗物由邗江解送回汴时，扃钥弗密，间有散佚，各印殆即彼时所失去。眷怀先泽，弥增怆痛。

则半塘生前用印情状可知。跋中又记此书缘起云："今春，家君以先王父旧用印章七十馀方寄自大梁，命加拓印。"而钤拓者则为："爰倩山阴潘叔威君相助从事。君擅长刻竹治印，蜚声艺苑。此次多承赞助，盛谊至足感也。"所云"家君"者，当即半塘嗣子王鄙，编者序梅，后名孝饴，则为鄙之四子。钤拓者山

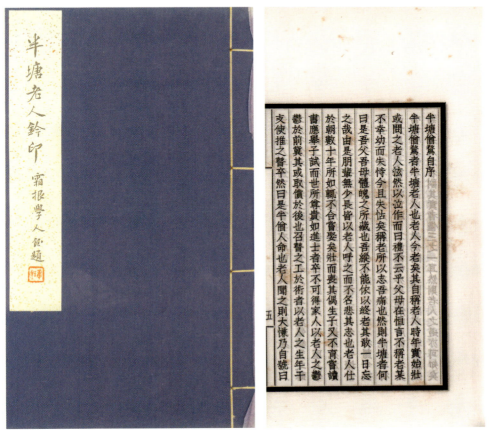

《半塘老人钤印》　　　　　　　　　　　王鹏运卷前自序

阴潘叔威，系寿石工之门人，又尝参与寿氏《蝶芜斋自制印逐年存稿》辑录之役。尤擅刻竹，其同门巢章甫尝云："叔威沉默寡言，心细如发，刻竹之精，无与伦比。故以刻竹名家者虽多，吾未能见出其右者。其皮雕，或平底，或沙底，兼纤细无斧凿痕。偶摹名家书画，无不栩栩生动，若出作家书画，真不爽毫厘。"又云："叔威兼善治印，温文典雅，一如其人。"则潘氏大概可知。

　　半塘老人以词人名世，号晚清四大词家之一，然四人中，归安朱孝臧、临桂况周颐皆曾得其提携指示，故其隐然四家之首，殆无异议。钱塘徐珂《近世词话》尝云："幼霞天性和易，而多忧戚，若别有不堪者。既任京秩久，而入谏

编者王序梅名片

半塘老人著述

四印斋中长物

垣，抗疏言事，直声震内外，然卒以不得志去位。光绪甲辰客死苏州，其遇厄穷，其才未竟厥施，故郁伊无聊之概，一于词陶写之。其词导源碧山，复历稼轩、梦窗，以还清真之浑化，与周济之说固契若针芥也。"胡先骕序亦云："至兼南北宋之长，宗梦窗、白石而祖美成，益之以嵚奇历落之怀、悲天悯人之志，遂尔卓绝一世，非侪辈所能望其项背者，亦惟王、朱二家。而半塘之于彊邨，则又东坡之于山谷，此半塘之所以冠群魁能也。"不惟可见其词学源流，亦可见其词坛祭酒之地位。至于此册，胡氏序则云："今其孙孝饴奉严命裒集侍御旧用钤印，拓以传世，吾知艺林中如景慕侍御之生平及习诵其词者，必珍视兹编，摩挲展玩，不能自已，一若可接其声音笑貌于冥漠中也。"则全以半塘之人格及艺文相号召，至于印篆之美劣、钤拓之良莠，略不之及，亦见胡氏于此一道，似无深解也。

册中夹"王孝饴"名片一，上墨笔书"榆生先生哂存"，又书"（王孝饴）原名序梅敬赠"。又册前钤有"龙"白文小印一方，则此册本忍寒居士旧藏可知。忍寒以朱彊邨私淑弟子而为词坛后劲，故序梅以此册为赠，可谓得其所哉。

三、《徐森玉所用印谱》不分卷　线装一册

宽八厘米，高十三点二厘米。单面打钤。白棉纸，每纸单面印墨色大格。全册多上印下款，间有无款者。无释文，无页码。栏外多有朱笔小字，注明治印者。计谭锡瓒六印五款，黄石七印七款，马衡三印三款，王褆十印十款，寿鉨三印三款，高廷肃二印二款，沈令昕二印二款，高源二印二款，唐源邺一印

一款，方岩一印一款，吴朴五印五款。另有二印二款未注明篆人，又五印无款，亦未注明篆人，共计收四十九印、四十三款。

今按：此为徐森玉先生自用印集谱。徐森玉（1881—1971），原名蛊，更名鸿宝，初字寂之，后字森玉，以字行，浙江吴兴（今湖州）人。尝问学于白鹿洞书院，后转入山西大学堂，攻化学，成绩斐然，尝偕学友同编《无机化学》、《定性分析》，有"奇才"之目。为山西学政长白宝熙所赏，多加眷顾，后之谙习文献、精研古物，即自是始。历任奉天测绘学校及实验学校监督、清廷学部图书局编译员

徐森玉像

等。民国肇建，为教育部佥事，先后兼任北京大学图书馆馆长、京师图书馆主任。1924年11月，参与清室善后委员会工作，后任北平图书馆采访部主任兼善本、金石部主任，又改任故宫博物院古物馆馆长。1937年七七事变前后，参加主持故宫文物南迁。抗日战争时期，蛰居沪渎，协助文献保存同志会诸贤搜购珍籍善本。中华人民共和国成立后，任华东军政委员会文化部文物处处长兼上海市文物保管委员会主任、上海博物馆馆长、全国第二中心图书馆委员会主任委员、国务院古籍整理三人领导小组成员、中央文史研究馆副馆长，为第二、三届全国人大代表。森老一生为国家征集鉴定文物无算，有"国宝"之誉。"文革"中，以"反动学术权威"之名首当其冲，备受摧折，于1971年5月19日含冤辞世。森玉先生身历三朝，所接多一时胜流，且迭掌南北文化机构要职，所用印信自非庸物。观册中所收，几皆精品，可称大观。然森玉先生所用印鉴尚不止此，如朵云轩2010年秋季拍卖中，有清末拓本《东魏刘懿墓志》一册，其中所存，即有"归安徐蛊收藏金石书画之印"朱文方印、"徐蛊私印"白文方印、

"森玉父字寂之长寿印"朱文方印等数方未入此册，知先生平生用印溢出于此者或多。

　　册中所收诸印，以治印人为类分别排列。栏外有朱笔注，说明印人大况，今罗列如下：1、谭锡瓒，字建侯，号师曼，茶陵人。工篆刻，神似文、何。单刀尤称绝技。2、黄石，字少牧，一字问经，黟县人，牧父子。摹印力求工稳，能传家学。3、马衡，字叔平，鄞人。工篆隶，善刻印，精鉴别。4、王寿祺，更名褆，字维季，号福厂，杭州人。工二篆八分，尤精治印。5、杨天骥，字千里，吴江人。6、寿鉨，字石工，号印丐，山阴人。7、高廷肃，字式熊，鄞人。工书，擅治印。8、沈令昕，字小明，吴兴人，尹默子。9、高心泉，王

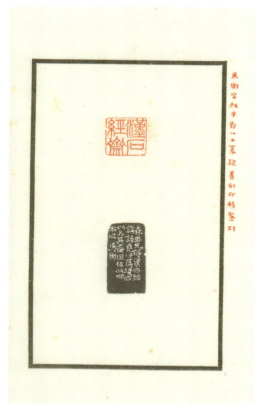

马衡刻"汉石经斋"朱文方印及边款

谭锡瓒刻"森玉长寿"
白文方印及边款

杨天骥刻"徐鸿宝"
白文方印及边款

提弟子。10、唐源邺，字李侯，号醉龙，亦号醉农，小字蒲仙，别署醉石，善化人。11、方岩，原名文渠，字介堪，永嘉人。能诗书画，工篆刻，赵时棡弟子。12、吴朴，字厚厂，号朴堂，山阴人，王褆弟子。今细核字体，凡此诸注，似皆森老亲笔所为。若此说不虚，则此册即森老自存赏玩之本。又，未经注明篆人之"森玉"朱文小方印，其边款署"石蠹刻"。考黄石斋名有"石蠹居"，则此方或亦出其手。如是，则册中黄石名下计存八方，然此八方并非皆出黄石之手，如"吴兴徐氏藏石"朱文方印，据其边款拓样所示，则为"少牧篆文，筱庄奏刀"者，惟筱庄何人，尚待续考。

册中所收，多系森玉先生自用私印，然其中另有三方，则为公印，一则"国立北平故宫博物院所藏"朱文方印，附边款，然以字迹模糊，无法辨识；一则"京师图书馆主任钤章"朱文方印；一则"法相研究会章"。此三者出自何人之手，虽不可知，然奏刀工稳，布局精妙，自是上品，而尤可从中窥见先生早年行历，别具意义。

又一册，内容与上全同，惟无注，且数页排序有异。

方介堪刻"徐森玉"
白文方印及边款

沈令昕刻"徐森玉"
白文方印及边款

翁同龢与光绪本《愧林漫录》*

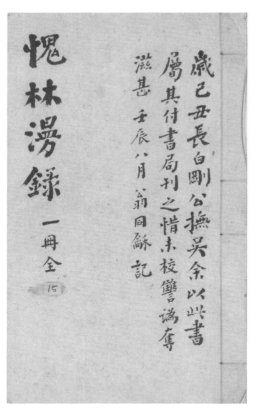

上海博物馆藏《愧林漫录》，外封上有翁同龢墨书题跋

上海博物馆藏有瞿式耜所撰《愧林漫录》一册。首镌题名，其背为长方形牌记"光绪庚寅二月／江苏书局刊版"。次崇祯戊寅四月六日刘荣嗣序，次瞿式耜自序，次正文。白口，左右双边，上单鱼尾。十三行二十四字。版心鱼尾上镌"愧林漫录"，下镌类名，版心下镌页码。南京图书馆所藏本❶又存目录，分上下卷，卷各五类。卷上：学问、居心、在位、规家、酬世。卷下：读书、积德、究竟、摄生、依隐。此本缺目录。每类分别计页，计学问十七页，居心六页，规家十六页，酬世十五页，在位十四页，积德九页，读书九页，究竟十六页，摄生十三页，依隐七页。

外封翁同龢墨书题签"愧林漫

＊小文写作时，曾请沈燮元、杜志强两位先生代为核对南京图书馆所藏，特此致谢。
❶ 编号3005987。扉页钤"水楼霞山馆藏书之章"朱文长方印、"江南李曾仲纶"朱文方印。

录 一册全",又有翁同龢墨书手跋:"岁己丑,长白刚公抚吴,余以此书属其付书局刊之。惜未校雠,讹夺滋甚。壬辰八月,翁同龢记。"这是说在光绪十五年(1889)时,翁同龢请时任江苏巡抚的刚毅代刊此书。而翁氏题此数语,已在三年之后的光绪十八年(1892)了。

光绪十四年十月,刚毅由山西巡抚改任江苏巡抚,入京陛见,故与翁同龢多有晤谈。光绪十五年六月十二日《翁同龢日记》记云:"刚子良中丞来长谈。"而这前后,两人其实还有几次见面。到了七月十四日,《日记》又云:"送刚子良中丞,未见。"❷所指大概是刚毅离京南下任职。之后不久,翁同龢承旨赏假两月回籍修墓,期间曾有苏州邓尉之游,但日记中并未见到他与近在咫尺的刚毅会晤的记载。《愧林漫录》的牌记云"光绪庚寅二月/江苏书局刊版",庚寅为光绪十六年(1890),所示当系此书付刊的时

翁同龢画像(侄玄孙翁宗庆家藏)

间。所以,翁氏云以书请刚毅付梓,想来就是在光绪十五年的年末吧。至于何时刊成,则尚难确认。不过,既然翁叔平题跋在光绪十八年的八月,那么,其获取此书大概也就在此不久之前。又本年的四月十一日,谕旨刚毅改任广东巡抚。则叔平得到此书,很有可能就是在刚毅入京陛辞时候面赠的。翁、刚二人,凶终隙末,《愧林漫录》这个刻本,可以说是翁同龢与刚毅两人曾经的友谊的见证。

《愧林漫录》的底本情况比较简单,因在光绪重刻之前,它只有崇祯年间

❶第四册,中华书局,1992年,第2292页。
❷第四册,第2298页。

的一个刻本。如南京图书馆中，就收有这个崇祯本。一为丁氏八千卷楼旧藏，已印入《四库全书存目丛书》中❶。另一则为常熟旧山楼旧藏。编号0115653，不分卷，崇祯九年（1636）瞿氏耕石斋刊本。封面有赵宗建题签，下注"上下两册"，钤"赵"朱文小方印。又墨书："吾邑久无传本，近得于郡中查进垞处。非昔记。"首刘荣嗣"愧林序"下，钤"常熟赵氏旧山楼经籍记"朱文方印。序末镌"刘印荣嗣"、"羲仲"两阴文方印。次崇祯丙子秋八月瞿式耜"漫录自序"，序末镌"瞿印式耜"阳文方印、"稼轩"阴文方印。次正文。四周单边，九行二十一字。线黑口。版心上镌"愧林漫录"，中镌类名、页码，下镌"耕石斋"。每类分别计页，计学问二十七页，居心十页，规家二十五页，酬世二十三页，在位二十二页，积德十五页，读书十四页，究竟二十五页，摄生二十页，依隐九页。正文首行顶格镌题名，次行退十格镌"海虞瞿式耜伯略甫辑"，再次行退两格镌类名。而读书类亦前亦如此，故或有著录为两卷者。光绪本与之相较，基本上算是亦步亦趋。下卷末三页补钞，每条均抬一格钞录。后钤"下榻山楼"朱文方印。全书有朱墨圈点。酬世类末又有墨笔书："戊子嘉平十四日灯下，非昔敬读一过。"戊子嘉平，即光绪十四年（1888）腊月，结合赵氏前一条题记，这大概就是他获取此书的时间吧。

上文已经提及，翁同龢在光绪十五年初秋曾返乡修墓，期间与旧山楼赵氏兄弟多有往来。八月二十二日这天❷，翁同龢偕次侯至同里宗湘文家，观其所藏金石书画，其中有瞿式耜之"瞿忠宣小札"一种，叔平对于这一珍贵的墨宝，显然是印象深刻。而更重要的是，八月二十七日，翁同龢夜宿旧山楼，饱览赵氏所藏，他在日记中说道：

> 是夜住赵次侯旧山楼下，此屋先公馆赵氏时授书之所也，今七十六年矣，不肖子犹得以白发残年仰瞻遗迹，亦幸事也。庭前菩提一树、老桂一株，尚是旧物。次侯以蔬笋饷余，价人及其子君默在坐，剧谈，观字画极乐。次侯特设一木榻，香烟茗椀极精……❸

---

❶ 子部杂家类，第144册，第523–619页。

❷ 第四册，第2307页。

❸ 第四册，第2308–2309页。

此日所观，又有"瞿忠宣家书五叶（上桂抚任时）"，叔平于此当把玩熟甚，至八月三十日，"又题瞿忠宣家书（论立桂王事）"❶。翁同龢于瞿式耜相向来崇敬有加，如早在同治十三年（1874）三月二十九日，他就有题《瞿文懿忠宣四代遗像册》之作：

> 近始假得忠宣公册，犹未得其用力之所在。最后检家藏遗书，得忠宣手批《易》程氏传，然后叹公学术之正。其杀身成仁盖有所本，非激于一时之气而然也……瞿氏一门清忠孝行，皆本乎学术之正。士生斯世，行不践圣贤之轨，志不任天下之重，而欲临事自奋，与古人相颉颃，不亦难哉！观此册也，盖有茫然慨然，愧叹不可终日者矣。❷

光绪六年（1880），翁同龢又有《题苏州某公殉节事卷》之作云："昨日新题瞿氏集，剑门宰木已苍凉。"自注："吾邑瞿忠宣死难，其孙负骨归葬，与公家乘相类。"❸ 都能看出他对于瞿式耜的敬重与宝爱。也正因为如此，在这一段时期的屡次晤对之中，赵次侯想必会告知叔平其上年曾获得《愧林漫录》一书之事。也就是说，翁同龢之所以能推荐刚毅重刊《愧林漫录》一书，应该是因为他从赵氏这里获得了此书的明刊原本，故而叔平建议刊刻此书的时间应该在光绪十五年（1889）的八月之后，很有可能，是在该年的年底。

上博所藏此本《愧林漫录》，曾经叔平仔细品读，并以意校正全书，多有墨批，卷末且题云："校正舛误脱落凡一百二十八条。"这一百多条中，有校正版式的，如"'分'字应低一格"；有校正错字的，如"学者须是奈烦奈辛苦"，两"奈"字旁均改为"耐"；有指出脱落的，如"然能消化得此，天下之大勇者不能也"，批云："'此'下挽'非'字。"另外还有若干处云"疑误"、"恐误"等，又"此念生于孩提"句上批云："'此念'之上必有至言，当检原书补之。"可见叔平在阅读此书之时，并无原书在侧。这一点，也可以作为刊刻底本恐怕并非叔平所藏的旁证。如果之前推论不错的话，这些批语正说明了翁氏刊刻

---

❶ 第四册，第2309页。

❷《翁同龢集》下，谢俊美编，中华书局，2005年，第978页。

❸《翁同龢集》下，第736页。

余按陳先生難正字
楊龍雲積累成進士
宦中豈舍人強者
渓乜
龍正雪上西北聖處一
疏揚鑿荒別加派而難
上深絢之秀發挺理司
道尊養見子而聖忠
此生年宦椅充廠

德也巳上張尚絥 此段州县高志穒

問積善日陰也故于坤見之積之如何日積于小也小人以小
善爲無益而弗爲則所爲皆小惡矣古曰矜細行曰勤小物
矜細勤小積之謂也侯大而爲者皆虛日不旣多乎惟小與細日
日有之故可以用積泰山河海積斯成矣矜于細勤于小安
有遇大而不爲者乎陳惕龍

一窮士勤善念必有曲成焉一達士勤善念必有弘濟焉獨爲
善者孤使人爲善者裕成人善事功視已倍動人善願不可
以數計陳惕龍

德皆氣清福皆氣厚厚不可學勿顯之斯已矣清可學不變化
不已矣陳惕龍

出一簡喪元氣進士不若出一簡積德平民陳眉公

好談闈門及好談亂者必爲鬼神所怒非有奇禍則有奇窮陳

愧林曼錄　積德

上海博物馆藏《愧林漫录》书内批注

《愧林漫录》的底本是借自同邑旧山楼，而且此时已经返璧。

　　除了这些批校之外，书前还有另外一段翁同龢的朱书题跋：

　　　　庚寅腊月，余在京师，文书填委，朝夕不遑。有客携破书来售，不暇
　　遍观。内有旧钞"古人遗铎"二册，分十类，曰：立志、辨学、敦伦（此
　　三类缺）、种德、应物、护生、位思、家宜、读书、归心。每类末有"醒
　　庵氏曰"云云。其所辑与此十同七八，其论说亦无弗同也。其孙高治一跋，

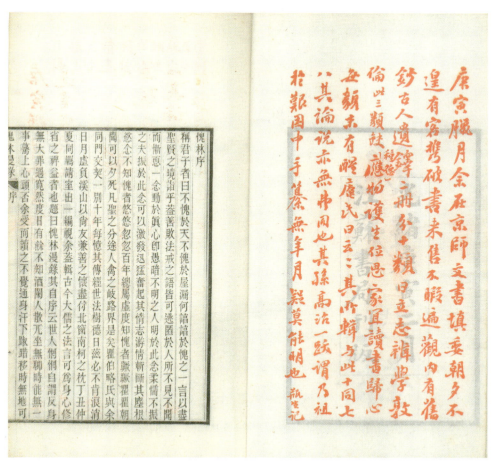

书前的翁同龢朱书题跋

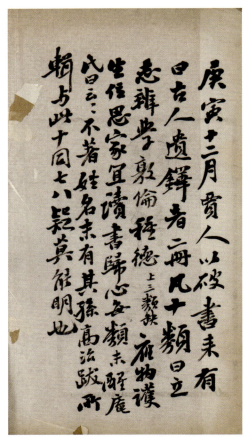

南京图书馆藏光绪本《愧林漫录》，扉页前有翁同龢墨书题跋

谓乃祖于艰困中手纂。无年月，疑莫能明也。瓶生记。

而尤其令人惊讶的是，在南京图书馆藏书中，也有一册存有翁氏题跋的光绪本《愧林漫录》，编号0118173。外封佚名墨书题名，下小字注云"有翁松禅题识"。扉页翁氏墨笔题云：

> 庚寅十二月，贾人以破书来，有曰"古人遗铎"者二册，凡十类，曰立志、辨学、敦伦、种德（上三类缺）、应物、护生、位思、家宜、读书、归心。每类末"醒庵氏曰"云云，不著姓名。末有其孙高治跋，所辑与此十同七八，疑莫能明也。

与上博本的跋文基本相同。如果说书画作品中同一作者袭用同一跋文还偶有所见的话，图书中的这个现象可以说是绝无仅有了。因这种情况，往往意味着其中当有一伪。但事实上，上博本中叔平手迹甚多，其真伪应该毫无问题。而南图此本，则承沈燮元先生见告，系其亲手从常熟旧家收得，真伪亦无问题。那如此一来，这个现象就只能说明一个问题，即在光绪十六年腊月之后，翁叔平对于此书的真伪产生了一定程度上的怀疑。

事实上，瞿式耜此书的成书经过其实很清楚，崇祯丙子（1636）秋八月的自序中，他回忆道：

归田多暇，深自循省，举髫年所诵记及齿至而更阅者，征之古人，如合左券。因取先后之缮采，类次十种，汇成一帙，名曰《愧林漫录》，盖内典中有"惭愧林"之义也。呜呼，人生有身，上对天日，中副君亲，下育子姓，闲居杂处，言笑宴宴，孰非天监人随、福善祸淫之地？刻刻引愧，惟恐出则沦敷冠裳，居则流毒桑梓，其无暇以钟鼎而易山林也明矣……帙成授梓，草附弁语，不觉放笔哽咽……

　　据稼轩自序，《愧林漫录》于崇祯九年丙子（1636）八月已经成书付梓，但次年丁丑三月，稼轩即因牵连钱谦益之案被逮，则书之刊刻想来也因之中辍了。也正是因此之故，稼轩得以在狱中请其故友刘荣嗣再为此书撰写序言，并于狱解归里后将此序言续补入书。

　　刘荣嗣所撰《愧林序》作于崇祯十一年戊寅（1638）四月六日，中云："丁丑仲夏，同羁请室，出一编视余，盖辑古今大儒之法言，可为身心修省之裨益者也，题曰《愧林漫录》。"其实最能概况稼轩此书的性质。刘荣嗣字敬仲，号简斋，又号半舫。曲周(今属河北)人。万历四十四年(1616)进士，授户部主事。历仕山东参政、左布政，晋顺天府尹。崇祯时，以工部尚书兼右都御史，总理河道，提督军务。历三年而无成效，下狱论死，卒于狱中。为人博雅好古，敦笃友谊。工诗，曾编其与钱谦益唱和之作为《钱刘唱和诗》，著有《简斋诗钞》。生平事迹见《列朝诗集小传》丁集、清邹漪《启祯野乘》卷六。简斋与稼轩渊源很深，瞿式耜崇祯十一年戊寅春仲为刘氏狱中所撰《剑映篇》序文云："余与敬仲同出元城成先生之门，敬仲文章品望已巍然为北方学者之宗，而余则吴下阿蒙、黄口乳臭也。顾敬仲不以余为黥浅，于同门中独昵余，谓臭味、神情大略相似。每闲窗静对，啜一茗，谈一诗，论一画，意中未尝不相许也。"[1] 又回忆上一年两人同在狱中的情形："客岁，余与□□□（钱谦益）同被诬，征入阛扉，幸得与敬仲周旋一载，使廿年阔隔暌违之兄弟，磕头聚膝，接几连床，无境不谈，无衷不吐。是殆天悯余两人之暌绝，而巧借奇缘以作之合

---

[1]《跋剑映》，见于《简斋先生诗选》十一卷卷前，康熙元年（1662）刘佑家刻本。康熙元年刘荣嗣孙刘佑跋："后为执政所诬，待罪请室，则有《剑映篇》。"

耶!"又说:"承敬仲之命,漫书数语,以纪岁月,兼系感慨,且以彰敬仲之虚怀折节,以当代名宿,诗文斗山,而曾不遗一吴下阿蒙也。"也就是说,其实瞿、刘两人在出狱之后,即互相为对方的著作撰序,以为纪念。

两人的集中也多有互相题赠之作,如《瞿式耜集》卷二有《和刘简斋韵》二首:

> 堪叹冥鸿一网收,旋看夏葛又冬裘。累臣已得安心法,逐客反悬去国愁。支厦栋梁谁可仗,怡堂燕雀正群啾。长安棋局那须问,羡煞庄生五石浮。
>
> 风干木落菊初收,点简行笥问敝裘。每听残钟如有悟,闲翻旧史却生愁。乘墉独隼今安在?失穴群狐已乱啾。阅世总来成幻劫,虚舟争逐浪萍浮。❶

刘氏也多有题赠和兼及稼轩之作,如《简斋先生诗选》卷一五古《题竹送瞿起田之任永丰》,卷三五律《同宋云公钱抑之瞿起田徐元重魏仲雪孔时李仲达蔡伯玉游净业寺》、《中秋后二日钟伯敬林茂之瞿起田过予小饮……》、《寄答瞿稼轩给谏》、《送瞿起田户垣谪还》,卷四七律《赠高振怀》序"振怀,予同门瞿稼轩之老友也。同稼轩来请室,历夏兼秋冬又半矣……",卷十一有《青衫湿》一阕,题"为瞿稼轩作":"何期千古飞霜地,好雨涤长天。但江南倦客,不堪重听高柳哀蝉。 尽多良友,笑时同笑,闲处同闲。奈幽怀难吐,眉峰一寸,镇日双攒。"特别值得一提的是,刘荣嗣《简斋先生集》❷卷二中,收有两通简斋致稼轩函,均涉及当日政局,而直词无碍,最足以表现两人的友谊。所有这些,都是两人互相撰序的基础。

在《四库全书总目提要》中,此书入"存目",云:

> 浙江巡抚采进本。明瞿式耜撰。式耜字起田,常熟人。万历丙辰进

---

❶ 江苏师范学院历史系、苏州地方史研究室整理,上海古籍出版社,1981年,第164—165页。
❷ 康熙元年(1662)刘佑家刻本。

士，官至右佥都御史，巡抚广西。进文渊阁大学士，兼兵部尚书。大兵下广西，抗节死之。事迹具《明史》本传。乾隆四十一年赐谥忠节。是编成于崇祯丙子。杂抄诸儒之言，分为学问、居心、规家、酬世、在位、积德、读书、究竟、摄生、依隐十篇，儒、墨兼陈，盖林居时录以自警。大旨归于为善而已，非辩别学术之书也。❶

　　事实上，从明代中后期到清前期，这类钞撮之书为数很多，《四库全书总目提要》存目类中多有著录。如弘治年间黎尧卿所编《诸子纂要》，《提要》云："其书杂钞诸子之文，以备科举之用。"❷嘉靖间黄希宪撰《续自警编》，《提要》云："杂采自宋至明格言善事，分类记载……"❸隆庆时李栻《困学纂言》，《提要》云："皆采撷古人议论近于讲学者，分类次序。"❹闵元衢《增订玉壶冰》，《提要》云："山人墨客，莫胜于明之末年，刺取清言，以夸高致，亦一时风尚如是也。"❺黄文照《古今长者录》，《提要》云："其导俗之心甚善，书则不免芜杂也。"❻陈继儒《珍珠船》，《提要》云："盖明人好剿袭前人之书而割裂之，以掩其面目。"❼董德镛《可如》，《提要》云："盖明之末造，人心世道无不极弊，故士大夫发愤著书，往往如是云。"❽清李滢《懿行编》，《提要》云："其书取诸史中嘉言懿行可为法程者，分类标题，记事之后，间为论断。"❾等等，都可以作为参照。所以，这类钞撮、荟萃前人美言善行以成一书的情形，颇为普遍。偶有暗和雷同的情况，也是在所难免，叔平的疑虑完全可以打消。

　　而《愧林漫录》一书，虽然有翁同龢这样的爱好者为之重新付梓，也有如刘湘客《临桂伯瞿公传》中所言"其持世制行，犹土范金型之不敢过。梓有《愧林漫录》数卷，咸理名格训，历世华跃若寒士然"这样的衷心赞许，但这书其

---

❶ 海南出版社，1999年，第680页。
❷ 第676页。
❸ 第677页。
❹ 第677页。
❺ 第680页。
❻ 第680页。
❼ 第681页。
❽ 第682页。
❾ 第683页。

实正如马相伯1919年《题愧林漫录》中所批评的那样：

> 物各有类，学各有科，科各条分，条各有其自性焉。譬言火不先论其自性，第曰非木也，而木能生火，非金非石，而金石相磨，生火孔多，此谓不知火而已。故知，知知类也。世辑格言者众矣，鲜知类别；别矣，而不知以其自性别之，与无别同。伯略《漫录》，前学问，后读书，开章第一义，即与无别同。儒、释、道之书之说尽然，言科学且不成，矧言宗教哉？伯略文名颇早，奉教颇晚，故其伯父每以为忧，兹所辑盖少年之作也。其自序以万劫之苦而抵百世之债云云，似为奉教后悟道语。玄父社兄颇爱此编，特志数语以赠之。❶

翁同龢以贵介子弟而历仕显宦，对于这类书籍的喜好，其实颇可以说明清代儒学传家的上层阶级的自我要求和道德规范，对我们理解他们的立身处世颇多裨益。

---

❶《中国近代思想家文库：马相伯卷》，李天纲编，中国人民大学出版社，2014年，第300页。

善本经眼录之《朝鲜古活字版拾叶》

　　《朝鲜古活字版拾叶》不分卷，日本昭和十九年（1944）八月东京群书堂书店编。一册。书高三十四点九厘米，阔二十二点九厘米。内封四周单边，分三栏，左右栏等宽，中栏稍阔。右题"昭和十九年八月　日"。中栏题"朝鲜古活字版拾叶"，下小字题"二十六种"。左栏题"京城群书堂书店编"。

　　首目录，叙所收品类及所用活字：一、《资治通鉴纲目》，庚子字刊本；二、《史记》，庚子字刊本；三、《类说经学对仗》，庚子字刊本；四、《文选》，庚子字刊本；五、《西山先生真文忠公文章正宗》，庚子字刊本；六、《分类补注李太白诗》，甲寅字刊本；七、《资治通鉴纲目》，丙辰字、甲寅字刊本；八、《增刊校正王状元集注分类东坡先生诗》，甲寅字刊本；九、《文选》，甲寅字刊本；十、《南史》，甲寅字刊本；十一、《王荆文公诗》，甲寅字刊本；十二、《资治通鉴纲目》，仿丙辰字改铸甲寅字刊本；十三、《春秋胡氏传》，乙亥字刊本；十四、《通鉴论》，乙亥字刊本；

《朝鲜古活字版拾叶》，日本昭和十九年（1944）八月东京群书堂书店编

卷前的目录叶

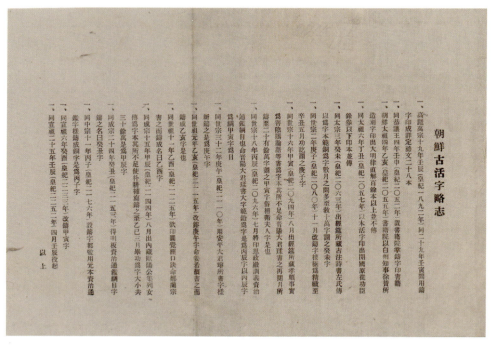

卷末的《朝鲜古活字略志》

十五、《武经小学》，乙亥字刊本；十六、《真西山读书记乙集上大学衍义》，乙亥字刊本；十七、《增续会通韵府群玉》，乙亥字刊本；十八、《怀麓堂集》，乙亥字刊本；十九、《文翰类选大成》，乙酉字刊本；二十、《史铖》，甲辰字刊本；二一、《唐诗品汇》，甲辰字刊本；二二、《新编古今事文类聚》，甲辰字刊本；二三、《春秋左传直解》，甲辰字刊本；二四、《文苑英华》，己卯字刊本；二五、《大宋眉山苏氏家传心学文集》，己卯字刊本；二六、《宋元史略》，木活字刊本。次正文，先款目著录，后附原书残叶。全书之末，殿之以《朝鲜古活字略志》。

书中所收之书叶，关涉八种活字：

一、庚子字刊本计五种

1、《资治通鉴纲目》，刊于朝鲜世宗六年（明永乐二十一年，1423）。书中注为刊于皇纪二〇八二年顷。四周单边，有界。半叶十一行，行二十四字，注小字双行同。黑口。

2、《史记》，刊于朝鲜世宗八年（明洪熙元年，1425），书中注为刊于世宗七年，即皇纪二〇八五年。四周双边，有界。半叶十一行，行二十一字，注小字双行同。黑口。

3、《西山先生真文忠公文章正宗》，刊于朝鲜世宗十一年（明宣德三年，1428）。书中注为刊于皇纪二〇八九年。四周双边，有界。半叶十一行，行二十一字，注小字双行同。黑口。

4、《类说经学对仗》，约刊于世宗庚子至甲寅年间（明永乐十八年至宣德九年，1420-1434）。四周单边，无界。半叶十六行，行十八字。黑口。

5、《六臣注文选》，约刊于世宗庚子至甲寅年间（明永乐十八年至宣德九年，1420-1434）。书中注为刊于皇纪二〇九〇年顷，未知何据。四周双边，有界。半叶十一行，行二十一字，注小字双行同。黑口。

二、甲寅字刊本计七种

1、《分类补注李太白诗》，刊于朝鲜世宗十七年（明宣德十年，1435）。四周双边，有界。半叶十行，行十八字，注小字双行同。

2、《资治通鉴》，刊于世宗二十年丁巳（皇纪二〇九七年），即明正统三年（1437），书中作"世宗二十年戊午"，误。此本大字为晋阳大君瑈（世祖）所书丙辰字，中小字则为甲寅字。四周双边，有界。半叶十行，行十八字，注小

庚子字刊本《资治通鉴纲目》

甲寅字刊本《分类补注李太白诗》

字双行同。

3、《增刊校正王状元集注分类东坡先生诗》，约刊于朝鲜世宗甲寅至文宗庚午间（明宣德九年至景泰元年，1434-1450），书中注为刊于成宗朝（明成化五年至弘治六年，1469-1493），恐误。四周单边，有界。半叶九行，行十七字，注小字双行同。

4、《六臣注文选》，约刊于朝鲜明宗二年至宣祖七年间（明嘉靖二十五年至万历元年，1546-1573）。书中注为刊于中宗、明宗年间（明正德元年至嘉靖四十五年，1506-1566），未知何据。四周双边，有界。半叶十行，行十七字，注小字双行同。黑口。

5、《南史》，刊于朝鲜中宗、明宗年间，书中注为刊于明宗、宣祖年间（明嘉靖二十四年至万历三十五年，1545-1607），未知何据。四周双边，有界。半叶十行，行十七字。黑口。

6、《王荆文公诗》，刊于朝鲜中宗三十一年（明嘉靖十五年，1536）。书中注为刊于明宗、宣祖年间，未知何据。四周双边，有界。半叶九行，行十七字，注小字双行同。

7、《资治通鉴纲目》，刊于中宗、明宗年间（明正德元年至嘉靖四十五年，1506-1566）。书中注为宣祖朝仿丙辰改铸甲寅字刊本。大字仿丙辰字木活字，中、小字则改铸甲寅字。四周双边，有界。半叶十行，行十七字，注小字双行同。

三、乙亥字刊本计六种

1、《春秋胡氏传》，刊于成宗二年至燕山君元年年间（明成化六年至弘治七年，1470-1494）。书中注为成宗朝乙亥字刊本，当确。四周单边，有界。半叶九行，行十七字，注小字双行同。

2、《通鉴论》，刊于朝鲜燕山君二年至仁宗元年（明弘治八年至嘉靖二十三年，1495-1544）。书中注为刊于中宗朝（明正德元年至嘉靖二十二年，1506-1543）。四周单边，有界。半叶十四行，行十六字。黑口，或白口。

3、《武经小学》，刊于朝鲜中宗元年至光海君元年间（明正德元年至万历三十六年，1506-1608）。书中注为刊于明宗、宣朝【祖】年间（明嘉靖二十四年至万历三十五年，1545-1607）。四周单边，有界。半叶九行，行十七字，小字双行同。

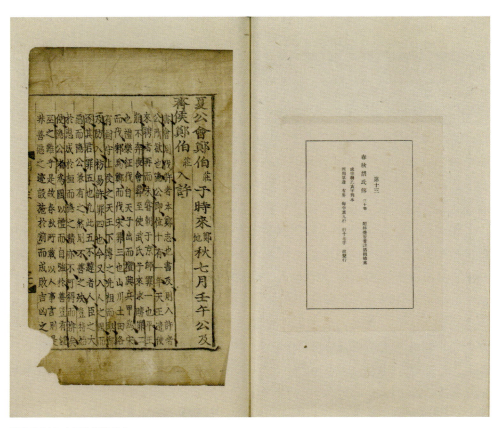

乙亥字刊本《春秋胡氏传》

　　4、《真西山读书记乙集上大学衍义》，刊于朝鲜中宗元年至朝鲜光海君元年间。书中注为明宗、宣祖年间刊本。四周单边，有界。半叶九行，行十七字。黑口。

　　5、《增续会通韵府群玉》，刊于朝鲜中宗元年至光海君元年间。书中注为明宗、宣祖年间刊本。四周单边，有界。半叶十行，行十八字，注小字双行同。

　　6、《怀麓堂集》，刊于朝鲜明宗五年（明嘉靖二十八年，1549）。书中注为刊于明宗、宣祖年间。四周单边，有界。半叶十行，行十八字。

　　四、乙酉字刊本计一种

《文翰类选大成》，刊于朝鲜成宗元年至十六年间（明成化五年至成化二十年，1469-1484）。书中注为刊于成宗朝（明成化五年至弘治六年，1469-1493）。四周单边，有界。半叶十三行，行二十一字。

五、甲辰字刊本计四种

1、《史钺》，刊于朝鲜成宗十六年至燕山君年间（明成化二十年至弘治七年，1484-1494）。书中注为刊于中宗朝。四周单边，有界。半叶十九行，行十九字。黑口。

2、《唐诗品汇》，刊于朝鲜明宗二年至光海君年间（明嘉靖二十五年至万历三十六年，1546-1608）。书中注为刊于明宗朝（明嘉靖二十四年至嘉靖四十五年，1545-1566）。四周单边，有界。半叶十二行，行十九字，注小字双行同。黑口。

3、《新编古今事文类聚》，刊于朝鲜成宗二十五年（明弘治六年，1493）。书中注为刊于明宗、宣祖年间。四周单边，有界。半叶十二行，行十九字。

4、《春秋左传直解》，刊于朝鲜明宗二年至光海君年间（明嘉靖二十五年至万历三十六年，1546-1608）。书中注为刊于明宗、宣祖年间。左右双边，有界。半叶十二行，行十九字。

六、丙子字刊本计两种

1、《文苑英华》，刊于朝鲜中宗三十一年丙申（明嘉靖十五年，1536）。四周单边，有界。半叶十二行，行二十一字。

2、《大宋眉山苏氏家传心学文集》，刊于朝鲜中宗十二年（明正德十二年，1517）。书中注为刊于中宗朝。四周单边，有界。半叶十一行，行二十字。

八、木活字刊本计一种

《宋元史略》，书中注为刊于中宗、明宗年间。四周单边，有界。半叶十一行，行十九字。黑口。

按：是书编于昭和十九年（1944），正值日本军国主义泛滥之际，故以所谓第一代天皇神武天皇即位元年为始之皇纪纪年法标注（较西历早六百六十年）。再以时朝鲜为所吞并，故得创成此书。此书实为朝鲜活字版残叶集珍，收二十六叶典籍残张，集赏鉴于一册，颇便读者，为旧时古书业之经见方式。惟既系以旧书残叶编成，故每册所收名目固自恒定不变，所收书叶则或多不

乙酉字本《文翰类选大成》

甲辰字本《唐诗品汇》

丙子字刊本《文苑英华》

木活字刊本《宋元史略》

同。此书国内收藏较罕，除此之外，仅见者为2002年上海国际拍卖公司一册，其图录所收书影系《南史》卷三《宋帝纪下》元徽四年夏六月至年末部分，而本书所收则系卷四《齐本纪上》，所记为齐高帝萧道成元徽元年平桂阳王休范乱事。观此一端，其馀可知。

活字一术，虽源于中土，然自传入朝鲜半岛，即蔚然大观，颇有后来居上之态。究其所以，乃因朝鲜半岛既鲜雕版所需之梨、枣、梓等木，又战事频仍，书籍散毁甚亟而所需亦不甚夥，故得如《增补文献通考》所言"范铜为字，随书印之，以广其传，为无穷之利"。三韩活字有缘起高丽中期之说（约中朝南宋之际），以其时文献如李奎报《东国李相国后集》卷十一《新印详定礼文跋尾》一文中载"遂用铸字印成二十八本，分付有司藏之"云云。今虽未见此书传本，然综合其他文献所载，铜活字源于此际之说当可信从。尤可称道者，为现存法国国家图书馆之《白云和尚抄录佛祖直指心体要节》一书，卷末存刊记云"宣光七年丁巳七月　日　清州牧外兴德寺铸字印施"，宣光七年即高丽褍王三年，亦即明洪武十年（1377），为现所知存世最早之铸字印本书。而同年又有木活字本《通鉴纲目》存世，即高丽末年木活字技术亦已发展成熟。迨自朝鲜太宗三年（明永乐元年，1403），国力稍盛，乃又有政府铸字印书之举。据《太宗实录》卷五，三年癸未二月庚申条："新置铸字所。上虑本国书籍鲜少，儒生不能博观，命置所，以艺文馆大提学李稷、总制闵无疾、知申事朴锡命、右代言李膺为提调，多出内府铜铁，又命大小臣僚自愿出铜铁，以支其用。"此则所谓"癸未字"。自兹以还，政府屡屡因需铸字，并多以所始之年干支命名，其印本及活字多有留存至今者。而诸版活字之尤者，则非甲寅字莫属。《中宗实录》卷二十三中宗十年乙亥（明正德十年，1515）十一月丙戌条云："我世宗朝印出书籍，非但纸品甚佳，打印亦极其佳，近古书册之美，无逾于此。"《英宗实录》卷四十四英宗二十年丙辰（清乾隆九年，1744）三月癸亥条亦云："国朝屡铸铜字，而世宗朝甲寅所铸，集其大成。"其后所谓"六铸甲寅字"者，正系因此。三韩一地，自太宗朝以铜活字印书以来，直至壬辰倭乱之前，官府铸造金属字印书乃系主流，木活字则多仅为补充残缺、佚失之用，故早期高丽本绝少木活字本。本书仅收木活字本一种，当亦出于此故。然谛审此《宋元史略》残叶，除个别后补之字外，似非木活字所刷者。或著录为乙亥字本，云刊于朝鲜中宗、仁宗年间，即明正德元年至嘉靖二十三年间（1506—1544），然其字体亦不类乙亥诸字，尚需续考。

书中所收诸书，现今皆有全本存世，可资对勘。除最末之《宋元史略》外，馀皆可断为金属活字。一、庚子字，创制于朝鲜世宗二年，即明永乐十八年（1420）。有大小字两种，大者规格 1.1×1.3 厘米，小者规格 1.1×0.6 厘米。其字体源出于宋元所刻《诗》、《书》、《左传》等典籍。二、甲寅字，又称卫夫人字，创制于朝鲜世宗十六年，即明宣德九年（1434）。有大小字两种，大者规格 1.4×1.6 厘米，小者规格 1.4×0.8 厘米，共二十馀万枚。其字为晋阳大君珫所书。三、丙辰字，创制于朝鲜世宗十八年，即明正统元年（1436）。为铅活字。字体规格 2.3×3.4 厘米。其字为晋阳大君珫所书。四、乙亥字，创制于朝鲜世祖元年，即明景泰六年（1455）。有大中小字并韩文字四种，大字规格 1.8×2.3 厘米，中字规格 1.2×1.5 厘米，小字规格 1.2×0.8 厘米，韩文字规格 1.2×1.0 厘米。其字为姜希颜所书。五、乙酉字，又称郑兰宗字，创制于朝鲜世祖十一年，即明成化元年（1465）。有中字、小字并韩文字三种，中字规格 1.0×1.0 厘米，小字规格 1.0×0.5 厘米，韩文字规格 1.0×0.8 厘米。其字为郑兰宗所书。六、甲辰字，创制于朝鲜成宗十六年，即明成化二十年（1484）。有大小字两种，大字规格 1.0×1.1 厘米，小字规格 1.0×0.5 厘米，共三十馀万字。其字为朴耕所书。七、己卯字，创制于朝鲜中宗十四年，即明正德十四年（1519）。其字与三年前所成丙子字同，皆分大小字两种，大字规格 1.1×1.4 厘米，小字规格 1.1×0.7 厘米。字体皆源出于唐本《资治通鉴》。

朝鲜中宗十年（正德十年，1515），以先朝铜字藏守不谨，多有散失者，乃发议重铸新字，即于次年正月设立铸字都监，由议政领之。至五月，以旱灾极甚，遂罢铸字都监，其事亦寝。其间除补铸甲寅、甲辰字之外，复新铸活字，即丙子字。至十四年（明正德十四年，1519）七月，以乡校、民间典籍匮乏，乃以鍮器改铸活字，此即己卯字。丙子、己卯两种活字字体相同，故多有主张己卯所铸实即丙子之补充，并非自成一派。而今两套活字所印书籍计二十种，亦无法分辨孰为丙子，孰为己卯。故本书所收《文苑英华》、《大宋眉山苏氏家传心学文集》两种，目录作己卯字刊本，而正文解题则作丙子字刊本。

红印本《彊邨校词图题咏》解题

　　《彊邨校词图题咏》，龙沐勋辑录。一卷一册。民国二十二年刻红印本。十行十七字，小字双行同。左右双边，黑口，上单鱼尾。鱼尾上镌"彊邨遗书"，中镌类别、页码。

　　此本系《彊邨遗书》之一。首陈三立楷书题"彊邨遗书"，左下署"陈三立"又"散原"朱文半通印。次"彊邨遗书总目"，分为三部分：

　　内编：《云谣集杂曲子》一卷（燉煌石室唐写本，归安朱孝臧重校足本）；《词菉》一卷（归安朱孝臧原本，钱塘张尔田补编）；《梦窗词集》一卷（四明吴文英撰，归安朱孝臧四校定本）；《沧海遗音集》十三卷（归安朱孝臧辑）；《彊邨语业》三卷（归安朱孝臧撰）；《彊邨弃稿》一卷（归安朱孝臧撰）。

　　外编：《彊邨词剩稿》二卷（归安朱孝臧撰）；《彊邨集外词》一卷（归安朱孝臧撰）。

陈三立楷书题签

附录：《归安埭溪朱氏世系》(据埭溪朱氏支谱)；《清故光禄大夫前礼部右侍郎朱公行状》(江阴夏孙桐撰)；《清故光禄大夫前礼部右侍郎朱公墓志铭》(义宁陈三立撰)；《彊邨校词图题咏》一卷(万载龙沐勋辑)。

次龙榆生癸酉夏于真如寓所识语，中述《遗书》之编辑过程甚详，云：

> 先是，先生疾亟，以所定《云谣集杂曲子》、《梦窗词集》、《彊邨语业》卷三、《彊邨弃稿》及手辑《沧海遗音集》见授。病榻执手，哽咽不成声。次日，先生遽逝，旋权厝闸北湖州会馆。倭变骤作，先生介弟梅生先生既为妥移遗榇于沪西。复检遗箧得杂稿若干种，并以授予。往复与夏(闰枝)、张(孟劬)两公商榷，因取先生手定者为内编，其由予辑录者为外编，而以《世系》、《行状》、《墓志铭》、《校词图题咏》之属附焉。

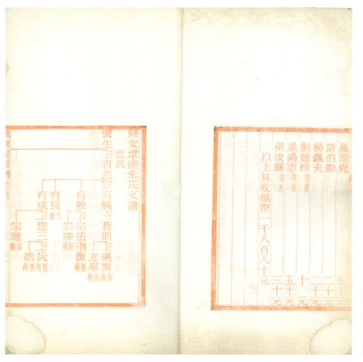

助赀人姓氏及《归安埭溪朱氏支谱》

次助赀人姓氏（依原册题名先后为次）：

叶恭绰（遐庵）二百元，林葆恒（子有）一百元，赵尊岳（叔雍）二百元，刘承幹（翰怡）三百元，周庆云（梦坡）一百元，陈洵（述叔）二百元，李宣龚（拔可）一百元，汪兆铭（精卫）四百元，杜之枚一百元，罗原觉五十元，许伯勤二十元，杨铁夫二十元，刘锺经（圣徵）十元，梁鸿志（众异）五十元，洪汝闿（泽丞）三十元，以上共收银币一千八百八十元。

次归安埭溪朱氏支谱之世系表。次《清故光禄大夫前礼部右侍郎朱公行状》（江阴夏孙桐撰）；次《清故光禄大夫前礼部右侍郎朱公墓志铭》（义宁陈三立撰）；次则《彊邨校词图题咏》正文一卷。

《彊邨校词图题咏》首行顶格镌题名，次行缩五格镌"万载龙沐勋榆生辑录"，再次行缩一格镌体裁"文"，再次缩两格镌题咏之名目，下则距行末三格

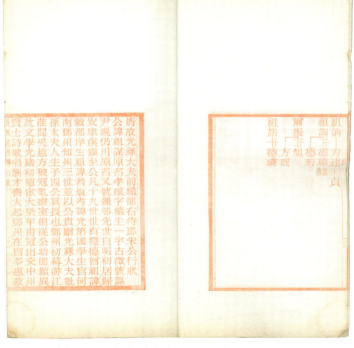

陈三立撰《清故光禄大夫前礼部右侍郎朱公墓志铭》

夏孙桐撰《清故光禄大夫前礼部右侍郎朱公行状》

镌责任者名。

首宣统丙辰秋九月沈曾植序，次丙辰秋王国维序，次丁巳修禊后三日秦绶章序，次丙辰仲秋叶昌炽序。次龙榆生小字注云："案，以上四篇并载何维朴所画图卷。沐勋附记。"次乙卯秋长洲沈修《彊邨校词图记》，次张尔田《校词图赞》，次丙辰秋七月孙德谦《彊邨校词图序》，次龙榆生小字注云："案，以上三篇并载顾麟士所画图卷。沐勋附记。"次乙丑先立春三日宋文蔚《彊邨校词图跋》，次戊辰八月黄孝纾《彊邨校词图序》，次龙榆生小字注云："案，以上二篇并载吴昌硕所画图卷。沐勋附记。"

又次则缩一格镌体裁"诗"，次行缩两格镌诗题，再次行距行末三格镌责任者名。间有缩两格镌诗题，再距行末三格镌责任者名者。次则诗，每首各为起讫。

首顾麟士乙卯五月《为沤尹先生作校词图附书三绝句》，诗末存顾氏题记两首。次郑孝胥丙辰三月《为古微侍郎题校词图》七律一首，次瞿鸿禨《奉题古微侍郎校词图》七古一首，次陈三立《奉题沤尹同年校词图》两首，次杨锺羲《奉题沤尹老前辈校词图》七律一首，次夏敬观《奉题沤尹先生校词图》五古一首，次缪荃孙《沤尹先生属题校词图》七绝三首，次胡嗣瑗丁巳十月《沤尹老前辈属题校词图》七律一首，次李传元《奉题沤尹前辈同年校词图》五古一首，次吴庆坻《为沤尹前辈题校词图》七绝四首，次吴士鉴《为沤尹老前辈题校词图》七绝三首，次金蓉镜《为沤尹侍郎题校词图》五古一首，次喻长霖《今岁夏间到浙曾赋二律寄志局同人并步原韵再寄古微老前辈遂录以题校词图》七律两首，次罗惇曧戊午十一月《奉题沤尹先生校词图时同游西湖》七律三首，次陈衍《古微同年属题校词图》七律三首，次黄节《奉题沤尹先生校词图》七律一首，次李宣龚《甲子小寒奉题沤尹年丈校词图时距焦岩之游已十有二年矣》五古一首，次龙榆生小字注云："案，以上各诗并载顾麟士所画图卷。沐勋附记。"次章梫《丁巳冬日奉题彊邨老前辈校词图兼补寿丙辰六旬生日时同寓上海》七绝六首，次唐元晏《为彊邨先生题校词图》七律一首，次吴郁生《奉题彊邨先生校词图》七绝三首，次吴炯然《为沤尹先生题校词图时在上海金粟行庵》五古一首，次袁思亮《奉题彊邨先生校词图》五古一首，次陈宝琛《奉题彊邨校词图》七律一首，次胡嗣瑗《丁卯岁阑奉怀彊邨前辈旧作因检校词图寄归海上辄录于后方》七律一首，次龙赓言《奉题彊邨先生校词图》七律一首，次龙榆生小字注云："案，以上各诗并载何维朴所画图卷。沐勋附记。"次诸宗元《彊邨先生以缶翁所制校词图属题赋奉正定》七绝两首，次陈诗乙卯春《敬题彊邨宗伯校词图时同客沪渎》七绝四首，次周达《彊邨侍郎属题缶翁所绘校词图》七绝六首，次冯开《沤尹侍郎命题缶翁所画校词图》七律一首，次吴学廉《古微侍郎命题校词图》七绝八首，次龙榆生小字注云："案，以上各诗并载吴昌硕所画图卷。沐勋附记。"

次则缩一格镌体裁"词"，次行缩两格镌词牌，下单行小字镌词题，再次行距行末三格镌责任者名。次则词，每阕各为起讫。

首冯煦《霜花腴·次乙卯哈园九日韵为古微前辈同年题校词图》一阕，次陈曾寿《清平乐·为彊邨先生题校词图》一阕，次况周颐《还京乐·为古微先生题校词图》一阕，次林开謩《水调歌头·沤尹老前辈属题校词图》一阕，次龙榆生小字注云："案，以上各词并载顾麟士所画图卷。沐勋附记。"次劳乃宣《醉翁操·奉题彊邨校词图时在庚申八月》，次龙榆生小字注云："案，此词载何维朴所画图卷。沐勋附记。"次吴昌硕《减字木兰花·彊邨先生属写校词图为拟奚蒙泉笔意并缀此词》，次曾偈《踏莎行·奉题古微侍郎校词图》一阕，次曾广珊《踏莎行·奉题彊邨侍郎校词图》一阕，次程颂万《雪梅香·和彊邨侍郎语业词韵奉题校词图兼寿七十一岁生日》一阕，次龙榆生小字注云："案，以上各词并载吴昌硕所画图卷。沐勋附记。"

卷末一行顶格镌"彊邨校词图题咏"。

古微故世未久，龙榆生即已计划为之刊行遗著，以此事为古微之临终付托。据龙榆生记述，辛未十一月廿二日（1931年12月30日），古微老人殁于沪上牯岭路南阳西里寓所，而前此两日，榆生登门探疾之时，曾得老人面托后事。龙氏所撰《朱彊邨先生永诀记》云：

（彊邨）又曰："《沧海遗音》当以奉托。"《沧海遗音》者，先生汇刻逊清遗民词……予又以先生诗稿（自题《彊邨弃稿》）及未刻词（自题《彊邨语业卷三》）为请。先生言："诗不足存，词待精神稍佳，自行删定，再

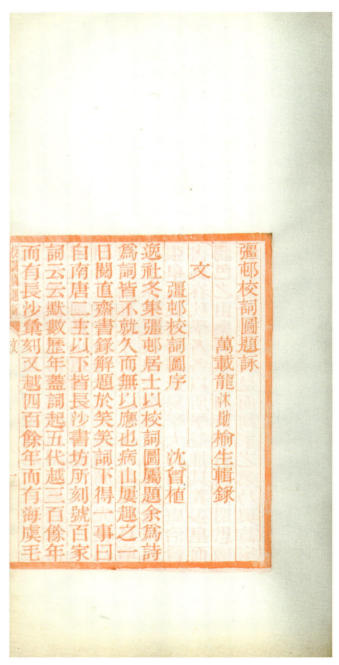

彊邨校詞圖題詠

萬載龍沐勛榆生輯錄

文

彊邨校詞圖序

沈曾植

彊邨校詞圖屬題余爲詩
逸社冬集彊邨居士以校詞圖屬題余爲詩
爲詞皆不就久而無以應也病山屢趣之一
日闊直齋書錄解題於笑笑詞下得一事曰
白南唐二主以下皆長沙書坊所刻號百家
詞云云歴數歴年蓋詞起五代越三百餘年
而有長沙彙刻又越四百餘年而有海虞毛

龙榆生辑录《彊邨校词图题咏》

朱彊邨画像（国家博物馆藏《清代学者象传》）

以奉托。"良久复曰："子俱携去，为吾整理。"俄而叹曰："名心未死。"又
曰："《云谣集》可取去，为吾续刊矣。"

则《遗书》所收者，多系老人未了之心愿。老人临终之举，并非一时心血来潮，
结合前此之赠砚，可知实系衣钵相付之意。龙氏《彊邨晚岁词稿跋》记古微赠
砚之事云：

> 一日，予走谒先生于牯岭路寓楼，既出所作《鹧鸪天·绝笔词》见示，
> 复就枕边取生平所用校词双砚授予，因曰："吾未竟之业，子其为我了之。"

榆生虽非朱氏入室弟子，然临终传砚，古微实已视龙氏为传人。龙榆生于古微
老人赠砚一事，感怀甚至，曾经屡屡商请友人绘图以为纪念，除老人生前即曾
亲见之夏敬观所绘《上彊邨授砚图》之外，又有吴湖帆壬申年（1932）所绘之
《受砚庐图》，汤定之甲戌年（1934）所绘之《上彊邨授砚图》，徐悲鸿乙亥年
（1935）所绘之《彊邨授砚图》，方君璧癸未年（1943）所绘之《彊邨授砚图》，
蒋慧癸未年所绘之《彊邨授砚图》，夏敬观戊子年（1948）再绘之《彊邨授砚图》
共七幅。榆生倾心尽力代古微刊行遗书者，即所以报古微，为之了却遗愿。

《遗书》之编纂，诚如龙序所言，夏、张二人助力尤多，如今存夏孙桐壬
申冬月初三致龙榆生函云：

> 《集外词》翻阅一过，见其应酬之作太多。而近年来经意之作，《语业》
> 所未收者，反不在内。恐此所谓"集外"者，亦非定本，已函送孟劬审阅。
> 鄙意果留集外词，亦当综其生平诸刻及最近所作，合之此册，再加去取，
> 较为合法，尊意以为何如？俟孟劬阅毕，再行奉复。

则《集外词》所收诸作，当系业经夏、张二人遴选。助刊此书者不仅夏、张二
氏，据前揭书中所载助款之人，多系与古微同属庚午九月成立之沤社之会员，
若叶恭绰、林葆恒、赵尊岳、周庆云、杨铁夫、梁鸿志、洪汝闿七人。而其他
若刘承幹、汪兆铭等，亦无不与古微有颇多雅故者，前者与朱不惟同乡，且同

系清室遗民；后者则为朱氏早年广东学政任中所得门生。其他诸人亦皆与老人多所交往，谊属旧雨，如陈洵，其所撰之词即为古微收入《沧海遗音》者。然全力操持此事者，则仅实际与老人相交甚晚之龙榆生一人而已。

据夏承焘《天风阁学词日记》所载龙榆生之函云："（榆生）拟辑其遗事为一卷、年谱一卷，附遗著刊行。又拟组织刊印先生遗书会，须数千金。"即龙氏最初之刊行计划，除遗书外，尚拟汇辑遗事及年谱。又1932年1月14日夏氏《日记》记载："榆生发起募三千金刻印其全部遗著。闻彊老门弟子反有反对者，殊不可解。"今观书中所载集资总数为一千八百八十元，距离三千之数尚需千元，则今本无遗事、年谱者，或即以乏资之故耳。函中所言之刊印遗书会，虽未知是否成立，然香辑资金以刊遗书之目的，则显然已告实现。《同声月刊》四卷三号中，曾刊登一通汪精卫致龙榆生函，中云："付印《遗书》，窃愿随先生及诸先生之后稍尽绵力。兹敬捐肆百元。应汇至何处？便祈示知，是所至荷。捐册附还，并祈察收。"正可与捐助名单中所列捐资对勘。而当日拟集之资亦有未曾落实者。张晖《龙榆生先生年谱》中，存陈洵致龙榆生函两通，曾提及捐款之事，壬申（1932）七月廿七者云："前日晤廖凤老，云日将来沪，百圆助款由彼自交。洵款则中秋前后当可寄到。"同年腊月朔日者云："洵助刻书费二百圆寄上。廖君百圆，彼云明春北游到沪亲交，洵不便再作何语。"今名单中既无廖氏大名，想其捐款，已作泡影矣。

民国三年（1914）秋九月金陵刻经处《百喻经》卷末有识语记载刊书费用云："会稽周树人捐洋银六十元敬刻此经，连圈计字二万一千零捌拾一个，印送功德书一百本，馀赀六元，拨刻《地藏十轮经》。"但金陵刻经处所刻此书，系常见之宋体，想来并非出名家所写，其费用低廉，亦属常情。而与刊《遗书》之姜文卿刻书处同负盛名的黄冈饶氏，其收费可见于民国七年初王国维致罗振玉函："哈园刻书事，饶星舫（湖北籍著名刻字高手）只认每年四十万字，若后年可以增加，且每种大小总算，千字须五元九角，殊太昂贵，当与纬公商定书价耳。"饶氏所需如此，则姜氏所需想亦相近。今综计《遗书》之外编、附录及内编之《彊邨语业》三卷、《彊邨弃稿》一卷，得字即约二十万左右。若以饶氏标准计，则仅刻此即需约一千二百元左右。再益以内编之《云谣集杂曲子》一卷、《词莂》一卷、《梦窗词集》一卷、《沧海遗音集》十三卷（大概字数当在二十万之上）及印刷、装订、纸张、运输等费，龙氏所辑之款恐尚远远不足，于以又见龙氏尊师重道之高谊。惟当时姜氏之计费标准如何，现尚不知，其刻集之具体费用仍难判别。吴昌绶致缪荃孙函中曾言，南京刻书有千字二元八角者，又言“沅叔寻得一写手，每百字铜元十一枚”，所言当系极低之价，恐难以为计算龙氏刻书资费之据。

《彊邨遗书》中共存散原题签四幅，即“彊邨遗书”、“彊邨弃稿”、“彊邨词剩稿二卷”、“词莂”。然散原所作实有五种，另有“彊邨集外词”题签一条，尚存于龙氏遗物之中。而今见之《遗书》中“彊邨集外词”题签，则系邵章所写。揆之情实，或系当日曾同请邵、陈，邵书先至，即行寿梓附入集中。又或他本另行有刊入散原题签者，以未曾遍览存世之本，尚难确言。旧时刊书随刊随装，每册之内容、顺序或有调整，皆属正常，而尤以序跋、题签较为随意。如本册即缺叶恭绰所题“彊邨校词图题咏”之签，而该签赫然见于北京大学图书馆藏本。再如“助赀人姓氏”一事，本册装于册首，而北大藏本则见于卷尾。据张晖《陈三立与龙榆生佚函》一文揭示，壬申（1932）三月望日，散原致函龙氏云：

> 榆生世仁兄侍右：前承惠书，藉悉近状，并谂尊公于战祸中福体胜常，无任颂慰。仆蒿目世难，忧愤郁积，时缠杂病，万事皆废，久稽裁答。亦以此，彊邨同年题签写上，恐不可用。其铭幽之文，他日当勉为之。词序则门外汉，无从着笔。不如阁下自撰或倩剑丞、伯夔、公渚诸君能知此中甘苦者，庶形诸笔墨，不致贻笑也。尊意以为何如？

此处所言之题签，或系已刊入《遗书》中的四签之一。至于函中所言“铭幽之文”，则据其癸酉（1933）二月十四日致龙氏书云，“榆生世仁兄侍右：前承惠书，督撰彊邨同年铭墓之文，以笃老精力衰竭，兼感寒疾累月，日内始勉凑就，荒劣恐不可用。聊缮呈，请取决于夏先生诸公。或指摘所不合，再图改窜修饰，何如”，当即本书卷前所刊之《清故光禄大夫前礼部右侍郎朱公墓志铭》。

今存吴梅癸酉正月初六致龙榆生函云：“《沧海遗音》、《彊邨弃稿》、《语业卷三》种种拜领，谢谢。"则此三书前此已经刊就。龙氏年谱中以《遗书》于1933年4月至8月刊于南京姜文卿刻书处，似有小误。或此时所刊者，仅此附录《题咏》一卷尔。《遗书》发刊之初，当在壬申之岁，今言癸酉刊本者，取其葳工之时也。

红印本《松邻遗集》解题*

  《松邻遗集》，仁和吴昌绶著，女蕊圆辑录并校。十卷一册，民国十八年己巳（1929）红印本。十二行二十二字。黑口，双鱼尾。版心中镌题名、卷数、页码。

  首邵章题签"松邻遗集"，下署"己巳邵章署"，并"伯褧"朱文小方印。次又邵章题签，落款则为"己巳秋中邵章题"，又有"邵章小记"白文小方印。次"松邻遗集目录"十七叶，次正文。正文首行顶格镌"松邻遗集卷一"，次行退十格镌"仁和吴昌绶伯宛著"，再次行退一格镌"文一"，再次行顶格镌篇名，再次行顶格镌正文。全集以体分编，首文，次诗，次词。每题复分次，如文、诗各分为四，词则分作上下，共计十卷。每卷之中，不惟各篇自为起讫，即同篇之中，亦各分段落，以清眉目。集中多所避讳，如"玄"、"弘"、"淳"、"仪"等字，皆缺末笔，可见作者本心。每卷之末，镌"女蕊圆辑录并校"一行。然据叶景葵戊寅四月二十一日作《松邻遗集》一跋云："印臣先生故后，友人章式之、傅沅叔、邵伯褧等搜集遗文，交式之担任编辑。辑成交琉璃厂文楷斋刊刻。"❶则此书之发起，当出吴氏之诸友。叶跋又云："印臣遗稿丛杂，诗词尤夥，多未成之作。此集颇为一时传诵，式之编次之审慎，实居其功，可谓不负死友矣。"又己卯小雪后四日叶氏所撰《吴伯宛先生遗墨》一跋中云："又编定者为章式之同年，以谨严为主，淘汰不少假借，式之亲为余言之。式之与先生以文章道义相砥砺，自任身后定文之责，以为非如是，不足以报死友也。"❷则此书之辑录去取，校勘编纂，实成于长洲章钰之手。《章氏四当斋藏书目》中，

---

  *小文多承友兄上海大学教授王培军博士指点，特此致谢。

  ❶见《叶景葵杂著》，顾廷龙编，上海古籍出版社，1986年，第154页。

  ❷见《叶景葵杂著》，第155页。

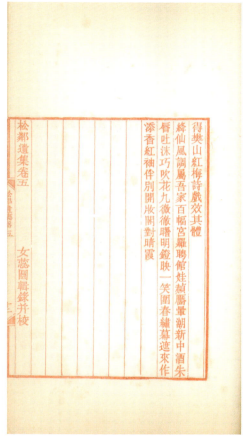

邵章题签　　　　　　　　　　　　每卷之末，镌"女蕊圆辑录并校"一行

载有《松邻遗集》两部，其一之下注云："（式之）先生手写本，代吴女蕊圆编，三册，有邵章校注。"❶亦可为式之实主吴氏遗集之证。

　　伯宛刊书，多倩式之为之校阅，如《松邻丛书》中之《四库全书荟要目》一卷、《南熏殿尊藏图像目》一卷、《茶库藏贮图像目》一卷、《道藏阙经目录》二卷等，即曾请式之代校❷。即平日所读之书，亦有函请式之代为校读者，如

---

❶ 见《章氏四当斋藏书目》卷上之四，顾廷龙编，燕京大学图书馆，1938 年铅印本，第 28A 页。

❷《章氏四当斋藏书目》卷中之二"四库全书荟要目一卷南熏殿尊藏图像目一卷茶库藏贮图像目一卷"条有吴氏手跋云："原本已还馆中，绥只看出一误字，仍求详阅一过，记其叶数、行数，示知改补。"（第 9B 页）又"道藏阁经目录二卷"条吴氏手跋云："此本亦求详校……如兄有考证，加一跋语更妙。"（第 11A 页）

《章氏四当斋藏书目》卷上之五"结一庐朱氏剩馀丛书四种一百十二卷"条中，即可多见式之代伯宛校书之状❶。又《仁和吴氏双照楼影刊宋元本词》十七种中，可以确知为式之代校者即有：《影宋吉州本欧阳文忠公近体乐府》三卷、《影宋本醉翁琴趣外篇》六卷、《影宋本卢川词》二卷、《影宋本于湖居士乐府》四卷、《影宋本渭南词》二卷、《影宋本鹤山先生长短句》三卷、《影宋本可斋词》卷、《影宋本石屏长短句》一卷、《梅屋诗馀》一卷、《影元延祐本知常先生云山集》一卷、《影明正德仿宋本花间集》十卷、《影元至大本中州乐府》一卷、《影元风林书院草堂诗馀》三卷，以此十三种皆存式之手跋，言系为吴氏代校者❷。而另外四种，虽无确证，然以情理推之，其校对当亦出式之手。式之校书精细不苟，不仅为时人见重，即其本人亦颇自负，其乙丑（1925）闰月曾手跋明万历四十八年（1620）《词坛合璧》本《花间集》云："钰曾为之详校，逐字逐笔，无少苟者。百年后当与北宋本等价耳。"❸吴氏与章式之情好甚笃，其赠式之所刊《酒边集》云："年来常与茗柯主人晤对，狂谭快论，辄于酒边倾泻。今芳林《酒边集》刻成，不可不志此一段因缘。三十年后展玩此箧，得勿风景不殊之感！乙卯十日，仁和吴昌绶。"❹孰料未及十年，伯宛即遽尔云逝，且需式之为其编集，黄垆之痛，可胜道哉！

撰者吴昌绶，据其友人虞山孙雄后为东方文化委员会所撰《松邻文集》四卷提要中云：

> 昌绶字伯宛，号印丞，晚号松邻，浙江杭县人。光绪丁酉举人。博雅工诗古文词，长于考证经史金石目录版本之学，著有《龚定庵年谱》及《吴郡通典》行世，又刊有《松邻丛书》二十馀种。卒于民国十三年甲子季秋，年五十六。遗集由至友章钰、王式通编次筹资付刊……昌绶曾选刊宋元及明初人词，合别集、总集凡十有七家，精校印行，世称双照楼本。后将书版归武进陶氏，并以未竟诸本付之。兹事始末，详见卷二《陶兰泉续刊影

---

❶ 第5A–5B页。

❷ 见《章氏四当斋藏书目》卷上之四，第35B–37A页。

❸ 见《章氏四当斋藏书目》卷上之四，第37A页。

❹ 见《章氏四当斋书目》卷中之四，第27A页。

宋元本词目序》中。❶

此所言之王式通，想仅系出资鸠工之人，非如式之之亲操笔政者。而徐世昌挂名主编之《晚晴簃诗汇》中，亦曾言：

> 伯宛读书贯串，精目录金石之学，诗词笺奏，涉笔皆工。少时随宦侨吴，为黄子寿方伯所奇赏。泊居京师，以食字自给，未尝一干要津。辛亥后究心掌故，仿谈孺木《国榷》义例，辑成四考。重修顾祠，躬亲其事。刻《松邻丛书》、《宋元明词》、《十六家墨说》。殁后葬西山大觉寺塔院。遗著次第刊行。妇陈，女蕊圆适海宁陈氏，并娴词翰。❷

伯宛所著书另有《宋金元词集现存卷目》，收录宋元间主要词集一百九十七家。又曾与缪荃孙、章钰合力搜辑黄丕烈题跋，编为《荛圃藏书题识》十卷《荛圃刻书题识》一卷。除此之外，伯宛又雅尚藏书，叶景葵《吴伯宛先生遗墨》一文中言伯宛于陇海路局秘书任中，"其时收入尚丰，因喜购故籍及金石精本，整理刊印，不惜重资。性又豪迈，用度仍苦不足。民国六七年间，将嫁女蕊圆，检出所藏明刊及旧抄善本四十种，定价京钞一千元出售，以充嫁资"❸。所言固为不虚，然伯宛之藏书生涯并非始自其陇海路秘书之时，以其本有清中叶杭州藏书家瓶花斋后裔，家道虽中落，而犹多存旧籍，然屡经摧折，皆成过

❶见《续修四库全书总目提要（稿本）》第十二册，齐鲁书社，1996年，第658页。《武进陶氏续刊景宋元本词目序》："昌绶自光绪晚季专意搜叇宋以来名家词，在南中则石莲、艺风、彊村诸先生相与论次。暨来京师，授经大理助之尤勤。女儿蕊圆十馀岁时，钞校日为常课。灵清旧居，积卷累至数尺。人事淹冉，中经丧乱，夙痾终窭，不可久支。乃择宋元与明初诸旧本，选工墨版，合别集、总集裁十有七家，今世所传双照楼本也。自馀丛帙，悉付彊村，精意勘订，所刊三十二册，实为倚声巨观。昌绶濩落无似，虽二三朋旧时以古本相假，不遑更事摹刻。兰泉雅志笃好，遂举书版归之，而偿吾值，并畀以未竟诸本。授经复旁为寻索，甫阅岁馀，遂成此编，其精美远出昌绶旧刻上，才智相悬，讵不信哉！"又可参陶湘《景刊宋金元明本词四十种叙录》："吾友吴子伯宛……旧与吾邑董授经大理同在京师，掸挈尤富，乃创意嫥探宋元旧本，景写刻之，使后来获见原书面目，所辑皆善本足本，藉证向时一切钞本之陋，旧有阙误者亦存其真，不失乾嘉前辈景刻诸书家法。始成十有七种，戊午岁以刊版归湘，数载以来，湘复踵其义例，选工精刻，又得二十三种，海内藏弆之家名编珍帙可据以传摹者，大致备于是矣。"
❷卷一八二"吴昌绶"条附"诗话"，闻石点校，中华书局，1990年，第7970页。
❸见《叶景葵杂著》，第155页。

眼。伯宛所撰《莫君楚生以吾家绣谷老人诗稿见示用族祖瓯亭翁于京师重获瓶花斋旧藏丁卯集得长律三首韵酬之》中，曾吟曰：

> 云烟过眼剧堪怜，东阁曩游感逝川。故物漫搜元氏谱，轻装未返米家船。重经兵火摧残劫，缅想官私簿录年。

自注云："丁酉北行，有书数千卷，留归安吴布政所。布政殁，为一残客胠窃殆尽。中多旧帙，叹恨不已。"又注云："今岁北事起，存都门者未及载归，所失亦不少。"可见其收藏生涯，亦属屡蹶屡振。

伯宛处世恬淡，不乐干求。李思清《民国时期的光宣文人——以清史馆文人群体为中心》一文中曾言：

> 清史馆协修吴昌绶似乎不太爱凑热闹。在参与《清史稿》的编纂之馀，他的精力主要放在刻印词籍方面。吴昌绶喜与师友书信论学谈诗。仅写给缪荃孙的书札就有213封之多。此外，清史馆同人还参与了不少文学性的社会活动。如1921年张一麐集资重建慈仁寺顾炎武祠，吴昌绶即多有参与。吴昌绶且撰有《重建慈仁寺顾亭林先生祠记》，吴昌绶此记，多关文坛掌故，从中可以看到光宣文人对传统文脉的自觉传承。❶

于伯宛之文献意识多有表彰。钱锺书亦曾于伯宛之学评曰：

> 吴昌绶伯宛《松邻遗集》十卷。吴氏精于版本目录，烂熟清人掌故，诗文皆修饬雅令，而乏气韵，自是学人之制也。文自云私淑汪容甫，（卷一《吴郡通典叙录》云："特于江都文学私淑最深，口沫手胼，粗涉堂奥。"）诗颇仿龚定厂，（卷五《梅祖厂杂诗》四十一首、卷六《梅祖厂续诗》四十

---

❶ 见《中国现代文学研究丛刊》2012年第7期。《重建慈仁寺顾亭林先生祠记》多存故实，尤以所言顾祠民国重建情形为人所未曾道及者："今年辛酉，吴县张一麐与同人集资重建，易飨堂为南向，中龛奉先生神位，仍以石洲附祀，缭以周廊。中门之外，筑房三楹，为憩坐所，取李子德诗意，榜曰炊虀庐。其旁为四柿亭，补植双宋以存慈仁故迹。祠中别有先生象刻石，亦摹补焉。"

首，又卷五《口号呈叔问》第一首云："杭州几席乡先辈定公句，准拟遗编次第镌。一种温馨心底贮，羽琊禅悦碧城仙。"）皆苦才情不足以副之。❶

钱公言其才情不足，系以定庵、容甫为标的，自不可以此轻言吴氏之文学。且以钱公之槃槃大才，一言之褒，已如华衮，乃言伯宛"精于版本目录，烂熟清人掌故，诗文皆修饬雅令"，誉之不可谓不高。吴氏所为诗文清异，多关艺林掌故，甚为可贵。孙雄撰《松邻文集》四卷提要云：

> 文凡四卷，卷一《清孝献皇后行状》及传跋、《东朝崇养录跋》、《校邦畿水利集说跋》，均有关掌故……卷三《书杨太守沂孙观濠居士文存后》，谓包安吴论书多特识，恨过事矜张，品目时贤，匪皆征信，太守劬学深思，粹然一轨于正，其于篆法，雅重完白山民。又谓张编修惠言篆，淳雅和平之气，实过于邓。昌绶窃意邓书神骨骏迈，诚足震荡一时，第誉者过当，学之多弊。编修与渊如、北江覃罩小篆，通儒之笔，与邓蹊径不同，太守更博综许书，上追古籀，彝器文字，秦汉石刻，靡不兼采，蔚成大家，千载以还，一人而已。昌绶所言实非过誉。卷四唐栖劳氏三君传，李玉如、包承善两墓志铭，《叶姬张氏玉真墓志铭》，《杨氏丰华堂藏书记》，均为传作。昌绶《梅祖庵杂诗》有云："秾纤外自具风骨，浑朴中能见性情。强学单寒何所苦，平生文派薄桐城。""秾纤"二句，盖即自评其文，所谓得失寸心知也。光绪庚子之乱，慈仁寺被毁，改寺基为昭忠祠，独西遍【偏】顾亭林祠屋数楹仅存，有唐开成井阑与王锡振书祠记刻石犹未佚。民国十年辛酉，江浙旅京士人集资重建，昌绶躬亲其役，并撰《祠记》，文见卷四。顾祠本以平定张穆附祀，昌绶卒后，同人公议，与张穆同设位附祀焉。❷

又所撰《松邻诗集》四卷《词》二卷提要云：

---

❶ 见《钱锺书手稿集·容安馆札记》第一百十二则，商务印书馆，2003年，第176–177页。
❷ 见《续修四库全书总目提要〔稿本〕》第十二册，第658页。

昌绶先人墓庐，在杭州艮山门外皋亭山麓，地有甘墩村，亦曰甘遯，尝乞吴俊卿篆"甘遯居"额，以榜寓斋。又属友绘图，自题云："绕郭家山望渺漫，烦君为我写林峦。苦思偕隐无多志，青鬓归来二等官。"时方盛年，而萧散恬淡如此，真似魏晋间人。诗凡四卷，断句如《酬莫楚生》云："亡书积岁犹心恋，煮字长年笑腹枵。"《秋草》云："平添秋士萧慅思，孤负春皇浩荡恩。香荄几日红心活，宿莽他年碧血痕。"《和闵黄山》云："学道自称天隐子，疗贫羞乞鬼遗方。"语均酸楚。昌绶性情中人，《题篝灯纺读图》绝句云："悲母生天不可呼，泪痕狼藉墨痕枯。寒釭尽有伤心事，未忍人间乞画图。"凡无母者读之，无不涕零如雨。昌绶光绪丁酉登贤书，戊戌覆试列高等，受知于翁协揆同龢，瓶社追祭诗云："金爵觚棱往事哀，玉阳史笔亦蒿莱。孤亭落照街荒埭，头白门生掩袂来。"亦极沉痛。古体如《戊午岁除祭书会诗》，及《题巩伯枥文待诏卧雪图》、《和伯葭精忠柏词》诸篇，并矫矫不群，有似缑山鹤唳。词凡一【二】卷，《题临桂王氏四印斋仿元巾箱本清真集》有句云："伤心千古才人泪，都在倚声中。"又云："吴门家住，长安久旅，憔悴应同。且共尊前，莫思身外，一晌疏慵。"《题垂虹感旧图》句云："一曲垂虹，顿成千古伤心地。灵均怨思，只托微波寄。"昌绶于倚声致力至深，此二阕不啻自为小传也。❶

于伯宛之诗文，虽不无阿私过誉之处，然亦见吴氏诗文，并非仅关一己之心曲而已。

《松邻遗集》一书，传世甚罕。叶景葵《松邻遗集》跋云：

文楷刻成，而刻资无人担任，闲置数年，文楷甚窘。壬癸间，葵入都，伯裘告葵曰："文楷急于结账，只需付四百元，便可印刷数十部。"葵允出二百元，分得红印二十部。尔时沅叔正作峨眉之游，葵固未知伯裘未与接洽也。迨沅叔回京，甚怒文楷之专擅，不许再印。文楷乃以原板改作他用。葵携二十部出京，同好分索，让去十九部，只剩此一册矣。十九部中，有

❶见《续修四库全书总目提要（稿本）》第十二册，第659页。

赠平湖葛氏一部、松江图书馆一部，此次倭患，不知已付劫灰否？❶

又己卯小雪后四日叶氏所撰《吴伯宛先生遗墨》一跋中云：

> 及先生捐馆舍，后再入京，则《松邻遗集》刊成，无人任剞劂之费，板存文楷斋。由邵伯絅同年发起，付文楷斋四百元，刷印五十部，余出二百元，得书二十部……此二十部携至上海，分赠同志，求者纷至，无以应之。寒斋仅存一部，今捐藏合众图书馆矣。《遗集》卷帙无多，因先生文稿随手散佚，未曾汇写，故搜集至难。❷

不过，据孙雄所言，《松邻遗集》其实系事后所冠之名，原书本系诗文分行者。孙氏《松邻文集》四卷提要云："《松邻文集》四卷。己巳仲秋杭县吴氏刻本，板归傅氏双鉴楼。"❸《松邻诗集》四卷《词》二卷提要则云："《松邻诗集》四卷《词》二卷。己巳仲秋杭县吴氏（刻本）……诗词共六卷，本与《文集》别行，刊竣后始并入《松邻遗集》。"❹孙氏与伯宛同为翁叔平弟子，所言自有所本，当可取信。然无论如何，文楷既已将板片改作他用，此《遗集》当再无印本。自民国初年至今，已历百年，当日所刷之五十部，所存恐已无多，则此本之珍稀自不待辞费。

《松邻遗集》中所收诸作，或别有所本，或曾经式之斧削，其文其诗多与他处所见者有所不同，如伯宛《景元至大本中州乐府》一卷书后所附跋云："《中州乐府》一卷，从江安傅沅未假所收日本五山版《中州集》景雕。其源出于至大庚戌本，较明人翻刻为古。甲寅四月，昌绶志。"下镌"词山"白文小方印。而《松邻遗集》卷二所收《中州乐府跋》则为：

> 案《中州集》元代凡二本，初刻于至大庚戌龙山赵氏国宝，标题"翰

---

❶见《叶景葵杂著》，第154页。
❷见《叶景葵杂著》，第155页。
❸见《续修四库全书总目提要（稿本）》第十二册，第658页。
❹见《续修四库全书总目提要（稿本）》第十二册，第659页。

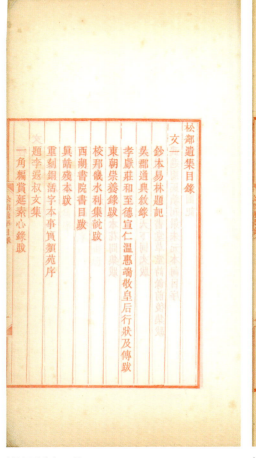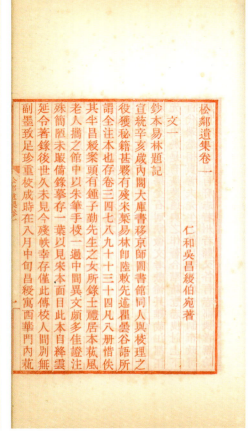

《松邻遗集》目录　　　　　　　　　　　《松邻遗集》卷端

苑英华中州集"。再刻于延祐二年，即题为"乙卯新刊"者。昌绶以傅沅叔所收日本五山翻乙卯本重刊《乐府》成，李木斋先生出示张芙川重摹士礼居藏毛钞本，莐圃据蒋氏元本手校。检对此刻，知毛钞亦出乙卯本，惟多缺蚀，不及五山所据原本之完善。独蒋氏乃"翰苑英华"本，故有"至大庚戌良月平水进德斋刊"碑牌。两本相距只五年，核其文字，似后刻较胜。今易签为"仿元延祐本"，附莐圃校语，并摹至大碑牌于后，以著两本异同，且愧前此校证之疏。非木翁良书通假，无以发其蒙也。

集本较书后之跋详尽许多。再以集本《景明正德仿宋本花间集跋》校诸吴氏翻刻本卷末之跋文，则其文末之"今以陆本重摹上版，正德刊书古雅，远胜嘉靖。近代椠工，即乾嘉间刻，且不能仿佛万一，此则时代为之，非人力所可强几已。意有感触，聊发其凡。甲寅八月，仁和吴昌绶"句，亦未见于集本。此则又系集本较为简略者。

伯宛之诗，与艺风酬唱独夥，然此集所收虽富，仍非全豹。伯宛曾自述与艺风之唱和云：

> 艺风寄《辛壬稿》二册，其一当是赠兄者。曩年酬和，尚不止此，知其稍有别择。独取绶"梅村象"二绝，殆以各有寓意。其馀鄙作，过涉诙谐，本不足言诗矣。甲寅九月四日……❶

可见付梓之时，皆有抉择，并非有见即录。章式之当年据以编录之伯宛遗文底本，未及与集本对勘，然想来差异较小。今尚幸存伯宛致缪艺风函多通，中多有其诗词在焉，可与集本对勘，互补互证❷。如卷十《天香·和艺风先生马湘兰熏炉拓本》词"夜阑悄闻软语"，《艺风堂友朋书札》作"似闻"，且注明写作日期为辛亥人日立春。同卷《蝶恋花·春阴连雨薄寒犹殢悄焉疚怀拟冯正中》词"还又风兼雨"，《艺风堂友朋书札》作"风和雨"，又注明写作日期为宣统辛亥三月望。同卷《好事近·艺风老人别一年矣频得诗函重辱眷眷顷授经自海外归从狩野博士得元刻草堂诗馀将寄南中景摹上板因以小词奉酬来悕》词，其小题《艺风堂友朋书札》作"壬子重九前一日得艺风先生书，适授经自日京归，为假狩野博士所藏至正本《草堂诗馀》，将寄南中摹刊，且出新收各本互赏。回忆客秋文宴之乐，渺若隔世，率占小词，奉艺风先生一粲，并录示授经、叔蕴、

---

❶ 见《章氏四当斋书目》卷中之四，第22B页。

❷ 伯宛诗文于此集之外，多存遗珠，顾廷龙《跋吴伯宛先生遗墨》云："松邻先生一代通儒，读其所著所刻，赡博精审，近罕其俦。昨游厂肆，得先生丛残一束，手墨如新，至可珍。先将所撰诗文稿理治成册，乞张孟劬文为之审定，承以所藏手札为赠。朱蓉江君见之，亦以新得先生遗像相贻，并冠册首，以志景仰。诸稿多集外之作，虽有出于酬应之笔，而有关故实者甚多。先生遗集前仅试印五十本，闻将列诸《双鉴楼丛书》以广其传。然失收之文，辄有所觌，他日倘能辑刊补遗尤善。"（《顾廷龙全集·文集卷》，上海辞书出版社，2015年，第646页）顾氏所辑，叶景葵曾为撰序，已见前引。惟此书后似未曾面世，颇可憾也。

静庵诸子，当同兹累息也。甘遯村萌记上"；又"恰经年隔别，黄荒菊瘦"句，《艺风堂友朋书札》作"恰经年离别，黄荒菊老"。他处字词小异尚夥，不赘录。

诗题亦有差异者，如《艺风堂友朋书札》中《内阁前哲张诗龛侍郎赠潘功甫舍人诗以酒和墨作书茗榇装册属题敬次原韵多用诗中本事》，集中则作"张诗龛先生与潘功甫舍人诗简以酒和墨作书式之装册属题谨次其韵多用原诗本事"；再如《艺风堂友朋书札》中《艺风夫子以售书诗手书寄示仍用吾乡陈氏闺秀韵奉和二篇昌绥自乙卯以来颇谙此况殆所谓当仁不让耶》，集中则作"艺风老人寄示售书二律仍用吾乡闺秀陈氏韵赋答此境绥所亲历不觉言之亲切也寄茗榇索和"，似出章式之之手改定。卷六有《癸丑八月艺风师七十生朝写示近作即和其韵为寿》七律四首，分别见于《艺风堂友朋书札》第二百零八通、二百零九通，一作"癸丑中秋前六日，艺风吾师七十生朝，绥遣一力，南行修问。以宋本王定国《甲申杂记》、《闻见近录》持献为寿。先生复书，缊缊数千言，弥见精采，兼写示近什《居庸路次炱埃轮铁间》，先和第一篇韵奉寄，犹是向时游戏意境。三千里外见之，当为把盏一笑"，一作"寄和艺风先生第二诗韵。盍出第三篇，使再和以当夕课"，可知四诗系先后两次和韵艺风原作，并非同时所咏者。又集本有《寒云以渊雅堂夫妇书画箑见贻，按墨琴以乾隆甲辰归惕甫，年二十三。此题漱绮山房，尚是未嫁时笔。惕甫仿思翁山水作于丁未，在其后三年。绿沈漆竹，扇骨纤丽，盖墨琴奁中物，距今百三十年矣。画迹罕传，矧为双璧。珍玩不已，酬以小诗》，而《艺风堂友朋书札》中，伯宛按语之前尚有句云："近得渊雅堂夫妇画箑，墨琴作落花芳草戏蝶，分书自题云：蝶蹴花初落，花飞蝶共抟。风前围作阵，空际搅成团。墨琴女史曾【曹】贞秀写于漱绮山房。"两题合读，此卷之来龙去脉方始得以明了。另有诗题全然不同者，未知何故，如《艺风堂友朋书札》中《萧同年方骏重九见投诗简依韵酬之（萧工医时为治疾五六语皆今年病状也）》，集本则作"重九前二日蛰公见招有诗即依韵奉酬"，原韵之作者到底为萧为郭，竟成悬案。

又两者相较，知集本尚有未曾收入者，如第八十九通所收：

伐春馀酒待重温，日为安车盼国门。命简尚谦师弟谊，谈书真合祖宗尊。（申耆先生事。）史家杰笔名山业，词客空花病枕痕。苦语笺天颠倒甚，道元讹本早成吞。小诗呈艺风师傅笑，仁和吴昌绶。乙卯立夏后三日。

再如第一百六十六通所收二绝：

> 使者曾抛青鼠裘，虞山藏目至今留。倾身障籧卿何苦，滂喜原难敌敏求。
>
> 曾记桐城第一流，娘娘眉眼笑苏州。纵然不嫁浑过半，好祝明年抱阿侯。（惜抱先生以仇画近苏州娘娘眉眼者为伪迹，然则必似凤阳婆乃为明代真本耶？尝与茗理引为笑乐，兹特借喻耳。）

又第一百七十四通之《艺风夫子书来秋冬见子受子彬各举一男然弟先于兄也戏呈赋小诗为抱孙贺》：

> 闻道双龙戏海来，名山芝皓笑颜开。大登科步郊祁武，小比肩兼亚夏才。熊鸟经方无量寿，蠡麟诗教不凡胎。先生试和新吴体，头白邻松我尚孩。

皆未见于集中，未知系为章式之所删落，抑本属遗珠，为章氏所未见者？

又有可言者，集中"诗一"所收《梅祖庵杂诗》四十一首，亦即丙寅年吴定所刻《梅祖庵杂诗》。两者相较，仅若干文字小异。而"诗二"收《梅祖庵续诗》四十首，则未为吴定所录。《梅祖庵杂诗》本仅四十首，故吴定所刊单行本卷末《附录山荷手笺》开首即云："伯宛录示《梅祖庵杂诗》四十首。"而今存之第四十一首，乃系伯宛向山荷致谢之言，其自注云："庚戌岁暮，写此诗求正山荷，为删汰十数字，大抵涂饰时人语以博笑者。爱护之挚，诤论之公，感与惭并，附诗谢之。"正可说明。至于吴定刊行《梅祖庵杂诗》之缘由，可见其自跋，云："去年秋，伯宛遽归道山，感怆无已。此《杂事诗》一卷，曩存箧中，检付手民，以志宿草之感。乙丑嘉平，丹徒吴定识。"此系伯宛逝后，友朋所刻相关文献之首发，而《松邻遗集》则尚后出者。

伯宛虽年寿不永，然殁后先后得若干死友之助，为刊遗文。九原可作，想亦瞑目矣。

红印本《倚松老人诗集》解题

　　《倚松老人诗集》，宋饶节德操撰。两卷一册。宣统二年（1910）姚埭沈氏刻红印本。十行二十字，小字双行同。左右双边，黑口，双鱼尾。鱼尾中镌"饶一"、"饶二"等卷数及页码。

　　扉页竖分三栏，分别行书"南宋江西诗派本"、"倚松老人文集二卷"、"孝胥署检"。其后为扁方刊书牌记"宣统/庚戌/姚埭/沈氏/仿宋/重刻"。次目录，首行顶格镌"倚松老人诗集目录"，空三格镌"饶节德操"。次行空一格镌"第一卷"。再次行空两格镌"古诗上"。再次行空三格镌诗题，文少者或一题一行，或两题一行不等；文多者一题一行或数行，凡换行者皆空五格。第一卷目录后空三行，第四行空一格镌"第二卷"，下同第一卷。后空一行顶格镌"倚松老人诗集目录"。次正文。首行顶格镌"倚松老人诗集卷第一"，次行空一格镌"江西诗派"，再次行空两格镌"古诗上"，再次行空三格镌诗题，再次行顶格镌正文。然文中并无"古诗下"。第二卷分"律诗上"、"律诗下"，"律诗下"下镌小字注云"祝发后作"，他皆同第一卷。第一卷末接正文顶格镌"倚松老人诗集卷第一"，次行空五格镌"庆元己未校官黄汝嘉重刊"。卷二末空一行顶格镌"倚松老人文集卷第二"，次行空五格镌"庆元己未校官黄汝嘉重刊"。正文末为附录，首行顶格镌"附录嘉泰普灯录卷十二如璧禅师传"，次行退一格镌"青原下第十世（云门八世）香严海印智月禅师法嗣邓州香严倚松如璧禅师"，再次行顶格镌传文。而版心中则上镌"附后"，下镌页码。

　　文渊阁本《四库提要》云：

　　　　《倚松诗集》二卷，宋饶节撰。节字德操，本抚州士人。尝为曾布客，

郑孝胥题签

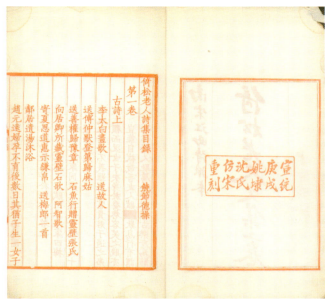

《倚松老人诗集》牌记及目录

后与布书论新法不合，乃祝发为浮屠，更名如璧。挂锡灵隐，晚主襄阳之天宁寺。尝作偈云："闲携经卷倚松立，试问客从何处来。"遂号倚松道人。集中诗大半为僧后所作，吕本中称其萧散似潘邠老。《宋史·艺文志》，《倚松集》十四卷，今止存二卷，则阙佚者已多矣。旧抄本，卷末有"庆元己未校官黄汝嘉重刊"一行，是宋刻已然。又其卷首标目下别题"江西诗派"四字，疑宋人删择，编入《江西诗派集》中者。后人不见全本，因独传此，而缮录者尚仍其旧耳。今删其题字，以符诸家专集之例云。乾隆四十一年十月恭校上。

其中关于饶节之生平，与附录所载之如璧传多同，想即系节录而就者。《提要》言："卷末有'庆元己未校官黄汝嘉重刊'一行，是宋刻已然。又其卷首标目下别题'江西诗派'四字，疑宋人删择，编入《江西诗派集》中者。"今据沈曾植《重刊江西诗派韩饶二集序》："其零本单行者，如此之饶、韩二集、《晁叔用

《倚松老人诗集》卷端

正文末之《附录嘉泰普灯录卷十二如璧禅师传》

集》、《谢幼槃集》、《吕东莱诗集》，皆有'庆元己未校官黄汝嘉校刊'题记一行，得藉知为诗派刻本。"知当日黄氏重刊之诗派刻本，其样式大皆如是。惟沈序又言："而韩、饶二集，校式不同，晁集十行二十字与饶同，'江西诗派'四字在第一行，又与饶集列第二行者不同。诸本皆自宋本传模，而差互不齐乃尔，亦足推见原本之刻非一时、成非一手矣。"由此言之，此《江西诗派集》当出坊肆所刻。故版式未能完全一律。南宋吕本中《紫微诗话》曾言："德操诗，萧散不减潘邠老，为僧后，诗更高妙殆不可及。"又于《江西诗社宗派图》中，将饶节列于黄庭坚以下二十五位成员中之第五位。张邦基《墨庄漫录》中亦称其诗"佳句可喜，不愧前人"。如璧同时之陆游《老学庵笔记》称其诗"为近时僧中之冠"。刘克庄曾于《江西诗派三僧诗序》中评饶诗云："三僧中，如璧诗轻快似谢无逸，亦欠工。祖可默读书，诗料多，无蔬笋气，僧中一角麟也。"可知饶节于江西诗派中尚能独树一帜，有所造就。

十四卷本饶集早经散佚，今所传者仅此二卷本而已。故其原貌如何，殊难蠡测。且今所传诸本出自同祖，故不惟补辑为难，即校勘同异，所得亦鲜。虽如此，今传诸本仍存些微不同之处，可供判别其来源之亲缘关系，然细究其所出，则皆今存上海图书馆之宋残本也。宋本存卷二第十叶下半至第四十八叶，计三十八叶半。框高十九点七厘米，宽十五厘米。十行二十字，白口，左右双边。已刊入《中华再造善本》之中，据陈先行为之所撰提要，该书"真正属于

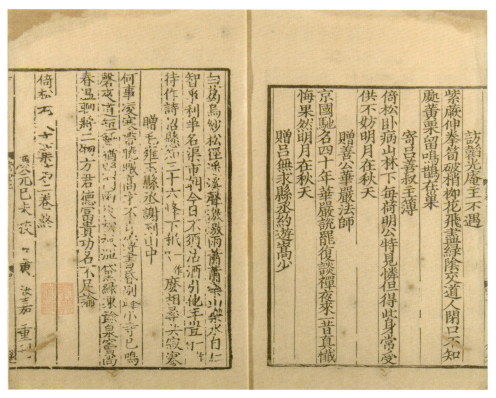

上海图书馆藏宋残本《倚松老人诗集》

黄氏原刻者仅八叶，馀皆为修版补刻……此本修版亦在宋代，刻工有余二、高仲、黄鼎、吴元、余千、吴震、高才、刘元、余茂。而傅（增湘）氏所藏《东莱先生诗集》之补版刻工有吴仲、高仲、黄鼎、曾茂、弓定、敬仲明等，与此本同时，盖当是所修为整部《江西诗派》书版。又吴元、刘元、弓定等于宁宗嘉泰间曾与刻兴国军学《春秋经传集解》，则此本刻与修版皆在江西"。又据傅增湘跋文，知宋时原版与宋时补版，版框并不一律，补版略低四分。惟此类区别，于此沈氏翻刻本中已经全然无迹可寻。该宋椠系一线单传，据李盛铎言："旧藏商丘宋氏，光绪中宋氏遗书售出，遂归郁华阁。迨壬子年由郁华阁后人售于厂肆，为书估韩姓所得，展转归三琴趣斋。"袁克文跋亦云："此本传为西陂旧物，久非完帙。满洲景氏得自正文谭估，后归吴印臣。印臣知余有佞宋癖，举以见贻。"而据吴昌绶致艺风函第四十九通言："今厂肆尚有宋高僧诗一帙甚精，坚索二百元，与鄙旨不合，亦无力，姑还之。然仍不去心，若有闲钱，再收此本，则都下毛钞亦略尽矣，不知能减价否？"所言未知是否此卷，然其中提及毛钞，似非刻本。第五十九通："绶所得《倚松》宋本，只第二卷卅馀叶，是景朴孙卖出。"第六十通言书估文德堂韩佐泉因之前售书于伯宛有所亏欠，故而："小韩亦觉难以对绶，遂以《倚松》、《雪窦》见售，极道歉意。绶付之一笑，又收其盛伯希书十馀种。"第七十七通："今日韩子佐泉持庆元残刻《倚松老人集》来，乃勉收之……子培先生所刻饶集，欲一校否？绶绝恨江西诗，今日发狠买《倚松集》，仍是苑花馀怒，此种尚有别情，纸罄，姑以不了了之。"综上可知，此本自商丘宋氏府中流出，入满洲郁华阁中，再经正文斋谭锡庆入完颜景贤手，经文德堂韩佐泉入双照楼吴氏，并由吴氏转赠袁氏，再后归上海图书馆所藏。

《倚松老人诗集》所存钞本颇众，如国家图书馆藏《楝亭书目》钞本"诗集"卷著录："《倚松老人诗》钞本一册，宋江西饶节著。二卷。"而据李文藻《琉璃厂书肆记》云：

> 楝亭掌织造、盐政十馀年，竭力以事铅椠。又交于朱竹垞，曝书亭之书，楝亭皆钞有副本。以予所见，如《石刻铺叙》、《宋朝通鉴长编纪事本末》、《太平寰宇记》、《春秋经传阙疑》、《三朝北盟会编》、《后汉书年表》、

《崇祯长编》诸书，皆钞本。魏鹤山《毛诗要义》、《楼攻媿文集》诸书，皆宋椠本，馀不可尽数。

则知棟亭旧藏之《倚松老人诗集》，很有可能系自竹垞钞本过录者。《爱日精庐藏书志》卷三十著录旧钞本《倚松老人诗集》三卷，此"三"当系"二"之讹，盖《传书堂藏书志》卷四著录之《倚松老人诗集》二卷两种景宋钞本中，其一即系张氏旧藏，有"张月霄印"、"爱日精庐藏书"、"秘册"诸印记可证。该书又存墨书"丙申春三月莲泾王闻远校钞"一行及"汪士鐘藏"、"徐康"诸印，可见此本本系王氏孝慈堂钞本。而据叶启崟《孝慈堂书目跋》云："莲泾名不显于通人，然同时好书如朱竹垞，每得秘籍，必互相借钞。"则王氏此书当亦本自曝书亭本。而北京大学图书馆所藏影写本《倚松老人诗集》卷前花山马寒中题云："此为江西诗派之一，竹垞先生从宋漫堂借得宋镌本影钞。"明确指出曝书亭本直接源出于此宋本。今查以上诸本，两卷俱全，则宋本之残失当即在此之后。

除此之外，见诸著录之《倚松老人诗集》尚有不少，如《持静斋续增书目》卷五著录有钞本二卷，系"明钞《宋人小集》一函三十七种计三十九集"之一。《寒瘦山房鬻存善本书目》卷四："倚松老人诗集二卷，二册。宋饶节撰。钞本。有'春生收藏'一印、'小亭'一印、'燕庭藏书'一印。末有'庆元己未校官黄汝嘉重刊'一行。"此两册源流不详，但后者出自《江西诗派集》确无可疑。另外又有《艺风藏书续记》卷六著录之本："倚松老人诗集二卷。影宋钞本。每半叶十行，行二十字。鲍知不足斋进呈《四库》书。前有翰林院印。后见意园散出残帙，行字皆同，高钞本寸许，版心作'倚松一'三字。"今查海昌吴之澄辑《拜经楼书目》著录有"宋人小集十六种"，中有《倚松老人诗》等，又有注云："先祖谓似从《江湖群贤小集》抄出，中间叙跋间有明人手笔，惜乎家数寥寥，不及十之二三，然终属旧钞，可存披阅也。"鲍氏知不足斋藏书多有钞自吴氏拜经楼者，而吴氏之书亦多承继花山马氏道古楼，道古楼与朱氏潜采堂则又多有渊源，故鲍氏之书或亦祖自金风亭长之钞。

而特别需要指出的是，艺风老人此本即沈氏翻刻本之底本。沈曾植《重刊西江诗派韩饶二集序》中，曾述此书之刊刻原委云：

宣统己酉，艺风先生访余皖署，谈次谓有景宋本甚精，相与谋并《陵
阳集》刻之。属陶子琳开版武昌，工未竣而兵起工停。越岁壬子，乃得见
样本于沪上。适会盛伯希祭酒家书散出，中有残宋本《倚松老人集》，为
吴君昌绶所得。艺风通信津门，属章式之就样本校一过，行款字画，纤悉
不遗。余复从《嘉泰普灯录》中搜得《如璧大师传》一篇，为向来诗苑所
未见者，录附卷后。

相关信息，又可见于缪小珊之相关文献，如《艺风堂友朋书札》载宣统二年庚
戌（1910）四月初一日沈曾植致缪氏第十函："年来颇思刻书，而所蓄苦无秘
本。公所欲刻之书，倘可写示目录，愿择而任剞劂资也，即烦公部下匠人为之
何如？"五月十八日沈曾植第八函云："又寄呈各样三种，一请饬写韩饶诗。"六
月四日第十函："两集鄂刻，一惟吾公指挥……"六月十四日《艺风老人日记》：
"沈子培寄纸来，并李审言信及关书，即覆之。寄新钞《倚松集》、《榕村续语
录》六卷、旧钞《秘殿珠林》六册。信由邮政，书交林（开暮）学使。"八月
二十七日第十四函："《倚松诗》讹字，苦无他本可校，惟《宋百家诗》似同出
一源者，略相参雠，将来再请公审定之。"十二月九日第十六函："李证翁热心
校藏，年内必可抵京，《倚松集》托渠带去。"宣统三年五月初二日第十八函：
"两宋人集，得公精校，将来可称善本。尚有《晁叔用集》，亦明翻江西诗派
本，倘能再凑两三种，传诗派面目于后世，亦趣事也。"十二月二十四日第十
九函："韩饶集，容措缴。"又约民国二年癸丑（1913）五月之第四十七函："韩
饶集序一首，录呈大教，有讹谬务望赐之斧削，点定后即可付刻也。签题二
纸，一并送上。"又八月初七《艺风老人日记》："交子培韩饶集样本。"八月二
十七日《艺风老人日记》："子培送朱墨本韩饶两集来。"另外，民国二年五月
初七《郑孝胥日记》："子培送来青岛信及题《陵阳先生诗》、《倚松老人文集》
书面。"沈氏刊行韩饶二氏诗之经过，大概见于是。
　　《倚松老人诗集》初刊甫毕，吴昌绶即致函缪荃孙云："今日韩子佐泉持庆
元残刻《倚松老人集》来，乃勉收之……子培先生所刻饶集，欲一校否？"又
吴昌绶致艺风函第五十一通："《倚松》新刻本，乞寄下代校。"第五十九通又
云："沈培老所刻《倚松集》，或先寄下一校亦好。此间尚有坊肆送来一抄本，

想与刻本原底相仿。绶所收宋本，寥寥卅叶，价百馀金。平生不喜宋人诗，亦淘气耳。"第七十六通："《倚松集》样本阅悉，行数字数均同，惟中缝'宋本'作'倚松一'，今改'饶一'，能修易否？绶只有卷二第十至四十八叶（寥寥卅九叶值二百元，末行庆元云云正同），如卷二已刻成，可寄下代校。"第八十四通："子培先生寄饶、韩集，乞代谢，并为式之致意。"第一百零四通："《倚松》板式相似，惟中缝宋本直书'倚松'，今改'饶'，稍不同。"又云："《倚松》第二卷尚未接到。"再据前引沈曾植《重刊西江诗派韩饶二集序》："适会盛伯希祭酒家书散出，中有残宋本《倚松老人集》，为吴君昌绶所得。艺风通信津门，属章式之就样本校一过，行款字画，纤悉不遗。"又《艺风再续藏书记》："倚松老人文集一卷，沈氏据旧钞刻本，章君式之用残宋本校，笔画、工人名均描出。"则知伯宛既允代校，乃复转请章钰为之。而基于此故，甲寅（1914）端午恽毓鼎跋原陆心源䜫宋楼所藏传钞宋本乃云："去岁除夕，在友人吴伯宛处见宋刻《倚松集》半部，诧为艺林瑰秘，因为半松盦额以矜异之。授经适自南来，以嘉兴沈子培丈新刊景宋《倚松集》全册见赠，后半册即据伯宛藏本也。"径视宋本为沈氏所刊之底本。

今考沈氏刊本字体方正，刊写俱精，然亦间存误字，如目录中《赵元达妇孕不育……》题中，"达"误作"远"；卷二《复用韵成一首特作狡猾尔……》，"特"误作"持"。且避讳较为随意，"玄"、"宁"、"淳"、"敦"、"惇"、"儀"等字多缺末笔，即遇"圣恩"等字，亦必空格或转行，然又有"寧"、"義"等字不避者。宋残本始自卷二《寄曾伯荣》七绝，较诸刊本缺第一卷及第二卷之《王信玉生日》、《九月六日驾幸蔡王府》、《过关山用同行韵》、《遇里人道及乡间事作诗寄谢无逸》、《谒汉高帝庙》、《赠霍明父伟》、《次韵张符离民师适堂即事》、《汪信民约诸人游城南陈氏园不果》、《赠隐居》、《次韵彭圣从秋兴》、《题沧浪亭》、《次韵米元章壮观》、《端午日》二首、《山居》二首、《送王长元同弟次元赴官》、《蒲适正挽辞》、《息虑轩诗》、《岁暮》、《送宿州晁祖禹签判》、《九日发淮康》、《秋日游城南展氏园登阁》、《制药》、《麻城道中》、《过淮》、《从人觅山水扇》二首、《偶书》、《自简》、《以太学灯笼遗陈松老》、《闻说》、《邻鸡》、《久雨偶晴见日》、《赵元达久不至池上作诗戏之》、《再用韵》、《书天源河上友人壁》、《次韵答陈考城》、《为谢无逸赋梅花》二首、《戏赵元达》、《冬日书谢氏园壁》、

《卧云堂》、《听松轩》、《观鱼阁》、《快目亭》、《病中两绝句》、《春日即事》二首、《送同舍葛茂达还浙》二首、《次韵吕原明侍讲欢喜》四绝句、《寻梅》二首，共计缺九叶半。而沈刻本与宋残本所存之部分相较，卷二《次韵》"南山北岭总成林，野姒名□独擅金"句中缺一字，今核宋本此处，恰系断版缺失一字。又《法门复故圣恩深厚矣自此恐云巢不能久栖当为众一起承示佳句因用韵备载之》中双行诗注首行末"下至七十二恒河□"，此字宋本辨识不清；又同处注文"异时改形易名□"，此字宋本亦难辨识，沈刻本则皆缺字。然沈刻本亦有胜出之处，如同诗"云汉飞腾新放鹤，江湖游泳不烹鲜"句中，宋本"腾"字已漫漶为墨团，完全无法辨识；卷二《不愚兄再示佳句如璧亦重用来韵》"食座千冠俄扫迹，禅堂百衲便差肩"句中，宋本"俄"

宋残本所缺叶

字亦漫漶为墨团，沈刻本则皆清晰无讹。

饶氏诗集传世文本中，另一重要版本系《四库全书》本。文渊阁本《四库全书》所收饶氏之诗题作《倚松诗集》，其底本为两淮马裕家藏钞本。扬州马氏藏书，始自其上代马曰琯、马曰璐昆仲之小玲珑山馆。而竹垞之孙稻孙，晚年曾客居丛书楼，并由马氏昆仲出资续刊其祖之《经义考》最后之一百三十卷。吴城曾言："稼翁晚年，力不能守，元钞宋刻，雨散云飞。"藏书既散，且又早有渊源，则小玲珑山馆所藏之《倚松老人诗集》即便并非朱氏所钞原本，亦当系由之而出之支脉。然虽出同源，四库本与沈氏刊本相较，仍多可以互补之处。卷一《蓑室诗王立之为宗子求》"圣人师百家，□君臣骰骸"句，《四库》本作"素王臣骰骸"；同诗"高论□过秦，泛览四库馀"，《四库》本作"高论追过秦"。《钝庵诗为印长老作》"只有湖山亡不得，□钱吴越又富足"，《四库》本作"斋钱"。《虚舟斋诗为王深叔作》一诗中，"古人故不尔"下，缺三句共计十五字，而《四库》本皆存，作"山泉养正蒙。我非阮嗣宗，何时见阿戎"。《客舟》末句"莫道有家归未得"，《四库》本作"莫道君家归未得"。卷二《王信玉生日》"向来三径志，欲了五车□"，《四库》本作"五车看"。《赠霍明父伟》"政事有谁咨蹇老，功名未□愧终童"，《四库》本作"未合"。《次韵张符离民师适堂即事》"从今尊酒留佳□，折狱何劳比付由"，《四库》本作"留佳句"、"比仲由"。《次韵》"南山北岭总成林，野妪名□独擅金"，《四库》本作"名园"，宋本此处断版缺字。《法门复故圣恩深厚矣自此恐云巢不能久栖当为众一起承示佳句因用韵备载之》注"下至七十二恒河□等"，《四库》本作"恒河沙等"；同注"……等诸弟子行求钵来舍利弗等"，《四库》本作"钵□"；同注"最后文殊师利不舍众会，以手去钵"，《四库》本作"以□取钵"；同注"吾钵异时改形易名……"，《四库》本作"□时"。而宋本于此等处，皆漫漶不可辨识。卷二《次韵答周提刑二首》之二"神游曾已遍岩峦，吉占当知便赐环"，《四库》本作"占吉"，宋本亦作"吉占"。《赠熊正臣》"衣冠有识共目之"，《四库》本作"共因之"，宋本亦作"共目之"。《访韬光庵主不遇》"柳花飞尽绿阴交"，《四库》本作"柳光"，宋本亦作"柳花"。诗题亦有小异者，如卷一《次韵酬潘庭立仪曹见赠之什》，《四库》本作"之作"。《蒲适正挽辞》，《四库》本作"挽歌"。于以可见此本于宋本传承之处及《四库》本价值所在。世之以耳代目，哓哓于人后，以为《四库》本之全无足取者，见此一书，当嗒然若失矣。

留垞写刻《郁华阁遗集》诗三卷词一卷红印本珍赏

　　《郁华阁遗集》诗三卷词一卷，光绪二十八年（1902）杨锺羲手写上版，红印本。九行，十八字，小字双行，二十七字。白口，上单鱼尾，无栏格，左右双边。版心中镌"郁几"，下镌页码，各卷页码分计。卷末有"壬寅秋九月俨山谂写定"牌记。扉页有"番禺梁鼎芬捐"朱记，卷末钤"京师广东学堂书藏"白文方印。书根写"全　郁华阁遗集　留垞写刻红字本"。白纸精印，版式开朗，天头阔大，字体雅洁，开卷一股书香扑鼻，令人不忍释手。他本卷前有光绪三十四年合肥蒯光典序，卷末有光绪三十三年闽县郑孝胥跋，当为后印本。

　　《郁华阁遗集》，是满洲盛昱的诗词集。盛昱（1851-1899），字伯熙，又作伯希、伯羲等，号意园，又号韵莳。隶满洲镶白旗，清太宗皇太极长子豪格之七世孙。光绪三年（1877）进士，官至国子监祭酒。盛伯羲诗词的版本，其表弟杨锺羲（子勤）在《意园事略》中曾经介绍过大概："（伯羲）既卒，锺羲遗书貌孤，索其遗稿。壬寅秋九月，写刻于武昌，诗三卷，词一卷，名之曰《郁华阁遗集》。三十一年，门人搜其诗，得百二十八首，有出于集外者，胶州柯劭忞为之序。"❶壬寅是光绪二十八年，指的是此书写定的时间，这可以书后杨氏自署"壬寅秋九月俨山谂写定"的文字上得到证明。不过，此书直到光绪三十四年之前，都在修订，所以，现在著录此书，都说它是光绪三十四年的刻本。如此著录的原因，无非是这年二月合肥的蒯光典曾为此书作序。现在传世的本子，很多卷前都有此序，但大家著录时，显然没有怎么读过，因为序里写得很清楚，说"杨子子勤适以所钞刊诗词四卷见示"，也就是说，蒯光典所

---

❶《续碑传集》卷十七，见《清碑传合集》，上海书店，1988年，第2164-2165页。

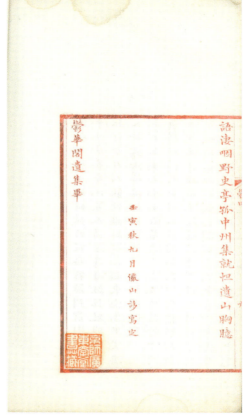

扉页宝熙题字及"番禺梁鼎芬捐"朱记　　　　卷末钤"京师广东学堂书藏"白文方印

见此书，已经是刊本了。上海图书馆藏本卷后更有闽县郑孝胥以手书上版之跋尾，说："光绪丁未三月，子勤先生以手书刊本见赠，辄跋其卷尾。"也就是说，光绪三十三年（1907）初，郑孝胥见到的也已经是刻本了。再据子勤本人所撰的《来室家乘》，说二十八年"九月，手写《郁华阁遗集》付刻"，又说："宗室宝熙瑞臣，偕子封前辈同年典试来鄂。出闱后，觞之菱湖。瑞臣，乙酉座师星斋先生犹子也，属为《郁华阁诗词》题耑。"[1]乙酉是光绪十一年（1885），这

———————————

[1]《雪桥诗话全编》（四）后附《雪桥自订年谱》，姜朝晖、雷恩海校点，人民文学出版社，2011年，第2885—2886页。

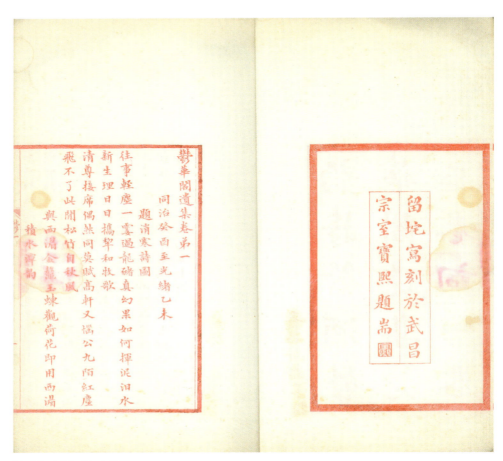

《郁华阁遗集》牌记和卷端

年杨氏北闱获隽，登贤书二十七名。这里说的座师星斋先生，就是当时的顺天乡试副考官满洲正蓝旗都察院左都御史宗室奎润，因为有此渊源，故而子勤请宝熙来为新刊之书题签。当时，子勤正居丧武昌，入湖北巡抚端方的幕中，治章奏文牍，并为其子授学。而宝熙所题之字，可见于现在的书名页，作"韵莳祭酒郁华阁遗集诗三卷词一卷"，韵莳，就是盛昱的别号。

此书为子勤手写上版刊行，另据其《雪桥诗话》卷十二：

伯希以己亥十二月二十日下世，年五十。锺羲辑诗三卷词一卷为《郁华阁遗集》，刻之武昌。嗣得遗文十一篇、章奏十篇、议一篇，为《意园文略》，刻之江宁。并为辑《事略》，艺风前辈刻入《续碑传集》。复浼为《文略》作序，生平志事，亦略备矣。旧有伯希遗像，辛亥失去，节庵廉使顷赠一纸，怅触前尘，怆怀近事，题《浪淘沙漫》一阕云……伯希得讲官后，章疏凡四十馀上，不自留稿。癸卯，属王弢甫枢密钞蕞，仅什之二三。其诗词，家刻本中有率意酬应之作，余手写本未录。九原有知，亦当为印可。❶

盛昱画像（国家博物馆藏《清代学者象传》）

则知子勤所刊伯羲文字不止此本，且伯羲诗词曾有家刻本行世。可惜，这一刻本现在已经无迹可寻了。盛伯羲病革时曾口占截句云："怕死作为已死，有生本是无生。纵然百有馀岁，不过多得浮名。"大概可以看出他为人的淡泊来，因此，他的诗文不自收拾，多有散失，也是情理之中的事情，固不止于这一家刻本中所载者不传而已。

子勤之所以惓惓于伯羲者，全因两人实有葭莩之亲。据《来室家乘》，光绪十七年（1891）二月，子勤入都

杨锺羲像

❶《雪桥诗话全编》（一），第708页。

供职，"时程少珊同年寓表背胡同盛宅，去余所居数十武。一日访少珊，伯熙祭酒适在座，介绍见焉。谈悉文悫夫人为先高祖外孙女，文悫公敬徵为伯熙祖，与锺羲固中表也。再世外史，久不相知，自是始时往请益，遂有第录三百年八旗文字之约"❶。可知伯羲与子勤结交虽晚，但渊源很深。

此书传世似乎不是很多，但近年拍卖会中曾出现数本红印本，故而很怀疑当时成书后印刷不多，所以传世者多为红印。但红印本中，也有先后之别，如经见之本，多存光绪三十三年（1907）郑孝胥题后及三十四年甪光典序，则其必为后印本。而所见此本，则为番禺梁鼎芬（节庵）旧藏，扉页有"番禺梁鼎芬捐"朱记，卷末钤"京师广东学堂书藏"白文方印。梁氏与伯羲关系极好，两人不仅都是清流的砥柱，更是私交甚佳的知友。至晚在光绪八年（1882）八月节庵供职翰林院以后，两人即已相交，到该年年末节庵迁居栖凤楼之后，更是往来密迩。《节庵先生遗稿·梁祠图书馆章程附借书约》中曾记录道："伯希（藏书）精本最多，不轻借人。于鼎芬最厚，函去书来。"❷大概可见交谊之深。宣统二年十二月十二日，伯羲祭日，节庵正好旅居京师，特意早起往意园祭拜故友，并有诗云：

> 积雪参差欲折枝，清晨来展荩堂祠。十年已往悲还在，九死难言世未知。念念凄凉萧寺路，看看残断旧屏诗。头颅如许惟孤愤，昨见徐坊说病时。❸

至今读来，令人神伤。伯羲与节庵的关联不仅如此，他又为节庵三弟鼎蕃的老师，此书卷二中所收《哀两生诗》所悼念的人其中之一就是鼎蕃。考光绪二十八年（1902）节庵补授汉阳知府，旋署武昌府，次年正月兼署武昌盐法道。故从情理推论，子勤此书刻成不久，即曾赠予节庵这位伯羲的至友，此本当为最初印本。

---

❶《雪桥诗话全编》（四），第2857–2858页。
❷转引自王欣夫《藏书纪事诗笺正》卷七，见《藏书纪事诗 藏书纪事诗笺正》，广西师范大学出版社，2021年，第1235页。
❸吴天任《梁节庵先生年谱》，艺文印书馆，1979年，第270页。

据吴天任《梁节庵先生年谱》，宣统二年（1910）九月，"（节庵）捐赠京师广东学堂书藏藏书，大率托之早逝亲友"❶。该书载叶恭绰1953年清明跋节庵捐赠目录题记云：

梁鼎芬像

> 此题记为北京广东学堂书之一部分，藏书固不止此，则皆节庵丈所捐，而托之诸亲友者，此例亦甚新异。丈藏书数十万卷，其后人悉以捐之广东省图书馆，不受一文之酬。❷

叶氏所说捐赠广东省图书馆者，今在广东图书馆劫馀中还可偶然见到，均钤有"番禺梁氏葵霜阁捐藏广东图书馆"朱文长记。再加上其大力提倡并捐赠的丰湖书院书藏、焦山书藏，节庵一贯主张并身体力行的化私为公的义举，昭然如若目见。此次捐赠广东学堂之事，节庵的广东同乡温肃的《温文节公集·为旅京同乡图书馆募捐小引》也记录道："先是，番禺梁节庵先生入都观粤学堂，发愿捐所藏书以饷来学……先生归，举所蓄逾万卷，尽付京师。"❸也就是说，此书可能是节庵在宣统二年（1910）捐于北京的广东学堂，之后则不知何时又南流申江，直至于今安藏沪滨无恙。

又可论者，据华东师范大学郁辉博士论文《杨锺羲年谱补编》（2009年）中所言，杨子勤所刻书，以其一己之力刻成的，如光绪二十二年（1896）所刊其高祖虔礼宝的《椿荫堂诗存稿》等，都会有标着其堂号"嶰蔚轩"的刊印牌记；而利用官帑所刻之书，如宣统二年金陵所刊的《意园文略》等，则仅仅标明刻书地而已。依照这个说法，此本《郁华阁遗集》应该是湖北地方出资刊行的。当时湖北巡抚为端方，也与伯羲不仅同为满洲学人翘楚，且早年多有交游，又

---

❶第264页。

❷第269页。

❸香港学海书楼，2001年重印本，第183页。

有葭莩之亲，所以这书由官方出资刊行，极有可能。光绪二十八年（1902）二月二十九日，为伯羲冥寿，子勤曾邀集节庵及端方、黄绍箕等伯羲旧好在黄鹤楼聚宴以为追思。或者《郁华阁遗集》付梓的动议，就是始于这次聚会也未可知，而因此由端方出面筹集刊刻资金，也就顺理成章了。

民国刻书，向来有四大刻工之说，其中尤其声名卓著的，则非黄冈陶子麟莫属。据王海刚《近代黄冈陶氏刻书考略》一文统计，陶氏一生刻书竟达一百七十馀种八百多卷之众❶。王氏此文将陶子麟所刻之书按年列表，颇便查检。不过此文也有诸多不足，如所列光绪二十八年（1902）刊《艺风藏书记》八卷，据南开大学杨洪升博士的研究，应该是《艺风堂文集》七卷附集外文一卷之误❷。《艺风藏书记》八卷，实际上是由江宁的李贻和刻字，现在此版尚存于扬州的广陵书社。上海图书馆郭立暄则认为王海刚的这个统计并不全面，遗漏者不少，如光绪元年（1875）所刻之《李太白文集》即未在内❸。既然王文情况如此，就为我们留下了不少想象的空间，即此书虽然未被王氏列入陶子麟刻书，但是否也出于当时同居武昌的陶子麟书坊所刻呢？目前对于陶子麟刻书的研究，如上述王文及江凌《清末民初武昌陶子麟书坊刻书业考略》❹等文，都认为陶氏刻书多会留有自己的标记。但事实上，我们也不能排除若干例外，如江阴缪荃孙之《艺风堂文集》七卷附集外文一卷，据杨洪升《缪荃孙研究》认定，确是陶子麟所刻，但书中并无任何陶氏刻书印记❺。此书书版现在也存于广陵书社，可供覆按。陶氏刻书，据郭立暄的研究，始自光绪元年（1875），则至刊行此《郁华阁遗集》之时，已近三十年，陶子麟已先后为杨守敬、徐乃昌、盛宣怀、缪荃孙、刘世珩等名流延聘刻成大量书籍，声名甚高。子勤当时既然手自精写上版，一定会特别留心选取佳工来刊刻，陶子麟应该就是当时的最佳人选。此书的版刻风格与子勤手迹相对比，如出一辙，颇能传神，确实能达到精描细划、丝毫不爽的要求，而纵观当时两湖书坊，能达到此种水平的，恐怕也只有陶子麟了。

---

❶《出版科学》2007年第6期。
❷ 杨洪升《缪荃孙研究》，上海古籍出版社，2008年，第84页。
❸《陶子麟刻〈方言〉及其相关问题》，《文献》2001年第1期。
❹《长江论坛》2008年第4期。
❺ 第68–69页。

《印林清话》及其作者考实*

　　日来偶阅民国间《中和月刊》，获读署名"娱堪老人"所作之《印林清话》一文❶，虽短笺小篇，不足以言著述，然包罗甚广，叙印谱印人印事诸端，娓娓不倦，屡见高义，可谓"此间致趣佳，少许胜多许"❷者。韩天衡先生主编《中国篆刻大辞典》"论著"部分亦尝言及此作，云：

> 　　《印林清话》，印学论著。娱堪老人撰。六十七则。介绍《十钟山房印举》、《双虞壶斋印谱》❸、《陶斋印谱》、《齐鲁古印捃》、《程穆倩垢道人印存》、《碧葭馆玉印谱》❹等数十种印谱；述说古印分类、元押、印钮、印泥制造及使用、边款刻法、落款、印人传志等。内容广泛。有柴之隐跋。原载1940年9—10月北京《中和月刊》"娱堪老人手记"。❺

于此篇之内容多所概述，可备一脔之尝。又词条中所云作跋之柴之隐，即柴子英（1921—1989），别署之颖、颖之。祖籍浙江慈溪，寓上海数十年。上世纪40年代，问篆事于邓散木，门径既得，以考证之好，遂专志于印史之研求。复

---

*小文草作之际，得鲁东大学教授李士彪博士远道惠寄王廉生父子资料，后复蒙山东大学教授杜泽逊博士惠赠《山东藏书家史略》，俾予参考，多所助力，特铭谢悃，聊志高谊。

❶ 分载于《中和月刊》第一卷第九期、第十期，1940年9月、10月。

❷ 玄烨《小金山》诗，见于《御制诗集初集》卷二十七，文渊阁《四库全书》本。

❸ 按：当作《双虞壶斋印存》，《印林清话》原文不误。

❹ 按：当作《碧葭馆主印谱》，《印林清话》原文不误。不佞所见张修府氏裒辑印谱两种：《碧葭精舍印存》及《南皮张氏碧葭精舍印谱（己巳集）》，所收皆不惟玉印。

❺ 上海辞书出版社，2003年，第621—622页。

《印林清话》柴氏钞本，封面墨书"印林清话全卷"，钤"史册斋主"朱文方印

得尽观望云草堂主人张鲁盦所藏印谱、印学书籍、古印及明清流派印诸珍物，皆详为札记。又好审察名家旧刻刀法款识，用资辨伪。故虽疏于奏刀，然娴于明清印家行谊与印作真伪之考证，有印苑中史才之誉。子英先生往年尝以一人之力，黾勉于明清印人传略之补辑，虽横遭劫灰，然于印坛源流、掌故逸闻知之甚悉，当无疑问。且又以沙文若之嘱成《印学年表》，起宋皇祐三年（1051），迄1983年，于印坛诸端钩稽搜罗，条分件系，若网在纲，印学之有年表，此为嚆矢，有功后人非浅[1]。

尝见《印林清话》柴氏钞本一册，以《大辞典》"印林清话"条衡之，则词条撰作之依据显即此钞本。此本墨笔行楷录于红格稿纸之上，九行十五字。封面墨书"印林清话全卷"，钤"史册斋主"朱文方印，内封钤"子英手抄"白文方印、"怡盦所藏"朱文方印各一。卷端钤"我梦吴兴好"朱文长方印、"怡盦手录"白文长方印、"柴印子英"朱文方印各一。卷末钤"柴印之隐"白文方印、"怡盦翰墨"朱文方印各一，又有子英先生手跋一则，云：

> 右娱堪老人手记《印林清话》六十七则，乃分期刊登于民国廿九年九十两月北京版行之《中和月刊》。《中和》编者瞿君兑之乃相国之裔，家学

---

[1] 按：此所述柴子英生平乃节略马国权《近代印人传》而成，其详可参该传"一一五，柴子英"条，上海书画出版社，1998年，第482—485页。

卷端钤"我梦吴兴好"朱文长方印、"怡盦手录"白文长方印、"柴印子英"朱文方印

卷末钤"柴印之隐"白文方印、"怡畬翰墨"朱文方印

渊源，文采淹博，故选稿类皆出硕学隽精可读之作。《清话》见刊之始，先生缀介言于编前，文曰："《印林清话》为福山王君近作。王君名父之子，金石鉴赏允为行家。兹以浅显之笔述治印门径，即素未究心者读之亦觉厘然有当，其用意尤可感也。"

由原载《中和月刊》第九期卷首"编辑前记"里的这段文字可知，《印林清话》作者乃福山王氏，且为世家子弟。兑之先生韦平世家，胸罗万卷，多掌故之学，于娱堪老人者，定周悉其身世、生平，惟其未尝显言。以柴氏之多闻广识，且曾编撰《广印人传》、《印学年表》，亦未能知晓娱堪老人究系何人。

观韩天衡《大辞典》"后记"可知，此《辞典》乃柴子英、韩天衡二氏初倡，众贤合力纂成者。子英先生身兼编委、撰稿人二职，戮力于此数年，成稿四万馀言，虽较诸钞成《印林清话》一帙已越数十年，然娱堪老人之身份仍未克考实。该辞典之编委皆一时之选，于此端亦未暇详考。柴氏《印林清话》本钞成于民国甲申（1944），下迄《大辞典》编成之2003年，恰一甲子，不佞乃罔顾荒伧，具考其作者并述其大略如下。

细核《清话》全文，其中自述身世之处甚罕，中若"陶斋印谱"条云："浭阳托活络午桥制军端方，别号陶斋，与先公为至契。开府两江时，余兄弟悉蒙辟置幕掾，视若子侄。"陶斋为季清显宦，踬而复起，终以铁路国有事入川为民军所戕。陶斋"性豪迈，不拘小节，笃嗜金石书画，海内孤本精拓、宋元明以来名迹，闻风滋萃，悉归储藏。丰碑断碣，辇致京邸，庋廊庑几满。尤好客，建节江鄂，开阁延宾，文酒之会无虚日，遭时承平，亦阮太傅、毕尚书之流风也"❶。娱堪老人之尊翁既与其交好，则其立身无出官宦、学者二端。然《清话》之中，竟不复存其他可足判定作者身世之语。

今考山东福山一地，时值末清而以学名世又身居宦辙者，莫若王廉生懿荣（1845—1900）。廉生于庚子拳变之际以身殉国，谥文敏，尝"三为国子祭酒，自署及补前后七年"，"性尤嗜古，三代鼎彝，秦汉金石，唐宋以来碑版、书画、陶瓷、泉布等靡不兼收，而生平固不名一钱，虽典衣酬值弗惜也"❷。遵化李孺叙《王文敏公年谱》则言："福山王文敏公以经义金石之学享盛名于海内者垂四十年。"❸又云："（公）上邀九重特达之知，下系并世坫坛之望，此为当代之公言，而非蒙一人婥阿景行之私论也。"可见廉生学品于当世之公论。廉生产四男，长崇燕，字翼北，又曰孟喜，光绪十七年辛卯举人，十九年二十六岁殁于京；次崇烈，字汉辅，亦曰火传，嗣仲弟仲铭公后，光绪二十年甲午举人。皆原配黄夫人出。三子崇熿，殇；幼子崇烈，字汉章，后出嗣从弟文卿公鸿发。

---

❶ 吴庆坻《端总督传》，见闵尔昌编《碑传集补》卷三十四"忠节四"，《清碑传合集》本，上海书店，1988年，第3500—3501页。

❷ 陈代卿撰《王公家传》，见《碑传集补》卷三十三"忠节三"，第3484—3485页。

❸ 王崇焕辑，《中和月刊》第四卷第七期，1943年7月。

皆继配谢夫人出。则廉生之子，存于身后者仅次、四二人。又据《山东藏书家史略》"王崇焕"条："王崇焕（？－1951后），字汉章，晚号娱堪老人。"❶则撰作《印林清话》者为文敏幼子崇焕当可无疑。汉章虽以幼而孤露，然颇可仰承先志，亦好文献金石，《续补藏书纪事诗》尝咏之云："神京庚子遭浩劫，文敏旧物已式微。幼子偶得艺芸书，苫筪藏弆不翼飞。"自注云："王汉章崇焕，廉生祭酒幼子。先世所蓄，多失于庚子拳乱，复为其侄所败。汉章辛苦所积，得汪阆源士钟旧藏宋本数种，秘不示人。今春贫而疾笃，仍不忍以易粟。故后亲友为理遗筪，终未发见，不知究何籍也。"❷杨氏补注云："王崇焕（？－约1951），字吉乐❸，改名汉章，晚号小敷翁。山东福山人。南社社友。著有《阳秋剩笔》，编《盛意园先生年谱》，散著见于辛亥前后《中华小说界》、《小说月报》等报刊。父懿荣。"

汉章生年，前引诸文皆未尝考实，而据孙葆田《王公神道碑铭》："公有幼子崇焕，甫九岁，及张氏所出孤孙，甫十岁，皆先时为僮仆携往他所，故得免于难。"❹又据《王文敏公年谱》"光绪十八年"条："三月二十一日，公第四子生，继室谢夫人出。"两者所言契合，可知汉章生年为光绪十八年（1892），则其撰作《印林清话》之时，年当四十八岁。汉章生平，今以文献缺失，难以尽知，未知其所成何如，然廉生于其初生之际，尝为赋一绝云："京曹岁月太匆匆，二十八年一梦中。但愿此儿能长大，半耕半读作村翁。"❺汉章一生未显于世，全以读书著述遣兴，身后遗书多归天津图书馆，亦可云不负乃翁所期。

前言《清话》尝记廉生与陶斋相契，据梁溪坐观老人《清代野记》云：

　　　　当光绪初年，各衙门派员恭送玉牒至盛京，盛伯兮侍郎、王莲生祭酒、端匋斋尚书皆在其中。一日夜宿某站，盛与王纵谈碑版，端询之，王

---

❶ 王绍曾、沙嘉孙著，山东大学出版社，1992年，第277–278页。
❷ 见《辛亥以来藏书纪事诗（外二种）》之《续补藏书纪事诗》第四十八"王崇焕汉章"条，王謇撰，杨琥点校，北京燕山出版社，1999年，第187页。
❸ 按：此说似自郑逸梅《南社丛谈》附录"南社社友姓氏录"出（上海人民出版社，1981年，第583页），然未知其所据。
❹ 见于《碑传集补》卷三十三"忠节三"，第3483–3484页。
❺ 《王文敏公遗集》卷五《举第四子崇焕》，民国十二年（1923）吴兴刘氏《求恕斋丛书》本。

奋然曰："尔但知挟优饮酒耳，何足语此！"端拍案曰："三年后再见。"及归，遂访厂肆之精于碑版者，得李云从。朝夕讨论，购宋明拓本无数，又购碑碣亦无数……果不三年而遂负精鉴之名矣。❶

则二公本问学之友，汉章所言固不虚也。

汉章撰作又有《澹归大师年谱》、《纪晓岚年谱》不分卷、《天南遁叟年谱》、《王文敏公年谱》、《盛意园先生年谱》不分卷❷等五种，仅《王文敏公年谱》行世，馀皆稿本未刊，现存诸天津图书馆中❸。又上引诸作中，于汉章之卒年皆断于1951年左右，而偶见汉章手书小简云：

> 簠、窝两老皆先严至契，而焕以年幼皆不及见。不意五十年后拜读遗札，曷胜感仰！今章甫姻兄屡以珍本见示，恍如当年诸老辈商量旧学景况，敢以此为共勉也。一九五三年新元旦，崇焕病中题记。

下钤"汉章"朱文方印。则知至此时汉章犹在世，然云病中题记，则或者未久即归道山矣。

向来以"清话"名书者，多以杂记逸闻轶事为主，如传宋王昊著《道山清话》皆记其当代杂事，宋释文莹《玉壶清话》记北宋杂事，明陈继儒《太平清话》杂记古今琐事。此中尤腾跃众口者，则莫若近世湘潭叶德辉氏之《书林清话》一帙，此书"于刻本之得失，钞本之异同，撮其要领，补其阙遗。推而及于宋元明官刻书前牒文、校勘诸人姓名、版刻名称，或一版而转鬻数人，虽至坊估之微，如有涉于掌故者，援引旧记，按语益以加详。凡自来藏书家所未措意者，靡不博考周稽，条分缕析。此在东汉刘班、南宋晁陈以外，别自开一蹊径也"❹，亦以杂录书林诸事为职志。故《汉语大词典》立此义项释为"闲谈"，

---

❶ 卷下"海王村人物"条，王淑敏点校，《民国笔记小说大观》第二辑本，山西古籍出版社，1996年，第119页。

❷ 王崇焕撰、成金补，清稿本。

❸ 参《山东文献书目·史部》（王绍曾主编，齐鲁书社，1993年，第144–146页）及《山东藏书家史略》"王崇焕"条。

❹ 叶启釜《书林清话跋》，见《叶德辉书话》，浙江人民出版社，1998年，第278页。

并引证《二刻拍案惊奇》卷十三："小生从县间至此，见天色已晚，特来投宿庵中，与师父清话。"今汉章亦以"清话"名篇，则其内容大概，虽未睹而可得其半矣。

廉生生前浸淫金石碑版，虽不以印学成家，然自是当行本色，观其生前手辑《海上精舍藏印》六册、殁后次子崇烈所辑《福山王氏劫馀印存》一册及《福山王氏印存》三册可知。而汉章以家学渊源，亦自颇谙此道，《印林清话》当即汉章胸中蕴积所喷薄而出发为文章者。

如前所言，《清话》分上下篇。上篇计有"十钟山房印举"、"双虞壶斋印存"、"陶斋印谱"、"齐鲁古印捃"、"净砚斋艁印录"、"许阁老人"、"王孝禹古钵【钵】集珍册子"、"程穆倩垢道人印存"、"碧葭馆主印谱"、"封泥考略"、"印薮"、"归绥汉印"、"西安古董肆之印存"、"西夏印存"、"汉官印不用阳文魏晋官印用章字"、"玉章无官印"、"隋唐以降官印用阳文"、"女印用妾字"、"百家姓印谱"、"元押"、"驼钮"、"印钮"、"石章始于明初"、"印泥"、"印泥宜忌"、"边款"、"石章收藏

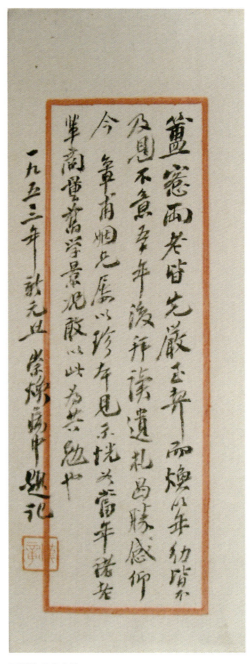

王崇焕手书小简

方法"、"火煅"、"甄古斋印谱"、"胥伦"、"尹鼐"、"陈子振"等三十二则；下篇计有"吴稼生"、"黄士陵"、"津门三王"、"逊斋二友"、"西泠印社"、"古钵【鉢】集林"、"飞鸿堂印谱"、"泛凫亭印存"、"汪聋"、"沈季玉"、"齐白石之豪放"、"陈师曾"、"李龠庵"、"丁德载"、"邵完公"、"李治中何省予"、"黄高年刻竹治印"、"黄黄山"、"张钧孙"、"黄国贤"、"徐季敷"、"褚绸堂以印得缺"、"昔则庐印谱"、"宁静庐印谱"、"王文琦"、"诸邦靖"、"赵时枫王大炘"、"李叔同为僧"、"顾叔度早逝"、"京师印人"、"邗上印人"、"张越言姚贵昉"、"王胡巴董"、"张越丞刻墨盒"、"于啸轩治牙章之神技"等三十五则，上下篇综计则六十七则。

汉章此作，类皆札记，想为平日读书有得，日积月累而成者，以身世门风影响所及，所记多有鲜为人所知者，即或今已腾跃众口之说，在汉章作文之际，则亦不啻海外瀛洲之谈也。即以"十钟山房印举"条而论，其言"在《印举》未成以前，曾由陈之族人子振茂才钤成印谱四册，专取陈氏一家所藏……"，今按1930年神州国光社尝出版《陈簠斋手拓古印集》一种，卷端有陈氏手书"光绪辛巳秋，簠斋所拓"字样。汉章所言者，似即此帙。而今人于此向未留意，未知此《印集》实为子振所代劳者❶。子振名佩纲，为簠斋族弟，尝偕王石经同学于簠斋。簠斋尝言其："刀胜于笔，临摹尤长，自篆则逊王远甚，摹古亦仍逊王。"❷又云："近所用钟鼎文小印，令族弟佩纲子振学刻，始犹拘弱，今渐长进。"❸而汉章又有专条记子振云：

> 潍县秀才陈子振，簠翁之族人也。幼从簠翁游，习染已久，颇工治印。尝取绍兴酒坛，碎屑为粉，和以糯汁，捏为弹丸，而以簠翁藏印押之，伪造泥封，以罔鉴家而贾厚利。久之，又以旧铜章仿刻印钵【鉢】，

---

❶ 子振又尝为簠斋钤拓《古印一隅》一书，簠斋自序云："余从事古文字有年，近编《印举》，既以今传秦金石篆定秦印，复以钟鼎文定三代印，发先人所未发。因检旧谱中古玺印，属族弟佩纲字子振者模而传之，附《印举》古玺后，复以《古玺印文传》为子振名之。倘能精模秦汉佳印文并传，则古文传而子振亦传矣。子振勉为之，勿仅时俗目前计也。"转引自陈继揆《簠斋印谱汇录》，见《西泠印社》总第九辑"陈介祺研究专辑"，荣宝斋出版社，2006年，第10页。
❷ 《簠斋尺牍》同治十三年十二月四日致王懿荣，商务印书馆，1939年。
❸ 《簠斋尺牍》同治十三年九月二日致潘祖荫。

唯妙唯肖。簠翁尝令摹仿友人珍藏之印钵【钵】，累昼夕之力，脱手而出，虽专家未能辨也。中年病逝。至今齐鲁间流行古印，尚不免有子振伪造者。故古印鉴家，恒视字口有无锈蚀，以辨新旧也。

可补印史、印人传之不足。"十钟山房印举"条又云："（簠斋）殁后析产，印为簠翁长曾孙礼臣部郎文会所有。礼臣之子元章，现尚保守勿坠。"今按，礼臣、元章者，即今天津师范大学退休教授陈继揆先生之父祖，家世延绵，递藏不辍，所藏簠斋文物，今大皆化私为公，献诸国家。该条又云："《十钟山房印举》俗称大印谱，曾由上海商务印书馆影印行世。四册本俗称小印谱。大印谱时价至三四千元，小印谱亦需四五百元。流传既久，颇难寻觅矣。"所述"大印谱"、"小印谱"之说，今似已无人知晓。然现今多以《簠斋印集》与《十钟山房印举》并提，以为《印集》乃系《印举》之前身，且《印集》为海盐陈畯所钤拓，亦久为人所周知，今汉章云子振所钤拓者为小印谱，与今说多所歧异，可为《印举》之深入研究辟一别径。

《清话》所载又有可与其他文献互证者，若"许阁老人"条云：

> 许阁老人王兰西先生绪祖，山东诸城人，藕塘侍郎玮庆之孙。官内阁中书，喜收集钵【钵】印。官京师日，所得已多。泊至晚年，客寓津门，适值端忠敏公陶斋藏印散出，经厂贾张越言介绍，多为许阁老人所有。

"许阁老人"条

老人既殁，长子齐民亟拟集谱以传。未几，齐民亦化去，故印转徙，不知焉在。偶一忆及，何胜累唏。利津李竹朋太守佐贤、诸城尹慈经广文彭寿所藏印钵【钵】，为簠翁百计商求所不得者，其后皆入许阁老人斋中，老人尝掀髯自诩曰：吾印虽不及千方，而精湛过人者实居八成以上。虽不敢傲视簠翁，而平斋、愙斋二公，殆无能与我争衡。独惜二吴墓有宿草，使我垂暮之年，海桑之际，独行踽踽为堪怜耳。老人之殁，距今将廿载，回忆敦厚坊前摩挲古印时，真若隔世矣。齐民有志编摩，方拟集印先世遗著编为丛书，凡例已就，卒未杀青，乃竟抑郁以殁，惜哉！

柴氏钞本于天头钢笔注云：

> 王兰西为王维朴齐民之父，亦即王戟门比部子。王维朴撰《东吴王氏商盉堂金石丛话》有云：“古钵【钵】汉印品制虽小，证史之功尤巨。先君晚岁旅津，曾自记先后所得共计五百四十四方，戊午冬印成印谱二部。”又云：“印谱寒家所藏不下百馀种，内如《古印偶存》一种，张未未先生旧藏，隶书签题殆遍，老辈手迹，尤宜珍重。又陈氏《万印楼印谱》选本五册，间有寿老自题，今皆视为瑰宝矣。”又云：“先祖比部戟门公笃好篆刻，手自刻印不下千百方，所集名人石印谱，上自明季，下迄赵㧑未，佳本尤夥，暇日拟另编目以存。”

两者所述，恰可互为补足。再以印人而言，《清话》中所记者，多有未经他人道及者，读此而可得补诸印人传之未备❶，若“许阁老人”条、“胥伦”条、“尹龢”条、“津门三王”条、“汪聋”条、“沈季玉”条等，不一而足。

然毋庸讳言，汉章此卷亦复多有可待补苴之处，如“飞鸿堂印谱”条云：

> 汪氏《飞鸿堂印谱》震灼一时，吾国印人多奉为不祧之宗。第在汪氏以巨资集成此谱，其精力可谓过人。但谱中所收各印，只能代表当时作

---

❶ 此以伏见冲敬编《印人传集成》（汲古书院，1976年）及马国权《近代印人传》为据。

风，上不能继秦钵【钵】汉印之统绪，下不能餍后人摹仿习学之欲望，方规画罣，仅示模型，神明之作，实少典则。狄平子葆贤尝用西法石印，交有正书局发行。市上流传，多系此石印之本也。

"飞鸿堂印谱"条

柴氏则辩正道："此管窥蠡测之论不足为据。汪氏一生集印谱达二十七种，可考查其名称者已得二十六种。其编谱按时按质分类，《飞鸿堂印谱》则系集同时人之刻者，故只能代表当时之作风。明代刻印及清初诸家作品，另有《切菴集古印存》。"当以子英之说为是。

"李葊庵"条云：

> 李葊庵名孺，汉军籍，原名宝巽，字子申。仕至湖北提学使，辛亥后易今名曰李孺。工治印，自许为学者之印，而不屑为印人之印。经名宿为订润例，风行一时。每作必工，不以鬻字故出于草率，犹存老辈风范。自号苦李，有太原傅青主之度，以遗老终于沽上……

柴氏质疑道："李苦李名祯，山阴人，为吴昌硕弟子。今李葊庵自号苦李，未知确否？因赵时枫说为绍兴人转而疑之。"所谓"因赵时枫说为绍兴人转而疑之"者，乃汉章云"绍兴赵时枫"❶，而叔孺实为鄞人。至于"苦李"，则人所皆知

---

❶ 见"赵时枫王大炘"条。

乃吴缶翁弟子，而汉章言汉军李孺亦有此自号，难免不致人生疑也❶。再若"李叔同为僧"条云"天津李叔同"，而弘一大师实为浙产，系平湖人。凡此种种，皆为瑕疵，正当待我辈一一为之辩正者。

前云之柴氏钞本，全卷圈点殆遍，间有钢笔及绿笔补正商榷处，又有绿笔标注"录副"、"已录副参考"等字样及标有"○"、"√"、"✕"等符号者，皆可反映柴子英先生对于此帙之重视，而所谓"录副"、"已录副参考"者，或即当年补辑明清印人传工作之屐痕。又曾获读柴子英先生手书一通，当作于1978至1979年之间，云："《印林清话》钞本一册，昨恰巧目见，四十年前手录，又别近二十年，一睹之下，无异亲人重逢……"书末又钤"柴印子英"朱文方印，并注云："此印即钤于《印林清话》之一，弟常用者。"益征柴氏于《清话》之珍视。子英先生以印学印史印人研究大家而视汉章此作为球璧，若我辈后学，更复当宝爱之若何哉！

《左传》所谓"臧孙纥有言曰，圣人有明德者，若不当世，其后必有达人"是也，汉章以硕学英烈之裔，不惟能读父书，且多创见，造作言辞，为世所珍，庶几无愧斯言矣。

---

❶ 按：汉章此说亦未可遽断为误，世之名"苦李"者，原未止一人，如高邕之以笃好李北海书，苦心孤诣，劬学致病，因号李盦，别署苦李。见郑逸梅《艺林散叶》第1756则，中华书局，2005年，第131页。

沪籍前贤文献经眼录

一、《玉壶山房词选》二卷
道光八年（1828）云间沈氏来崔楼刻本，光绪年间补版印本，一册

　　撰者改琦（1773-1828），字伯蕴，号七芗，别号玉壶山人、玉壶外史、玉壶仙叟等。系出西域，先辈世居北平，以祖寿春镇总兵某入籍松江，遂为华亭人。七芗工绘事，精人物，佛像、仕女尤所擅场。宗法华嵒，喜兰叶描，笔意秀逸潇洒。所绘仕女衣纹细秀，树石背景简逸，造型纤细，敷色清雅，人称"改派"。有《红楼梦图咏》五十幅，镌版行世，风行至今。其子小芗、孙再芗均能跨灶，画风亦且相似。扉页小篆题名，首道光戊子七月既望后学沈文伟《校刊玉壶山房词引》。次同里姜皋撰诔辞。次《玉壶山房词跋》，计有壬申清明长真居士孙原湘、癸酉花朝惕甫王芑孙、庚辰十一月六日曹言纯于袁浦寓舍、嘉庆癸酉孟冬南江居士陈文述于青村官舍之桐霞馆、姜孺山、辛巳四月郭麐题辞。次雨桥陈毓枬绘、顾隽枋"七芗先生小像"。次通波词客雷葆廉撰并书像赞（行书），下枋"约轩"阳文方印。次"玉壶山房词选目"，计上卷：引、诔、跋（六首）、像、赞、词（八十三阕），下卷：词（七十二阕）、后跋。次沈文伟识语："先生词凡四种。是编较勘既竣，爰列目次如左，尚有《寒玉词》一卷、《壶中词》一卷、《画馀词》一卷，行将汇抄，续付剞劂。文伟识。"次则光绪补版所增"玉壶山房词选跋"，计为道光庚戌春二月同邑后学雷葆廉约轩氏、壬戌孟冬钱唐老友许乃钊、南汇后学张文虎、同治辛未冬十一月凌霞、同治甲戌秋九月同里世愚侄顾莲、秀水后学沈梓、光绪戊寅三月新州顾思贤竹城甫（隶书）、光绪乙酉七月许庚身、乙酉夏五月仁和后学方德骥。次正文。四

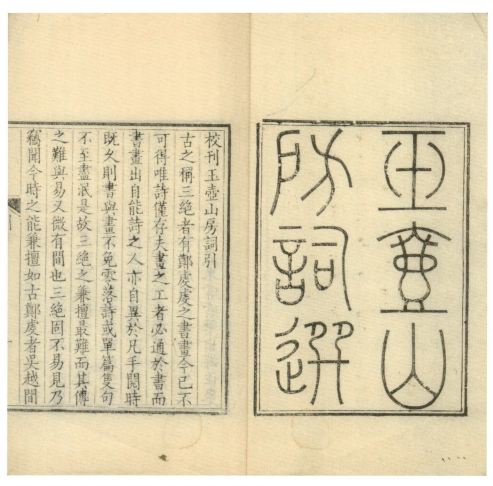

《玉壶山房词选》篆书题名及卷前之《校刊玉壶山房词引》

周双边，白口，八行十六字。上单黑鱼尾。版心中镌"词上"、"词下"字，下镌页码，上下卷分别标码。首行顶格镌"玉壶山房词选卷上"，次行退一格镌"玉壶山人改琦自编"，次行退六格镌"华亭鹤史沈文伟较刊"，次即正文。每卷末有"道光戊子冬云间/沈氏来崔楼镌行"牌记。据卷前沈文伟《校刊玉壶山房词引》："先生习于先司马，两世交情，踪迹最稔。当嘉庆中叶，每长夏无事，辄邀先生至园中，池馆追凉，竹露荷风，宵盘昼憩，故先生书画款识署'古倪园'者极多。"又云："先生初嗜诗，后专力于词，所作甚夥。郡中同人刻

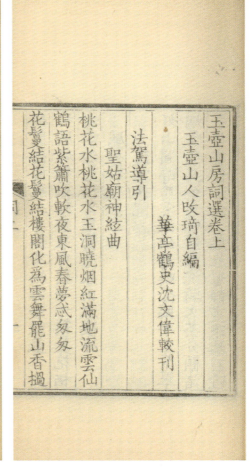

陈毓枫绘、顾隽杶"七芗先生小像"　　　　　　《玉壶山房词选》卷端

《泖东近课》，曾刻词一卷，先生意不自足。后以全稿属其友郭君麐选存若干首，又复自为删定。未及付梓，遽归道山。伟以通家子，少承一字之师，感旧伤情，无由追慰，求遗稿于苫次，寿诸枣梨，使读者知先生为今时之郑虔也。"知此集既经郭麐删订，又为七芗自编，宜其择别精审，编次有度。沈氏以年家子而代为七芗刊行此集，足见厚意。然其识语所言七芗另三集之"行将汇抄，续付剞劂"云云，则未克成事，此顾莲跋言"丈所著词凡四种，其三种未梓而稿佚"可知者。道光本行世未久，即遭洪杨之变，流传至罕。乱后，七芗文孙

再芟搜得旧版，补镌所失四简，复增原版锓毕诸贤所题，复印行行世，故此本与道光沈氏本实本同版。

二、《玉壶山房词选》二卷
民国九年（1920）聚珍仿宋书局铅活字本，一册

此集当系以前述来崔楼本为底本刊成者，故所收内容几皆同。惟沈文伟《玉壶山房词选引》后，即接"七芗先生小像"，然图中并无"顾隽枕"字，亦无雷葆廉像赞。次姜氏诔文，次即正文。首行顶格"玉壶山房词选卷上"，次行退十格"玉壶山人改琦著"，三行始即正文。卷末为《玉壶山房词选跋》，仅孙、王、曹、陈、姜、郭诸人而已，较前本为少，知其所据以刊行者当系道光印本，非如前述之光绪补刊补印本。封面后有"聚珍仿宋／印书局创／制铜模铅／字活字本／墨汁刷印／庚申春钱／唐丁仁识"牌记，知此本系丁氏创制聚珍仿宋字后，较早之印刷实物。此本与前本相较，字句或略不同，如卷上《菩萨蛮》中"冰苔印双屐，半晌花留立"，此本"晌"作"向"；《阿那曲》中"倾肢河上倾肢水"，此本"肢"皆作"脂"；《翦湘云》中"双鸥嫩约泛横塘"，此本"嫩"作"㜪"；《沁园春·和龚瑟人韵》等词中，此本"髻"皆作"鬓"；《清平乐》（冬夜同人集水云舫送周南桥归甬东）中"一任冷吟残醉"，此本"残醉"作"浅醉"；《蝶恋花》中"潭水深深深几许"，前本脱一"深"字，此本补足，又"且唱萧萧"，此本作"潇潇"。诸如此类，不一而足。再如词牌名，前本作"菩萨鬘"，此本则作"菩萨蛮"。封面有墨笔题签，又题云："煜峰先生持赠。戊寅十月，邃园署。时避乱春申江上之退一楼中。"下钤"邃园主人"朱文方印。"邃园主人"者，松江于允鼎，生卒年不详，著有《退一居随笔》、《不无楼谈屑》等。所谓避乱者，避丁巳以来之倭乱也。煜峰即江阴孙氏，曾任闸北水电公司董事长兼总经理、裕康房地产公司董事长等职，著名藏家。七芗之词，清婉雅丽，论者以为在玉田、白石之间，清空处如冰壶映雪，飞动处如野鹤依云，奇姿焕发，缠绵蕴藉，如瑶台散仙，豁去人间尘土。观其卷中诸作，确乎戛戛独造，奄有众美，可称一时作手矣。惜久为艺名所淹，彰而不显为憾。

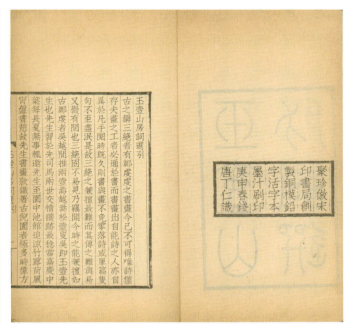

铅活字本《玉壶山房词选》封面墨笔手迹　铅活字本《玉壶山房词选》牌记及《玉壶山房词选引》

三、《两京同游草》不分卷
铅印本，一册

此集系高燮偕其子侄民国丁巳年游览南京、北京途次所作，故以命名。撰者高燮（1879-1958），字时若，亦作慈石、慈硕，号吹万，又号寒隐、葩叟、葩翁。当清季时，别署志攘、黄天，晚年别署卷翁、卷窝老人、寒蚓、安隐老人、吹万居士等。金山张堰乡秦望村人。吹万世代书香，家道殷厚，一生嗜读，藏书甚富，达三十馀万卷，尤以《诗经》相关著作最为详备。早年尝与从侄高旭、高增创觉民社，出版《觉民》月刊，启蒙民智。与甥姚光创国学商兑会，刊《国学丛选》，以探讨国故旧文。结寒隐社，表彰先哲，发隐阐幽。为南社耆宿，曾作《醒狮歌》、《宝剑篇》等诗文鼓吹革命。中年于秦望山麓筑闲闲山庄，建吹万楼，有葩庐室、可读斋、袖海堂。中华人民共和国成立后，以劫馀《诗经》珍本千馀种转交复旦大学图书馆收藏，并将其他藏书近两万册悉数捐诸上海文管会。有《吹万楼诗集》、《吹万楼文集》、《吹万楼日记节钞》、《读诗札记》、《感旧漫录》、《望江南词》等廿馀种著作传世。撰者高均（1888-1970），字君平，号平子，别号在园，吹万兄煌长子。近代中国天文学开拓者。所作多见《学历散论》、《平子著述馀稿》两书。撰者姚光（1891-1945），一名后超，字凤石，号石子，又号复庐。吹万之甥。尝入上海震旦学校，未数月即因大病辍学，遂乡居自学。每有所作，辄就正吹万，与吹万老人以甥舅之情而兼具师生之谊。生平著作多种，由子昆群、昆田、昆遗合辑为《姚光集》行世。撰者高基，字君定，吹万兄煌次子。撰者高圭，字君介，一字介子，吹万长子。此集封面题端闵瑊，字瑞之，号冷禅，松江人士。擅诗文书画，《游草》收其和诗数首。首泾县胡蕴玉序，中云："旧友吹万将出居庸、登太行。徐淮风云忽焉以起，折而南回，游止燕市。虽往返不及旬日，游草蔚然成帙……"知此次北游，本存出居庸关、登太行山之志，乃因复辟变起，遂尔南返。次同行诸人联句《由金陵至燕京火车中联句限顺次完东韵》，系吹万与君平、石子、君定分咏金陵至京途中所历。次即正文。卷末有"上海聚珍仿/宋印书局印"牌记。《游草》以撰者年岁为次，首吹万，次君平，次石子，次君定，次君介。所收吹万之作，独名《知北游草》，未知何故。诸题多收入今本《高燮集》第三部分《诗词》民国十六年丁巳（1927）所作中。惟其中思齐之《次韵吹万游莫愁湖二绝》、《次吹万请连山扫叶楼均》、《和吹万燕子山三台洞均》、《赠吹万北游》，瑞之《和吹万燕子山三台洞均》、《次吹万清宫观藏器均》及吹万自撰之《观鲜灵芝剧用天梅韵》四绝未收。而《游草》收《秦淮感赋》一首，集本则又补"污流千载著芳名，叹息秦淮一水吟。安得放他江外去，铲除秽浊一扬清"一首。又《游草》中，《游雍和宫感赋》有"狰狞怪状不可方，因思夷种本犬羊"句，集本已删。《尘沙》"尘沙币地飞"，集本误作"币"。《游太学观周石鼓并购拓本》"任人碥击如杵臼"，集本误作"搞击"。又《津浦归途作》第二首"入座吟声恣郁勃"句，"恣"旁佚名墨笔改为"传"；第三首"浩然长往别燕台"之"浩"字，排字不慎，误倒。姚光之《两京游草》，较诸今本《姚光集》，则少收《北游留别内子》、《雨花台》、《题紫霞洞（洞在重山之胁）》、《燕京有作》、《陶然亭吊香冢》五题。《游莫愁湖登胜棋楼》第一首"间有人家艺芰荷"，集本作"时有人家"；第四首"残枰收拾仗人豪"，集本作"待人豪"。《游三台

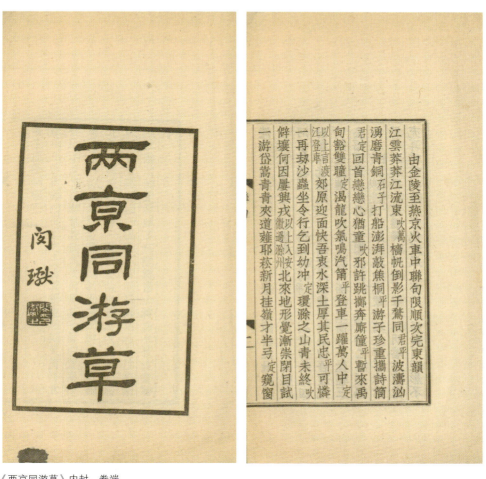

《两京同游草》内封、卷端

洞及燕子矶》"奇崛又嵯峨"，集本误作"峨嵯"；"下更登矶头，整衣一放歌"，集本作"下更登矶头，翼然势峨峨。江流在脚底，整衣一放歌"；又"中起八卦洲"，集本作"中起洲八卦"。诗题《淮徐道上书所见》，集本作《淮齐道上书所见》。《陶然亭》，集本作《登陶然亭》。《广德楼观鲜灵芝演剧》第二首"知卿别有伤怀处"，集本作"伤怀抱"。《夜车经齐鲁道上作》"恍置吾身群玉间"，集本作"我身"。凡此不同，皆可深思。至君平、君定、君介之作，以未见专集，未知事后有所改易否。综计《游草》，收吹万《知北游草》二十五题，又思齐和诗四题、瑞之和诗两题；君平《游草》七题；石子《游草》十二题；君定《游草》九题；君介《游草》八题，又思齐诗两题。又据吹万《火车中月夜望泰山》句“七日往复来”，石子《津浦归途作》亦云“七日京华成底事”，君定《津浦归途》则云“屈指北来旬日耳”，则此次北游，前后仅仅一周而已。以一周之瞬，而成诗数十题，无怪乎胡蕴玉序中叹云“何多其乎”。《游草》既成于同游之际，自多同题及和韵之作，相互比勘而诵，具见各人才思性情。又附录中有思齐之作，思齐者，即金山朱泾沈思期，尝任上海世界书局副经理。民国二十六年（1937），发起旅沪同乡会。三十七年，于朱泾独立创设怡咏图书馆，以原藏沪寓怡咏精舍藏书八千馀卷作为基本藏书。后任金山第一、二届人大代表。

四、《槐荫堂遗诗合钞》不分卷

民国铅印本，一册

此卷系宝山罗溪王氏四世遗诗之合刊者。撰者王有堂，字逸樵。商而士者，躬亲懋迁而手不释卷，固市隐者。存世有《槐荫堂诗钞》。子少樵（？–1888），名元镤。遭世变，遂弃学业商。性狷介，不苟同恒人情。有《锄月山房遗稿》。孙味羹（1872–？），名鼎梅，又字半青。精小学，博掌故，所作名《可居小草》。曾孙伯常（1898–1937），名秉彝，又字邕斋，味羹之长子。精国文算学，幼即从父出入诗社，颇得诗趣。王氏世代以儒而隐于市，子孙绳绳，谨守世业不坠。四代能诗，乡里称羡。然三世肺疾，皆不跻寿，或天亦靳之欤？此册外封题“槐荫堂遗诗合钞”，款署“丁巳秋七月既望童大年敬题”，下镌“心安”阳文小印。首同治庚午腊月立春日芝与叟杨臣谔撰《槐荫堂诗钞跋》，次光绪丁亥仲春表侄施赞唐《槐荫堂诗钞跋》，次光绪三年丁丑季春之月疁城朱元治《槐荫堂诗钞序》，次宣统二年六月同里后学杨芃棫《槐荫堂遗诗合刊序》，次《槐荫堂诗钞》，次宣统二年庚戌三月既望同里表弟施赞唐《锄月山房遗稿序》，次逸樵子少樵《锄月山房遗稿》，次民国二十九年庚辰正月同社弟马孟元《槐荫堂遗诗合钞序》，次甲子仲秋半青王鼎梅《可居小草自序》，次《可居小草》第一二集，次辛未秋七月陋厂《可居小草续集序》，序末有马孟元附志：“按：杨君瑟民，讳芃棫，别字陋盦，又称陋莽，或陋庵，或陋厂。稿中每多并见，阅者志之。"次《可居小草续集》，次民国二十九年孟夏之月同里马孟元《坶斋小传》，次伯常《坶斋剩稿》。逸樵、少樵之作，皆经同里表亲施赞唐校雠编次。又据杨芃序云："庚戌长夏，半青手录两世遗稿，将以付梓。"然此事似未果。据民国二十九年（1940）马孟元序："岁次庚辰，避难申江，同里王君仲嘉携其尊翁味羹先生《可居小草》并曾祖逸樵公《槐荫堂诗钞》、祖少樵公《锄月山房稿》、长兄伯常《坶斋剩稿》，谋一并付梓，托任校勘并索为之序。"则此帙之行世，实出味羹次子之手，而付梓当即此后不久。书中误字，皆以蓝色重钤正字于其旁。间有佚名钢笔手书评，如《槐荫堂诗钞》之《题潘莘香疏影弦诗图》："白云深处远红

《槐荫堂遗诗合钞》

尘，才着梅花便觉春。闲把瑶琴弹一曲，高风多付素心人。"天头批："好诗。"王氏一门之作，虽平平无奇，然亦有可采者，如逸樵《吊陈军门化成》："万顷狂澜只手持，如公生死总神奇。至今芦荻纵横处，犹似旌旗出没时。沧海未干名将泪，清风独拜老臣祠。千秋忠佞何烦辩，自有诗人笔一枝。"《鸦片》："换骨金丹何处寻，剧怜声价等黄金。从今领略相思味，一日相思一日深。""芙蓉帐里语绵绵，兰麝香中并玉肩。昨日此时今日又，与郎三起复三眠。"皆可窥见世道人心。而《可居小草续集》中《虾虎》一首，其题记云："四腮鲈俗名虾虎，惟冬至前后有之。本产松江，吾乡练祈【祁】上承吴淞江水，故亦有也。其头及皮暨腹中之肺，绝似虾蟆，疑为虾蟆所化，故曰虾化。'化'音同'货'，'货'又讹作'虎'，遂呼为'虾虎'矣。或曰其鱼食虾，故曰'虾虎'，与鸟名鱼虎，虫名蝇虎同。"则推考乡语，溯其源流，甚得诗旨。

五、《果园诗钞》 不分卷
蓝色油印本，一册

撰者戴克宽（1879-1964），字禹修，青浦白鹤江人。戊戌入学为诸生，后以优绩毕业南菁高等学校预科，援例奖授拔贡。尝一至河南任职，未几即选赴东瀛考察教育。归国后，一任江苏督学。入民国，尝与《青浦县志》续修之役，任协纂。知天命之年，即谢事家居，淡泊寡营，文酒为乐，间以诗文授徒。中华人民共和国成立后，入上海文史馆，寓居沪上康定路五百六十弄十二号。尝自购油印机一台，以同乡张仁友、石贡航写刻，颇便印刷。此书而外，尚有《西泠印社志稿》六卷、《西泠印社志稿附编》、《两忘宧诗存》、《陈匪石先生遗稿》、《婴闇诗存》、《婴闇题跋》、《婴闇杂俎》、《词苑珠尘》、《味逸遗稿》、《狄香宧遗稿》、《苏堂诗拾》、《苏堂诗续》、《若庵诗存》、《补斋诗存》、《慎园诗选全集》、《慎园启事》、《安事室遗诗》、《海沙诗抄》诸书，皆出果园之手。果园复擅昆曲，在乡之时，尝组讴青曲社。民国二十年（1931），又于白鹤江创青浦第一图书馆。晚年复助沈其光成《青浦后续诗传》八卷。此集之成，乃果园以壬戌迄乙未所作千馀首删存三百馀首，复倩知友沈其光代为编纂，以荟萃成编者。外封王福厂隶书署签，下镌"福厂"白文小方印。内封亦王氏所署，双钩小篆，下镌"福厂七十后所书"白文方印。首柔兆涒滩（丙申，1956）长至日蜕园瞿宣颖序，次公元一九五六年六月一日世教弟沈

《果园诗钞》

其光序，次正文，卷末公元一九五七年五月婿昆山徐承谟跋。果园之诗，摹效香山，沈序所谓"长于能尽言以达其情，而于亲戚朋旧、死生契阔、人事盛衰之际，兵戈荼毒、阴阳隔并之祸，莫不感欷回荡，若疢在怀……"，其夫子自道亦云："余为诗不喜涩体，往往出以浅易，期于通俗。生平爱诵白居易诗，时窃效之，学而未成，虚糜岁月。今所录存者，闲适杂律诗为多，或诱于一时一事，发于一笑一吟，率尔成章，不作千秋之想，但以亲朋聚散之际，去其释恨佐欢者而已。其意存讽喻，箴时补政之作，百无一二焉。"集中所收诸诗，依年分系，每于是年初作下，附以干支，间有漏书者，则佚名以钢笔补之。

六、《采隐草诗集》两卷
民国二十年辛未（1931）铅印本，两册

撰者华亭莫秉清，字紫仙，号葭士，自称月下五湖人，莫是龙孙。明诸生，鼎革后隐居不出，吟咏自遣。所著此集而外，尚存《傍秋庵文集》。紫仙诗文多无顾忌，终清之世藏诸子孙，未肯示人。清社既屋，裔孙子经乃出以谋梓，先后经杨孝廉东山、雷明经君毅校雠，而由吴家振总其成者。然此本之外，《采隐》一集尚有他本辗转流传，不绝如缕。如东山老贾柳蓉村《博古斋旧书经眼录》中，即录有莫友芝影山草堂旧藏钞本两册，云前有紫仙自序。既存自序，衡诸篇幅，想即与此本同源。此本外封于允鼎题签"华亭莫葭士先生遗稿"，下署"辛未冬日乡后学于允鼎署眉于邃园"，后镌"允鼎"阴文小方印。内封署"采隐草"，下署"辛未秋日邻石王繇芳署耑"，下镌"石斋"阳文方印。首莫氏《采隐草自序》，次目录，次正文。全集以体类分，卷上首四言古，次五言古，次七言古，次五绝，次六绝，次七绝，次五言排律；卷下首五言律，次七言律，而以诗馀附后。卷末光绪二年闰五月既望后学戴宏琦跋，次民国二十年九月后学吴家振确声跋。紫仙善诗文，文自马迁，诗出五柳。复工书画篆刻，与傅廷彝、曹思邈、瞿然恭并称"云间四家"。此集诸作，多成于易代之际，中若七古《香土行》之述黍离之悲，五言排律《甲申纪事》、《乙酉感事》之述家国之变，皆尤触禁网者。吴氏后跋云："公之文有董狐直笔，公之诗得首阳之遗音。而公于某也为之传、某也为之序，详其姓氏，记其事实，百世下读

之，想见前明忠臣义士之多，而云间一郡文学大盛，其独立之行，尤足以廉顽而立懦。"所评之确，正可谓紫仙后世子云。

七、《采隐草》不分卷
康熙末年上海曹氏城书室刊《云间二韩诗》附录本，一册

此本附于紫仙祖父廷韩《石秀斋集》之后，首康熙五十五年仲秋既望曹培廉识语，次目录，次正文，署"华亭莫秉清紫仙著　海上曹炳曾巢南辑　侄曹一士谔廷、男曹培廉敬三校"。正文首五言古，次七言古，次五言律，次五言排律，次七言律，次五言绝，次六言绝，次七言绝，卷末存紫仙跋。培廉识语有云："先生人品卓绝，详家谔廷兄所作传。"然集中并无传存，或此本流传间偶失欤？又云："莫紫仙先生《采隐草》，其友叶君所删次，而先生自为序及跋，未传于世。丙申，家君刻廷韩先生集，因求其草刊附之。"然此本仅收紫仙自跋，并无序存，未知何故。幸此序尚存其家，经数百年而得面世，可见于前本。又紫仙跋云："《采隐》所存四百首……辛卯九月，叶子远公为我痛删其半。"今以此本与前述家藏未删之本相较，不惟篇幅之多寡悬绝，即排序亦且不同。又前本所收之四言古、诗馀，亦皆未见于此本。此本所收不过百首而已，可知叶氏所删约近三百首之夥。今取五言古为例，前本收六十八题，而此本仅存十题而已，观此而知此本删削之大观耳。紫仙跋中，复言其集命名之义云："草名'采隐'者，取唐人'采山仍采隐'句也。"此句源出唐时王季友《杂诗》，其孤高独往之心藉此可见一斑。此本本系节本，前本未出之前，固可当一脔之尝。前本既出，则此本可废矣。

八、《钝庐诗集》五卷
民国二十年辛未（1931）句溪草堂铅印本，二册

撰者曹炳麟（187？—1938），字吟秋，号钝吟、钝翁、六不居士，崇明人。年十二丧父，母龚氏资纺织教养，抚吟秋及两妹以成。二十岁为县学生。光绪二十八年壬寅（1902），登贤书。三十一年戊申，拣选知县，发安徽，以

知县候补。宣统元年己酉（1909），奉檄理宣城积案，岁得十万缗，移作学费，逾年学校林立。辛亥国变，弃官归隐，一度辅助办理县政。民国五年丙辰（1916），创崇明中学，长校政十馀年，育才甚众。民国八年己未，崇明续修县志，吟秋就总纂，以为修志一事，"得其要则详焉亦简，宽焉亦严，文不繁而事增，辞不滥而义备"，"事实征讨不详备则漏，人物搜采不谨严则滥"，费时六载，终底于成，甚得志体。至民国十二年癸亥，吟秋复偕里人杨端明等集资，于城北门建耀崇电气公司，干才之长，可见一斑。此集卷一有乙未所作《生子》，中云："我年二十四，添丁剧喜事。"据此，则其生年当为同治十一年壬申（1872）。然《钝庐文集》卷六《先府君家传》云："（光绪）十三年二月七日以疾卒……府君殁，小子炳麟方年十二。"则当生于光绪二年丙子（1876）。两说不无扞格，尚难遽断。吟秋善诗文，尤工书画，所绘花卉，淡雅逸致。秉性耿直，遇事议论风生，据理分析，绝不轻从。生平著作又有《钝庐文集》八卷，已印行。另有《说文约文》四卷、《杜诗微》五卷、《钝庐诗文续稿》二卷、《杜韩诗联语》一卷、《六不居联语》一卷、《自编年历》一卷，今均无存。此集外封陈夔龙题签，下署"辛未仲春庸庵"，并摹刻"陈印夔龙"阴文方印。封面亦陈氏题签，署款"辛未仲春陈夔龙"，下摹刻"夔龙长寿"阴文方印。首民国十六年丁卯二月既望当涂奚侗度青序，次民国辛未孟陬通家弟同邑张鼎治蔚人序，次宣统三年七月晦钝吟于皖江寓所自序，次目录，次正文。全集先以时分卷，卷内复分体排序。卷一起光绪壬辰至壬寅，卷二起光绪癸卯至宣统辛亥，卷三起宣统辛亥至庚申，卷四起辛酉至丙寅，卷五起丁卯至辛未。书口下印"句溪草堂"字样。"句溪草堂"者，吟秋建以奉母娱亲之地，藉知此本为吟秋自刊者。吟秋论诗，以为"诗之妙者，皆无意于诗者也。其有纤秾澹逸、清奇雄俊、幽沉旷爽之不同，则视乎其人之性情志趣、遭际阅历、学问才力而为之要旨，各有其所至，非可执一论也"，"大凡人情，喜则和，怒则厉，哀则郁，乐则舒，欢娱穷愁之言，随所遇而发于自然者，诗之真也"。又言："余于古人之诗匪敢薄也，师其法不欲袭其迹；取其长不必专其好，融会变化，以合于吾之自然，然后随遇而各适其用，毋宁人诮余不逮古人，而断不有意为古人之似，以汩吾真，斯余之志也。"而其自作，则尤能自践其言，可谓知而能行者。卷一《述怀》有云："十年心计剧疏顽，沦落科名两字间。诗境熟时文转涩，财源艰处用常悭。强支门阀书仍读，怕累身家债速还。且俟清闲无俗事，揭来饱看好湖山。"可见其书生本色。而卷三《感时》："天纲浑裂人心死，畔夫欲羞忠义士。邪说横流砥柱摧，猘儿跳荡反戈指。十年豢卒如骄猘，一朝揭竿磔毛獝。眵颐为王重瞳帝，蹈海不闻鲁连子。"则可窥见其眷眷逊清之状。卷五《述世德诗》，写其家世渊源，读之可为知人论世之助。

九、《钝庐文集》八卷
民国二十年辛未（1931）句溪草堂铅印本，二册

撰者曹炳麟。外封署"辛未仲春陈夔龙题"，下有阳文"小石"小方印。内封亦陈氏题签，署款"辛未春日陈夔龙"，下摹刻"夔龙长寿"阴文方印。首宣统纪元己酉相月嘉禾沈曾植乙盦序，次丁卯长至自序，次目录，次正文。全集以体裁分类，卷一论十六首，辨二首，议三首，考三首；卷二序三十首，题跋五首；卷三书十二首；卷四赠序三首，寿序十九首；卷五记十三首；卷六传状二十五首；卷七碑志十四首；卷八赋三首，颂赞十六首，箴铭十四首，哀辞二首，诔二首，祭文八首。版心中印有文体名，下有"句溪草堂"字样。自序云："夫文以载道，辞取达意，六经子史，百家之文，随所好而善取之，皆吾法也。"又云："窃尝诵读经史诸家言，慨然以为，文者，道之具；辞者，意之表。道在人心，明其理则吾之所言即人人所欲言，而吾以文张之，何取乎新奇矫诡，立异以鸣其高？更何取乎拘挛盘辟，泥古而昧其通？理举而辞达，意尽而言止，其开合呼应、转捩顿挫，有自然之程序节奏也。若存工拙之见，执一成之法，有意乎为文，则六经子史意外皆刍狗耳。"皆可窥见其为文之学之态度。

十、《流霞书屋遗集》不分卷
民国二年（1931）铅印本，一册

青浦邹铨撰。铨（1888-1913），字亚云，一作亚雄，又字秉衡，别署天一子、民铎。南社成员。少孤，为人沉静好学。入吴江同里自治学社，与柳亚

子同学，从金天翮问业。复肄业于浙江高等学堂，为陈巢南高弟。辛亥尝依陈布雷以文字业于《天铎报》，又兼任华童公学教授。草《杨白花传奇》，谱虏廷秘事，论者以为张苍水《满洲宫词》之亚。生前诗文多见于《天铎报》及《南社丛刻》，不自收拾，多所散落。其诗哀感顽艳，不让温李。其文亦婉转多姿，颇得《国策》遗韵。馀闲又肆力于词曲，均落落别有风致。民国二年（1913）初，游吴门病殁。南社同人搜其诗文杂作，醵金付梓，名《流霞书屋遗集》。据南社后进郑逸梅云，亚云尝着手编纂其故里之《章练小志》，未竟而殁，后为其师万以增（继长）续成。《流霞书屋遗集》外封题签系南社社友昆山余天遂，署款"疚侬"。内封则泾县胡朴安所题，署款"安吴胡朴庵署耑"。有"中华民国／二年九月／上海国光／书局代印"牌记。次目录。次传：吴江柳弃疾（亚子）

《流霞书屋遗集》封面和内封，分别由南社社友余天遂与胡朴安题签

《邹亚云传》、吴江陈去病（巢南）《邹生传》。次书：慈溪陈训恩（布雷）《报沈剑侬书》、《与柳亚子书》。次赠诗：醴陵傅尃（钝根）《赠邹亚云》七律，泾县胡怀琛（寄尘）《寄亚云问足疾》七绝，金山高旭（钝剑）《武林遇亚云喜赠》七律、《寄亚云海上》七绝二首，娄东俞锷（剑华）《寄亚云》五律，东江叶叶（楚伧）《与亚子亚云两君游桃叶渡豪情艳迹迄未能忘枕上得一诗》七绝。次悼诗：揭阳吴沛霖（泽庵）《悼邹亚云》七绝二首，泾县胡怀琛（寄尘）《哭亚云》七绝，山阴沈家瓘（剑侬）《哭邹亚云》七绝八首，山阳周伟（人菊）《哭亚云》五古，金山高旭（钝剑）《哭邹亚云》七绝十九首，金山高增（佛子）《社友邹君亚云陈君蜕庵相继溘逝临风凭吊怆然久之》七绝二首，金山姚光（石子）《吊邹亚云》七绝，金山何痕（瘦秋）《哭亚云仁友》七绝二首，虞山庞树柏（檗子）七律，玉峰余寿颐（疢侬）《哭亚云》七绝二首，吴江柳弃疾（亚子）《海上感悼亚云蜕庵两亡友》七绝。次《亚云忆语》：其一东江叶叶（楚伧），其二虞山庞树松（独笑），其三虞山庞树柏（檗子）。次正文：卷一文，卷二诗，卷三诗馀，卷四《杨白花传奇》。亚云当清末之季，奋力疾呼，以鼓吹革命为任，其《论专诸刺吴王僚事》文末有言："一夫仗义，百世畏威。远无不肃，迩无不怀。萧萧秋风，易水光寒。舆图之匕，博浪之椎。朱郭雄烈，荆聂英怀。壮士壮士，今胡不来。"尤可窥见亚云之思想及当日之风尚。每卷之后，均镌"吴江柳弃疾手录/泾县胡怀琛校字"两行。

十一、《达斋遗文》不分卷
光绪二十九年癸卯（1903）刻本，一册

十行二十一字，小字双行同。四周双边，白口，上黑鱼尾。版心上镌题名，下卷页码。娄县王廷才撰。廷才，谱名廷栻，字企张，又字苣臧，号达斋。幼孤，授读于母。少长，涉猎经史词章。既而肄业于龙门书院。壬午登贤书，屡赴春官不第。纳赀为户部员外郎，分户部山东司兼云南司行走，充会典馆校对。戊戌成进士，引见仍以员外郎用户部如旧。次年，以会典馆劳绩以道员用。因事南还，未几即病殁于江宁吴氏馆舍。企张为文奇崛，多沉痛切中时弊之语。务经世有用之学，究心舆图算术，多能洞颐时事。生咸丰七年（1857）

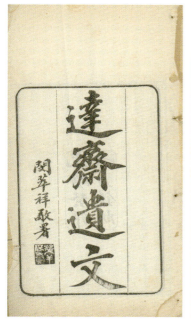

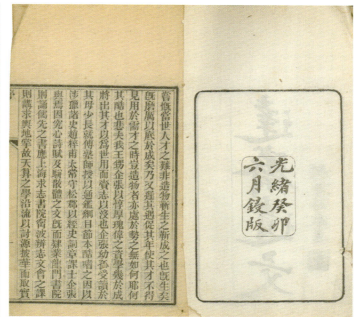

《达斋遗文》内封　　　　　　《达斋遗文》牌记及内叶

六月初四，卒光绪二十五年（1899）八月二十八日，春秋四十有三。娶于盱眙吴氏，前四川总督勤惠女孙。其遗稿付梓，全赖吴氏主持搜罗，并倩友婿上海姚文枏甄录。封面华亭闵萃祥署签，下摹"萃羊长寿"白文方印。有"光绪癸卯／六月镌板"牌记。首光绪二十九年初秋舅氏顾莲序，次同学友婿上海姚文枏撰《王君墓志铭》，次正文，计收文二十五篇，考辨舆地，论证经史，多能持一家之言。其中若《引黄归淮害不止一省论》、《河淮合流原始》等篇，经世论道，可见企张用心所在。惟以早逝，未经表曝而人骤云亡，徒以空文垂后。书不分卷，然据顾莲序云："企张没逾年，其妇吴将梓其遗文，出一篋示予。然多昔时考课诸作，亦有属草未成者。爰属姚子让孝廉文枏甄录若干首为一卷，又辑其杂文为一卷。"则当日择别者似为两卷。惟夷考卷中所录，则致用之文而外，亦多课试议论，如《栻林非咸林辨》、《秦穆袭郑论》、《鲁僖反须句论》等，皆类经生考课习作。颇疑其本即未分卷。

十二、《勤生堂诗存》七卷

民国二十八年己卯（1939）铅印本，一册

撰者嘉定章圭璋（1869-1937），字篆生，自号馀叟。光绪壬寅（1902）举于乡。甲辰（1904）捷南宫，殿试登进士三甲第八十九名，以主事分部（工部）学习。丙午（1906），偕宝山钱印霞淦、施琴南赞唐往日本法政大学速成科第五班游学。宣统二年（1910）九月，以毕业考列优等引见，得旨着仍以主事留度支部尽先补用。民初，尝宦游山左、浙右。篆生为人朴讷无华，志行卓绝，不同时流，以世道人心自认。壬午后，知时事之不可为，退居黄渡，以著述自娱。有《勤生堂诗文集》等十馀种，俱未刊。此帙凡诗七卷，卷一《芸窗草》，为少时书院应课之作；卷二《萍踪草》，为中年游历名区之作；卷三《苏台草》，为庚寅冬迄甲寅春两次就试吴门之作；卷四《明湖草》，则乙卯秋至丙辰冬羁食济南之作；卷五《西泠草》，为丁巳后一年馀居杭州时所作；卷六《还山草》，为戊午后十年家居所作；卷七《嵫景草》，为己巳起六十岁后所作。篆生又有《黄渡甲乙历劫始末》、《黄渡续志》，均已行世。外封吴江钱崇威题签，署款"钱崇威敬题"，下有"崇威"朱文半通印。内封吴江徐世泽题签，署款"吴江徐世泽题"，下有"徐伯子世泽印"朱文方印。卷前有己卯仲秋青浦金咏榴序、己巳夏正章圭璋自记。卷末有己卯夏五月子钦亮跋，又《勤生堂诗存刊误表》，而表中遗漏者，又以红色正字钤于

《勤生堂诗存》

其侧。书中所录，虽仅纂生生平所撰之佚存，然多可窥见其志趣之宏与见识之深。即以卷一《芸窗草》中所收少作而言，如《西洋水龙歌》云："燎原顿息策万全，回禄退听于无权。神妙真到秋毫颠，巧制征夸西洋传。"《电灯》云："电气由来触处生，灯光制就泰西精。"《火车》云："长途车仰指南名，那识西人技更精。地借长房从此缩，尘驱风伯倏然清……"均可见其于新生事物多存善意，非若时人之百般诋诮。生平所作，又多可见其行历，如卷二《萍踪草》有《丁酉秋试舟泊昆山》，紧接其后者，则为《山塘夜泊》、《出浒墅关》、《游无锡黄埠墩水月轩环翠楼》、《宿毗陵驿》、《过吕城》、《泊丹阳》、《抵京口》、《游北固山》、《游焦山》、《登金山江天寺》、《登胜棋楼》、《钟山谒明太祖陵》、《壬寅秋闱闻报口号》、《癸卯计偕由轮船赴汉口》……再如同卷之《入工部》："分曹循例到衙门，一笑人称水部尊。"《丙午春奉派留学将之日本赋此》："又将浮海向扶桑，异域寻师负笈忙。"等等此类，皆可藉知纂生生平行迹。诸多诗草所及，颇见时事，亦可称诗史，如卷二《甲辰春闱闻报口号》："藉借汴京作帝京，公车两上大梁城。"为庚子变后国耻存照。卷六《还山草》之《甲子齐卢交战杂咏》七律十三首，咏江浙甲子兵事；《蕢地》七律，咏孙传芳部夏兆麟及卢永祥部陈乐山之更迭；《奉军》七律四首，咏乙丑初直奉相争，议定上海永不驻军之约；《秋操》七律，咏乙丑秋直奉之争苏沪；《保路》七律，咏丙寅北伐之际，浙江夏超与孙传芳之争；《过境》七律，咏丁卯北伐军之北上；《党锢》七律，咏丁卯清党令；《防共》七律，咏戊辰熊式辉部之反共。皆如其子跋中所言："即事言怀，俱系实录，征文考献，可备他年。在昔梅村涉笔，足补遗闻；杜老高吟，允推诗史。以今况古，虽曰不逮，而伤时感事，后先一辙。"卷二后存佚名手书："且为斯人，抛费心神，东风拂绿认重裀。碧水惊鸿空照路，犹认谁证前身。"未识何人手笔，亦未知所咏是否与纂生此帙相关。

十三、《蓬莱散吏剩稿迁江骊唱集合刊》
民国九年（1920）铅印本，一册

封面题签已佚。撰者华亭朱家颢（1836—1885），字小蓉，别号蓬莱散吏。幼习庭训，学有渊源。丁洪杨之变，不克应试。同治初，从浙江布政使蒋益

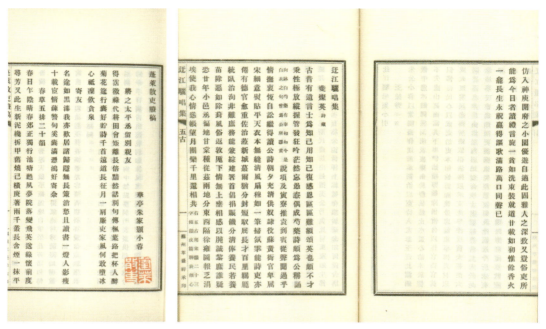

《蓬莱散吏剩稿》　　《迁江骊唱集》

澧治军书，以劳绩得官，权海盐县丞，旋补太平新河县尉，于同治六年丁卯（1867）携眷赴任。以劝学训农为己任，颇致廉声，有"不卑官小，独恤民艰，僦僧寺以作官廨"之举。劳宣廿载，泽被一方，有"慈祥恺悌"之称，盖"本儒修为吏治，以诗史作官箴"者。任中"捐清俸以浚支流，旱潦咸资夫蓄泄。六闸建而水非斥卤，卅里内而地变膏腴。士尽横经，农皆负耒。于是栽培寒畯，宦橐频倾。更能悯恤茕嫠，恩波遍及（《迁江骊唱集小引》），故士民颂德，倾心感戴，有"民情恋恋不能忘"之说。小蓉以光绪乙酉（1885）丁内艰，苦中苦哀，复于江中遇风受惊，遂至不起。卷首云间后学张永祚玉如氏中华民国纪元之九年上章涒滩壮月之上浣撰《蓬莱散吏剩稿迁江骊唱集合刊序》，次戊午十月晚生雷补同《蓬莱散吏剩稿跋》，次题词，计青浦沈其光瘦东五古一首、青浦徐公修慎侯七律一首、古歙吴清望菜滋七古一首、青浦方仁俊五律一首。版心上录题名，中为页码，下为"苏州萃盛祥承印"。卷端有"蓬莱散吏"白文方印。名"剩稿"者,以"旅榇归来,冯夷肆虐,箧中遗稿尽付浮沉",此之所录,不过劫馀而已。卷中先诗后词,总计不过戋戋十六纸诗七十二首、词十二阕而已。开卷之作,即《将之太平丞留别亲友》,中有云:"行囊好贮诗千首,远道长征月一肩。廉吏家风何敢堕,冰心祇凛饮贪泉。"可见其夙志。而《感怀》一诗,则当成于出仕十年之际,云:"十年宦海苦浮沉,禄养何堪返旧林。尸位每羞南郭滥,省刑仰体北堂心。案头仅有范家研,箧里独无韦氏金。荆树两枝悲折一,从今将母更情深。"尤可知其从宦之情由及其自律之动机。卷后有民国纪元旧历壬子仲夏之月子婿张公玓跋。民国六年夏历丁巳仲春之月男传礼、传经撰《行述》。

迁江者,盖即黄岩县官河之下流。嘉庆《太平县志·叙水》载:"新河,亦名迁江。距南鉴里许,初为陶家村。明初建城,始浚河。"源出王城山之桃溪,一名月河。东流合诸山水为新建河,经县北三十里为官塘河。河西南达温岭,东南抵县城北,通黄岩,为舟楫交会之卫。又东至新河所城,乃为迁江,阔二里,东入海。《迁江骊唱集》即小蓉奉讳罢职之日父老送行之什,诸体皆备,"或声催风笛,流传乐府之遗;或望断云帆,规仿柏梁之体"。计录古今体诗百有馀首。其中固不乏谀辞泛语,然情真意切者居其泰半,于以知小蓉之廉能风雅,确有足称者。卷前为小蓉诗弟子王锺秀子芳《迁江骊唱集小引》,正文则以体类编,先五古,次七古,次七古,次杂体,次五律、五绝,次七律、七绝,以词殿焉。

十四、《宣南游草》不分卷
铅印本,一册,巾箱本

署"海上二民居士"撰。或曰即孙玉声别署,然孙氏逝于1939年,而此卷作于1951年,其开卷之作即《辛卯重九日首途赴燕登车感慨》,其次附录上年庚寅游览金陵之词三阕,皆可为证。卷中又有《车停临城站有作》,自注云:"癸亥春夏间,津浦车驶经临城,群盗突出围车,旅客数百人悉遭劫质,锢之抱犊山中,距今二十有九年矣。"亦可证此卷之作为1951年,此时退醒庐主人墓木早拱,自非其人。撰者署名云"海上",则自系沪籍无疑。嗣经严寿澄教

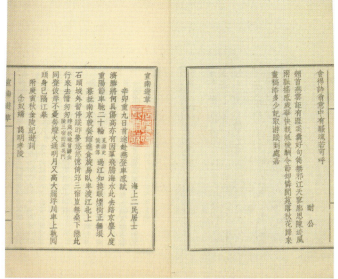

《宣南游草》封面　　　　　　　《宣南游草》卷端

授指教，知二民居士实即其尊人严昌埛。昌埛（1897—1992），字载如，号畸庵，斋名渊雷室、三佩簃。鸣社社员，与施蛰存、陆维钊、郑逸梅友。书法精于篆隶，国画擅长山水、花卉。鉴定精审，亦富收藏，尤擅诗词。著有《渊雷室诗》、《畸盦纪游草》、《先业师王公孟谦家传》、《写忧剩稿》，又编辑出版《海藻》二十八卷补遗一卷、《云间两征君集》等。而"二民"者，则自《诗》"周馀黎民，靡有孑遗"及"鲜民之生，不如死之久矣"取义，可见其于时代之观感。而所咏所言，斤斤于此者，亦多踪迹。卷前题辞，雪颖、质厂、补安、耐公，人各七绝一首，雪颖者，潮安郑翼（1901—1969），长居沪上，工诗词，为南社社员；质厂者，上海郑永诒，字翼谋，室名天瓢阁，有《天瓢阁诗》；补安者，吴县王大隆，字欣夫，室名蛾术轩，有《蛾术轩箧存善本书录》及《文献学讲义》等；耐公则华亭封章炬，字尊五，尝辑家藏印谱成《黉进斋印谱集成》。雪颖题辞有云"年年江海梦觚棱"，而居士诗中，亦复多存荆棘铜驼之感，如其《瞻宫阙及御花园》云："觚棱挂眼意傍徨，气象依稀汉未央。劫外不堪赋离黍，人间兀自感沧桑。夹城花蕚通犹是，禁府图书散可伤。我却寄情林薪在，独怜松柏故坚苍。"又其《抵京》有句云："有行上京洛，异昔是衣冠。"自注云："环顾同车，不变服者，少双寡二。"皆可窥见居士之心。雪顽题辞又有自注云"君游黄山，刊有《黄山纪游集》。"则知居士之作又有《黄山纪游》一种。又耐公题辞有云："归来画稿添多少，记取游踪到处嘉。"又知居士吟咏之馀，复擅六法。此卷戋戋数纸而已，所收不过诗二十六题，词三阕，然于记述居士心绪之馀，亦多见时代之信息，如《过琉璃厂阅各厂肆有感》："希古讵无心，何妨物外临。丛残犹此集，翰墨故成林。冷肆凭谁问？藏家不易寻。相望衡宇地，寂寞昼沉沉。"有以见当日厂肆阒然之景。卷端题名之下钤"哀时命长恨歌"白文长方印，卷末钤"平子四愁伯鸾五噫孟阳七哀子慎九愤贾长沙痛哭者一流涕者二长太息者六"白文大方印，尤可窥知居士之不合时宜。

十五、《西溪草堂诗剩》不分卷
1957年油印本，一册

　　青浦徐伯匡著。伯匡（1865-1920），字公辅。既食饩，筮仕得高淳教职，并兼高等小学监督。居十二载，过班知县，分发山西。遂游京师，选歌征色无间日，家乃中落。辛亥后，幡然南归，与从弟慎侯等同里诸子结岑吟社，文酒过从无虚月，有"二徐先生"之目。又于壬癸之间同里人结胡蝶会，月必数集，互出所作，共为月旦。复与海上希社诸君酬唱，往还文字，《希社丛编》中往往可见。生平所作，不下千馀，今录存者大都归田后成篇者，然亦仅至戊午而止。晚岁益寥落，处境萧条，乃坐馆吴门，至终其身。此卷系其从子正大哀辑，同里诗友从侄婿沈其光选录，从子正权手写上版。封面题签诚斋，下钤"诚斋"朱文半通印，未知何人。卷前一九五四年一月十六日从侄婿沈其光瘦东序。卷末一九五七年一月三日从侄正权跋。共收诗九十馀，依年编次，清醇雅则，多晚唐气息。若其《再叠前韵酬葆荪》一首："居然几净又窗明，砚可为田笔可耕。眼底江湖悲日下，壶中岁月喜春生。劫馀怕听城楼角，吟罢长依客馆檠。家有小园荒落甚，清闲敢抗庚兰成。"具见其晚岁生涯。而此集所以得名者，据其《次杨石年辂春城晚眺韵》自注云："余家旧有西溪草堂。"

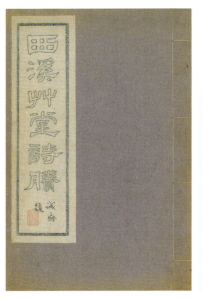

《西溪草堂诗剩》封面　　　　　　　　　《西溪草堂诗剩》沈瘦东序及卷端

十六、《横云山馆诗存》一卷《横云山馆诗续存》一卷
民国三十年（1941）铅印本，一册

　　松江王毅存著。毅存（1877-?），字文甫。早年以生计奔走南北，不遑宁处。又多遭丧乱，艰辛备尝。民国十二年癸亥（1923），佣书松江，为人记室。晚岁独处，诗以写愁，既伤乱离，又抒感愤。此集封面松江张琢成书端，内封辛巳六月松江于允鼎题签，下有"允鼎私印"白文方印。版心上为题名，中为页码，下有"松江成章印刷所承印"字。《诗存》与《诗续存》分别计页。《诗存》卷末有文甫己卯夏自识，云此卷"始甲午，迄庚申，共得一百馀首。而癸亥以后近作则别为一卷"。所谓"别为一卷"者，即《诗续存》所录也。次滦州蒋兰畬香农题辞，次青浦沈其光瘦东《瓶粟斋诗话》一则。次《诗续存》。《诗续存》卷末有文甫辛巳初夏自识，次沈其光《瓶粟斋诗话》一则，次金山彭天龙鹤濂《棕槐室诗话》一则。文甫诗才甚富，兼长众体，沈瘦东《瓶粟斋诗话》以为"近时云间诗人之佼佼者"。自谓少喜诵李杜苏陆诸家之作，则所谓能自

《横云山馆诗存》封面、内封及卷端

得师，其诗功之深可见矣。尝辑其先世孝简先生以下十三人遗诗为《云间王氏诗钞》二卷，可谓孝思不匮。文甫之诗，面目繁多，如《倪家滩即事》之三："睡起晴窗暖若春，一瓯粥罢正清晨。出门负手溪前立，闲数溪桥上市人。"清新流丽，冲和安雅。《悼亡》之五："六十残年病废身，回头历历总酸辛。艰难骨肉凋零尽，百劫千磨剩一人。"自注云："予三岁丧母，十七岁丧父，廿四丧继母及元配。三十以后，连丧二男二女。今继配又弃予而逝，其何以为情乎！"则又凄婉沉痛，不忍卒读。封面有墨书"静谦先生惠存"字。静谦及题字赠书者皆未知何人，或即文甫亲笔耳。

十七、《谦斋诗词二集》八卷
打字油印本，一册

上海秦之济伯未撰。伯未（1901-1970），名之济，号谦斋。上海陈行镇人。出身中医世家，祖笛桥、伯锡田、父锡祺，均通儒精医。伯未自幼酷嗜文典医籍，凡经史子集、诸家医典乃至琴棋书画，无不涉猎。平生尤重《内经》，潜心钻研，成《读内经纪》等五种。1921年，创上海中医书局，自编医书医刊，校订古籍，整理出版。生平著作甚丰，达数百万字之巨，如《秦氏内经学》、《内经类证》、《内经知要浅解》、《金匮要略浅释》、《内经病机十九条之研究》、《清代名医医案精华》、《中医入门》、《中医临证备要》、《谦斋医学讲稿》等，综计五十馀种。伯未工诗词，善书画，好金石之学，为南社社员。其诗律之细，构思之速，多为人所赞颂，有"南社题名最少年"之誉。四十岁时曾刊印《谦斋诗词集》七卷。又精绘事，善画梅、兰、竹、菊，尤喜画荷，尝云：

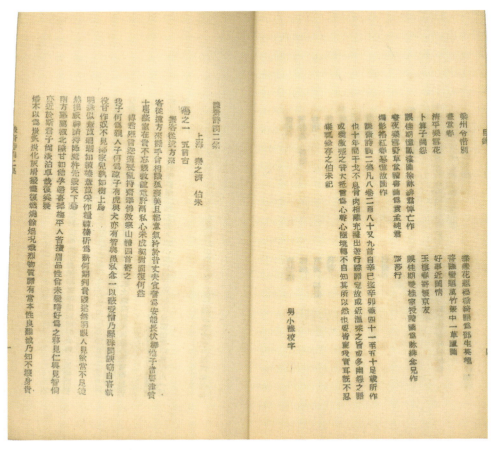

《谦斋诗词二集》目录及卷端

"题画诗极不易作，题花卉尤难，既殊咏物，又别议事，在若即若离、有意无意间出之，饶有趣味，斯为上乘。冬心为此别辟蹊径，深得三昧。今之画人，不堪共一谇矣。"然此集卷七，即系《题画绝句》二十五首，或即以之示人法门者。其书取法魏碑，行笔工整，蝇头小楷亦浑匀流丽。1954年，秦氏受聘任上海市第十一人民医院中医内科主任。1955年调任卫生部中医顾问，并执教于北京中医学院，兼任中华医学会副会长、国家科委中药组组长、全国药典编纂委员会委员，为全国第二、三、四届政协委员。此集首目录，目录后有伯未自识，云："《谦斋诗词二集》凡八卷，二百八十又九首。自辛巳迄辛卯，盖四十一至五十足岁所作也。"卷一五古二十八首，卷二七古二十五首，卷三五律四十六首，卷四七律五十五首，卷五五绝三十首，卷六七绝五十九首，卷七题画绝句二十五首，卷八诗馀二十一首。沈其光《瓶粟斋诗话》卷二十四云："秦伯未学医，得江阴曹颖甫孝廉（家达）之传，早有声望。诗亦酷似《气听斋集》，多宗晚唐。如《宛平城楼望卢沟河》云：'树锁孤城暗，潮声此战场。高冈吹晓角，残月在河梁。野草三春绿，流沙一线黄。不因来惜别，杜宇断人肠。'"伯未兼能篆刻，卷中有《论印绝句》七绝六首，其题注云："乙酉春夏间，忽动篆刻兴。先后四十日，成百馀方。好事者拓存一卷，即题数绝于端。"知其曾成印谱，惜未见。而诗中所言亦多人所罕言者，如云："论艺平生不敢私，缶庐野气未能辞。若云绚烂归平淡，转惜才华近更衰。"足见其眼界之高。

十八、《井墟集》二卷
道光二十年（1840）刻本，一册

撰者郁如金，字竹香，金山人。竹香早岁入学为明经，屡应乡举不第，授馆为生。工愁善病，寥落不得志，郁积之气悉于诗中发之。于书无所不窥，尤留心史学，于古今得失利弊了若指掌。与姚苏卿善，逝十年，卒赖姚氏校雠编订生平所作为两卷，属其门人金山钱鲈香付梓。所谓"井墟"者，取义自"非非想入虚无，江湖同井；咄咄书空成幻，泰岱皆墟"。其为诗也，澹宕有致，简洁无尘。若卷中《南北史杂咏》等作，激浊扬清，别具只眼。虽居下位，而心怀民生，思深虑远，屡屡见诸笔端。《松溪竹枝词》十首，则吟咏本地风土，

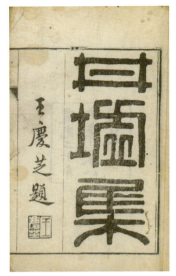 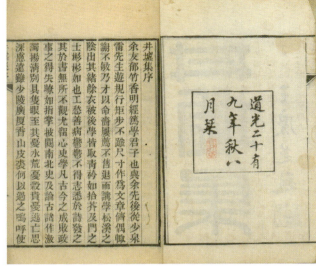

《井墟集》内封　　　　　《井墟集》牌记及序

别具才思。王庆芝题签，下刻阴阳文"王庆芝"方印。内封后正方形牌记"道光二十有／九年秋八／月刊"，牌记内钤"静诚"朱文半通印。后为道光戊申秋八月门愚弟黄仁序、道光二十有九年岁在屠维作噩闰四月吉日庚午华亭顾作伟序。后为题辞，计有张宝屿尊庭、姚培咏勉楼、钱熙载守白、时光弼右君、钱熙咸即山、姚清华苏卿题诗九首。卷中有佚名朱墨圈点。卷末有"门人沈隽曦、钱熙泰校"字。掩卷之作为《临终口占》两首："不敢妄为些子事，只因曾读数行书。儿曹常忆前人训，便使清贫乐有馀。""修短原知有数存，悠悠何处赋招魂。卅年痴绝书千卷，记向重泉孰讨论。"具见书生本色，亦可藉以窥知其生平用心所在。

十九、《小言》四卷
民国二十六年（1937）铅印巾箱本，一册

撰者项镇方（1886-？），字激云，上海闵行人。初名吉云、廿六，后改今名。光绪二十八年（1902），方十七岁，入庠成生员。光绪二十九年癸卯，应

试南闱，登贤书。年十九，北上入商部高等实业学校。宣统二年庚戌（1910）毕业，赏举人衔，留部归商业司办事。激云遂于理化，辛亥南返后，尝任职江阴南菁书院数理化教员。民二壬子（1912），复北上任北京大学助教。后历任职于中日实业、通艺、通文、丹华等公司。又入枢府十馀载，掌文翰事。夫人金氏，名粟，字怡淑，休宁人。此集目录五卷，实仅四卷，以其卷三实仅列名而已。卷一《髫龄追忆录》，激云民国十九年（1930）冬月作。卷二《中年自省录》，激云民国廿六年秋月作。卷三《晚岁杖游录》，待补。卷四《辛未葬父记》，项夫人金氏民国二十年冬月作。卷五《杂录》，激云作。首民国二十六年冬至前二日上海黄艺锡序，次目录，次正文。黄序云："余维今日人心陷溺，世教沦亡，其为大言者多诡辩虚矫之论，匪徒无益，而又害之。不若詹詹者之足

《小言》封面、卷端

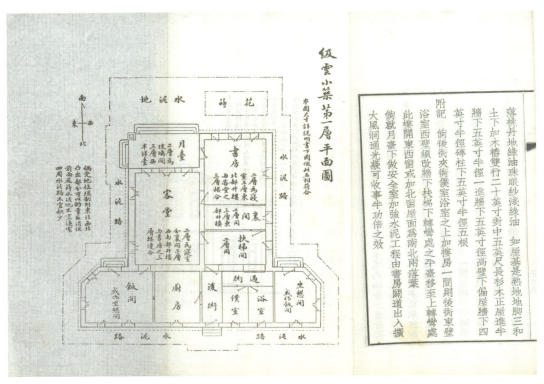

《小言》卷五后附《级云小筑第一层平面图》

资型范也。"当即集名取义所在。卷一、卷二下俱分小题，一一详述所记。卷四则系日记体，或即径自移录日记者。卷五《杂录》，则首项氏家祠《祠石文》，次岳母《纪念石文》，次《级云小筑说明书》。凡四卷中，卷一《髫龄追忆录》最具珍闻，其《龙门河亭第七》，述龙门书院布局；《抛砖拾秽第十二》，述沪地清明、中元及十月朔城隍出巡旧俗；《初次童试第十六》，述童试风俗；《癸卯秋闱第二十》、《场后吃望第二十一》两节，述乡试风俗，皆有关沪上及旧时故俗，又出亲历，可堪宝重。又卷五所录激云自建居所之详细解说，即《级云小筑说明书》一篇，细列所居各室布局、形制以及规格，后复附以《级云小筑第一层平面图》、《级云小筑正面图》两幅，图文对勘，具见匠心。激云虽业理化，而文字清通，篇篇俱娓娓可颂。所作除此之外，尚有《简明代数学》，又译《实验化学》，分别由中华书局及商务印书馆付梓行世。

上海博物馆存秦康祥旧藏文物概述

  秦康祥（1914年5月22日–1968年7月18日），谱名永聚，原名仲祥，字彦冲，以字行。浙江宁波老城区腰带河头（在月湖东南、郁家巷东北角）人，寓居上海。自幼从慈溪冯君木先生问学于冯在宁波后乐园（今中山公园）开办的一所国学社，学习经史文学。因为有了这样的教育背景，再加上冯先生的影响，彦冲的兴趣偏离了其祖辈擅长的钱庄、颜料行业，而转向传统的文史艺术。彦冲本人能诗文，擅书画，尤其精于八分书，又于鼓琴一事也是当行里手。彦冲后来又曾跟从褚德彝、赵叔孺两先生学习，于是开启了他的金石篆刻生涯。秦氏家族本来是以颜料业起家，以钱庄业雄睨沪上，后又以大股东身份在宁波开办晋恒、鼎恒、复恒等钱庄，时称"腰带河头秦家"。彦冲则以收藏名家和精于篆刻等驰名海内，彦冲的斋名很多，大抵都与他的藏品有关，例如他曾在收藏了金陵派竹刻代表人物濮仲谦刻的竹尊和嘉定派代表人物朱松邻刻的竹佛后，取了濮尊朱佛斋和竹佛宠的斋号；后来因为所得竹刻笔筒、扇骨、臂搁、摆件等越来越多，将其所居称为玩竹斋；得古名琴后，又改名叫雷琴簃、四王琴斋；再到后来开始收集铜印、铜镜、汉璧，因善于辨伪鉴真，又起了个睿识阁的斋号；至1955年，彦冲收得兰亭石刻两面，兴奋之余，将其所居命名为兰亭石室、唐石室；待到"文革"兴起，所藏尽数散失，并被驱离故宅而移家陋室，则又改名为卧龙窟。彦冲对于印学一道癖好极深，曾经广为搜藏古玺印、名家印，并将之编拓成谱，精选为《睿识阁古铜印谱》九卷附一卷。又将所得花押印一百馀方，汇成《唐石斋花押印》四卷。所藏名家印凡二千馀方，摘其中为前人谱录所未收，而有史事或手迹可供参证者共二百家，每家取三至四印，成《睿识阁印谱》，此谱于印史研究关系甚大。又以自用印辑为《濮尊朱佛斋印印》。另外，彦冲还为他人集有五种印谱，即钱衡成之《古笏庐印谱》、吴泽之《奋飞馆印留》、乔曾劬之《乔大壮印蜕》、况周颐之《蕙风宧遗印》、易孺之《大庵印谱》等。1932年，彦冲拜谒印坛前辈叶铭，叶以增补《广印人传》一事托付于彦冲。从此之后，彦冲又开始了汇集印人传记资料之举，与同人合作完《印人汇传》，计载三千许人。又致力于西泠印社史料的发掘和整理，完成《西泠印社志稿》的编印，其中《西泠印社志稿·附编》更是彦冲一手辑录，且独立负担了印刷费用，其热心印学的情状于此可见一斑。彦冲自己篆印，自古玺、汉印、元朱，及皖浙两宗、石如、㧑叔诸家，无不研习。业馀偶然从事治竹，也是楚楚可观。喜好之馀，曾将其所藏并在友人处借得的各种竹刻拓而存之，凡得数十家，每家选十数件或数十件为一卷，名为《竹刻集拓》；又钩稽史实轶闻，完成《竹人三录》及《藏竹小记》，可惜的是，这些作品与《印人汇传》同遭劫难。

秦彦冲一生的兴趣十分广泛，这一点，从他种类繁多的收藏品种上就能够得到证明。在历经"文革"劫难之后，秦氏的旧藏虽然大部分发还其家，但仍有部分已经散佚，不知去所。因此，现在要想完全描述秦氏旧藏的全貌，已经不太可能了。但即便如此，秦氏的劫馀仍然是蔚为大观，据报道，2001年底，他的哲嗣秦秉年先生遵其先父之嘱，将一百零一件（套）珍贵文物无偿捐赠给天一阁。其中的九十八件明清竹刻文物，经专家鉴定，有一级文物二十三件、二级文物五十九件、三级文物十五件。2003年，恰逢秦秉年先生七十周岁，老母亲九十周岁，他又慷慨地将家藏的一百七十一件明清瓷器捐赠给了天一阁，包括国家二级文物六件、三级文物三十一件。其中，明崇祯青花人物莲子罐、清雍正豇豆红盘、清龙泉窑贯耳瓷瓶等均是罕见的珍贵文物。到了2006年11月，秦秉年再次将家藏的八千多件文物捐赠给天一阁博物馆，其中一件"大富五铢"钱范属国家一级文物，此外，还有二级文物四十七件、三级文物一千四百二十一件。因不曾公布这些捐赠品的具体名目，所以秦氏旧藏中究竟有些什么样的藏品，还是很难判读。但据已经披露的消息来看，这部分藏品中，竹刻与古琴的质量都是毋庸置疑的。秦彦冲旧藏的去处，除了他的家乡宁波之外，还有秦氏寓居几代的上海。在"文革"结束之后的1979年，秦氏家人即将部分家藏文物作价变卖于上海博物馆。更确切地说，秦氏旧藏中的印谱和玺印，在这一年的五六月间，分两批被售予上海博物馆，而这些藏品，无疑是秦康祥之所以以印人名的最佳见证。

一、关于秦氏所藏印谱

秦氏所藏图书及印谱，确切数量现在已经无法知晓了。不过，据上海市文清组"文革"后的"接收静安区药材公司移交秦康祥图书清单"所载，当时接收秦康祥旧藏图书一共三百三十八种，这里边包括了一百五十九种印谱以及二十多种相关图书。这些藏书也可以部分反映出彦冲收藏和学术的兴趣所在，如其中包含了五十五种各式碑拓文献，又有五种琴谱和六种泉谱。据报道，2006年，彦冲之子秦秉年先生遵照父亲的遗愿，将家传的十四张珍贵古琴和十部琴学著作等物悉数捐给了天一阁收藏。由此可见，这份清单显然并非秦氏所藏图籍的全部。而报道中提及的十部琴谱，想必也包含了这份清单中所记录的这五种。另外值得一提的是，清单中还记录了秦氏旧藏的两块东汉《熹平石经》残石，但这两块石头已经在1979年的6月13日退还给秦氏后人，现在所藏何处尚未见到报道。

实际上，上述清单中的图书，有很大一部分已经由上海博物馆购入，由此构成了上海博物馆所藏印谱的基础。不过，还有一部分印谱当时未曾收购，退还给了秦家。可惜的是，只有部分印谱上因为有明确信息，可以确认为秦康祥旧藏，其他的则已经湮没在上博的藏书中。另外，随着时间流逝和屡次机构调整，原来见载于上博账册中的部分图书也存在流失现象。所有这些，都对我们准确评估秦氏旧藏印谱的质量和水准形成了一定障碍。

退还秦氏的印谱，大部分都是上海博物馆中已有的品种，如《孺斋自刻印存》四册、《黟山人黄牧甫先生印存》两册等，再如《谷园印谱》，上博收购了六册本，将四册本退还秦氏。但也有个别印谱，馆藏中并无相同品名，当时退还，或许是因为秦氏家人所请，如《罗两峰印存》一册，上海博物馆并无收藏，与之相近的，仅《衣云印存》一册一种而已。还有一些秦氏旧藏印谱，虽然当时并未退还，但时过境迁，现在也已经不可踪迹了。当然，这并非意味着这部分印谱已经流失，而是因为著录、去重等原因，湮没于其他典籍之中而已。在现存可明确判定为秦康祥旧藏的四十种左右的印谱中，不乏一些精品和稀见品，谨举二例，以见一斑：

1、《㧑叔考藏秦汉印存》❶。一函二册，钤印本。封面墨书三行："㧑叔考藏/秦汉印存/之谦题"。四周蓝色单栏，双面印框，单面钤拓。每册四十叶，每叶一印，两册计八十印。原有吴大澂光绪十五年（1889）序，此本已失。横田实《中国印谱解题》著录，以为吴大澂序为后人伪托。今考此序确系伪造，其来源是吴氏序潍县王石经的《甄古斋印谱》：

> 近数十年来，摹仿汉印而不为汉印所拘束，参以汉碑额、秦诏版而兼及古刀币文，惟会稽赵㧑叔之谦为能。自辟门径，气韵亦古雅可爱，惜其生平不肯为人作印，故流传绝少。今观西泉先生篆刻之精，直由秦汉而上窥籀史，融会吉金、古钵文字于胸中，故下笔奏刀，不求古而自合于古……光绪己丑嘉平月，吴大澂识。

而伪序除了照录"故流传绝少"之前文字之外，又将序文剩馀部分改头换面作："不求古而合于古，无一近时人习气，可为得秦汉之精者也。光绪己丑嘉平月，吴大澂识。"

此谱所收秦汉印信，官印私印皆备，然是否确系悲盦旧藏，恐亦难言。曾见一名《赵㧑叔所集汉印》者，中存胡澍手题"印可"二大字，又言"其鉴别古印亦能独出眼力，迥异时趋。此册第从敝篓中检出，零星不能成帙者，类聚剪贴，未为巨观……"，又有胡澍所题"金石文字之交"，云"咸丰庚申四月胡澍为㧑叔三弟同年篆"，其中所辑，都是两汉官私印，而以私印为主。从胡澍题语来看，其中收录的应该是赵之谦咸丰十年庚申（1860）之前的相关藏品。胡澍于研古一道造诣至深，对赵氏后期创作影响很大。此册既然曾经赵、胡两位鉴别，其真伪显无疑义。但其中所收，竟然没有被后来的《考藏秦汉印存》所继承，甚可称奇。则《考藏印存》一书所录，来源可疑，不问可知。

综上所述，《㧑叔考藏秦汉印存》一书，序文既伪，内容亦赝，实际上是一

---

❶ 按：此条承小友郑春风先生多方匡正，特此感谢。

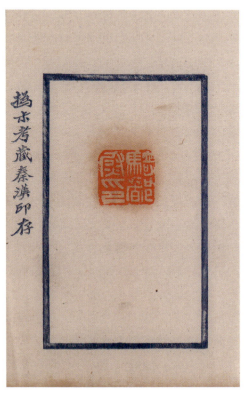

《㧑叔考藏秦汉印存》

部托名伪谱。赵氏自篆印谱及所藏玺印辑录，自其生前即有衷辑。但真正以其名为号召，广为搜辑，传拓行世，还是要到民国以后。其中真伪杂错，亟需甄别。此谱虽伪，正可作为反面教材，以警笃好悲盦艺事者。

2、《石园所见名人印印》。一函十册，钤印本。函套佚名小篆题签："石园所见名人印印"，下楷书小字两行："第一函／十本"。四周单栏，单面印框，板框外右下角镌"石园所见印印"。每册叶数不等，每叶多钤一印，间有钤两印者。此书未见著录。又所收印蜕，皆系剪贴于册中者。

第一册，钤印黏贴本。扉页墨书"石园所见／印印"，署款"壬申冬日，僧陀"，下钤"僧陀"白文小方印。每栏多一印，下多附边款。计收丁良卯一方、程邃一方、邓琰三方、丁敬十二方、黄易三方、佚名一方、奚冈一方、蒋仁一方、陈鸿寿三方、陈豫锺五方、黄景仁一方、董洵两方、释达受四方。

第二册，钤印黏贴本。每栏收一二印不等，间有附边款者。篆者似多吴中人士，如王云、翁大年、吴大澂、周礼等，又有高心夔款者。

第三册，钤印黏贴本。扉页墨书"吴圣俞/刻印"，署款"研云"，下钤"克龢"朱文小方印。此册中所收诸印，皆系吴氏为阳湖汪昉所篆者，多附边款。册中又有"陈亮畴印信"白文方印、"德生一字鲁农"朱文方印，均系直接钤印于原书，想系后人所为者。汪昉，字叔明，号菽民，又号啜菽老人，江苏阳湖（今江苏常州）人。清书画家。道光二十四年（1844）举人，官至山东莱州府同知。豪饮善诙谐。初游汤贻汾幕中，与赵兰舟、费丹旭朝夕论画，因善山水。笔意松秀，墨法淹润，不失元人规矩。中年所作，丘壑浑成，树石苍润，颇臻妙境。惜晚年颓废，顿失秦致。书临赵孟頫，姿态秀逸，间作分、隶，尤精鉴赏。有《梦衲贪集》。又陈亮畴，字德生，武进人。咸丰癸丑（1853）进士，授翰林院庶吉士，散馆授编修。有《心潜书屋诗存》。吴咨（1813-1858），字圣俞，又字哂予，号适园，江苏常州人。为人短小精悍，年十四，立氍毹上作篆书，劲老有法。及长从李申耆游，通六书之学，精篆、隶、铁笔。援例官山东盐大使，到省旋卒，年四十六。著有《续三十五举》、《适园印印》、《适园印存》等。

第四册，钤印本。扉页墨书"石园所见后山/印印"，署款"癸未春粪翁题"，下钤"粪押"朱文小印。册中所收，大皆文鼎自篆自用之印，间存为他人所刻者，如"鸥舫"白文小印。每栏收一二印不等，间有附边款者，多可考见文氏交游、生平，如"乾隆丙戌生"白文方印，边款云："余与邗上张安甫兄同庚也，前年勒'乾隆丙戌生'白文小印赠张，今复作斯印以自用。道光辛卯七月望后，鼎并记。"不仅可以从中得知文鼎所刻两方印记的来龙去脉，还可以窥见他与张安甫的交谊以及篆刻的时间，实在是不可多得的文氏研究第一手信息。文鼎为他人所刻者，如"方氏宝敦斋所藏"朱文方印，边款云："壬辰首春，文鼎。"又有海宁陈康叔为鼎所刻印二，即"信国公孙"白文方印，边款为"志宁"；"文鼎"朱文小圆印，边款云："陈志宁为后山文兄篆。"文鼎（1766-1852），字学匡，号后山，秀水（今浙江嘉兴）人。布衣。所居曰停云旧筑。咸丰初征孝廉方正，力辞不就。精鉴别，喜藏弄。所藏如商仲彝、周旬

觯、汉元延铜、《禊帖》五字不损
本、原拓《娄寿碑》，俱精绝。偶
作小楷，画云山松石，皆谨从文
衡山法。篆刻工秀，具三桥遗意。
精刻竹，凡扇边及臂搁，皆自为
书、画，刻山水不下周芝岩。卒
年八十七。著有《五字不损本室
诗稿》。（参周杕撰墓志、《广印人
传》、《竹刻录》）

　　第五册，钤印、黏贴钤印合
本。此册所收印人多位，大皆江
浙人氏，计有海盐张燕昌、钱唐
赵懿、钱唐陈祖望、海宁曹宗载、
钱唐屠倬、仁和孙锡晋、湖州石
渠、吴江杨澥等。每叶一至二印，
间存边款。或直接钤印，或为钤
印印花黏贴。

　　第六册，钤印、黏贴钤印合
本。此册所收，计钱叔盖、胡鼻
山、毛西堂、吴让之、吴晒予、
王石经、陆岱生、杨辛庵、孙桂山、陈曼寿、日本大廷真等。

《石园所见名人印印》第四册

　　第七册，黏贴钤印本。此册所收，过半为徐三庚所篆，有佚名墨笔题云
"以上皆徐辛榖刻"，然其后数印，实际上也是三庚手笔。徐氏诸印，不仅风格
各异，而且边款署款也多有不同，借此可以了解到徐氏的各种名号。后又有吴
昌硕所镌七方印章，都附边款。

　　第八册，黏贴钤印本。扉页墨书"石园所见／次闲印印"，署款"戊寅仲
冬之月，福厂王褆篆"，下钤"王褆"白文小印。计收次闲所篆各印八十三方，
皆附边款。

　　第九册，黏贴钤印本。扉页墨书"戊辰石园所／见印印"，署款"独盦"，

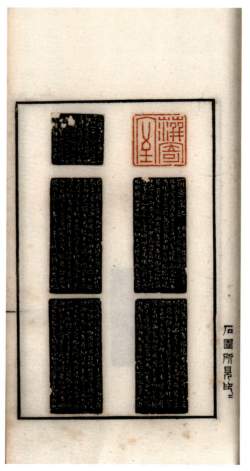

《石园所见名人印印》第八册　　　　　　"萍寄室"朱文方印及边款

下钤"独盦"朱文小印。此册为诸人篆印集锦，计不知名一方、黄易一方、奚冈一方、杨澥四方，又不知名五方、陈祖望一方、释达受两方、董洵两方另附一单款，又不知名两方、滨翁一方、吴让之三方、翁大年一方、钱松四方、胡震一方，又不知名两方、王云两方。

　　第十册，黏贴钤印本。扉页墨书"己巳长夏／缶庐刻石"，署款"研云"，下钤"石园"朱文小印，又"研云山馆"白文方印。计七十三方印，另附边款二。此册中，如所收"沈翰之印"白文方印，边款云："光绪七年夏，为藻翁仿汉，昌石。"是吴氏早期之作，弥足珍贵。又某叶存"筱溪"朱文方印，及款"昌硕刻于缶庐"，旁佚名墨笔书云："此石田黄印伪，款真。"

二、关于秦氏所藏竹刻及玺印

秦彦冲所藏玺印数量甚多，且多为精品。所藏竹刻也不少，但大都后来经由其子之手捐给了宁波的天一阁。不过，上海博物馆所藏中，也有一些秦氏旧藏，数量虽然不多，但每件都是精品，计有吴之璠所刻"浅雕花卉"笔筒、"透雕寒山拾得"笔筒及胡镤"竹刻胡然小象"臂搁、徐裕基"竹雕柳荫醉饮图"笔筒、周乃始"竹刻蕉阴读书图"笔筒、严煜"竹根雕童子戏蝠"六件，都入选了2012年举办的"竹镂文心：竹刻珍品特集"展览。如周乃始"竹刻蕉阴读书图"笔筒一件，据介绍云：

《石园所见名人印印》第十册

　　简身画面用陷地刻法表现大块蕉叶，其馀丛竹、山石、人物用阴文浅刻，很好地传达出绘画中阔笔、细笔的对比效果。空白处阴刻行书"蕉竹萧凉处，闲看秋水篇。墨山"……据褚德彝《竹刻脞语》所记，此器得之于嘉兴旧货摊上，时在宣统元年（1909）。后归秦彦冲，乃于器身加刻"彦冲珍玩"小印。

从中大概可以窥见彦冲当年藏品的质量。

　　据上海博物馆收购文物清单，入藏上海博物馆的秦康祥旧藏文物中，除了上述竹刻之外，还有兰亭刻石一块、甲骨刻辞一块及杨治卿水鸟图轴、许永花鸟册各一件，又有封泥三件，剩下的，也就是他最重要的藏品玺印了。这批玺印共计二百三十一件，以汉魏六朝官私印为主，又有肖形印两种及埃及法老骨印一种，还有零星明清印信。这批玺印中，尤其有意思的是几种少数民族玺印，如青铜驼钮晋率善羌邑印长、东汉青铜驼钮匈奴伊酒莫当百印、青铜驼钮晋归义胡王印、青铜驼钮魏匈奴率善佰长印、晋率善胡邑长印、魏率善胡仟长印等。这批文物中的精品，其实大都已经相关研究人员著录刊布，如孙慰祖先生在《两汉官印汇考》中，就曾详细描述过其中的匈奴伊酒莫当百印，云：

　　　　东汉早期到中期。驼钮。纵横各二点三厘米，通高三厘米。印文三行八字。上海博物馆藏。伊酒莫，匈奴部落名。《汉书·匈奴传》："握衍朐鞮单于立，复修和亲，遣弟伊酋若王胜之入汉献见。"又同书《宣帝纪》："神爵四年，匈奴单于遣弟呼留若王胜之来朝。"所记为同一事，"伊酋若"即"呼留若"。此印文作"伊酒莫"，"酒"与"酋"古音同属幽部，"莫"与"若"同属鱼部，是知"伊酒莫"亦"伊酋若"之异译。当百，不见记载，当为印主之官号。

可见这样一枚小小的方寸之物，不仅是以自身的物理存在来传递着久远之前的信息，更对于我们理解古代文化传统有着不可替代的实证作用。这是我们珍视文物的用意所在，秦氏旧藏文物的价值也正在于此。

上海博物馆参与《中国古籍总目》
项目情况综述

　　上海博物馆所藏古籍来源较为广泛，但主要有四大类型，即从旧上海市立博物馆接收者，上海市文物管理委员会移交者，各收藏家及其家属捐献者，以及建馆以来陆续征集购买者，此中又尤以上海市文物管理委员会移交者为多。1949年8月，时任上海市长陈毅命组织上海市文管会，下设图书、古物二室及一征集组，聘柳诒徵先生任图书组主任。此时征集、辨别、分类、著录图书之各项大概，皆可见于柳先生之《劬堂日记钞》及《检书小志》中，而当时征集之典籍，虽然大部分在上世纪50年代初移交给新成立的上海图书馆，但仍有部分遗存，此即现在上海博物馆所藏古籍之基础。除此之外，上海博物馆所藏古籍的另一主要来源就是诸位收藏家及其家属的捐赠，如现存古籍封底多有注一"荫"字者，就是著名收藏家李荫轩先生的旧藏，是1979年随同李先生其他藏品一起捐赠上海博物馆的。老馆长徐森玉先生的旧藏，则在封底都注有"徐森玉"字样。根据馆藏纪录，征集购藏图书也很早就开始了，且一直持续到现在，但这只能是对某些馆藏不足的有限补充，并非馆藏的主要来源。

　　上海博物馆馆藏古籍的重点，是其所属之敏求图书馆原诸老馆员所确定的现在称为第一批善本的五百八十九种藏品，以及现存保管部的以吴湖帆原藏孤本《梅花喜神谱》为代表的若干种善本。这些善本都是在上世纪90年代中期之前所确定的。之后，在原副研究员佘彦焱博士的主持之下，又陆续从普通图书大库中挑选出一批较为稀见的古籍，经过复旦大学教授吴格先生鉴定，认为依据古籍善本的确认标准，也可以确定为善本，这就是馆藏的第二批善本，大约有四百八十馀种。之后，通过拍卖会等渠道，又陆续征集到一批古籍，再加上从大库所藏古籍中陆续发掘以及原来馆中所谓"杂项"（包括冒广生、吴湖帆、李详、康有为、柳亚子诸家旧藏及部分零散尺牍）中遴选，又产生了一批基本上可以认定符合善本标准的藏品。这一过程还在继续之中，所以其数量尚待统计，但是我们在此基础上确立的第三批馆藏古籍善本，也已经达到了二百四五十种。这三批古籍，可以说是上海博物馆馆藏中的精品，基本上可以反映上海博物馆的馆藏特色和馆藏水准。2008年，正是在通过对这批古籍的审核认证之后，上海博物馆被确认为国务院第一批全国古籍重点保护单位。

对于上海博物馆的古籍收藏，吴格先生在概览之后，曾经给予极高的评价，他总结道："1、门类齐全，指四部典籍（含线装及影印本）基本配备；2、特色明显，如金石类、艺术类、图谱类典籍搜罗丰富；3、利于研究，指目录、版本、检索类工具书收藏较完备；4、馆藏文献中未刊稿本、抄本具有整理影印价值者不少；5、利用以上文献资源，具备发展为研究型图书馆之条件。"但是一直以来，受限于博物馆的性质，上海博物馆的古籍藏品特色鲜为外人所知，也没有得到充分的利用。自上世纪30年代印度图书馆学家阮冈纳赞（1892—1972，Ranganathan,Shiyali Ramamrita）提出"图书馆五原则"以来，"图书是为了利用"、"为人找书"及"为书找人"已经成为各类型图书馆的共识，故而如何使上海博物馆的藏品为学界所周知，如何使上海博物馆的藏品为广大学人所利用，已经是目前面临的一个刻不容缓的课题。

自上世纪90年代以来，国务院全国古籍整理出版规划领导小组曾组织国内部分图书馆联合编纂《中国古籍总目》，以期将现存中国古代典籍的绝大部分品种及版本汇成一编，达成"清理家底，整合资源，方便利用，信今传后"的目的。《中国古籍总目》（下简称《古籍总目》）是现存中国汉文古籍之综合目录，旨在全面反映中国（包括港台澳地区）及美国、日本、韩国等地现存中国刻印传钞之汉文古籍品种、版本及收藏。《古籍总目》著录以古籍品种立目，同时反映入录各书之主要版本，并兼具联合目录功能。至2003年，此项目重新启动，希望对于现存中国古籍品种及其版本做一次全面准确的清查与著录。毋庸置疑，参与这一项目，不仅是对保存和发扬传统文化的工作的有力支持，也正是一次宣传上海博物馆古籍藏品，展示上海博物馆古籍特色，使上海博物馆馆藏信息可以为更多学者所了解的极好的机会。但是因为人员不足，时间短促，我们只能就馆藏第一批善本细加斟酌，辨别去取，选取其中较有代表性的品种上报。

　　《古籍总目》的编纂，是在上世纪周恩来总理直接关怀下产生的《中国古籍善本书目》的基础上进行的。《中国古籍善本书目》项目，上海博物馆亦曾参与，据此次重新统计，该目收录上海博物馆藏品共计二百零九种，但是，其中有部分数据与事实不合，存在一些有目无书、书目不符的情况，如《中国古籍善本书目》虽有记录但是上海博物馆实际并无收藏的品种大约有十六种左右，如"经部"第二十九条著录之"十三经注疏三百三十五卷，明万历十四年至二十一年（1586—1593）北京国子监刻本"、"史部"第一二二零一条著录之孤本"使东日录，明董越撰，明正德九年（1514）刻本"、"子部"第一一二五七条著录之孤本"观世音菩萨三十二变相一卷，明丁云鹏绘，明天启刻本"、"集部"第一五一七一条著录之孤本"玉天仙梵三卷附录一卷，清陈文述撰，清钞本"等。因此，参与《中国古籍总目》项目，一则要首先清理家底，逐一核对上海博物馆藏品与《善本书目》之记载，再则要将未曾入选《中国善本总目》的藏品，通过与国内外其他图书馆的收藏调查，确定是否上报。而在确定上报的这部分图书中，又要根据具体情况分为增品种、增版本、增馆藏三种类型。所谓增品种，就是该藏品是上海博物馆特藏，除此之外，别馆没有收藏者，也就是说从某种意义上说，上海博物馆藏品是孤本。所谓增版本，就是虽然其他馆藏有该品种图书，但是因为成书过程中的种种原因，形成了不同版本特色的藏品，如不同刊刻年代、不同刊刻地域等不同生成方式而造成的版本差异，以及虽然是同一版本但因附有如名人题跋、名人批校等而形成的版本差异，都属于可以增加版本的范畴。所谓增馆藏，就是虽然上海博物馆藏品与《善本书目》所著录者版本相同，但此本名下的收藏单位较少，故而可以在收藏单位中增加上海博物馆的单位代码，以期使有关读者可以更方便快捷地获取该书。

　　参与《中国古籍总目》项目，首先须重新查证、核对、确认上海古籍出版社出版之《中国古籍善本书目》收录的上海博物馆藏品。前文已经述及，此次统计结果是共收录上海博物馆藏品二百零九种，去除十六种其实未藏上博者，实存一百九十三种。其中，现藏上博保管部的二十六种，现藏上博敏求图书馆的一百六十七种。这一百六十七种图书，都包括在上海博物馆第一批善本古籍之中。

以《善本书目》与上博保管部所提供的《古籍与拓本目录》核验，二者多有不相吻合之处，如《善本书目》"子部"第一零八六五条记录上海博物馆所藏孤本《大方广佛华严经疏》，存九卷（第四十一、五十四、七十一、八十三、八十五、九十四、九十九、一百一、一百十四），南宋两浙转运司刻本，但事实上，上海博物馆现只存卷五十四、一百一两卷。现藏敏求图书馆的一百六十七种古籍中，与《善本书目》不相符处更多，其中有《善本书目》著录错误者，如《朝鲜赋》一卷，明董越撰，明弘治三年（1490）吴必显、王政刻本，《稿本中国古籍善本书名索引》（齐鲁书社2003年版）标上博藏，《中国古籍善本书目》则云前一条"《使东日录》一卷，明董越撰，明正德九年（1514）刻本"为上博所藏，云此本《朝鲜赋》为上海辞书出版社所藏。今据《稿本》可知，《使东日录》为浙江天一阁藏本。再如"集部"第七四零一条著录《钱太史鹊滩稿》六卷为明万历三十六年（1608）沈思梅居刻本，但上海博物馆藏本卷前有万历三十八年编者之一曹遵何所撰引首，版心下镌"沈氏梅居"四字，则知此书实系万历三十八年沈氏梅居刻本。再如"史部"第八六九二条《（万历）嘉定县志》，《稿本中国古籍善本书目书名索引》著录为明万历二十三年刻本，《善本书目》著录为明万历刻本，但细核上海博物馆藏本，卷前存万历三十三年邑人时

南宋两浙转运司刻本《大方广佛华严经疏》

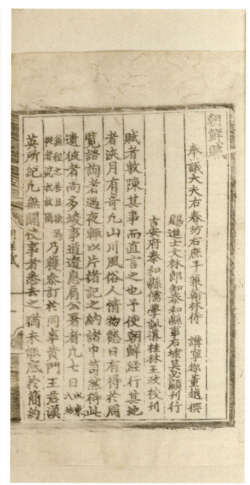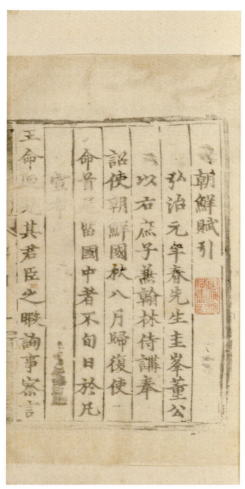

明弘治三年（1490）吴必显、王政刻本《朝鲜赋》

偕行序，知此书实刻于明万历三十三年。又有《善本书目》著录不详，经过目
验馆藏后可以增补有关著录信息者，如"史部"第八六九六条孤本《纪王镇志》
四卷，《善本书目》仅著录为"稿本"，今据目验，知其为光绪二十三年（1897）
完成的稿本，且有宣统三年（1911）陆鸿诏手跋。再如"史部"第八四八三条
孤本《吴郡图经续记》三卷，卷末有晚清著名学者叶德辉手跋。"史部"第一
二六五条《通鉴续编》残本，《善本书目》仅著录为元至正二十一年（1361）顾

迻刻明修本，今核原书，知其装帧仍保留包背装原貌，且系用田契反面印刷者。"子部"第八二七零条《闺范》四卷，上海博物馆藏本卷末有乾隆四十四年（1779）佚名补钞之"女小儿语"。"集部"第七三六二条《石天先生集》，上海博物馆藏本有清代著名学者黄彭年等人手跋。但更多数情况是上海博物馆著录有误或不详，可参考《善本书目》进行改正、补充者，如"史部"第一一二一二条《名山胜迹记》四十六卷《名山图》一卷，上海博物馆原著录为明刻本，今核《善本书目》，知此为明崇祯四年（1631）墨绘斋刻本。"史部"第一五三二三条《千钵斋古钵选》，上海博物馆原著录为清光绪钤印本，今据《善本书目》及目验原书，知此为清光绪元年（1875）写钤印本。故而，这次核查也是提高上海博物馆馆藏著录规范化、标准化、准确化的一次极好的机缘。另外，"史部"一五二二零条著录上海博物馆所藏明来行学辑《宣和集古印史》八卷（存七卷，一、三至八）《秦玺印考》一卷，为明万历二十四年丙申（1596）来氏宝印斋自刻钤印本，而上海博物馆另外收有一部成书于此年的《宣和集古印史》八卷（存七卷，一至七）《秦玺印考》一卷，与上述藏品恰可合配为全帙。事实上，上海博物馆还藏此书一部，也是此年成书，丝毫没有缺损。这就提醒我们，在参加类似的全国项目时，一定要首先熟悉馆藏，要把真正能够反映我们收藏水准的代表性藏品上报，而不能失之随意简单。

通过对这近二百种藏品的核查，一则可以规范上海博物馆原有的著录数据，再则可以纠正补充一些《善本书目》中的著录数据。更重要的是，我们在参与《古籍总目》项目时，就可以直接将这一部分藏品暂时抛开（因为已经上报），将主要精力放在馆藏第一批善本中其馀的三百多种藏品上。

敏求图书馆第一批善本图书中，另外尚有十种图书，系已经上报版本之复本，故而此次也不再上报，即：1、《书画跋跋》三卷续三卷，明孙鑛撰，清乾隆居业堂刻本；2、《历代名公画谱》不分卷，明顾炳辑，明万历三十一年（1603）刻本；3、《新镌五言唐诗画谱》一卷《新镌七言唐诗画谱》一卷《新镌草本花诗谱》一卷《新镌梅竹兰菊四谱》一卷，明黄凤池辑，明万历天启间集雅斋清绘斋刻本；4、《芥子园画传》五卷，清王概等辑，清康熙十八年（1679）芥子园甥馆刻彩色套印本；5、《芥子园画传》二集（四种）八卷，清王概等辑，清康熙四十年（1701）芥子园甥馆刻彩色套印本；6、《赖古堂印谱》四卷，清

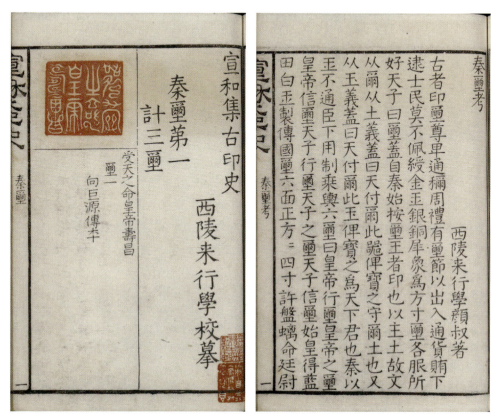

明万历二十四年（1596）来氏宝印斋自刻钤印本《宣和集古印史》《秦玺考》

周亮工辑，清康熙丁未（1667）钤印本两种；7、《方氏墨谱》六卷，明方于鲁撰，明万历方氏美荫堂刻本两种；8、《圣谕像解》二十卷，清梁延年辑，清康熙二十年（1681）梁氏承宣堂刻本。

《中国古籍总目》的著录范围是：

（一）民国元年（1912）以前抄写、刻印、活字印刷、影印之历代书籍。

（二）民国元年（1912）以前成书而抄写、刻印于稍后之与上相同属性书籍。

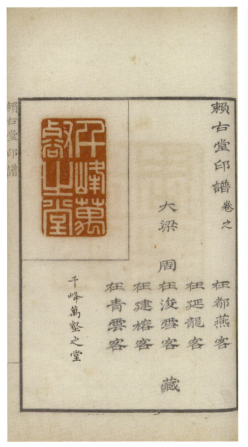

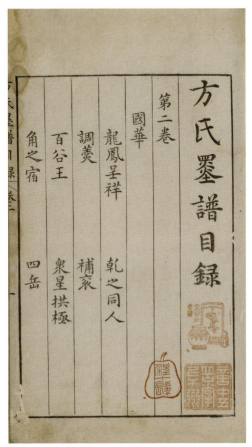

清康熙丁未（1667）钤印本《赖古堂印谱》　　　　明万历方氏美荫堂刻本《方氏墨谱》

（三）均属经抄写、刻印、活字印刷、影印成书者（专书、报刊中之单篇文字不予著录）。

（四）汉文与少数民族文字合刻（如满汉合璧）类书籍（少数民族文字古籍不予著录）。

（五）以汉文注释外文之图书（如《华夷译语》等）。

（六）佛藏、道藏全藏（含所有子目）。单独刻印之佛藏、道藏零种，可分别立目。

（七）甲骨、铭文、碑刻、竹简、木牍、帛书等具有文物性质之文献原件，敦煌遗书、金石拓本、舆图、书札、字画、鱼鳞册、宝钞、契约、诰命、文告等（包括已装裱成册或成卷者），除已经编纂、抄写、刻印、影印成书者，不予著录。

那么，对于第一批善本中的其他部分而言，尚有若干种虽为善本而不需要上报者，如：1、斯坦福中日地图（*Stanford's Map of China & Japan*），（英）爱德华·斯坦福地图图书馆（Edward Stanford）编，伦敦：Edward Stanford，1911年出版；2、*The Nestorian Monument of His-an Fu in Shen-his，China*（西安府景教碑），（英）詹姆士·利基（James Legge）编，伦敦：Ludgate Hill，1888年出版；3、昭和泉谱不分卷，（日）平尾聚泉编，日本丽德庄藏版。系国外出版物，不符合收录要求。再如：1、《中央所收古玺拓存》不分卷，本书编辑组辑，钤印本；2、《从第一双十到第廿六双十》等，陈独秀著，手稿；3、《八月二十廖先生身殉革命记》，何香凝著，手稿；4、《小题四则》，郁达夫著，手稿；5、《李翰芬遗稿》不分卷，李翰芬撰，稿本；6、《梅园丛刻》不分卷，李翰芬撰，稿本；7、《梅园丛稿》不分卷，李翰芬撰，稿本；8、《宣古愚所著书十三种》，宣哲辑，稿本；9、《欧书醴泉铭校勘记》一卷，龚心钊撰，稿本。其成稿时间都在清亡之后，时间上溢出了收录范围，故亦剔出上报目录中。

如此一来，则我们需要甄别的就是剩馀的四百种藏品了。第一步工作与上述查实《中国古籍善本书目》中所收上海博物馆藏品的方法相同，就是利用此书一一查考这四百种藏品，以便确定它们的存世数量、存世版本以及收藏地点。这是一个工作量极其巨大的过程，因为图书的版本极其复杂，仅仅通过简单的著录有时候很难确定，要进一步了解这些图书的版本信息，就必须利用历代藏书家、目录学家曾经做过的记录来辅助判断，另外，现在陆续出版的各馆藏目录、馆藏善本书志以及网络资源，也是必不可少的辅助工具。

一般说来，稿本是唯一的，是可以不需查考就直接作为增加的品种上报的。但事实上，首先，在成书过程中，可能会出现若干种不同加工程度的稿本，符合这种情况的藏品就不能简单地归入"增加品种"这一类型之中。如上海博物馆所藏清代著名收藏家、金石学家潍县陈介祺的传世名作《封泥考略》，

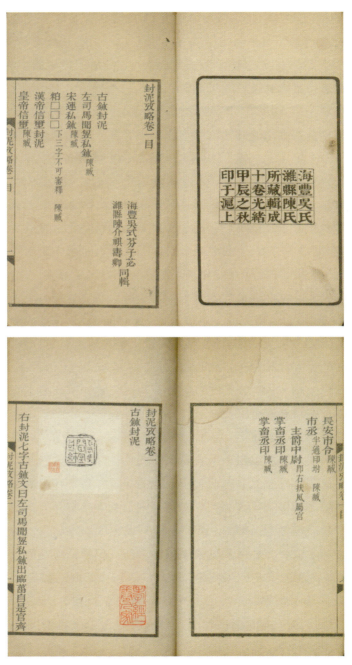

付印稿本《封泥考略》

上海博物馆原来著录为稿本，但根据《中国古籍善本书目》，知国家图书馆也藏有一部稿本，且经过陈介祺手校，并有该书最后定稿编辑之一翁大年的手跋，故而国图本为稿本显无疑义。再考察上海博物馆藏本，该本钞写精整，一丝不苟，无删改批校痕迹，且扉页有牌记曰："海丰吴氏／潍县陈氏／所藏辑成／十卷光绪／甲辰之秋／印于沪上"，完全与之后的刻本相同。结合刻本和国图藏本的状况，则知上海博物馆所藏虽为稿本，但是最后付刻前的定稿本，为与国图本相区别，可以称之为"付印稿本"或"付印底本"。因为此品种其他单位也有收藏，因此我们在上报的时候，就只能把它归入"增加版本"这一类型中。再如清代高凤翰《南阜山人诗集类稿》三十九卷《敩文存稿》十五卷附首册，上海博物馆藏有乾隆十年（1745）作者自定稿本，但据《稿本中国古籍善本书

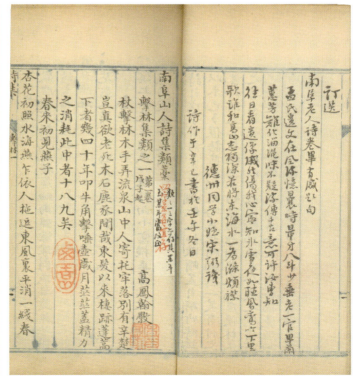

稿本《南阜山人诗集类稿》

目书名索引》记载，上海辞书出版社亦藏稿本一种，故而上海博物馆在上报这一藏品时，也只能归入"增加版本"这一类型。

丛书零种一般不单独上报，所以经查考后有些藏品虽然不见于《中国古籍善本书目》的著录，但我们首先要确定此书是单刻本抑或某丛书的零种，以此来作为是否上报的依据。这项工作须查考利用现有的一些大型的丛书目录，如上海图书馆编《中国丛书综录》，阳海清等人编《中国丛书综录补正》、《中国丛书广录》等工具书。在上海博物馆原来的著录中，大量的丛书零种被单独列目，而古代丛书又一般是随刻随辑，并不一定有事先的刊行计划，因此这样的判别工作非常具有难度，从而使得这次调查的工作量大大增加。经调查，确定其版本为某丛书零种者有：《甘泽谣》一卷、《益都方物略》一卷、《水心题跋》一卷、《晦庵题跋》三卷、《魏公题跋》一卷等数种，都可以认定为明末毛氏汲古阁所刻《津逮秘书》本；隋释阇那崛多译《金刚场陀罗尼经》一卷、《佛说一向出生菩萨经》一卷，皆为元至元二十年（1283）杭州南山大普宁寺刻大藏本；晋郭象注、唐陆德明音义《庄子南华真经》四卷，为明闵齐伋《三子》合刊套印本；明袁福徵撰、明周履靖校梓《姆陈篇》，明黄省曾著、明周履靖校《芋经》一卷、《理生玉镜稻品》一卷，唐白居易著、明周履靖和《香山酒颂》上下卷存一卷（上），宋朱辅编、明周履靖校《溪蛮丛笑》一卷，皆为明万历二十二年（1594）刻《夷门广牍》本；原著录为明翻宋刊本的《骆宾王集》二卷、《乔知之诗集》一卷、《唐灵一诗集》一卷、《司空文明诗集》三卷、《鱼玄机诗》一卷、《比红儿诗》一卷、《曹松诗集》一卷、《刘兼诗集》一卷、《郑巢诗集》一卷、《陈伯玉集》二卷、《孟浩然集》二卷、《苏廷硕集》二卷、《李峤集》三卷、《唐贯休诗集》一卷、《唐齐巳诗集》一卷、《杜审言集》二卷、《于濆诗集》一卷、《项斯诗集》一卷、《章孝标诗集》一卷、《会昌进士诗集》一卷、《朱庆馀诗集》一卷、《苏拯诗集》一卷、《羊士谔诗集》一卷、《卢同诗集》二卷外诗一卷、《僧无可诗集》二卷、《李丞相诗集》二卷、《王周诗集》一卷、《于邺诗集》一卷、《储嗣宗诗集》一卷、《章碣诗集》一卷、《伍乔诗集》一卷、《皇甫冉诗集》二卷、《经进周昙咏史诗》三卷、《张蠙诗集》一卷等，事实上皆为明朱警嘉靖十九年（1540）刻《唐百家诗集》本等。

另外还有一种情况，就是虽然《稿本中国古籍善本书目索引》和《中国古籍善本书目》中没有著录，但有可能是同书异名，或者书名著录不标准而造成的，因此，《同书异名索引》等工具书也是进行此项工作时必不可少的辅助工具。我们还应该查阅诸如孙殿起《贩书偶记》、雷梦水《贩书偶记续编》以及莫友芝《邵亭知见传本书目》，邵懿辰、邵章祖孙《增订四库简明目录标注》等工具书，以判断此书的实际价值，一则藉以判别其上报的类型，一则可以确定其在馆藏品中的地位。

印谱的情况则比较复杂，从形式上分，印谱大致可以分为以下几种类型：一、影印本；二、刻印本；三、钤印本；四、写钤印本；五、刻钤印本；六、刻写钤印本等。除去影印本、刻印本可以直接排除在我们的视线之外，其他四种印谱，从某种意义上来说，实际上都可以视作稿本。我们在从前参加《中国古籍善本书目》项目时，所呈报的藏品中就有大量的印谱，如：史部一五二一九条明万历二十四年（1596）甘氏自刻钤印本明甘阳辑《集古印谱》五卷《印正附说》一卷、史部一五二一五条明万历三年（1575）顾从德芸阁刻钤印本明王常辑《集古印谱》六卷、史部一五二五三条清乾隆三十九年（1774）刻钤印本清巴慰祖篆刻《四香堂摹印》二卷附《百寿图》一卷等五十六种，占整个上博入选藏品数量的四分之一强。其中更有十九种为仅藏上海博物馆的孤本，足可反映上海博物馆馆藏的重点和特色所在。在馆藏第一批善本中，一共收录各种印谱计九十六部，在去除已经入选《中国善本书目》的五十六种及复本四部之外，我们所要做的工作就是确定其他藏本成书的先后。借用版刻图书的术语，就是要确定其先印、后印；再就是在确定其钤印时间大致相同的前提下，掌握其内容和顺序上的差异。之所以要进行这两个步骤，就是因为先印后印会造成一些版本上的差异，如清陈介祺辑《十钟山房印举》在《中国古籍善本书目》中收有两种，且都为孤本，一为史部一五三零二条《十钟山房印举》六十四册，清同治十一年（1872）陈氏十钟山房刻钤印本；一为史部一五三一三条《十钟山房印举》一百九十二册，清光绪九年（1883）陈氏十钟山房刻钤印本，有徐钧补录序文并跋。单单从部头上来看，我们就可以了解这两部书的版本差异。最后，在这两步工作完成的基础上，我们就基本可以确定这些藏品上报的类型了。这次最终上报的结果为增加十七个上海博物馆特藏的品种，六种上海博物馆特藏的版本。另外又有五种其版本虽然并非上海博物馆特有，但藏地很

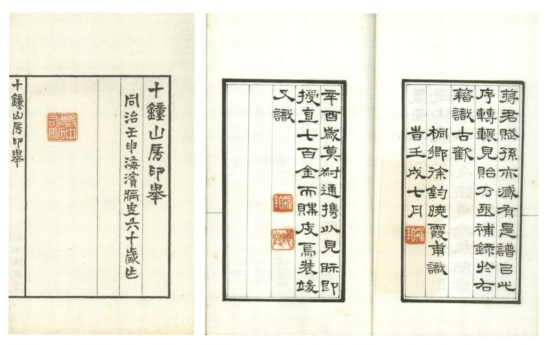

清同治十一年（1872）陈氏十钟山房刻　请光绪九年（1883）陈氏十钟山房刻钤印本《十钟山房印举》，有徐钧补录
钤印本《十钟山房印举》

少，也可以上报以增加我们的馆藏标志。

　　增加版本这一类型，可以细分为三种，一、因刻印时地不同而产生不同版本（如《红楼梦》有程甲本、程乙本、东观阁本、善因楼本、宝文堂本、藤花榭本等）；二、因著作方式不同而产生不同版本（如不同时期的稿本、名钞本、旧钞本等）；三、因加工程度不同而产生不同版本（如有名人题跋、名人手校等）。对于上海博物馆藏品而言，符合第一种情况者如：1、《竹云题跋》四卷《虚舟题跋》十卷又三卷，清王澍撰，清温纯订，清乾隆五十三年（1788）吴兴温氏墨妙楼刻本。《中国古籍善本书目》所收则为乾隆三十二年（1767）钱人龙若上画云阁刻本。另外《中国古籍善本书目》又收一种王澍之《王箬林先生题跋》十七卷，与此书内容相同，其子目版本则为：《竹云题跋》四卷，乾隆三十二年钱人龙若上画云阁刻本；《虚舟题跋》十卷又三卷，乾隆三十五年（1770）杨建闻川易鹤轩刻本乾隆三十九年（1774）续修本。2、《元和郡县图志》三十

四卷，唐李吉甫撰，清乾隆三十九年甲午（1774）武英殿聚珍本。《中国古籍善本书目》所收除各种名清钞本外，仅有嘉庆元年（1796）孙氏《岱南阁丛书》本。符合第二种情况者如：1、《乌台诗案》一卷，清佚名辑，清萍乡文氏钞本。《中国古籍善本书目》所收则除明清各一种刻本外，又收另外四种清钞本。2、《大隐居士集》二卷，宋邓深撰，清乾隆间贝墉钞校本。《中国古籍善本书目》所收则为清鲁氏壶隐居钞本。3、《华阳陶隐居集》二卷，明傅霄编集，清适园校钞本。《中国古籍善本书目》所收则除明末毛氏汲古阁刻本一种之外，还有另外一种清钞本。但是，确认名钞、旧钞并没有一定的标准，因此这里面难免会由于各种原因而造成认定标准不一的问题，如上述萍乡文氏钞《乌台诗案》一卷，在参加《中国古籍善本》项目时上海博物馆就曾上报，且为《稿本中国古籍善本书目书名索引》所收，在正式定稿的《中国古籍善本书目》中却被剔除。符合第三种情况者如：1、《寰宇访碑录》十二卷，清孙星衍、清邢澍撰，缪荃孙校并跋。2、《藻古楼（王氏）珍藏碑帖目录》一卷，清佚名撰，清钞本，清张廷济跋，清杨澥跋。3、《唐折冲府考》四卷，清劳经原撰，清劳格补，清道光二十一年（1841）劳氏丹铅精舍刻本，有王欣夫跋等。从增加不同版本这个角度而言，上海博物馆藏品可以为《中国古籍总目》项目贡献六十八个条目。

增加馆藏，其实是针对那些存世较少的品种或版本而言的。如：1、《真觉禅宗》不分卷，唐释玄觉撰，明刻本。据《中国古籍善本书目》著录，仅国家图书馆有藏。2、《大方广圆觉修多罗了义经略疏注》二卷附《圆觉颂》十四首，唐释宗密述，明嘉靖十一年（1532）刻本。据《中国古籍善本书目》著录，仅国家图书馆有藏。3、《南河志》十四卷，明朱国盛纂，徐标续纂，明天启五年（1625）刻崇祯六年（1633）递修本。据《中国古籍善本书目》著录，仅浙江图书馆有藏。4、《近事会元》五卷，唐李上交撰，清乾隆壬寅（1782）郑杰注韩居钞本。据《中国古籍善本书目》著录，此本仅重庆图书馆有藏。5、《中庸章句大全》不分卷《中庸或问》不分卷，宋朱熹撰，明刻本。据《中国古籍善本书目》著录，仅上海图书馆和浙江图书馆有藏……现在这些图书的名下就可以增加一个上海博物馆的馆藏代码，给读者提供了极大的便利。

在这一阶段的工作过程中，我们依然可以通过上海博物馆馆藏对一些问题予以澄清，如《（万历）嘉定县志》三十二卷，明韩浚修，明张应武等纂，为

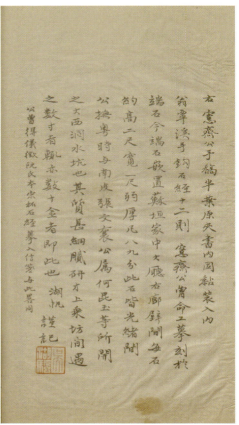

上海博物馆所藏《小蓬莱阁金石文字》，吴大澂双钩题名及吴湖帆题跋

明万历三十三年（1605）刻本，但《稿本中国古籍善本书名索引》却将其误作万历二十三年刻本。也就是说，我们从事这样的工作实际上是一种双向互利的活动，不仅可以藉此提高上海博物馆的古籍著录水准，也是根据馆藏对现有的古籍著录成果进一步修订和提高的过程。

通过这次对第一批善本的梳理，我们提出的初步上报结果为：增加品种者九十八种，其中经部三种，史部五十二种，子部二十三种，集部二十种；增加版本者六十八种，其中经部三种，史部二十六种，子部二十五种，集部十四种；增加馆藏者四十四种，其中经部五种，史部十一种，子部二十种，集部八种。共计上报二百一十种。

另外，还有一部分藏品，虽然不包括在以上三种类型之中，因而未曾上报，但事实上也非常具有版本价值，如明代徐渭撰《徐文长三集》二十九卷，《中国古籍善本书目》所收为明万历二十八年（1600）刻万历四十七年（1619）后印本，上海博物馆所藏却是万历二十八年的初印本，其区别的关键，就在于后印本的编者署名为"商濬"，初印本的编者署名则为"商维濬"。

当然，在这次清理藏品的过程中并非没有困难，如清于敏中等辑《钦定淳化阁帖释文》十卷，到目前为止，我们只能笼统地把它定为清刊本，而不能确定其具体的刊刻时代。虽然从外貌上来看，此藏品极有可能为乾隆时期武英殿聚珍版，但在没有其他实物相验证的情况下，暂时还是以谨慎的态度来著录较为合适。又如原题晋张湛《列子》八卷，其版式为八行十七字，白口，左右双边，白鱼尾，与嘉靖十二年（1533）顾春世德堂刻《六子书》本相同，但因没有目验其他复本，故也仅仅著录为明刻本。再如唐代释波罗颇迦罗蜜多罗译《大乘庄严经论》十三卷存卷一，民国时期著名目录版本学家罗振常先生认为此系真宋本，手跋云："宋刻书多明印，古意全失，直一明板书而已。余无力致宋本，仅求残帙，二十年来元板元印者颇有所得。宋刻止获明印，宋印者至今无之。顷得宋刻经三册，纸光墨色极见精采，又复完整如新，确为宋印，可宝之至。玉素道兄与吾同好，因以一册贻之。时丙子季春，罗振常并志。"但此书恐为元杭州路南山大普宁寺刻大藏本，虽然它与其他《普宁藏》本比对，其间差异很大，凡此都须经过更深入的研究才可作最后判断。

这次参加《中国古籍总目》项目，是一个极好的契机，为上海博物馆参与国家级项目，加强与其他有关单位交流奠定了极好的基础，也为我们以后开展馆际合作，逐步实现古籍编目著录完全标准化创造了极好的机会。我们将以此项目为开端，努力逐步深入对馆藏的研究，希望以这次调查的结果为基础，早日完成上海博物馆善本书志的编纂工作。

按：本文系2006年上海博物馆参加《中国古籍总目》项目时的工作笔记，限于当时的条件，该工作主要利用了《中国古籍善本书目》（上海古籍出版社，1989-1998年）和《稿本中国古籍善本书目书名索引》（齐鲁书社，2003年）作为参考，特此说明。

后　记

　　这本小册子所收的内容，都与上海博物馆的馆藏有关。涉及的一些古籍，有的比较稀罕，但还有很多其实连善本都算不上。之所以要写这些，原因只有一个，就是好玩。虽然从原则上来说，学术的目的在于求真，但我的理解却是，绝大多数的纯学术研究，其实并无宏大意义，研究者之所以愿意去探索，除了现实地需要发表以应付考评之外，只是为了满足自己一时的兴趣所在，也就是为了好玩。

　　从2005年夏进入上海博物馆，对于上博所藏的古籍等文献，我曾经有过很多设想。但形格势禁，绝大多数最终成了纸上谈兵，而少数曾经略有行动而终无下文者，基本上可见于此册。也许正是因为这个缘由，这本小书的样貌反倒显得较为活泼，对于读者来说，阅读感受也可能会更加丰富一些。

　　上海博物馆的古籍从大块上来说，分藏两地，一在保管部，一在图书馆。保管部所藏大皆皇皇巨迹，昭昭在人耳目。而图书馆所藏，虽以近十馀年古籍普查之故，稍露峥嵘，但因仅存内部目录，故其质量、数量究竟如何，其实更需要揭示于大众。本册所收诸文中，有关《梅花喜神谱》、《王文公文集》两篇之外，所言皆为图书馆藏品。虽然并不能面面俱到，且均为一时兴起之作，毫无系统，但尝脔知味，也足以当窥豹之管了。如前所述，本册皆为一时兴会之作，但也涉及上博图书馆所藏的一些基本特色，如印谱，如稿钞本，如名家旧藏本，如初印本，如地方文献等，虽然并不一定都能算作秘笈善本，但其各有胜处确是无疑。我的目的，就是希望通过自己的一些描述，能够将这些古籍中的有用信息提供给大家，以便能有更多的人可据此线索加以追索、利用。毕竟，博物馆作为公共事业单位，有义务向公众揭示并介绍自己的馆藏。

这本小书的问世，要感谢编辑李世文先生。进入中华书局的作者行列，让我在倍感荣幸的同时，也觉得压力重重。因我的文字和学识距离我心理上的中华作者的标准还很大，但虚荣心使得我克服了这种心理障碍编成此书，虽然浅薄不文，但仍旧希望不会让世文兄的宽容因此而受损。戊戌年春节前夕，我致信尚在国外旅途中的复旦大学古籍所陈正宏教授，请他俯允赐序。他不计鞍马劳顿，慨然应诺，使我深感荣幸。同事袁启明先生拨冗挥毫题字，令小书生色许多，也让我在这料峭春风中感受到了许多的暖意。

2018 年 2 月 22 日

　　又，在搜集图片过程中，国家博物馆研究馆员朱万章博士一次次容忍我的无餍之求，每次都及时掷下所需，令我感动不已。南京图书馆的赵彦梅女士、上海的卢康华博士、常熟的王忠良先生，都曾先后助力搜罗相关图片，正是他们的无私帮助，使得小书增加了很多的趣味。此书最后编辑排版之际，欣见我追踪十馀年的宋龙舒郡本《王文公文集》残卷面世，故费三日之力，草成一文，作为附录，以为旧文的补充。

2020 年 12 月 10 日补记